FISCHER EXPEDITION

Über dieses Buch

Neun Monate dauerte die Längsdurchquerung der Sahara, eine der wenigen Expeditionen, die dieses Ziel erreichten. Die meisten Teilnehmer erkrankten schwer an Gelbsucht und mußten die Reise abbrechen. Drei der vier Fahrzeuge blieben unterwegs liegen und mußten aufgegeben werden.
Gerd Heussler legt hier sein Tagebuch vor, in dem nicht die fast ständige Lebensgefährdung im Vordergrund steht, sondern der Expeditionsalltag: der Kampf um die passierbare Strecke, die Mühe der Orientierung in einem nur schlecht kartierten Gelände, die nervenaufreibenden Reparaturen an den Fahrzeugen und die Auseinandersetzungen der sehr verschiedenen Expeditionsteilnehmer.

Medizinischer und psychologischer Bericht, Ausrüstungsliste, Sachwortkatalog und Bibliographie verleihen diesem Buch zusätzlichen Informationswert für alle, die ähnliche Unternehmen planen.

Der Autor

Gerd Heussler, geb. 1947, studierte Romanistik und Anglistik. Zahlreiche Expeditionen führten ihn in die Sahara, ehe er 1975/1976 die West-Ost-Durchquerung wagte. 1978 bestand er die Studienassessor-Prüfung, trat jedoch nicht in den Schuldienst ein, sondern ging auf eine ausgedehnte Reise durch Südamerika.

Gerd Heussler

Vom Atlantik zum Nil

Eine Sahara-Expedition

Bilder von Ingvo Broich
und Eckhard Klenkler

Fischer Taschenbuch Verlag

Fischer Taschenbuch Verlag
Mai 1980
Umschlagentwurf: Jan Buchholz/Reni Hinsch
(Foto: Ingo Broich/Eckhard Klenkler)
Fischer Taschenbuch Verlag GmbH, Frankfurt am Main
Lizenzausgabe mit freundlicher Genehmigung des
Orell Füssli Verlages, Zürich
Der Titel der Originalausgabe lautet:
Trans Sahara – Neun Monate Abenteuer vom Atlantik zum Nil

Satz: Fotosatz Hümmer, Waldbüttelbrunn
Druck und Bindung: Clausen & Bosse, Leck
Printed in Germany
980-ISBN-3-596-23520-0

Inhalt

Vorwort ... 7
Einleitung ... 9
1. Die Mannschaft und ihr Konvoi ... 12
2. Larabi aus Igli ... 16
3. Die mauretanische Piste (I) ... 19
4. Die mauretanische Piste (II) ... 24
5. Lager am Rande der Palmeraie ... 28
6. Atar ... 31
7. Chinguetti und Ouadane ... 35
8. Die Fauna ... 39
9. Von 20° 53′ 34,6″ nB/11° 35′ wL bis 21° 53′ 07,4″ nB/08° 10′ 57,8″ wL ... 44
10. Von 21° 53′ 07,4″ nB/08° 10′ 57,8″ wL bis 22° 25′ 25,8″ nB/07° 28′ 25,5″ wL ... 47
11. Ein Kamel und ein Grab ... 51
12. Mejaoûda ... 55
13. Bir Chali ... 57
14. Erster Advent ... 60
15. Erste Eindrücke, ein Empfang ... 65
16. Die Salzminen von Agorgot ... 68
17. Die Salzkarawanen ... 71
18. Tombouctou ... 75
19. Bei Atta, dem Schmied ... 79
20. »Le Vieux« ... 83
21. Tabaski ... 86
22. Aicha, Hamma, Chantaf und Namenlose ... 91
23. Letzter Tag in Tombouctou ... 94
24. Der Niger ... 96
25. Bei Yarga ... 99
26. Nächtliches Gao ... 103
27. Adamou und der Alte ... 106
28. In der Brousse ... 109
29. Bei den Touareg ... 113
30. Ein Flickschuster von Format ... 118
31. Heuschrecken- und Termitenfraß ... 120
32. Endlich wieder auf der Piste ... 124
33. Kidal ... 127
34. Winter in der Wüste ... 130
35. Tin-Zaouaten ... 134

36. Adamou 137
37. Silet und Abalessa 140
38. Tamanrasset 142
39. Auf dem Plateau 145
40. Ein schwerer Rückschlag 147
41. Assekrem 149
42. Das Tassili n'Ajjer 152
43. Djanet 156
44. Wendepunkt Seguedine 160
45. Die Ruinen von Djado 162
46. Madama 165
47. Dirkou 167
48. Toummo 170
49. El-Gatrún 173
50. Umbruch in Sebha 177
51. Vom Winde verweht 180
52. Zurück in die Wüste 184
53. Wau-en-Namus 188
54. Tücken und Reize des Sandes 192
55. Kufra 196
56. Das Ende der Grünen Pritsche 199
57. Das Gilf-Kebir-Plateau 201
58. Auf den letzten sechs Rädern zur Asphaltstraße .. 205
59. El-Kharga und Asyut 207
60. Das Niltal 211
61. Zurück in der Heimat 215

Textanhänge:
»Der medizinische Bericht« 220
»Der psychologische Bericht« 229
Ausrüstungsliste 235
Sachwortkatalog 243
Bibliographie 264

Vorwort

Der Urtext des vorliegenden Berichts wurde verfaßt während der Durchführung der Internationalen Wissenschaftlichen Trans-Sahara-Expedition vom Atlantik zum Nil, an der neun Personen teilnahmen. Es sollte hierbei nicht unerwähnt bleiben, daß die zunächst täglich vorgenommenen Eintragungen in das Tagebuch nur durch die rücksichts- und verständnisvolle Haltung der übrigen acht Expeditionsteilnehmer möglich wurden, zumal den Tagesberichten weder eine funktionale Absprache noch Veröffentlichungsabsichten, sondern »lediglich« die Wahrnehmung einer spontanen und rein individuellen Neigung zugrunde lagen. Ich hatte jedoch den Eindruck, daß die Tätigkeit nach und nach mit dem stillschweigenden Konsens aller durchgeführt wurde. Ich würde es heute als einen glücklichen Umstand bezeichnen, daß die Kontinuität des Reisetagebuches nicht vorzeitig durch »höhere Gewalt«, etwa eine schwere Erkrankung an Hepatitis, unterbrochen wurde, was nach den zahlreichen akuten Fällen innerhalb der Gruppe durch Ansteckung leicht hätte geschehen können.

Diesen Gesichtspunkt gilt es bei der Lektüre des vorliegenden Textes zu berücksichtigen. Zweifellos würden meine Freunde einen großen Teil der Fakten, Situationen und Beschreibungen bestätigen, aber dennoch hätten sie wahrscheinlich anders beschrieben, da sie anders erlebten, und eventuell auch völlig verschiedene Prioritäten für die Niederschrift gesetzt. Kurz, den Leser erwartet im folgenden die Geschichte der IWTSE aus dem subjektiven Blickwinkel eines ihrer Teilnehmer, eine Tatsache, die aber auf dem vollen Einverständnis der Gruppe beruht.

Wenn ich mich also regelmäßig des Abends an irgendeiner beleuchteten Stelle des Lagers auf den Hosenboden setzte, das Tagebuch auf dem Schoße, den Kugelschreiber gezückt, dann tat ich das neben meinem eigenen Interesse an einer späteren Lektüre mit der einzigen Ambition, den interessierten, aber zu Hause gebliebenen Freunden und Bekannten durch eine relativ vollständige Berichterstattung Gelegenheit zur »Nachzehrung« zu geben. So schrieb ich nieder, was mir im Gedächtnis und in den Sinnen geblieben war, wobei die Darstellung des Erlebnisses im Vordergrund stand. Hierbei war mir das sprachliche Erfassen der psychischen Situation wesentlich wichtiger als eine mit Akribie verfolgte, exakte und detaillierte Darstellung von Fakten. Das heißt nun nicht, daß sich in meinem Bericht eine unwahre Behauptung an die nächste reiht, sondern vielmehr, daß ich bei der Abfassung des Tagesberichtes nicht wegen eines Begriffes oder eines Tatbestandes verzweifelt in Enzyklopädien blätterte. Nein, ein Tagebuch ist meines Erachtens nicht der Ort, wo Biologen,

Geologen usw. ihre spitze Feder zücken sollten . . . eher schon ein Ort, an dem die Wissenschaft ganz zu schweigen hat – auch die unsrige! Zugegeben, sie tut es nicht ganz, einfach schon deshalb, weil die Arbeiten mit wichtigen Begegnungen eng verknüpft sind, wie beispielsweise jene mit den Touareg. – Die IWTSE hat mir Gelegenheit gegeben, die Wüste zu erleben, Gewinn aus menschlichen Begegnungen zu ziehen – dafür habe ich auch den langen Weg vom Atlantik zum Nil auf mich genommen! Mein Leben spielte sich in erster Linie auf der psychischen Seite meiner Persönlichkeit ab – und davon soll das vorliegende Tagebuch berichten.

Im Dezember 1976 Gerd Heussler

Einleitung

Im Herbst 1970 kehrte ich von einer dreimonatigen Sahara-Reise zurück, die mich innerhalb einer sechsköpfigen, deutsch-französischen Gruppe bis hinunter zur nigerianischen Grenze geführt hatte. Obwohl dieses Projekt in gruppendynamischer Hinsicht zahlreiche Enttäuschungen brachte, hatte es doch maßgeblichen Anteil an dem Zustandekommen dieser Expedition. Zunächst blieb natürlich die Sahara als weiteres Projektgebiet höchst interessant. Aber mehr noch; die Reise hatte mir Prioritäten für weitere Projekte aufgezeigt – die wichtigste hierbei vielleicht: weg von den gängigen, touristischen Pisten, hinein in die leergefegten Wüstengebiete! Und hierin stand ich nicht allein, sondern fand in Eckhard Klenkler gleich einen fähigen Gleichgesinnten, der gleichfalls Teilnehmer auf der eingangs erwähnten Reise gewesen war. Bei unseren Prämissen überrascht es nicht, daß Nord-Süd-Projekte schon sehr bald als Zielsetzung verworfen wurden. Das Studium der Karten demonstrierte uns eindrucksvoll die ungeheure Ausdehnung der Sahara in West-Ost-Richtung. Als wir dann im Dezember desselben Jahres eine erste Route vom Atlantik hinüber zum Nil trassierten, hatten wir noch keine Vorstellung davon, welches heiße Eisen wir damit angefaßt hatten.

In der Folgezeit waren wir bestrebt, eine tatkräftige Expeditionsgruppe zusammenzustellen. Zahlreiche Bewerber und Interessenten deutscher, französischer, englischer und amerikanischer Nationalität gehörten phasenweise dem Expeditionsteam an. Die gemeinsame Forderung nach Arbeitseinsatz, Verantwortungs- und Realitätsbewußtsein und hoher, persönlicher Opferbereitschaft schuf hierbei unter ihnen eine natürliche Auswahl.

Wir legten schon früh bestimmte grundsätzliche Richtlinien für die Gruppenkonzeption und -aktivität fest:

1. hohes Demokratieverständnis bezüglich der Rechte und Pflichten eines jeden Expeditionsmitgliedes;
2. Relativierung des Mehrheitsbeschlusses durch Einsetzen von Verantwortlichen in die verschiedenen Kompetenz- und Funktionsbereiche;
3. jedes Mitglied gehört einem dieser Bereiche an und hat hierin *absolute* Entscheidungsgewalt, aber auch Rechenschaftspflicht der Gruppe gegenüber;
4. peinlich genaue Vorbereitung dieser Bereiche durch jeden einzelnen als Basis einer verantwortungsvollen Durchführung derselben (ebenfalls Rechenschaftspflicht);
5. das Teilnehmerpotential wird innerhalb der Freundes- und Bekanntenkreise erstellt;

6. strikte Ablehnung einer hierarchisch konzipierten Gruppe.

Diese Richtlinien blieben unangetastet und erwiesen sich als Träger einer funktionierenden Gruppendisziplin.

Nach einer radikalen Intensivierung zu Beginn 1972 traten die Vorbereitungen Ende 1973 in eine definitive Phase. Zwei Ereignisse führten zu zwei wesentlichen Änderungen der Streckenführung:

1. die Durchführung eines Linguistikprogrammes forderte die Berücksichtigung des Touareg-Lebensraumes;
2. bürgerkriegsähnliche Unruhen und Geiselnahmen im Nord-Tschad bewogen uns, das Tibesti nördlich zu umfahren.

Endgültige Streckenführung:
Freiburg (Paris) – Algeciras – Tindouf – Atar
Atar – Taoudeni – Tombouctou – Gao – Tin-Zaouaten – Silet – Tamanrasset – Djanet – Dirkou – Sebha – Wau-en-Namus – Kufra – Asyut (West-Ost-Durchquerung)
Asyut – Alexandria – Venedig – Freiburg.

Die folgenden Punkte standen im Mittelpunkt des weiteren Vorgehens:

1. Erwerb der Expeditionsfahrzeuge und erfolgreiche Suche nach einem geeigneten Unterstell- und Arbeitsplatz für ihre Herrichtung;
2. systematische Schließung der Ausrüstungslücken innerhalb der verschiedenen Bereiche, insbesondere durch Industriekontakte;
3. Ausarbeitung der Konzeption und Beginn der Vorbereitungen der folgenden wissenschaftlichen Programme:
   - psychologisches Testprogramm zur Untersuchung der Gruppendynamik (Streß, Aggression und Kooperation) innerhalb der Expeditionsgruppe;
   - linguistische Untersuchungen französischer Sprachstrukturen in Touareg-Dialekten anhand von standardisiertem Testmaterial (Fragebögen und Bildvorlagen);
   - Mittel der Schmerzbekämpfung bei den Nomadenvölkern der Süd-Sahara;
   - Toponymie der West-Sahara;
   - diverse Meßserien (Wind/Temperatur/Luftfeuchtigkeit usw.);
4. Kontaktaufnahme zu Ländervertretungen und Ministerien;
5. gemeinsame Finanzierungsprojekte zum Zwecke einer grundsätzlichen Entscheidungsautonomie durch Finanzautonomie;
6. Vorbereitung auf die und der weiteren Funktionsbereiche wie Navigation, Funk, Photo, Film usw.;
7. verschiedene Aufenthalte zur Testung der Gruppendynamik und physischen Belastbarkeit.

Auf wöchentlich durchgeführten Plena erstattete jeder Bericht über die durchgeführten Arbeiten und gegebenenfalls entstandene Probleme in seinem Bereich. Die ausländischen Teilnehmer arbeiteten selbständig in ihrem Land, jedoch nach einer vorher in der Gruppe besprochenen, klaren Koordination.

Zu Beginn 1975 standen die Teilnehmer zur Expedition fest, insbesondere aber wurde ein Aufnahmestopp vereinbart. Zwei Leute verließen uns dann im Verlauf des Jahres noch, ohne jedoch dabei irgendwelche schwerwiegenden Lücken zu hinterlassen. Damit stand die Teilnehmerzahl 9 und ihre Funktionen fest:

Biderschek, Reinhard, 23, Mechanik
Borowiak, Irène, 27, Sekretariat/Finanzen
Broich, Ingvo, 30, Arzt/Photo
Costes, Philippe, 23, Film/Funk/Finanzen
Heussler, Gerd, 28, Linguistik/Navigation/Store
Klenkler, Eckhard, 28, Linguistik/Photo/Streckenführung
Klenkler-Wehler, Agnes, 27, Psychologie/Nahrung
Pawlowski, Wolfgang, 27, Mechanik/Photo
Raynaud, Pascal, 18, Mechanik/Photo

Sämtliche vorbereitenden Tätigkeiten wurden in Eigenarbeit bewältigt. Die Finanzierung blieb, von unwesentlichen Geldspenden abgesehen (etwa 2,5% des Gesamtbudgets), gleichfalls Privatangelegenheit. Hierdurch konnten die Ausgaben auch auf ein Minimum beschränkt werden.

Als vorgesehener Abfahrtstermin wurde der 14. September 1975 festgelegt. Doch nachdem am Vortag des Aufbruches noch ein Kurbelwellenschaden am Kofferwagen aufgetreten war, mußte der Termin um zwei Tage verschoben werden. In mehrtägiger, unermüdlicher Tag- und Nachtarbeit konnte der Schaden behoben werden, so daß schließlich am Dienstag, dem 16.9.75, die Expedition zum Aufbruch blies und ihre ersten Kilometer in Richtung französischer Grenze zurücklegte.

An Bord der vier geländegängigen Fahrzeuge Marke Hanomag und eines Einachsanhängers, die gemeinsam das stolze Alter von 88 Jahren aufweisen, befinden sich 180 Treibstoffkanister, 120 Wasserkanister, ein KW-Funkgerät, vier Handsprechfunkgeräte, ein kostspieliges Präzisionsgerät für die Navigation, eine aus sieben Geräten und 500 Filmen bestehende Photo- und Filmausrüstung, 200 Detailkarten, 250 kg medizinische und 1000 kg mechanische Ausrüstung, ein Kühlschrank, ein Stromaggregat – ja, und nicht zu vergessen, eine Gruppe von neun Leuten, die zu diesem Zeitpunkt die Welt hätten versetzen können.

1. Die Mannschaft und ihr Konvoi

Der Tag bricht an auf der weiten und vegetationslosen Kiesebene, über die ein böiger, kalter Nordost ungehindert hinwegfegt. Vereinzelt über das Gelände verstreute, niedere Felsgruppen genügen nicht, um seine Gewalt zu mindern, mit der in höheren Regionen graue Wolkengebilde unter einem weißlichen Herbsthimmel vorangetrieben werden. Hin und wieder erscheint die Sonne selbst als matt leuchtende Scheibe zwischen düsteren Wolkenbänken, ohne daß aber ihre Wärme die Erde erreichen würde.

In dieser lebensfeindlichen Einöde erschallen an diesem Morgen, man glaubt es kaum, von der Höhe einiger chaotisch übereinanderliegender, schwarzer Gesteinstrümmer herab die heiseren Schreie zweier Raben, deren glänzendes, aufgeblähtes Gefieder sich im Winde spielerisch sträubt. Ihre scharfen Augen hatten am Vorabend von erhabener Warte aus im Westen mehrere Punkte wahrgenommen, die sich rasch genähert hatten, zielstrebig und so lärmend schließlich, daß sie gar das Heulen des Windes übertönt hatten. Die vier Fahrzeuge hatten just unterhalb des Felsens in seinem Windschutz haltgemacht. Welch ein Ereignis! So gilt die Aufmerksamkeit der Raben ganz der Szenerie, die der werdende Tag ihnen beschert, und ihre lautstarke und lebhafte Unterhaltung wird vom Wind hinuntergetragen in das Karree, das der Felsenkomplex mit den vier blau-weiß gestreiften Fahrzeugen bildet.

Schon früh waren die Schreie der Vögel an die Ohren der Schläfer gedrungen, die sich im Innern der Wagenburg ihr Nachtlager fürsorglich eingerichtet hatten, die meisten von ihnen im Schutze der Räder ihrer Hanomags, hinter zusätzlich errichteten Windbarrieren aus Kanistern, Metallklappen und Holzplatten, auf dem von größeren Steinen befreiten harten Boden der Wüste. Der Wind hatte die ganze Nacht hindurch getobt. So sind einige Lager heute morgen freigeweht; manchem wird der Atem knapp, und der Wind treibt ihn aus dem Schlafsack. Reinhard, der Chefmechaniker des Expeditionsteams, ist ein erstes Opfer. Wind und Vögel verfluchend steuert er unwirsch auf die Fahrerkabine des Kofferwagens zu, denn bei aller räumlichen Enge, die darin herrscht, ist der Platz an der Seite von Wolfgang, dem zweiten Mechaniker und Fahrer des Koffers, sein liebster Aufenthaltsort geworden, insbesondere natürlich bei einem solch kalten »Blasius«, wie er den Wind zu nennen pflegt, den er mehr fürchtet als die sengende Hitze der Mittagszeit. In seinem engen, aber liebevoll gestalteten Heim verbringt er nun die frühen Morgenstunden mit Kleinarbeiten im Bestreben, es noch behaglicher, noch wohnlicher werden zu lassen. Zwischendurch schielt er begehrlich nach draußen zur Feuerstelle, denn er sehnt sich nach einem heißen Tee.

Wenig später tauchen hinter dem Kübelwagen, in welchem Ingvo, Arzt und Standardfahrer des geräumigsten aller Fahrzeuge, unbehelligt vom Wind noch ein Weilchen schlummern wird, Philippe und Irène auf, zwei der drei französischen Teilnehmer und unzertrennlich im Wachen wie im Schlafen, um, auch jetzt gemeinsam, für die Zubereitung der ersten Mahlzeit des Tages zu sorgen – unter den wohlwollenden Blicken Reinhards. Während Philippe, Funker und Kameramann sowie Fahrer der Wasserpritsche, sich zur Feuerstelle begibt, dort einen Windschutz errichtet und daraufhin mit etwas Holz und Papier mühsam ein Feuer entfacht, geht Irène, um die zum Frühstück notwendigen Lebensmittel und Utensilien herbeizuholen. Zuvor hat sie sich bei mir die Schlüssel geholt, denn sie weiß, daß ich abends stets die Runde mache, peinlich darauf bedacht, daß die Fahrzeuge auch alle verschlossen sind.

Von meiner nächtlichen Lagerstatt aus, die aufzugeben ich nach kurzem, mißmutigen Zögern bereit bin, bemerke ich, wie auf Zuruf Philippes vom geräumigen Dachgarten des Koffers aus ein Stück Holz nach dem anderen herabgeworfen wird, scheinbar wie von Zauberhand geführt. Die Nacht hoch droben zwischen den leeren Reservekanistern und den sich türmenden Brennholzvorräten war offenbar weniger still und geruhsam gewesen als gewohnt, denn wie sonst ließe sich Wolfgangs Aktivität, um jenen handelt es sich nämlich, zu so früher Stunde verstehen. Dasselbe gilt für zwei weitere Bewohner dieser Wagenburg, Eckhard und Agnes, die Besatzung der Blauen Pritsche, des Treibstofftransporters, die sich zu Füßen ihres Fahrzeuges aus den Schlafsäcken schälen. Pascal hat sich zum Feuer begeben, um mit seinen beiden französischen Landsleuten ein Schwätzchen zu halten und Schlaf und Kälte zu vertreiben. Das Lager ist erwacht...

Eckhard besteigt die Blaue Pritsche, deren Ladefläche mit Dieselkanistern, in zwei Etagen übereinander gestapelt, völlig ausgefüllt ist, um mir den Treibstoff zum Volltanken der Fahrzeuge herabzureichen. Vor knapp einer Woche ist der Anhänger leer geworden, aber auch so hat das arme Fahrzeug, das nicht kräftiger als die anderen ist, immer noch die Hauptlast des Konvois zu schleppen, nahezu fünf Tonnen auf dieser ersten Etappe. Auf hartem, ebenem Grund ist seine Ausdauer unermüdlich. Im sandigen Gelände oder an steilen Hängen aber erreicht die Belastbarkeit häufig ihre Grenzen, so daß der Mensch ihm helfend untergreifen muß, um den Krisenpunkt zu überwinden. Eckhard und die Blaue Pritsche sind unzertrennlich geworden. Seine tägliche Arbeit hinter dem Steuer hat ihm die Reaktionen des Fahrzeuges, seine Schwächen und seine Stärken gezeigt, und wenn auch die schwere Last nicht selten dafür sorgt, daß die Pritsche mit Anhänger nur mit Müh und Not am Ende des Konvois mit den übrigen Fahrzeugen Schritt halten kann, so sieht er darüber verständnisvoll hinweg. Agnes an seiner Seite ist hierbei eine unersetzbare Gefährtin. Kontrolliert sie doch die Fahrtrichtung mit Hilfe von Karte und Kompaß, wenn das schwierige Gelände die ungeteilte Aufmerksamkeit des Fahrers verlangt. Glätten ihre versöhnlichen Worte doch so manchen Unwillen Eckhards über das völlig unverständliche Gebaren seiner Vorderleute, die einmal mehr wieder am Horizont zu verschwinden drohen – eine Geste, die letzten Endes auch dem Fahrzeug zugute kommt, dessen Leistung auch so schon außergewöhnlich ist.

Wesentlich einfacher ist die Aufgabe, die an die Zwillingsschwester des Dieseltransporters, die Wasserpritsche, gestellt ist. Sie hat keinen widerspenstigen Anhänger zu ziehen, und auch die Gesamtlast auf ihrer Ladefläche beträgt nur etwa drei Tonnen. Obwohl Chassis und Mechanik dieser beiden Pritschenfahrzeuge gleich sind, ist eine Verwechslung für die Fahrer ausgeschlossen. Philippe weiß beispielsweise um die Probleme, die mit dem 3. Gang des Hauptgetriebes seines Fahrzeuges verbunden sind, und wechselt entsprechend behutsam die Gänge. Dennoch war am gestrigen Tag ein mittleres Mißgeschick passiert. Philippe hatte einigen Löchern nicht mehr rechtzeitig ausweichen können, und die Folge waren einige gebrochene Federblätter. So müssen heute morgen die drei Mechaniker antreten, um neben den gewohnten Wartungsarbeiten an sämtlichen Fahrzeugen auch diesen Schaden an der Wasserpritsche zu beheben. Hierbei hat Pascal die Wartungsarbeiten übernommen. Er ist mit 18 Jahren das jüngste Expeditionsmitglied, mit einer abgeschlossenen Mechanikerlehre zwar, aber dennoch ist er den schwierigen Reparaturen an diesen LKWs nicht so recht gewachsen. So haben sich Wolfgang und Reinhard mittlerweile an das Ausbauen der defekten Federn gemacht. Sie haben ohne Zweifel keine leichte Funktion auf dieser Expedition übernommen, denn fällt irgendein Schaden im Bereich der Mechanik an – und das ist bei vier Fahrzeugen nicht selten der Fall –, dann muß auf sie zurückgegriffen werden, bei Wind und Wetter, wie auch heute morgen. Was nützt es, wenn wir hierbei assistieren, die Hauptarbeit bleibt ihnen überlassen. Und obgleich ihr Fahrzeug, der Kofferwagen, das stärkste des Konvois ist, bleiben auch hier Schäden nicht aus. Der Koffer ist tatsächlich den anderen Fahrzeugen in allen Belangen überlegen, gleich welches Gelände wir befahren. Reinhard nennt ihn liebevoll »das Schlachtschiff der IWTSE«, und sein Herz hüpft in der Brust, wenn der Koffer sich mit ungeheuren Kraftreserven und gewaltigem Anzug an den übrigen Fahrzeugen sanft wiegend vorbeischiebt. Wolfgang selbst, der Fahrer, ist natürlich nicht weniger zufrieden mit seinem Kraftprotz. Stolz präsentiert er seine Liste mit den schon nahezu 100 Einsandungen des Konvois, auf welcher der Koffer nur ganz selten erscheint. (Er hat die Liste natürlich selbst geführt ...) Aber auch dieser Hanomag trägt seine drei Tonnen Last durch die Wüste, im Innern seines Metallkofferaufbaus, auf dessen Ordnung und sichere Verzurrung ich auch an diesem Morgen ein besonderes

Auge werfe, da u.a. darin zahlreiche Präzisionsinstrumente gelagert sind. Diese Tätigkeit hat mir übrigens inzwischen den Beinamen »Straps-Gerd« beigebracht, denn ich benutze hierbei die unentbehrlichen Gummizüge mit Haken an beiden Enden. Nach einem prüfenden und wohlgefälligen Blick in die Runde verlasse ich den Koffer und wende mich dem zweiten Fahrzeug zu, das ich betreue, dem Kübel. Im hintersten Teil seines Innenraumes, oberhalb des Nahrungsmittelkoffers, sind vier Reifen, je zwei nebeneinander, angebracht, auf welchen die Decken und Schlafsäcke verstaut werden, die den Raum bis hinauf zur Plane ausfüllen. Davor sind zwei Sitzbänke quer zur Fahrtrichtung eingerichtet, deren eine Pascal und ich im täglichen Wechsel mit dem begehrten Beifahrersitz neben Ingvo tauschen, da dieser einen umfassenderen Blick auf die Schönheiten der Landschaft gestattet als die Sitzbänke, über die die Plane gespannt ist ...

Der Kübel ist das größte und geräumigste Fahrzeug der IWTSE, und seine Fahrerkabine ist im Gegensatz zu den anderen nicht vom Nutz- oder Innenraum getrennt. So geht der Blick frei nach hinten bis zu den Reifen und Schlafsäcken, sofern er nicht durch aufgewirbelten Staub getrübt ist. Ingvo, der Arzt, hat die längsten Beine der ganzen Mannschaft, und so wurde ihm einstimmig dieses Fahrzeug zur Entfaltung seiner Dimensionen zugeteilt. Er macht seine Sache gut, wenn er auch hin und wieder ein eigenwilliges Auge hat, wenn es darum geht, die besten und härtesten Passagen ausfindig zu machen. Dies, so meinen manche, veranlasse ihn dann, häufiger als die anderen in den Allrad zu schalten, weshalb man zwischendurch in Fahrerkreisen vom »Allrad-Ingvo« sprechen hört. Zu seiner Entschuldigung muß gesagt werden, daß der Kübel die meiste Zeit den Konvoi anführt, d.h. als erster das jungfräuliche Gelände durchpflügt, da er die geringste Last von allen trägt.

Die Mechaniker kommen zum Ende. Zwei Stunden hat die Federreparatur in Anspruch genommen. Die übrigen haben ihre Tätigkeiten abgeschlossen. Eckhard betrachtet bereits die Karte, um die weitere Strecke festzulegen; unsere Marschzahl wird etwa 100° sein (ungefähr OSO). Wolfgang und Reinhard essen noch etwas von dem restlichen Fleisch des gestrigen Tages und lassen die Knochen für die Raben liegen, die bereits seit geraumer Zeit aufgeregt und lautstark ihren Anteil fordern. Warum soll diese außergewöhnliche Begegnung kein Fest für die Tiere sein? Wir lassen die Motoren an und begeben uns auf die Strecke. Die Raben schweben von den Felsen herab und machen sich über Knochen und Fleischreste her. Sie haben keine Zeit für die vier Fahrzeuge, die als dunkle Punkte am östlichen Horizont langsam verschwinden ...

2. Larabi aus Igli

5.–8. Oktober 1975

Wir verlassen das spanische Festland mit der Autofähre von Algeciras nach Ceuta. Ende September betreten wir afrikanischen Boden. Die Grenzformalitäten in Bab Sebta für die Einreise nach Marokko verlaufen erwartungsgemäß im Rahmen einer mehrstündigen Wartezeit und komplizieren sich noch dadurch, daß wir zahlreiche Ausrüstungen mit uns führen, deren Einfuhr nach Marokko untersagt wird. Erst die Zahlung einer Kaution bereinigt die Schwierigkeiten – in einem Land wie Marokko sind harte Devisen sehr willkommen!

Tetuan, Fes, Ksar-es-Souk und Meski sind die Stationen auf unserem Weg hinunter in die dünner bevölkerten Landstriche. Hier, südlich des kargen, aber mächtigen Felsenmassivs des Saharaatlas, beginnt das Gelände zu veröden, Bäume und Gräser werden kümmerlicher, die Oueds sind meist wasserlos, nomadisierende Berber ziehen mit ihren Ziegen- und Hammelherden zu den ihnen wohlbekannten Brunnen. Das Wasser beginnt die existentielle Funktion zu bekommen, denn die Ansiedlungen liegen weiter auseinander als noch vor Tagen. Schlechte Hartpisten verbinden sie untereinander.

In den Oasen freilich ist die Not zu Ende. Die Menschen haben sich hier gegen die Wüste durchsetzen können. In großen Palmenhainen und ausgedehnten Gartenanlagen gedeihen Früchte und Gemüse, die die Farbenfreude des Marktes stark prägen. In den staubigen Straßenzügen sind die Werkstätten der Seiler und Korbflechter, der Töpfer und Klempner, der Gerber und Färber. Als Bauern, Handwerker und Händler verdienen die Menschen hier ihren Lebensunterhalt.

In Figuig, einer malerischen Oasenstadt, verlassen wir Marokko nach Algerien, wo wir bald schon auf einer gutausgebauten Asphaltstraße in Richtung des früheren bekannten Fremdenlegionortes Béchar dahinrollen...

In Beni Ounif an der algerischen Zollstation haben wir Larabi kennengelernt. Er ist ein Araber, Igli das Dorf, in welchem er wohnt. Larabi, Apotheker in diesem Grenzort, will für das Fest des Ramadan – der Ramadan geht heute zu Ende, nach einem Monat des Darbens – zu den Seinen nach Igli fahren. Wir geben ihm einen Lift. Mittags rasten wir unter einigen Palmen, essen und trinken etwas. Nur Larabi muß fasten. Dennoch zeigt er uns eine Quelle in der Palmeraie und hilft uns beim Ernten der Datteln. Larabi wird noch am selben Tag quasi in die Gruppe integriert. In Béchar angekommen, liefern wir eine Wasserpumpe ab und fahren dann Richtung Taghit weiter, wo wir die bekannten Felszeichnungen besuchen und photographieren.

Die Piste, die von der am Fuß einer großen Düne gelegenen Oase Taghit zu den Felsgravuren führt, ist äußerst abwechslungsreich. Zunächst verläuft sie über eine weite, stein- und felsbedeckte Ebene, dann dringt sie in einen Dattelpalmenhain ein, durch welchen sie sich zwischen Felsen und Palmen hindurchwindet. Die wellige und kurvenreiche, aber gut markierte Hartpiste endet nach 18 km unweit der Felsgravuren. Auf mehreren flachgelegenen Felsen, die sich leicht aus der Ebene herausheben, sind etwa 20 bis 25 Motive abgebildet. Es herrschen Rinder vor, ferner sind ein Elefant und zwei Jäger zu sehen. Letztere sind stehend über Rindern angeordnet, was bedeutet, daß die Tiere von den Jägern besiegt, d.h. erlegt wurden.

Es wird spät. Larabi möchte eigentlich am Abend zu Hause sein. Dennoch erklärt er sich erfreut einverstanden, die Nacht mit uns zu verbringen. Das Essen und der Tee werden zubereitet, dazwischen trinken wir Wasser. Die Stunde des Abendgebetes (18 Uhr) ist um. Larabi darf wieder essen und trinken. Im Laufe des Abends stellt es sich heraus, daß sich der Algerier sehr gut in den traditionellen Heilmethoden auskennt. Insbesondere ist ihm die Gebrauchsanweisung der verschiedensten Kräuter und Pflanzen gegen alle möglichen Krankheiten bekannt.

Die Nacht ist herrlich, sternenklar und warm. Larabi versichert uns, daß wir keine Wachen brauchten, und er behält recht. Wir schlafen unbehelligt die ganze Nacht hindurch.

Am nächsten Morgen vereinbaren wir im Verlauf des Frühstücks, daß wir gegen 17 Uhr in Igli sein wollen. Die Piste dorthin stellt sich als unangenehm heraus. Der frühe Nachmittag bringt zwei Reifenpannen, die uns jeweils eine Stunde kosten und Schweiß und Nerven. Kurz nach Einbruch der Dunkelheit – 17 Uhr ist längst überschritten – bleiben wir in einer Sandpassage stecken; gewöhnlich kein Problem, wenn wir den Allrad einschalten. Diesmal befinden wir uns jedoch in einer prekären Lage. Wir fahren zu diesem Zeitpunkt mit den letzten Litern im Tank, etwa 35 km vor dem Ziel. Nun, kurz vor der besagten Sandpassage bleibt der Kofferwagen stehen: Diesel ist alle. Also nimmt ihn Eckhard in Schlepp, ihn und den Anhänger. In dieser Verfassung empfängt uns der Sand. Zwei Stunden lang sind wir am Schaufeln, Rippenbleche-Verlegen und Drahtseile-Spannen. Schließlich hängen wir den Kübel vor die Pritsche, und vereint ziehen die beiden den Koffer und den Anhänger heraus. Der Rest der Strecke wird reibungslos bewältigt. Mit den letzten Tropfen kommen wir in Igli an. Wir sind dreckig wie die Säue und müde wie die Kumpel, die eine Woche unter Tage gearbeitet haben.

In Igli sind wir zu Gast bei der Familie Larabis, und nach den Strapazen fühlen wir uns wie im Paradies. Wir werden dem Hausherrn, Larabis Vater, vorgestellt, und dieser heißt uns willkommen. In dem kleinen, bei Dunkelheit wie aus »Tausendundeine Nacht« anmutenden Garten mit den Feigen- und Aprikosenbäumen sowie den Dattelpalmen lassen wir uns schwer, aber äußerst zufrieden auf den bereits im Viereck angeordneten Matratzenreihen und Kissen nieder. In unserer Mitte befinden sich schöne Teppiche. Larabi fordert uns auf, uns wie zu Hause zu fühlen. Der Tee wird gereicht; zunächst drei Runden zur Begrüßung; dann eine Mahlzeit serviert, Couscous, Hammelfleisch, Gemüse, Sauce mit Gewürzen. Sie ist eigens für uns zubereitet worden. Danach gibt es Kekse und Tee in einem fort.

Man unterhält sich über Krankheiten und ihre Bekämpfung. Bald aber wird das Gesprächsthema auf die Sitten und Bräuche des Landes verlegt: Beziehung zwischen Mann und Frau, Hochzeit, Familienbräuche, Verhältnis zwischen Gast und Gastgeber. Der Gast steht hoch im Kurs, er müsse zufriedengestellt werden. Dennoch gebe es Tendenzen zur Europäisierung. Man müsse Einladungen aus Höflichkeit von solchen aus Freundschaftsgefühlen heraus unterscheiden. Auf letzteren wird beharrt; sie dürfen nicht zurückgewiesen werden.

Der nächste Tag ist ein Arbeitstag. Reifen werden gewechselt, die Fahrzeuge frisch aufgeräumt, ein Anlasser repariert und Diesel aus Beni-Abbès geholt. Am Abend überfällt uns bleierne Müdigkeit. Wir machen uns etwas frisch und bekommen wieder zu essen. Da Larabi am nächsten Morgen um 8 Uhr seinen Dienst in Beni-Ounif antreten muß, entschließen wir uns, noch in der Nacht aufzubrechen. Wir hatten vereinbart, Larabi wieder nach Béchar zu bringen – was ja auch unser Ziel ist –, von wo er den Bus nach Beni-Ounif nehmen will. Es geht auf Mitternacht. Nach 30 km Piste kommen wir auf die R.N. 6, die nach dem noch 179 km entfernten Béchar führt. Reifenpannen und Übermüdung bewirken jedoch, daß der Kübel, in dem Larabi mitfährt und der die Spitze des Konvois bildet, von uns nicht mehr eingeholt wird. Hinzu kommt noch ein schwerer Verkehrsunfall, der uns im Morgengrauen etwa 1¹/₂ h Zeit kostet, da wir Hilfe leisten. Ein Peugeot 403 camionnette mit etwa 20 Leuten an Bord hatte sich überschlagen. Als der Rest des Konvois schließlich gegen 9 Uhr morgens todmüde in Béchar ankommt, ist Larabi bereits weitergereist.

Von Béchar gibit es eigentlich nichts Rühmliches zu berichten. Wir sind alle noch sehr müde infolge der nächtlichen Fahrt von Igli hierher, und entsprechend gereizt und lau ist auch die Stimmung. Der eine trägt Depressionen, der andere Aggressionen mit sich herum. Etwas aufwärts geht es, als Yves und Monique auftauchen, die wir von Figuig her noch kennen. Yves ist Lehrer, Monique Krankenschwester. Beide sind Franzosen und leben in Béchar. Ich schlage vor, einmal billig essen zu gehen, um die eigene Küche ruhen zu lassen. Wir fahren in eine dunkle Nebenstraße, parken unsere Fahrzeuge und betreten das Restaurant. Irgendwie sehen sie alle gleich aus, die einfachen, arabischen Restaurants: die Wände pastellfarben oder weiß, auf dem Boden Steinplatten, einfache Tische und Stühle, keinerlei Dekor. Vorne, neben dem Eingang, sitzt der Chef und kassiert ab. Die Atmosphäre ist kalt und abweisend.

Anschließend trinken wir den Tee in einem nahen Straßencafé. Es ist mild, viele Leute sind unterwegs. Der erste Tisch, den wir aufsuchen, ist blutverschmiert. Die Gefühle gehen in diesen Breiten sehr schnell hoch.

Der Tee ist gut. Aber es fehlt das arabische Straßenbild. Béchar ist keine Oase mehr, sondern eine Kleinstadt am Mittelmeer; was fehlt ist nur das Meer und der Strand. Palmen sind da, europäische Kleider, das Gehabe und alles.

3. Die mauretanische Piste (I)

12.–18. Oktober 1975

Tindouf

Die ersten Kamele tauchen auf, zumeist mutterseelenallein. Häufig verlaufen sie sich auf die Straße, was für Fahrer und Kamel fatal sein kann. Wir sehen nicht weniger als fünf Kamelleichen an der Straße nach Tindouf.

Südlich von Béchar beginnen die Dünen. Das Grand Erg Occidental, die größte Sandwüste der Welt, die sich hinunter zieht bis Kerzaz und hinüberreicht bis El-Goléa, kündigt sich an. Dann der Abzweig: wir biegen nach Westen Richtung Tindouf ab. Die Ebene ist braun bis schwarz. Häufig durchfährt man Oueds, ein einzigartiges Erlebnis, zumindest im Früh- oder Spätjahr. Entlang des Flußlaufes zieht sich ein breiter, lichtgrüner Streifen. Im Süden tauchen am Horizont bald Dünenketten auf, der Nordrand des Erg Chech. Die Nähe der Sandwüste macht sich stark bemerkbar. Der böige Wind treibt Windhosen über die Straße, die ständig von feinsten Sandbewegungen gelblich gefärbt ist. Sandpassagen links und rechts der Straße werden häufiger. Die Landschaft ist fast unbevölkert; auf 700 km zwei Dörfer, sonst nichts; kaum Viehherden, nur wieder einzelne Kamele und zwischendurch, man glaubt es kaum, ein Café: Café El-Guerba. Hier halten wir kurz zu einer Mittagsrast an: Ein alter, zahnloser Mann verzieht bedenklich die Mundwinkel, als er hört, daß wir die mauretanische Piste hinunter nach Atar fahren wollen.

Die Asphaltstraße führt über sanfte Hügel hinweg, und wären die

Kilometersteine nicht, so wäre man sehr überrascht, plötzlich, von einer solchen Anhöhe aus, eine Ortschaft vor sich zu sehen. Wir nähern uns einem Gebäudekomplex aus braunem »argile« (lehmartige, mineralhaltige Erde) – Tindouf.

Die Leute haben eine dunklere Hautfarbe als im Osten. Hier ist der Stamm der Reguibat zu Hause, eine ethnische Minderheit arabischen Ursprungs mit einigen ähnlichen Bräuchen, wie sie die Touareg haben. Sie führten bis vor wenigen Jahren noch Rezzous durch, d.h. Raubzüge auf Karawanen und Reisende; ein Nomadenvolk, das wie die Touareg sich gegen die Bezahlung der Steuern wehrt. So herrschen auch zwischen den städtischen Behörden (Polizei, Zoll) und den Nomadenführern ständige Auseinandersetzungen und Rivalitäten. Von den meisten Arabern werden die Reguibat als Diebe und Verbrecher behandelt, wie die Nemadi von den Mauren in Süd-Mauretanien.

Wir gehen einkaufen; viel gibt es nicht in dieser Oase; Zwiebeln, Tomaten, Gelbe Rüben, Kürbisse und Granatäpfel am Frucht- und Gemüsestand; daneben werden Hammel- und Ziegenköpfe zerhackt und aufgehängt. Einige Stände sind unbesetzt. Ein einziger Händler führt Kolonialwaren. Bei der örtlichen Bäckerei kaufen wir Brote, denn südlich von Tindouf kommt erst mal lange nichts mehr.

Ein Tresen ist alles, was der Verkaufsraum aufweist. Die Backstube selbst ist frei zugänglich. So holen wir uns das frisch gebackene, ofenwarme Brot selbst heraus. Das einzige Licht fällt durch die Tür. Wir erkennen sofort die Kärglichkeit des kellerartigen Raumes. Linker Hand steht der Ofen; davor in Bauchhöhe ein großes Brett, um das frisch gebackene Brot aufzunehmen, das der Bäcker mit seinem Holzschieber aus dem Ofen holt. Die Hitze ist groß.

Tindouf ist der algerische Grenzort nach Mauretanien. Die Formalitäten bei der Polizeit und beim Zoll dauern nicht lange. Schließlich wünscht man uns eine gute Reise. Wir tanken 500 l Wasser und 1200 l Diesel, um nach Atar zu kommen. Vor der Abreise nehmen wir noch einen kühlen Schluck in einem Café . . .

Ain ben Tili

Kommt der an Entbehrungen gewöhnte Wüstenreisende auf der Piste von Tindouf nach etwa 330 km nach Ain ben Tili, dann ist er noch lange nicht über dem Berg. Denn so karg und wasserlos auch die Wegstrecke gewesen ist, das Paradies findet er in dem Ort nicht. Der ganze Komplex besteht etwa aus 25 Häusern und einem Militärposten mit etwa 100 strafversetzten Soldaten, denn freiwillig kommt hier niemand her. Eine weite, vegetationslose Ebene, übersät mit grobem, schwarzem Gestein und tiefem Sand, umgibt den Ort. Wenn man Glück hat, laufen einem einige Käfer und Spinnen solidarisch über den Weg, oder einige Raben lassen sich unweit nieder und krächzen den Fremden an. Die Kaserne ist umgeben mit Stacheldrahtrollen, die unmißverständlich die Zufahrtswege zu dem Gebäude hin markieren. Einmal drin, ist man gefangen wie eine Ratte in der Falle.

Ich werde zum Tee eingeladen, denn kommt ein Fremder zum Bordj, dann ist dies eine willkommene Abwechslung für die armen Kerle. Ein quadratischer Innenhof, drum herum die Unterkünfte der Soldaten – stockdunkel, knallheiß, vielleicht 12 m^2 für vier bis sechs Soldaten. Der Unteroffizier betritt eine derselben, sie ist leer; er hat die einfachen Soldaten zuvor 'rausbefohlen; bei unserer Ankunft probten sie gerade den Krieg.

Ich werde aufgefordert, mich zu setzen. Ich nehme auf dem mit Bast bedeckten Steinboden Platz. Mein Blick gewöhnt sich an die Dunkelheit; dennoch finde ich neben vier Betten und etwas Gepäck nichts Nennenswertes mehr. Viel Gepäck braucht der Soldat nicht; die Armee bietet ihm ja alles – und ein Zurück von Ain ben Tili gibt es nicht: »On est là pour toujours!«

Der Unteroffizier stellt das Teekännchen auf den Rechaud, in dem die glühenden Holzkohlen glosen. Aus einem kleinen Karton holt er den Zucker hervor, aus einem anderen den Tee. Schließlich geht er zu einem Gepäckstück, sucht eine Weile darin herum und kommt zurück, einen Plastikbeutel mit zerbrochenen Keksen in der Hand. Er setzt sich nieder und widmet sich der Zubereitung des Tees. Dabei spricht er müde und schaut deprimiert drein. Ich sitze ihm gegenüber. Ich frage ihn, woher er käme. »Kiffa! Im Süden!« Er hätte auch etwas anderes sagen können; ich hätte es kaum gekannt. Denn wer kennt schon die kleinen Wüstennester im Süden Mauretaniens, wenn man noch nie dort gewesen ist. Ob wir eine Gitarre hätten, fragt er mich. Natürlich hat Eckhard seine Gitarre dabei, aber die Sonne hat den Leim vom Holz gelöst. »Leider ...!« meine ich. Inzwischen kocht der Tee. Er holt ihn vom Feuer, gibt ein großes Stück Zucker ins Kännchen und wartet. Es dauert noch. Ob wir den Landrover an der südlichen Außenmauer gesehen hätten. Ich bejahe. »Ein Engländer und sein Führer haben auf der Piste eine Panne gehabt, das Bordj gesehen und sind«, so erzählt er mir, »im Glauben, es wäre sehr nahe, losmarschiert, um Hilfe zu holen. Ein paar Tage später fanden wir sie auf halber Strecke – beide tot, verdurstet. Sie hatten die Entfernung unterschätzt.«

Er gießt den Tee mehrmals von weit oben herab in ein Glas und wieder zurück ins Kännchen. Ich schaue fasziniert zu. Schließlich ist der Tee bereit, gut wie immer. Daran ändern auch die ärmlichen Verhältnisse nichts, in welchen er bereitet wurde. Wir knabbern von den Keksen und trinken vor uns hin. Er stellt bereits wieder Wasser auf die Kohlen. »Drüben, auf der anderen Seite der Piste, etwa 800 m weiter, sitzen die Befreiungskämpfer von Spanisch Sahara. Vor einigen Wochen haben sie die Spanier ›'rausgeschmissen‹, und sie sind daher noch etwas nervös.« Sie würden alles, was europäisch aussieht, in die Zwickmühle nehmen. Wir sollten uns vorsehen, fügt er hinzu, vor kurzem seien Amerikaner beschossen worden. Nun, das macht mich munter, und ich überlege mir bereits, wie wir hier wieder ungeschoren 'rauskommen wollen. Er meint daraufhin, es gäbe eine Piste, die zunächst von ihrer Kaserne weg in östlicher Richtung und später wieder zurück zur Hauptpiste nach Atar führe. Ich beruhige mich wieder.

Nach dem zweiten Tee schaut er auf die Uhr; ich sehe, daß seine Zukkervorräte knapp werden. Die Kekse sind aufgegessen. Er werde jetzt wahrscheinlich gerne schlafen gehen wollen, meine ich, bedanke mich bei ihm und verlasse ihn mit diesen Worten.

Bir Moghrein

Für die Fahrt von Ain ben Tili nach Bir Moghrein benötigen wir zwei Fahrtage. Die Piste führt westwärts entlang der Grenze nach der umkämpften Spanischen Sahara. Die Gegend ist derzeit nicht ungefährlich. Reguibat durchstreifen das Gebiet, die Befreiungskämpfer von Spanisch Sahara haben hier ihre Stellungen. Touristen sind nicht sehr gefragt. Man überläßt sie ihrem Schicksal.

Der erste Tag führt uns durch ein Gelände, das reich an Oueds ist. Trotz zahlreicher Sandpassagen bewältigen unsere Fahrzeuge die Strecke recht gut. Am Horizont erscheinen hin und wieder Berge oder entfernte Gebirgszüge. Die weite, schier endlose Kiesebene, die inzwischen mit Gras und einzelnen Baumkrüppeln spärlich bewachsen ist, wird durch zahlreiche schwarze Felsen und Geröllhalden unterbrochen. Stündlich fahren wir an Kamelleichen vorbei, Opfer der Dürrekatastrophe vor zwei Jahren – nur noch Gebeine und Hautfetzen. In der Nähe eines Brunnens liegen sechs oder sieben Gerippe. Der Gedanke an den Tod aber wird noch eindringlicher durch die vielen Gräber, die die Piste säumen.

Bei Sonnenuntergang schlagen wir unser Lager auf. Wir fahren die Fahrzeuge so zusammen, daß sich im Innern eine rechteckige Fläche bildet, in deren Mitte eine Grube gegraben und ein Feuer entfacht wird. Darauf wird der Rost gelegt und das Teewasser aufgestellt. Ich hole aus dem Koffer meine Navigationsinstrumente, um eine Probemessung zu machen. Man fühlt sich etwas schlapp nach einem solchen Fahrtag unter Sonne und Staub.

Am folgenden Morgen gegen 10 Uhr erschallt der Ruf des Küchenpersonals: »Tee ist fertig!« Das Bedürfnis nach süßem, heißem Tee in der Wüste ist groß. Danach wird zusammengeräumt, nach dem Volltanken Wasser- und Dieselvorräte notiert. Seit gestern rationieren wir erstere. Etwa 25 km vor Bir Moghrein ändert sich das Geländebild etwas. Die Vegetation geht zurück. Die Felsen türmen sich zu ansehnlichen Massiven, die weit über die Ebene verstreut sind. Noch anderthalb Stunden bis Sonnenuntergang. Der Horizont ist hell und klar. Das Auge entdeckt Burgen. Der Blick durch das Fernglas macht jedoch deutlich, daß es sich um eigentümlich geformte Felsenspitzen handelt. Die Fahrzeuge hinterlassen eine breite Spur; der aufgewirbelte Staub verliert sich in dicken Schwaden nach Osten hin über der tiefen Piste. Zwischendurch huschen Dornschwanzagamen und Eidechsen vorbei; Raben, stets paarweise, begleiten den Konvoi ein Stück. Man glaubt sich in einem Canyon; die Felsen sind hoch und steil und in zahlreichen Reihen angeordnet, die parallel zur Piste verlaufen.

Am südlichen Horizont Beobachtungstürme und bald flache Gebäudereihen. Umrisse und Formen werden deutlicher – ein Ort. Die Beamten beim Zoll sind freundlich; sie räkeln sich müde in der Abendsonne. Einer setzt sich an den Tisch und schlägt dicke Bücher auf. Wir reichen die Papiere. Der Chef lädt uns ein, in seinem Haus die Nacht zu verbringen. Keiner denkt daran, die Fahrzeuge zu durchsuchen.

Das niedere, einstöckige Haus – mehr als nur ein gewöhnlicher Lehmbau – ist sehr geräumig. Wir suchen in einem kühlen, dunklen Vorraum Schutz vor der sengenden Hitze. Teppiche und Matratzen liegen auf dem Boden. Von hier führt eine Tür ins Freie und läßt kühle Luft eindringen. Wir treten auf einen kleinen Hof, rechts die Toilette, links die Wasserreserven, die wir jedoch nicht anrühren. Über den nächsten Raum kommen wir in die geräumige Küche. Mäuse und Ratten huschen durch die Gegend. Der Spülstein ist bedeckt mit großen Kakerlaken, bräunliche Käfer, die gewöhnlich jede Schiffsküche und deren Vorratsräume bevölkern. Ein quirliges Treiben! Wir setzen uns auf ein zementiertes Karree im Hof. Unser Gastgeber leistet uns Gesellschaft beim Tee und der Abendmahlzeit. Die Unterhaltung dreht sich um die politischen und ökonomischen Verhältnisse der nordafrikanischen Staaten und die Stellung Mauretaniens unter ihnen. Gegen 22 Uhr 30 verläßt uns der Chef und wünscht uns eine gute Nacht. Wir genießen den Komfort und ruhen uns aus. In der Küche huscht es nur so. Der Strahl der Taschenlampe fällt ins Spülbecken. Ein Heer von Kadavern: aus mit dem munteren Treiben! Der Rest des kochenden Teewassers hat aus dem Spülstein ein Schlachtfeld gemacht.

4. Die mauretanische Piste (II)

19.–26. Oktober 1975

Fort Derick
23° 02′ 56,8″ nB/12° 27′ 35″ wL, das Ergebnis meiner letzten Messung. Es ist richtig. Wir liegen auf der Nordseite am Fuß eines Berges. Es ist kurz nach 14 Uhr; die Mittagshitze knallt auf uns nieder. Wir schützen uns dagegen, indem Zeltplanen über das Karree der Wagenburg gespannt werden.

Wir liegen heute gezwungenermaßen fest: Getriebeschaden an der Pritsche III. Heute morgen fanden wir die Metallteile beim Ablassen des Getriebeöls. Die Gruppe muß heute schwer hinlangen, denn morgen soll es weitergehen nach Ft. Derick, Choum und Atar, etwa 450 bis 500 km. Wir rechnen drei bis vier Tagereisen, falls keine neuen Schäden vorkommen. Die Stimmung im Lager ist gut. Während der Mittagshitze liegen wir im Kreis um die Feuerstelle. Mehrere Kanister stehen bunt verteilt herum und dienen als Sitzgelegenheit.

Heute morgen besteige ich den Berg. Er ist nicht hoch, aber steil. Tief unten sieht man unsere Wagenburg, westlich davon, 20 m weiter, ist der Theodolit aufgebaut. Der Berg ist fast schwarz. Ich finde ein Rabennest mit einer Menge kleiner Knöchelchen. Die Felsen sind faszinierend: drei Seiten grob geformt, mit einer rauhen Oberfläche; die vierte Seite ist gleichmäßig nach außen gewölbt und die Oberfläche des Gesteins so glatt wie geschliffen. Südlich dieses Berges erheben sich weitere. Gleich der nächste sieht aus wie ein erloschener Vulkan. Vom Gipfel herunter ist er mit einer kohlschwarzen, unebenen Schicht bedeckt. Wie man mir später sagte, handelt es sich um Sedimentgestein mit ausgeschwitztem Manganoxyd.

Je südlicher wir von Tag zu Tag kommen, desto heißer wird es. Wir sind jetzt etwa 1000 km von der algerischen Grenze entfernt. Die Piste bis Ft. Derick ist recht gut. Unsere Hanomags haben keine Mühe, die wenigen Sandpassagen zu bewältigen.

Ft. Derick kündigt sich von Ferne schon durch hohe Eisenberge und Abbaulager an. Am Ortseingang versperrt uns die Kaserne die Weiterfahrt – so klein die Ortschaften auch sein mögen, Militär gibt es in Hülle und Fülle. Wir biegen nach Süden ab und kommen ins Dorf; eine breite Sandstraße, an deren Seiten sich flache Lehmbauten aneinanderreihen. Wir stürzen uns sofort auf die Hydranten – es gibt zwei – und füllen unsere Kanister. Dann schauen wir, was es hier zu kaufen gäbe. Wir treiben im ganzen Ort sieben Brote auf. Durch das Dorf zieht gerade eine Schar schwarzgekleideter Frauen, die mit ihrem Tobol einen Höllenlärm vollführen. Als wir den Ort wieder verlassen, bricht die Nacht herein. Wir haben etwas Mühe, die richtige Piste zu finden. Sie verläuft entlang der Eisenbahnlinie von Nouadhibou nach Zouerate über Ft. Derick und Choum. Kurze Zeit später beenden wir den Fahrtag. Ich finde vor Schlaffheit kaum noch meinen Stern.

Station 569

Am nächsten Morgen geht die Piste bald wieder verloren. Während unsere Blicke suchend über das Gelände hinweggehen, entdecken wir in der Ferne eine einsame Gestalt, die sich mitten durch die Wüste auf uns zubewegt. Beim Näherkommen werden europäische Züge unterscheidbar. Wir halten an. Es ist ein Franzose, der etwa 40 km entfernt als Chef auf einer Station arbeitet, die für den Unterhalt der Eisembahnlinie zuständig ist. Wir fragen, was er so mitten in der Wüste zu Fuß mache. Er meint, sie arbeiteten drüben an der Linie; er habe uns gesehen und sei gekommen, um uns den richtigen Weg zu weisen. Während wir uns noch unterhalten, entdecke ich plötzlich einige Kilometer entfernt – es ist fast gespenstisch – ein grünes Ungetüm, das Richtung Süden kriecht. Der Franzose: »Le train le plus long du monde!« Es ist der Eisenerzzug von Zouerate, unterwegs nach Nouadhibou, dem Hafen im Norden Mauretaniens. Vier gewaltige Lokomotiven ziehen eine unübersehbare Reihe von Güterwaggons; insgesamt 227 Stück. Der Zug ist 2 km lang und transportiert 18 000 Tonnen Eisenerz mit einer Fuhre. Die vier Loks leisten zusammen 8 800 PS, ebensoviel wie ein mittlerer Ozeanfrachter.

Wir kommen zur Bahnlinie. Etwa ein Dutzend Schwarze arbeiten auf den Schienen. Wir geben ihnen einen Kanister Wasser zu trinken. Es wird mit Magnesium geschweißt. Ich beobachte einen wahren Riesen, wie er mit wuchtigen, gezielten Schlägen eines Vorschlaghammers überstehende, glühende Eisenteile von den Schienen haut.

Der Chef lädt uns ein, auf die Station zu kommen, um mit ihm und seinen beiden Kollegen ein Bier zu trinken. Nach Beendigung der Arbeit brechen wir auf. Wir fahren zunächst Hartpiste, doch die Sandpassagen häufen sich. Am Kilometer 554 empfiehlt uns der Führer, auf dem Bahngeleise weiterzufahren, da der Sand bis zur Station 569 noch weiter zunähme. Wir hätten noch Zeit; der nächste Zug käme erst in einer Stunde. Wir fahren los. Zwischendurch hat der linke Reifen des Anhängers Panne; dies darf jedoch nicht weiter stören. Anhalten können wir nicht. Eine halbe Stunde später sind wir im Camp, wo man uns gleich in die Bar führt. Am Nachmittag stehen Reifen- und Schlauchmontagen auf dem Programm. Das Ergebnis ist ziemlich ernüchternd. In Atar brauchen wir dringend Schläuche!

Nach der Arbeit haben wir Gelegenheit, uns von unserer etwa zehntägigen Dreckschicht zu befreien. Die Unterhaltung danach auf der Terrasse der Station verläuft leutselig. Zur Anerkennung holen wir aus dem Kübel eine Flasche Obstschnaps. Der Chef wird auf einmal sehr agil; er läßt einen neuen Karton Bier kaltstellen, gibt dem Küchenpersonal Anweisungen. Der Tisch wird gedeckt. Unser völlig verrußter Alu-Pott mit Reis und weißen Bohnen schämt sich zwischen dem sauberen Gedeck des Hauses. Man tischt auf: die Suppe, eine große Schinken- und Wurstplatte mit Brot und Butter, Makkaroni und Steaks; zu dem Ganzen kommen verschiedene hervorragende Weine auf den Tisch, wohltemperiert. Wir fühlen uns nicht mehr ganz bei Trost. Versorgungsprobleme hat dieses Trio offenbar nicht; eigene Bäckerei – und der Mammutzug bringt den Rest aus Nouadhibou. Gegen halb ein Uhr nachts ziehen wir uns schwankend zurück in unsere Wagenburg vor dem Hause und schlafen, schlafen, schlafen . . .

Die Natur

Wir liegen wieder fest. Einige Radbolzen des Kübels sind gebrochen. Wir haben Wachen aufgestellt. Keine 20 km von uns entfernt liegt Choum; und diesem Räubernest an der Grenze nach Spanisch Sahara ist nicht zu trauen.

Von unserem provisorischen Lagerplatz aus sieht man die Tafelberge des Adrar. Gestern nachmittag unternahmen wir zu viert einen kurzen Ausflug ins Gebirge. Wir fuhren zwanzig Minuten mit dem Kübel, ließen das Fahrzeug dann stehen und marschierten los. Nach einer Stunde waren wir am Fuß des Gebirges.

Es ist ein faszinierendes Gefühl, in der Wüste zu wandern. Nichts, was einen beengt. Ständig bin ich auf der Suche nach Kostbarkeiten; ich hoffe, durch meine Funde der Wüste Geheimnisse entlocken zu können. Ich finde hübsche Steine, grün, rot und beige, eigentümlich geformt, gemasert, verwittert; leere Patronenhülsen, Skelettreste, verblaßte Glasscherben und verrostete Konservendosen, halb im Sand vergraben. Der ständig wehende Wind bewirkt, daß einzelne Gräser, so schwach und zerbrechlich sie auch immer sein mögen, eine etwa 1 bis 5 cm tiefe, halbkreisförmige Kuhle in den Boden fräsen.

Wir nähern uns dem Tafelbergmassiv. Hierbei wird eines immer deutlicher: die Tafel sitzt mehr oder weniger auf einem Trümmerhaufen, auf einem Durcheinander von Felsbrocken in jeder Größe. Die meisten nähern sich der Kugelform, wie von einer gewaltigen Hand geknetet – ein Berg von Riesenkugeln mit einem Dach darüber. Zwischen dem Gestein ist weicher, angewehter, gelber Sand. Ja, und dann ein unglaubliches Grün, so vereinzelt es auch immer auftreten mag. Zum einen eine kaum 5 cm hohe Pflanze, die mich an den heimischen Klee erinnert, zum anderen die lichtgrünen, winzigen Blättchen einer Akazienart.

Ich bin auf einer Terrasse angekommen, der untersten des Massivs. Wir sitzen im Halbkreis auf kugelförmigen Felsen oder im Sand. Vielleicht 50 m unter uns nur erstreckt sich die Ebene schier endlos. Aus dieser ragen, wie aufgesetzt, vulkanartige Felsenkegel empor, einzeln oder in Gruppen, ungleich über die Fläche verteilt. Es sind nur noch Silhouetten, die zu dieser Stunde in mir Melancholie angesichts der schweigenden Unberührtheit hervorrufen. Die lockere Anordnung erstreckt sich bis zum Horizont, so daß die Bergkegel in der Ferne zu einer gezackten Gebirgskette zusammengewachsen scheinen. Unterhalb der Spitzen liegt schemenhaft eine weiße Dunstglocke. Wir sehen, wie die Sonne zwischen zwei solcher Kegel versinkt. Es ist schon finster, als wir wieder im Lager sind.

Die Tage und Nächte, die wir bisher im Sahararaum verbracht haben, waren meistens gekennzeichnet von einem böigen Wind. Während der Fahrtage hatte ich oft Gelegenheit, interessante Phänomene zu beobachten. Zwei möchte ich kurz beschreiben.

Die Windhose. Eine hohe, gelblich-fahle Säule, die sich sanft biegt und windet und deren Basis eine milchig-weiße, kreisförmige Scheibe zu sein scheint. Diese Staub- oder Sandsäule, nicht selten bis zu 20 m hoch und von einem Meter Durchmesser, wird vom Wind vorangepeitscht. Die Figuren, die hierdurch entstehen, sind unendlich in ihrer Vielfalt. Häufig erinnere ich mich an Lautréamonts tanzendes Haar in seinen Gesängen des Maldoror. Die Standfläche wechselt unablässig ihre Form, vom Kreis bis zum Strich. Die Säule beugt sich tief herab, um dann plötzlich abrupt wieder hochzuschnellen. Das Gebilde bewegt sich schlangenförmig vorwärts. Es handelt sich um Luftwirbel – erzeugt durch das Aufeinandertreffen von Kalt- und Warmluft –, die sich mit großer Geschwindigkeit vorwiegend über weite ebene Flächen hinweg fortbewegen.

Kriechender Sand. Der Wind treibt feinsten Sand oder Staub flach über die Erdoberfläche und taucht das Gelände in ein weißes Gewand. Die Straße ist übersät von parallel verlaufenden, vorwärtskriechenden, hellen Staubwehen, die sich sanft kräuselnd vor dem heranbrausenden Wagen noch schell nach links oder rechts ins Gelände retten. Der Anblick, der sich dem Beschauer bietet, ist zugleich faszinierend und verwirrend. Die wirklichen Farben verschwinden völlig. Die gesamte Umgebung ist in ein fahles Licht getaucht. Der Himmel ist nicht mehr blau, sondern nähert sich dem Weiß. Das Auge ist geblendet, nicht durch eine direkte Sonnenbestrahlung, sondern durch eine nicht näher zu beschreibende, übertriebene Helligkeit. Der sonst flimmernde und tanzende Horizont, die vermeintlichen Wasserflächen, die man sonst immer zu sehen glaubt, verschwinden in der Staubluft.

5. Lager am Rand der Palmeraie

27. Oktober–3. November 1975

Nordöstlich von Atar, keine drei Kilometer vom Stadtkern entfernt, erstreckt sich einer der Palmenhaine der Oase. Es sollen hier fast 500 000 Dattelpalmen stehen. Hier haben wir ein Lager aufgeschlagen, das etwa eine Woche bestehen wird und wo die endgültig letzten Vorbereitungen für die erste und vielleicht schwerste Etappe der West-Ost-Durchquerung, Atar – Taoudeni – Tombouctou, getroffen werden, Wir haben eine ungefähr 250 km lange Dünenpassage vor uns, und wir wissen noch nicht, ob wir sie meistern werden – ja, ob sie überhaupt zu meistern ist! – Zwei Tage sind wir hier, und es wird zufriedenstellend gearbeitet. Neben den Kollektivarbeiten hat hier jeder Gelegenheit, seine persönliche Ausrüstung in Ordnung zu bringen und eventuelle Lücken zu schließen. Wir liegen unter Palmen; die spitzen Palmblätter sind wie Dolche. Nicht wenige Einheimische haben beim Dattelpflücken schon ein Auge eingebüßt. Der Boden ist weich, tiefsandig, und es gibt einiges Getier, das sich darin tummelt. Zwei Brunnen stehen uns zur Verfügung; einer für Trinkwasser, der andere zum Waschen. Der Palmenbesitzer ist ein freundlicher Mann, der sofort mit unserer Anwesenheit einverstanden ist.

Es ist herrlich, wieder Wasser in Hülle und Fülle zur Verfügung zu haben, das kühle Naß auf der Haut zu spüren. Die Brunnen sind etwa sieben Meter tief. Ein Eimer, ein Seil mit Haken und etwas Kraft ist alles, was notwendig ist, um von der Herrlichkeit profitieren zu können.

Heute abend liegen wir alle im Sand und ruhen von den Anstrengungen des Tages. Es war der erste Tag der mechanischen Arbeiten an den Fahrzeugen.

Ein kurzer Besuch in der Stadt am Abend; eine kalte Limonade, eine Nutte für die Nacht. Das erstere nehme ich an, letztere lehne ich ab. Einen Tripper in den nächsten Wochen kann ich mir nicht leisten; und ohne den kommt man in diesen Breiten kaum weg. Im übrigen habe ich dies in dem Nest gar nicht erwartet: kein Hafen, keine Ölsucher. Ich möchte wissen, wovon die Damen eigentlich leben. So viele Touristen gibt es hier auch wieder nicht! – Der Höhepunkt des Abends ist zweifellos vorüber; überhaupt verlaufen die letzten Abende recht schweigsam, muß ich sagen. Einige grübeln, andere muffeln, der Rest ruht; keine Post, eine schlecht verdaute Aggression, Puddingbeine – egal, Stimmung schafft keines von den dreien! Das Feuer ist längst erloschen. Es ist mild, ein lauer Wind, angenehm! Überall huschen Nachtfalter. Vorhin erschlugen wir eine giftige Sandspinne, die eine Heuschrecke davontragen wollte. Die lästigen, wirklich verdammt lästigen Fliegen haben sich auch zurückgezogen.

Einige Käfer laufen noch über den Sand. Von oben das Rauschen der Palmwipfel.

Jeden Tag haben wir Gäste, Zaungäste, die kleinen Jungen und Mädchen des Plantagenbesitzers. Besonders einer hat es mir angetan, ein unheimlich liebes Kerlchen. Zunächst setzt er sich immer einige Meter abseits. Zwischendurch lächle ich ihm zu. Er deutet auf meine Feldflasche; ich nicke. Er nimmt sie und trinkt gierig daraus. Wir haben fast immer kühles Wasser in unseren Flaschen, da wir nasse Tücher darum binden. Nun, es scheint ihm zu schmecken, denn er nimmt sie noch öfter. Eines Tages drückt er mir einige kleine Datteln von der zweiten Ernte in die Hand. Sie sind gut und süß. Dann wieder esse ich Fisch aus der Dose; er erhält den Rest und etwas Brot dazu. Am nächsten Tag gibt es wieder Datteln. Er bekommt einen Tee. Er macht das geschickt, aber keineswegs aufdringlich. Leider spricht er kein Französisch, und ich kann kein Arabisch.

Eine Krankmeldung: Agnes ist sehr schwach. Sie hat Schwierigkeiten mit Magen und Darm. Gute Besserung! Ansonsten ist der Gesundheitszustand der Gruppe zufriedenstellend, was angesichts der vor uns liegenden schweren Etappe durch das Djouf auch absolut notwendig ist.

Feierabend am 30. Oktober. Wir haben kühlen Ricard getrunken; jetzt wird gerade der Pudding zubereitet. Es ist Wolfgangs Geburtstag. Er hat eine Flasche Whisky von uns erhalten.

Heute haben wir, Agnes und ich, einen Speisezettel für die kommenden 60 Tage durch die Einöde des Djouf aufgestellt; eine eiserne Rationierung. Wenn das nur keinen Ärger gibt!

Wieder in der Stadt. Auf dem Markt fragen wir nach Datteln; sie sind sehr teuer. Aber ich weiß jetzt, wie man sie für lange Zeit genießbar erhält. Das Zaubermittel ist Ziegenhaut; man nehme eine Guerba und schneide diese in der Mitte entzwei. So erhält man zwei sackartige Behälter, in die die Datteln gesteckt werden. Der Sack muß innen trocken sein.

Im Krankenhaus; es hat stationäre Aufnahme, aber nichts funktioniert. Es gibt zwei Operationssäle, zwei Sterilisatoren, aber kein Licht – also auch keine Operationen. Der Patient muß nach Nouakchott. Hierbei soll einmal das Folgende geschehen sein: Der Sohn eines reichen Mannes hatte einen Unfall. Der Vater ließ ein Flugzeug aus der Hauptstadt kommen, um seinen Sohn dorthin transportieren zu lassen. Am selben Tag kam ein Junge ins Krankenhaus mit einer Blinddarmentzündung. Auch er hätte zur Operation nach Nouakchott müssen. Doch er konnte kein Flugzeug bezahlen. Daher wurde der Reiche gefragt, ob er den Jungen mitnehmen würde. Dieser lehnte ab; es gäbe keinen Platz mehr darin; und warum? Nur weil die ganze Verwandtschaft mitfliegen wollte! Der Junge mußte mit dem Taxi nach der Hauptstadt gebracht werden, die 500 km von Atar entfernt ist. Dem Reichen aber konnte keiner etwas anhaben.

Auf dem Kamelmarkt bietet sich uns ein malerischer Anblick; gegen 30 Kamele, darunter einige Hedschin, schnelle Reitkamele, die von den Besitzern, Reguibat, umlagert werden. Es sind Leute, die aus der Wüste kommen; das sieht man auf den ersten Blick. Einzelne Ziegengruppen sind bunt über den Platz verteilt. Ein Zicklein labt sich gerade an den Zitzen seiner Mutter.

Auf der anderen Seite des Platzes liegen lange Reihen von Säcken mit Holzkohle; für Karawanen, die eine längere Wüstenstrecke vor sich haben. Viele Kinder, fragende Blicke und bettelnde Gesten und Worte – es ist immer dasselbe.

Gestern war der erste Tag der eiserenen Rationierung für 60 Tage, vom 1. November bis zum 31. Dezember. Es wird nicht leicht sein. Wir haben den ersten Vorgeschmack erhalten, Reis und Bohnen, Brot und Tee. Es war fade und trocken. Auch die Gewürze konnten die Einfachheit der Mahlzeit nicht überdecken.

Heute vormittag fuhren wir etwas 'raus, etwa 20 km, und hatten ein großartiges Panorama auf einen Talkessel. Mehrere Oueds, die eingerahmt sind von Palmen, dicht bewachsen und wunderbar grün, liegen unter uns. Beiderseits davon flache Gebäude aus Lehm und runde Grashütten. Drum herum weite Sandflächen – rosafarben und gelb – leicht gewellt, die sich die Steinhalden, auf denen Felsenplatten thronen, hinaufwinden. Das Tal ist umgeben von Tafelbergen; das größte der Flußbetten hat sich seinen Weg durch eine der Felswände hindurch gewählt.

Pritsche III, der Wassertransporter, bewegt sich zusammen mit dem Koffer hinauf zur Wasserstelle. Der Tankwagen mit der Motorpumpe ist gekommen. Eine halbe Stunde später fahren wir die beiden anderen Fahrzeuge los, um in der Stadt den Diesel zu übernehmen; hierfür sind Pritsche II und Anhänger vorgesehen. Zuvor jedoch die letzten Einkäufe; beim Erwerb von 80 Broten gibt es fast ein Handgemenge; wir verärgern ohne Absicht die Brotverkäufer, da wir alles bei einem einzigen holen, etwas unklug vielleicht, aber nicht mehr zu ändern. Von allen Seiten ein Gezupfe, ein Gestoße, erzürnte Gesichter, wütende und laute Sprüche, teilweise unverständlich. So sind wir froh, den Markt bald wieder hinter uns zu haben.

Dann zur Tankstelle – sie haben nur eine Handpumpe, und obendrein ist das Zählwerk kaputt. Wir müssen zwei Kanister eichen und jedesmal umschütten. Diese Arbeit kostet uns sechs volle Stunden, dabei haben wir nur etwas mehr als die Hälfte dessen, was wir insgesamt benötigen. Wir zählen ab: 71×25 Liter und 26×22 Liter – dann haben wir die Nase voll und gehen zur Konkurrenz, die leider nur über etwa zwei Tonnen Diesel verfügt, sonst hätten wir alles hier genommen. Die restliche Treibstoffmenge, etwas mehr als 1500 Liter, ist schnell getankt. Danach zu einem befreundeten Arztehepaar, Jacques und Mechtild. Wir bekommen zu essen und zu trinken. Am späten Abend besucht uns Père Guy Daniel und erzählt, er habe einst an einer Salzkarawane teilgenommen, über 700 km weit in Mauretanien. Täglich wären sie 40 bis 50 km marschiert, drei Reguibat, er und 25 Kamele mit Salzlast nach Tidjika. Gegessen und getrunken werde nur abends – zwei Becher Wasser, Reis und Datteln –, und dies drei Wochen lang. – Dennoch, so lernt man diese Leute kennen, und nicht anders. Der Karawanenführer kennt die Strecke; er hat keine Karte, keinen Kompaß, keine Piste; er hat nur die Sonne, des Nachts die Sterne und das Gelände –, und das genügt ihm! Die letzte Nacht schlafen wir im Hofe des Arztehepaares. Vom Freilichtkino dröhnt es gewaltig herüber; sie spielen einen Karatefilm, made in Hongkong. Die Zuschauer gehen kräftig mit, und sie sind fast lauter als das Geschehen auf der Leinwand selbst.

An der Musik kann ich bald schon das Ende des Spektaktels erahnen. Danach himmlische Ruhe!

6. Atar

27. Oktober 1975

Reis, Fisch und Kaffee

Wir gehen schlapp durch den tiefen Sand, der Atars Staubwege bedeckt. Es ist Mittagszeit; die Sonne knallt nur so vom Himmel. Wolfgang glaubt, es hätte 50° C in der Sonne. Ich weiß es nicht. Mir ist es auch egal. Rechts und links flache Lehmbauten, die kaum einen Schatten werfen. Die Straßen sind sehr breit, der Ort großzügig angelegt; weite Flächen liegen zwischen den Häuserkomplexen. Wir biegen um einige Ecken und erreichen neue Straßenzüge. Das Bild ändert sich nicht; die Straßen sind wie leergefegt. Die Menschen haben sich in die Häuser zurückgezogen.

Unser Weg führt uns in das Innere einer der Lehmbauten. Wir betreten einen Innenhof; auf der einen Seite von Lehmmauern, auf der anderen von der Hauswand selbst begrenzt. Der Hof ist öde; Abfälle liegen herum, einige schmutzige Emailschüsseln in einer Ecke, die Asche eines Feuers, der graue Boden, Steine – kein Strauch, kein Grün. Eine Frau weist uns den Weg in einen mittelgroßen, kahlen Raum, auf dessen Boden eine

Grasmatte und eine Decke liegen. In der Ecke sitzen zwei weitere Frauen und essen zu Mittag. Dies ist auch unser Begehren.

Wir nehmen in einem weiten Halbkreis auf der Decke Platz, die den Zementboden nur spärlich bedeckt. Einige Kissen werden uns gereicht; sie fühlen sich hart an. Vor dem Eingang hängt ein bunter Vorhang herab, um die Hitze etwas fernzuhalten. Ein Blick zur Decke unterstreicht die Armut des Ortes. Aus den Löchern der gekalkten Lehmkonstruktion schaut das Baumaterial, das Gras und ein Palmgeflecht hervor.

Wir bestellen. Es gibt nur ein Gericht. Der Junge kommt zurück und fragt, wie wir serviert haben wollen: einzeln oder aus einer Schüssel. Da wir weit auseinandersitzen, entschließen wir uns zu drei Schüsseln. Nach wenigen Minuten wird aufgetragen. Die Frauen setzen die Gefäße behutsam in unserer Mitte ab, darauf bedacht, es uns auch recht zu machen. Wir sehen viel Reis, braungetönt, und etwas Fisch in der Mitte der Schüsseln. Wir greifen zu; es wird genörgelt. Der Fisch schmecke beschissen, und überhaupt sei es zuwenig. Der Reis sei trocken. – Ich schweige, ziehe mich ganz von dem Gespräch zurück. Ich habe Hunger, und das Essen schmeckt mir. Es gibt kühles Wasser, leider kein Brot. Aber das macht nichts. Der meiste Fisch bleibt liegen. Die Unterhaltung plätschert etwas unkontrolliert dahin und verliert sich schließlich in der allgemeinen Schlaffheit. Wir bestellen Tee und Kaffee. Zuerst werden die Tees gereicht; kurz darauf fünf volle Gläser und zwei große, halbvolle Plastikbecher mit Kaffee. So muß serviert werden! Es darf nicht alles den Erwartungen entsprechen. Der Kaffee ist gut und süß. Ich schlürfe ihn sehr heiß in mich hinein. Ich mag das. Der Schweißausbruch danach ist angenehm. Ich lehne mich wohlig zurück gegen die Wand, bin wieder versöhnt. – Der Raum hat Farbe bekommen. Wir strecken, räkeln uns in allen Richtungen, liegen schlaff oder hängen in der Ecke. Längst sind wir allein. Keiner hat Lust aufzustehen. Warum auch? Draußen ist es heiß, Büros und Läden sind geschlossen – Siesta. Die Zigaretten brennen. Der Rauch zieht in munteren Bewegungen am Vorhang vorbei nach draußen. Einige Male hebe ich ihn einen Spalt weit. Aber es gibt nichts, was sehenswert wäre. Das Leben ist in der Hitze des frühen Nachmittags erstorben. Der Vorhang fällt wieder; die Helligkeit blendet mich. Der Junge taucht auf; ob wir die landesüblichen drei Runden wollten? Wir verneinen. Und eigentlich weiß keiner warum ...

Mechoui, Couscous und Tee

Mamadi, der mauretanische Koch von Jacques und Mechtild, hat den ganzen Nachmittag damit zugebracht, den Hammel fachgerecht zuzubereiten. Da hängt er nun an einer Palme, mit durchschnittener Kehle, einen Strick um den Hals. Mamadi zieht ihm das Fell ab, entfernt das Fett auf der Haut, hackt die Beine ab und legt das Ganze auf ein hierfür vorgesehenes Drahtgeflecht, das als Grill dient; ein Holzkohlenfeuer nährt das Gemenge von unten: »Le petit Mechoui!« meint er. Leber und Nieren sind gleichfalls dabei. Eine Stunde später essen wir diese wohlschmekkende Vorspeise, mit Brot und Senf, Paprika und Pfeffer.

Ich schaue zu, wie der Schwarze den Hammel aufschneidet und mit geübter Hand eine Leckerei nach der anderen zum Vorschein bringt: Magen – drei Tage hätte das Tier kein Wasser mehr zu sich genommen! –, Galle, Milz, Eingeweide, Darm. Die Arbeit am abgeweideten Tier neigt sich dem Ende zu. Unweit ist eine etwa 20 cm tiefe Kuhle ausgehoben worden, in welcher Holzkohle und Holzscheite vor sich hin glosen. Dorthin kommt nun das Tier. Es wird direkt in den Sand gelegt und darüber kräftige Glut entfacht.

Nach dem kurzen Imbiß gibt es zunächst noch vieles zu tun. Die Fahrzeuge müssen für die erste Etappe durch das Djouf frisch verstort werden. Der Schweiß fließt in Strömen.

Doch endlich ist Feierabend! Ich genieße die kühle Brise, die jedoch in Wirklichkeit eine schwüle Brise ist. Ich stehe kurz vor Abschluß meines Waschzeremoniells, da fahren auch schon unsere Gäste an mir vorbei, ein freundlich gewinkter Willkommensgruß. Einige Minuten später stapfe ich erfrischt durch den Sand zum Lager.

Auf dem lodernden Holzfeuer steht bereits der Teekessel. Nach und nach füllt sich der Halbkreis um das Feuer auf den ausgebreiteten Dekken. Außer Jacques und Mechtild ist noch ein Lehrer gekommen – und natürlich Mamadi, unser Koch. Der Whisky wird gereicht; er ist eiskalt. Wir lachen uns breit und genüßlich an. Auf dem Rost kocht das Wasser. Fünf Minuten später ist der Tee zubereitet.

Es ist mild und warm, obwohl man seit Tagen schon merkt, wie die Kühle des Windes gegen Abend zunimmt. Die Leute sagen, der Winter nahe – und die müssen es wissen.

Mechtild meint, daß sie eigentlich nicht so recht wüßte, was die christliche Geistlichkeit für eine Funktion in Atar erfülle. Die Geistlichen würden es eigentlich auch selbst nie sagen, sondern wichen der Frage jedesmal geschickt aus. Die Kirchen seien leer, die Einheimischen eher distanziert, die Behörden legten Restriktionen auf. Missionierung fände auch nicht statt. Père Guy Daniel gäbe jede Woche Unterricht in Hassania, der hiesigen Sprache, und man sage, er arbeite wissenschaftlich. Von wem die Kirchenleute bezahlt werden, sei unbekannt. Die französische Kirche jedenfalls ist recht arm. Die anderen Weißen in Atar hätten ihre Funktionen: Arzt und Arzthelferin, drei Lehrer, ein Ingenieur für die Brunnen, schließlich drei Nonnen, die Unterricht geben im Nähen, in der Babypflege und -versorgung, und einige andere. 14 Europäer soll es in Atar geben. Wenige Söhne und Töchter für Père Guy Daniel ... Mamadi erhebt sich, und trägt den im Sand gebackenen Mechoui herbei. Mechtild fragt sich, warum er keinen Sack um das Tier gemacht habe. Es ist wahr: die knusprige Haut ist derart voll Sand, daß sie ungenießbar geworden ist. Wir kämpfen uns nach innen vor – welch erlesenes Fleisch! Herrlich zart und ohne irgendeinen unangenehmen Beigeschmack – ein Leckerbissen!

Es gibt bei weitem genug für alle. Und wer gedacht hat, damit wäre das Genießen zu Ende, der hat sich gründlich getäuscht. Der Hammel, in der verblaßten Pracht seiner Knochen und des schwarzgebrannten Sandes, wird, immer noch herrlich duftend, weggetragen. Mamadi nähert sich wieder: eine riesige Schüssel mit herrlichem Couscous, der mit braungebrannten Hammelkeulen und Ragoutteilen bedeckt ist. Eine himmlisch duftende Sauce wird darüber gegossen. Die rechte Hand dient als Eßbesteck. Man formt Kugeln oder kugelähnlich Gegenstände und steckt sie in den Mund. Es folgt der mauretanische Tee, drei Runden – wie es sich gehört!

Eckhard, der vor einigen Tagen in die Hauptstadt gefahren war, ist tags zuvor aus Nouakchott von der Deutschen Botschaft zurückgekehrt. Er erzählt: »Nouakchott wird von einem unterirdischen See gespeist, dessen Wände infolge des niedrigen Wasserspiegels gegenwärtig am Einstürzen sind. Die Stadt trinkt zur Zeit braunes Sandwasser.« In der Botschaft werde erzählt, im Hafen lägen Hunderte von Tonnen Arzneimittel seit etwa einem Jahr und warteten auf den Abtransport; den Zoll hätten sie bereits passiert. So verderben sie im Hangar. Keiner fühle sich für den Abtransport verantwortlich. Die Ärzte im Lande wissen nichts davon, denn die Information dringt nur durch Zufall nach draußen ins Land.

Gegen Mitternacht hat das Gelage ein Ende. Es ist noch warm; der Wind nicht sehr stark. Ich rauche eine letzte Zigarette. Morgen also soll's losgehen. Wir müssen noch Treibstoff und Wasser holen; die Kanister sind abgezählt; sie reichen aus für die vorgesehenen Kapazitäten. Ich blicke einer riesigen Sternschnuppe nach. Seit einer Woche habe ich keine Messung mehr gemacht, denn Atar ist bereits präzise vermessen. Ich werfe die Zigarette weg, schlüpfe in meinen Schlafsack und rolle mich zufrieden auf die Seite.

7. Chinguetti und Ouadane

3.–7. November 1975

Der Eindruck ist noch ganz frisch. Vor kaum fünf Stunden haben wir Atar in Richtung Chinguetti verlassen. Eigentlich ist alles recht kurz und schmerzlos und völlig undramatisch gewesen: der Ausgangsstempel der Polizei, ein kurzer Ausflug zu Felsmalereien, Vorfahren beim Zoll, Abschied von Mechtild und Jacques; Atar selbst hat man in weniger als fünf Minuten verlassen. Um 18 Uhr waren wir auf der Hartpiste nach Chinguetti; völlig undramatisch – und dennoch hatte ich das Gefühl, daß der Aufbruch aus Atar ein besonderer ist. Nicht jeden Tag fährt man auf eine Etappe von 3500 km Länge resp. 60 Tagen ohne Fremdversorgung. Die beiden Pritschen tragen jede eine Last von 2,8 t, dazu der Anhänger nochmals 1,5 t. Wir führen 4327 l Diesel und 2610 l Wasser mit uns, das Ganze in 291 Kanistern. Der Nahrungsmittelkoffer ist voll mit Proviant, neun Zentner schwer, usw.

Im Verlauf der vergangenen Woche hatte sich in der Gruppe steigende Unruhe bemerkbar gemacht. Zwar war in allen Bereichen zielstrebig auf den Zeitpunkt X hingearbeitet worden, aber die Ungewißheiten um die Schwierigkeitsgrade dieser ersten Etappe blieben bestehen. Wer hätte sie auch ausräumen sollen? Auf die Fahrzeuge würde eine schwere Bewährungsprobe zukommen. Würden sie die Dünen meistern können? Und falls nicht? . . . Es war bereits davon gesprochen worden, was beim Verlust eines Fahrzeuges zu tun wäre; ein Ausfall ist einkalkuliert . . .

Eckhard, der Streckenführer, macht sich Sorgen um die Qualität des Kartenmaterials. Würden sie als Orientierungshilfen überhaupt herangezogen werden können? Die Strecke durch die Einöde ist provisorisch trassiert, aber wie die Wirklichkeit aussieht, darüber wissen wir nichts. So trägt angesichts der ungewissen Zukunft, die uns erwartet, jeder von uns seinen Kloß im Hals mit sich herum . . .

Wir fahren nicht weit heute abend. Nach 36 km holen wir Holz, machen unser Feuer und stellen Teewasser auf. DerAbend verläuft einsilbig. Die Musik plätschert nebenher. Suppe und Brot schmecken. Morgen früh um 10 Uhr wollen wir auf der Paßhöhe sein.

Der heutige Tag, 4.11, ist weniger ein Fahrtag als vielmehr verschiedenen Felsbildstationen gewidmet.

Um 7 Uhr heute morgen schallt mein Ruf durch die Nacht. Eine Viertelstunde später ist bereits alles auf; das hatten wir bisher noch selten! Eine kühle Brise weht durch den werdenden Tag. Das Feuer ist schnell entfacht. Bis zum Frühstück wird aufgeräumt und verzurrt. Um 8 Uhr ist es hell; eine halbe Stunde später kommen wir weg.

Die miserable Piste von gestern setzt sich heute fort; eine Hartpiste mit sehr grobem Gestein: einzig mögliche Devise ist, langsam zu fahren. Wir durchqueren das Adrar. Das Gebirgsmassiv ist beeindruckend. Mächtige Tafelberge, massive Felsentürme mit starken Verwitterungen, Täler und Canyons; dann der Amogjar-Paß, von dessen Höhe aus wir den Blick hinab auf das Massiv genießen.

Nach 10 Uhr finden wir rechter Hand der Piste einen hohen Felsenkomplex mit verschiedenen Überhängen, an denen häufig Felsgravuren oder -malereien anzutreffen sind. Der Fels ist etwa 100 m hoch und gut zu besteigen. Der Halt lohnt sich; wir finden zwei Stationen, eine davon sehr reich mit über 100 Einzeldarstellungen, ferner einen großen Fels mit deutlichen Schleifspuren und ein Höhle von 12 m Tiefe. Wir nehmen die Fundorte auf, beschreiben sie, bemühen uns um systematische Arbeit. Dann zurück zur Piste.

Der Belag wird von Kilometer zu Kilometer sandiger. Die beiden Pritschen stöhnen unter ihrer Last, bleiben mehrfach stecken. Wir bekommen sie frei – und weiter geht's! Doch die Strecke ist unerbittlich. Die nächste Tiefsandpassage läßt nicht lange auf sich warten. Dann ändert sich das Gelände, und wir stellen fest, daß die harten Streckenabschnitte nicht minder eklig sind. Wellblechpiste mit Steinen, die kopfgroß aus dem Boden ragen. Nach einer halben Stunde Fahrt tauchen am Horizont Dünen auf, Palmen und Lehmbauten: Chinguetti.

Die Geschichte des Ortes beginnt im 14. Jahrhundert, das bedeutet 600 Jahre Islamgeschichte. Mohammeds Nachfahren sollen hier gewesen oder gar geboren worden sein. Über ein Jahrhundert war es die Hauptstadt des maurischen Imperiums. Chinguetti ist bekannt durch die Strenge seiner Religiosität. So wurde bis in die dreißiger Jahre jeder Christ, der die Oase betrat, verfolgt. Kein Europäer überlebte vor dieser Zeit den Besuch Chinguettis, es sei denn, er blieb unbemerkt. Zusammen mit Kairouan/Tunesien und den Mozabiten-Städten in Algerien gehört Chinguetti zu jenen Städten, die die Tore den Europäern zuletzt öffneten.

Dieser Ruhm ist heute längst verblaßt. Wir sind von der Größe des Ortes überrascht, aber eine bedeutende Rolle spielt er gegenwärtig nicht mehr. Dennoch, das erste Hotel steht bereits. Die Oase ist sehr »typisch« und noch relativ günstig gelegen. Die Qualität der Verkehrswege läßt zwar noch zu wünschen übrig, aber . . . – Nun, Chinguetti und Umgebung, d.h. Ouadane, Atar, usw., könnten sich in den nächsten zehn Jahren in ein Touristenparadies verwandeln. Dies ist die düstere Perspektive dieser jetzt noch völlig vergessenen Oasen abseits der Nord-Süd-Verkehrswege. –

Unser Besuch beginnt mit einer Einladung zum Tee, die uns von einem hohen Militär erteilt wird. Er erzählt von seinen Kämpfen in Nord- und Ostmauretanien. Anschließend ein Rundgang durch den Ort: Man stapft ohne Ende durch tiefen Sand, was sehr ermüdend ist. Beiderseits der Wege Lehmbauten, an denen sich hohe und immer höher werdende Sandverwehungen sammeln. Mehrere Häuser sind bereits unbewohnt. Die Kinder folgen uns, zunächst auf Distanz, dann mutiger.

Ein Mann belädt einen Esel mit Steinen. Dieser wartet geduldig, bis er fast nicht mehr stehen kann. Dann erhält er Hiebe und setzt sich in Bewegung, wie es sich gehört. Wieder Hiebe – und er bleibt stehen . . . Und auch das gehört sich so, denn der Mann hat noch einen zweiten zu beladen. Über beide Flanken hängt jeweils ein großer Metallkorb. Was da nicht alles reingeht! Hoch türmt sich die Steinlast, als es wieder Hiebe setzt. Dieser, und wie durch ein Wunder auch der erste Esel, setzen sich in Bewegung, mit wackligen, schwankenden Beinen den Sand hinauf und wieder hinunter. Die Gruppe verschwindet zwischen den Lehmbauten. –

Die Leute sind aufdringlich. Eine dürre Frau mittleren Alters kommt herbeigeschlurft und ruft mit ordinärer Stimme ihr »Cadeau«! Es hört sich grausig an. Ich gehe langsam weiter, den Palmen entgegen. Die Kinder balgen sich um uns herum im Sand. Sie vollführen einen Höllenlärm. Es gibt liebe Kerle darunter, kein Zweifel, andere sind fies und unfair, selbst zu ihren eigenen Kameraden.

An einem Brunnen wird Wasser geschöpft und in Schläuche und Ziegensäcke gefüllt. Die Typen sind enorm: mächtige Gestalten, krause, graue Haare, verblichene Bärte, dunkelbraune bis schwarze, leicht negroide Gesichtszüge. Sie tragen Serouals und Sandalen. Es sind Mauren. Sie winken ab – kein Bild!

Eine Stunde später sind wir bereits auf der Piste nach Ouadane. Ouadane ist der definitiv letzte Versorgungspunkt auf unserer Etappe. Man erreicht den Ort über eine höllische Regpiste, die Reifen, Federblätter und Nerven kostet.

Ouadane stellt Chinguetti bei weitem in den Schatten. Ein Bezirk der Oase ist unbewohnt; die in Ruinen liegende Stadt verbreitet eine Atmosphäre hohen Alters. Dieser wie auch der bewohnte Teil bestehen aus Lehm oder aus aufeinander geschichteten Felsplatten. Schmale Wege führen labyrinthartig zwischen dem Gewirr von Flachbauten hindurch.

Oudane liegt hoch über einem großen Oued; Palmen in riesigen Hainen. Auf einem steilen, gewundenen Pfad schnaufen die Fahrzeuge mühsam nach oben, und dort angekommen, sind wir sofort von einer großen Menschenmenge umringt. Wenig später sind wir zu Tee und Datteln eingeladen; wie gewöhnlich von einem einflußreichen Mann des Ortes, dem Bürgermeister, der gleichzeitig der einzige Bäcker ist. Wir erklären ihm und den übrigen Anwesenden Zweck und Ziel unserer Reise, unterhalten uns über Möglichkeiten der Streckenführung und über Entfernungen. Es folgt die Einladung zum Abendessen – und die höfliche Aufforderung, die Nacht im Haus zu verbringen. Zu meiner Standortbestimmung bekomme ich die Dachterrasse des Anwesens angeboten. Was will ich mehr! Von dort eigentlich erst hat man den so beeindruckenden Blick auf Ruinen und Palmeraie.

Nach dem ersten Imbiß gehen wir durch die Gassen Ouadanes, geführt vom Sohn unseres Gastgebers, einem intelligenten und netten Burschen. Es ist später Nachmittag; die Sonne steht schon tief und taucht alles in ein grelles, scharf zeichnendes Licht. Der Weg führt uns aus der Stadt hinaus über die Felsen hinab zum Oued, von wo nun die festungsartige Lage Ouadanes stark beeindruckt.

Am Abend, zurück im Haus, wird eine Decke ausgebreitet, werden Kissen gereicht, und wir werden aufgefordert, Platz zu nehmen. Drei Runden Tee, das bedeutet viel Zeit. Wir sitzen im Innenhof des Hauses, der durch eine chinesische Petroleumlampe und ein kleines Feuer spärlich erleuchtet ist. An der uns gegenüberliegenden Ecke des Hofes führt die grob behauene Steintreppe hinauf zur Terasse, von welcher immer noch der aufgebaute Theodolit herunterschaut und auf die Polarsternmessung wartet. In dieser Ecke ist der Platz, an dem die mit Wasser gefüllten Guerbas am Holzwerk aufgehängt sind; Waschplatz, Schlachtplatz, allgemeiner Arbeitsplatz. – Nebenan ist gleich die Bäckerei. An einer anderen Ecke die Toilette; sie ist es wert, getrennt erwähnt zu werden. Eine weitere Steintreppe führt zu ihr hinauf. Der Boden besteht aus vier Holzplanken mit Zwischenräumen, die ausgereicht hätten, einen nächtlichen Besucher ohne Taschenlampe das Fürchten zu lehren. Jedenfalls steht oder sitzt man wackelig und schwankend; im ersteren Fall schaut man über die Mauer in den Ziegenstall – bizarr!

An der Schmalseite des Hofes sind zwei Räume, unser Empfangsraum, eine Art Fremdenzimmer, und ein Vorratsraum, aus dem die Datteln zum Tee geholt worden sind. Daran schließt sich die Außenmauer zur Straße hin an. Der Innenhof ist geräumig und nach oben hin offen, so daß ich den klaren Sternenhimmel über mir sehen kann.

Tee und Datteln sind ausgegangen. Das Abendessen ist schlicht. Nach der Messung richte ich mein Nachtlager auf der Terrasse her; sie hat ringsherum ein kniehohes Mäuerchen, das den Schläfer vor Wind schützt. Wir verbringen eine herrliche Nacht.

8. Die Fauna

10. November 1975

Die Wüste ist reich an Reptilien, eine Folge der wenigen Feinde, die hier zu fürchten sind: denn selbst der größte, der Mensch, ist nur vereinzelt vertreten. Einige Arten sind sehr selten; wir hatten das Glück, einen Skink zwei Tage durch die Gegend zu schaukeln. Es geschah am Tag des Mechoui in Atar, auf unserem Lagerplatz unter Palmen. Wir essen gerade das »Petit Mechoui«; es ist sonniger Vormittag. Da springt Wolfgang plötzlich zu einem Palmenbusch und ruft: »Da ist wieder so'n Vieh wie heute morgen!« Er war morgens deswegen schon ganz aus dem Häuschen gewesen. Eckhard stürzt sogleich nach; ich hinterdrein. Zunächst hatte es sich jedoch verkrochen. Wir klopfen auf den Busch. Nichts! – Aber dann sehe ich es wieder, oberhalb des Busches. Ich schneide ihm zunächst von unten den Rückweg zum Busch ab. So saust er über den Sand. Eckhard kommt von oben! So wird es unser. Der Skink hat einen glatten, weißen bis hellbeigen Hornpanzer. Der Kopf ähnelt dem der Eidechsen. Das Hinterteil ist das eigentliche Erkennungsmerkmal. Es scheint verstümmelt, denn es läuft in einer kurzen Spitze aus. Das Tier ist ungefähr 12 bis 15 cm lang und ungemein flink. Es lebt ausschließlich im Sand. Daher wird es auch oft Sandfisch genannt. Wir beobachten, wie es sich in Sekundenschnelle völlig im Sande eingräbt. Wir machen Bilder: Skink von vorn, von der Seite, in der mit Sand gefüllten Schachtel usw.; das Tier ist herzig: es hat einen verschmitzten, leutseligen Gesichtsausdruck. Wir wollen ihn nach Freiburg mitnehmen. Nach zwei Tagen lassen wir ihn jedoch laufen – etwa 36 km von Atar entfernt, auf der Piste nach Chinguetti – wir hatten ihn fast vergessen!

Auf der mauretanischen Piste von Tindouf nach Atar wimmelt es streckenweise nur so von Löchern am Pistenrand. Wir wußten schon Bescheid von der Reise 1970 durch den Sahel. Während einer Rast suchen wir uns die Löcher im Umkreis von etwa 5 m^2 zusammen und verfahren wie folgt: Sämtliche Löcher werden personell besetzt, an zweien ein Feuer entfacht, derart, daß der Rauch ins Lochinnere zieht. Dann warten wir. Sehr bald schon zeigt sich das Ergebnis unseres Vorgehens: eine schwarze Dornschwanzagame, etwa 45 cm lang, die ganz verwirrt durch die Hamada irrt. Wir fangen sie ein (Vorsicht, die Tiere beißen ordentlich, sind aber ungiftig), machen Bilder und lassen sie wieder laufen. Die Tiere sind sehr flink und geschickte Graber. Ihre Löcher können bis zu einem Meter tief sein; die Eingänge haben etwa 10 cm Durchmesser und sind verdeckt angebracht. Wie der Name schon besagt, ist der Kamm des Tieres bis zum

Schwanz hin gezackt; die Zacken sind unangenehm spitz und bis zu 5 mm lang. Das ganze Tier ist gepanzert. Neben den schwarzen kenne ich eine zweite, kleinere und plumpere Art, gelb mit schwarzen Flecken, die ich auf dieser Reise jedoch nie gesehen habe.

Zwei weitere Reptilien sind noch zu erwähnen: eine Eidechsenart, die uns auf dem Lagerplatz in Atar in großer Zahl Gesellschaft leistete. Wir hatten dort ständig Besuch von den Kindern des Plantagenbesitzers, die uns bei der Arbeit oder beim Essen zuschauten. Als sie wieder einmal dort sitzen, entdecken sie ein zierliches Exemplar dieser Eidechsen: wie die Geier stürzen sie sich darauf; das Tier ist ungemein flink, aber gegen diese stürmische und wild durch den Sand tappende Meute ist es machtlos. Es verschwindet mit blutigem Schwanzstummel in den Fängen der Kinder. Die Kinder sind grausam gegen Reptilien. So machten wir einmal eine makabre Entdeckung: Wir fanden das noch mit der eingetrockneten Haut überzogene Skelett irgendeiner Echse, d.h. mehr als das Skelett, denn Kopf und Schwanz waren klar zu erkennen. Längs durch den Körper führte ein fingerdicker Pfahl, der unterhalb des Kopfes eingeführt worden war und am Schwanzansatz herauskam: Gepfählt!

Erst vor einigen Tagen lief Reinhard durch das Lager – auf dem Rükkenteil seines Pullovers hatte sich ein Tier festgekrallt. Wie das dahingekommen war, wußte keiner. Jedenfalls war es einer der zahlreichen Gekkos, die unseren Weg gekreuzt hatten. Sie sind sehr klein und haben einen plumpen, gedrungenen Körper. Die Beinchen sind kurz und die Zehenenden laufen nicht spitz, sondern in einer Art Minisaugnäpfchen aus. Dies ist der Grund für ihre artistischen Kletterkünste: Sie huschen ohne weiteres an glatten Wänden hinauf, wie ich das in meinem Hotelzimmer in Kathmandu einst beobachtet hatte. Die Tiere sind absolut harmlos, zwikken nur leicht, so als wollten sie sagen, »wenn du mich jetzt nicht losläßt, passiert was!« – Es sind eigentlich Nachttiere, was man an den großen Pupillen sehen kann.

Reinhard – er hat ein sehr vertrautes Verhältnis zu Tieren, wie Franz von Assisi zu den Vögeln – war es auch, der eines Abends im Licht des Scheinwerfers eine beunruhigende Meldung machte. Er hatte gerade seine Hose angezogen und spürte am Oberschenkel etwas, das nicht dorthin gehörte. Die Hose war zuvor im Kofferwagen gelegen, und dieser ist eigentlich frei von jeglicher größeren Tierart. Reinhard hatte sehr schnell wieder seine Hose verlassen und bei näherem Hinsehen förderte er eine Sandspinne ans Scheinwerferlicht: ein stattliches Tier von etwa 5 cm Länge. Die Spinnenart ist giftig: Wir konnten uns selbst bei der Sezierung der Leiche von den Giftdrüsen und -säckchen überzeugen. Wie giftig, ist mir unbekannt. Die Tiere sind gelb, haben acht Beine und zwei überdimensionale, nach vorn gerichtete fühlerartige Gebilde, die man zunächst für zwei weitere Beine halten könnte. Durch das Teleobjektiv gesehen, enthüllen sich dem Betrachter zwei kräftige, kurze, rotbraune Zangen seitlich des behaarten Mundes.

Die Kunst der Tiere, sich zu tarnen, ist erstaunlich. Hier ein Beispiel von vielen: Wir hielten das Tier zunächst für eine Spinne – aber Eckhard meinte, es wäre eine besondere Art von Gottesanbeterin. Selbst als das Tier in Bewegung war, konnte man einfach nicht glauben, ein Lebewesen vor sich zu haben. Form, Farbe und Beschaffenheit des Tieres erinnerten aufs genaueste an einen kleinen Splitter von den Felsen, zwischen denen sich das Tier tummelt. Die Form ist eigentlich kaum zu beschreiben – so alltäglich und nichtssagend ist sie, wie die eines Steines, den man anschaut und gleich wieder aus den Augen verliert: der Körper ist kantig und eckig, etwa 2 cm lang und 1 cm breit. Das Tier hat lange Beine, die man in der Ruhestellung jedoch nicht sieht, und Knopfaugen. Es gleicht einem Stein – wie ein Stein dem andern. Wie ich später erfuhr, war es eine Manganheuschrecke.

Während unseres Lagers am Fuße eines hohen felsigen Berges – es war jener Tag, an dem wir Getriebeschaden hatten, irgendwo an der Grenze zwischen Mauretanien und Spanisch Sahara – hatten wir ständig mit Eindringlingen zu kämpfen. Reinhard hatte wohl einige durch präzise Steinwürfe getötet, aber das machte sie nur noch dreister. Erst als ich etwa 50 Stück in einem Gefäß rund 200 m weggetragen hatte, hatten wir etwas Ruhe. Es waren große schwarze Käfer, ähnlich unseren Mistkäfern, nur länglich und größer als diese. Sie sind bis zu 4 cm lang und haben elend lange Beine. Wir sprachen immer nur von den Allradkäfern, weil sie so mühelos durch den Sand fegten. Warum sie gerade dort so zahlreich waren, ist mir unklar. Vereinzelt sah ich sie später noch.

Wir durchquerten auch schon ein Gebiet, in dem es nur so von Skorpionen wimmelte. Wenn sie auftreten, tun sie es meistens gleich in Massen. Wir sahen zunächst nur kleine Löcher und feine Spuren im Sand; dann aber einige Exemplare. Sie sind hellgelb bis hellbraun und die Bücher meinen, diese Art zähle mit zu den giftigsten, die es gäbe. Wie man weiß, ist ja das Schmerzhafteste der Stich selbst. Erfahrungen habe ich noch keine gesammelt. Will man sie aus den Löchern locken, halte man einen Grashalm hinein. Sie halten ihn für einen Eindringling und greifen zu. Man muß nur noch ziehen und dann loslassen. Es ist wie bei den Grillen.

Einen lieben Gast hatten wir vor zwei Tagen, abends bei unserem Lager: eine Wüstenspringmaus. Sie rannte ständig zwischen den Fahrzeugen umher, äugte hinter einem Topf hervor oder schnüffelte an der Teeschachtel herum. Sie war sicher vom Licht neugierig gemacht worden, denn ihre großen schwarzen Augen machen klar, daß sie ein Nachttier ist. Reinhard erzählte mir am folgenden Morgen, sie wäre die ganze Zeit unter meinem Bett herumgehuscht. Und in der Tat waren da auch unzählige kleine Fußstapfen.

Überraschend für mich ist in dieser Gegend die Anwesenheit von Raben. Sie treten meistens paarweise auf und sind recht furchtlos. Sie machen auf mich einen eigenartigen Eindruck; ich assoziiere stets hohes Alter, Einsamkeit, Erhabenheit und Würde. Warum sie für mich hier überraschend sind, ist schwer zu sagen: vielleicht, weil ich ihren Anblick von Deutschland her gewohnt bin. Ich bin immer wieder perplex und betrachte sie länger als andere Dinge in meiner Umgebung.

Wenn an windstillen, milden Tagen die Nacht über das Lager hereinbricht und der Scheinwerfer des einen oder anderen Fahrzeuges angestellt wird, sollte man sich das Vergnügen nicht versagen, die nächtlichen Flattermänner und -damen zu beobachten, die sich im Kegel des Lichtscheines teilweise wie wild gebärden.

Eines Abends entdecke ich dort ein sehr auffallendes Wesen, das sofort meine Aufmerksamkeit fesselt. Es hat eine unscheinbare, braune Farbe. Seine Körperformen sind unendlich diffizil und subtil, fein und linienbetont – eine Dame, das sieht man sofort an ihren gravitätischen und eleganten Bewegungen. Sie sitzt zumeist auf den hinteren und mittleren Beinpaaren, während das vordere angewinkelt ist und den Eindruck vermittelt, es sei nur halb so lang. Bei jeder Änderung ihrer Stellung, mit unendlicher Vorsicht, Behutsamkeit und Eleganz vorgetragen, führt sie dieses Beinpaar nach oben und betätigt es fühlerartig, führt rudernde Bewegungen aus in ihrem Bestreben nach einem Halt. Zwei lange, haarfeine Antennen beiderseits des Kopfes, die steil nach oben weisen und bedächtig hin- und herwiegen, scheinen ihr Gleichgewicht zu unterstützen. Wenn ich ihr so zuschaue, wie sie im Gestänge der Spiegel- und Schweinwerferhalterungen herumturnt, kann ich nicht umhin, ihre Kletterkünste zu bewundern. Die transparenten Flügel hat sie an den bleistiftartigen Körper angelegt. Ihr Kopf ist sehr klein, von dreieckiger Grundform und mit großen, dunklen Knopfaugen versehen, die einen kalt und gespenstisch, wie durch eine Maske anvisieren. Sie ist mit wehrhaften Mundwerkzeugen ausgerüstet – Fleischfresserin! Ihre Aufmerksamkeit gilt kleinen Mücken und Nachtfaltern, die sie in der Luft erhascht und verspeist.

Ein riesiger Nachtschmetterling stößt sie im Fluge an. Die Dame kommt ins Straucheln, fängt sich wieder und prügelt sich kurz mit ihm. Dieser fliegt tobend weiter; jene hat ihre Ruhe verloren, denn sie bewegt sich in abrupten, unsteten Zuckungen um ihre eigene Achse. Es dauert eine ganze Weile, bis sie sich sorgsam putzend wieder in Ruhestellung geht. Die Toilette nimmt geraume Zeit in Anspruch, wie das eben bei

Damen so der Fall ist. Hierbei betätigt sie gleichfalls die beiden Vorderbeine, die offenbar universale Funktionen erfüllen. Sie führt sie zum gefräßigen Mund und wischt daran anschließend in ihrem Gesicht umher bzw. dort, wo man ihr Gesicht vermutet. Sie unterbricht ihre Tätigkeit, um sie gleich wieder aufzunehmen, und dies mehrmals hintereinander. Das sensible Wesen ist nervös geworden. Die Toilette scheint zusätzlich die Funktion zu haben, ihr zur gewohnten Ausgewogenheit und Gelassenheit zurückzuverhelfen. Doch weitere Störungen folgen, und sie findet nicht mehr zu ihrer Ruhe zurück. Das darf man unter dem Kegel eines Scheinwerfers, wo sich das ganze gemeine Nachtfaltervolk ein bewegtes Stelldichein gibt, auch nicht erwarten. Unsere Dame fühlt sich sichtlich unwohl inmitten dieses hektischen Treibens, zuckt zusammen, sobald ein Flieger auch nur in ihre Nähe kommt. So wehrhaft sie auch ist, den plumpen Annäherungsversuchen ihrer gemeinen Umwelt hat sie nichts entgegenzusetzen.

Weniger überrascht bin ich darüber, hier Fliegen anzutreffen. Dennoch, auch sie treten hier verändert auf. Die Schwärme sind dichter, ihre Dreistigkeit größer; sie sind schneller. Wir hatten das Pech, die Reife der Datteln knapp zu verfehlen (der Geruch der reifen Früchte zieht die Fliegen gewöhnlich schwarmweise an); wir hatten aber das noch größere Pech, daß damit die Fliegenplage keineswegs geringer war, als wir gehofft hatten. So fängt das Erwachen bereits häufig mit einem Alptraum an: Sie setzen sich auf die Augen, die Lippen, die Wimpern, kitzeln in den Nasenlöchern und machen auch sonst viel Unsinn. Hat man eine verjagt, kommt die nächste gleich nach. Oder ist es gar dieselbe? Beim Fischessen begnügen sie sich nicht damit, den Duft einzuatmen. Nein, sie schwimmen gleich in der Sauce. Hat man eine kleine wunde Stelle an den Fingern oder am Fuße, setzen sie sich drauf, eh man sich's versieht. So geht das den ganzen Tag bis zum Sonnenuntergang. Dann kommen die Nachtfalter, und das gleiche beginnt von vorne, wenigstens solange der Lagerplatz beleuchtet ist. Auch sie scheinen Saucen zu lieben, denn ich sah sie nicht selten darin schwimmen.

Einmal, an einem Brunnen, trugen Kinder einen Fenek auf dem Arm. Er hatte eine Kordel um den Hals. Sie wollten ihn uns verkaufen. Aber, was sollten wir damit; noch eine Esser mehr! Das Tierchen war possierlich! Es hat riesige Fledermausohren, ein weiches Fell, eine spitze Nase und muntere Augen. Die Hinterbeine sind ungleich länger als die Vorderbeinchen.

Heute, im Verlauf unserer Fahrt sollen merkwürdige Vögel gesichtet worden sein: ich sah sie nicht selbst. Jedenfalls sollen am Horizont unförmige Köpfe auf langen Hälsen erschienen sein. Für Vögel würden die riesigen Flügel sprechen, meinte Eckhard; diese sprächen gleichzeitig gegen Strauße, aber für Geier. Nun, der Blick durchs Fernglas ergab nichts Genaueres. Köpfe, Hälse, Flügel – alles war verschwunden. Rätsel der Wüste!

Ebenfalls heute sahen wir Thompson-Gazellen, und zwar mehrere Gruppen zu vieren oder fünfen. Grazile Tiere, sehr laufschnell, mit elegantem Körper und äußerst scheu. Man fragt sich, wovon die Tiere in dieser Gegend leben – außer halbverdorrten Grasbüscheln gibt es in den Dünen nichts; das von uns erjagte Tier hatte jedoch einen prallvollen Magen, als wir ihm die Eingeweide herausnahmen. Das Fleisch der Gazelle soll ja sehr schmackhaft sein – und das ist es auch. Es war ein Festtagsbraten: 5-Sterne-Qualität, aber ohne Etikette, und das war gut so. Das Fell ist weich, die Läufe schlank, der Kopf schmal; nur ausdauernd sind sie nicht: unsere 15 Jahre alten, vollbeladenen Hanomags hatten sie binnen zehn Minuten zur Strecke gebracht.

9. Von 20° 53′ 34,6″ nB/11° 35′ 0″ wL bis 21° 53′ 7,4″ nB/8° 10′ 57,8″ wL

8.–12. November 1975

Heute morgen kaufen wir bei unserem Gastgeber in Ouadane 30 Brote und 9 aus Datteln und Hirse geformte Kugeln; Frischproviant ist sehr gefragt.

Nachdem die Streckenführung für die kommenden Fahrtage anhand der Karten festgelegt ist, brechen wir auf. Wir folgen wenige Kilometer den Reifenspuren, die sich aber bald verlieren. Wir sind uns selbst überlassen. Unser Kurs liegt in OSO, später fast östlicher Richtung. Der Kübel führt den Konvoi an, wobei ich ständig am Sonnenkompaß die Richtung überprüfe.

Der Sonnenkompaß besteht aus einer Scheibe, auf der das Zifferblatt der Uhr markiert ist und aus deren Zentrum ein senkrecht stehender, etwa 30 cm langer Stab ragt. Er ist auf der Motorhaube, für Fahrer und Beifahrer gut einsichtig, angebracht. Nachdem ich mit dem Magnetkompaß die Marschzahl und damit die Richtung bestimmt habe, zeigt der Schattenwurf der Sonne, sobald sich das Fahrzeug in die angegebene

Richtung bewegt, eine bestimmte Uhrzeit an, die der zu fahrenden Richtung entspricht. Hierdurch kann der Magnetkompaß erst einmal ruhen. In bestimmten Intervallen muß die Marschzahl überprüft und die Angabe auf der Scheibe leicht korrigiert werden.

Während eines Haltes finden zwei Hirtenknaben ihren Weg zu uns und leisten uns Gesellschaft – schweigende, gestenreiche Sympathie!

Wir haben heute, 9.11., einen langen Fahrtag hinter uns. Wir verließen unseren Lagerplatz heute morgen um 9 Uhr 30. Zunächst halten wir die gestrige Richtung, merken aber schon bald, daß wir bei Fortsetzung dieses Kurses zu weit in das südlich beginnende Ouarane abkommen würden. Entsprechend der Karteninformation ändern wir ständig unseren Kurs, zunächst in östlicher, dann in nord-östlicher Richtung (100° – 80° – 65° – 50°). Das Gelände, das wir durchqueren, ist schwierig; ein Reg – sehr grobes Geröll und Felsen. Die Nähe der Dünen beschert uns zusätzlich ausreichend Sand.

Am SO-Rand des Guelb-er-Richât halten wir an; der Dünenabbruch, auf dem wir uns befinden, gestattet einen weiten Blick auf den äußeren Ring dieses Intrusionskraters, dessen Durchmesser 60 km beträgt. Die Senke unter uns, der Trichter des Kraters, breitet sich in mannigfaltigen Farbabstufungen aus, soweit das Auge reicht; vom Weiß der Sebkhas bis zum tiefen Blau des Gebirgsmassivs am nördlichen Horizont. Die Ebene wirkt, als ob sie nicht von diesem Planeten wäre, die verzauberte Landschaft aus einem Märchen . . .

Nach einigen weiteren geringfügigen Marschzahlkorrekturen sind wir bald in der glücklichen Lage, daß die Geländeform uns allein den Weg weist. Bislang war sie nur Hilfe bei der Orientierung. Wir haben die Stelle gefunden, an der das Reg Za'za ins Djouf übergeht. So fahren wir den Rest des Fahrtages am Nordrand des Djoufs in etwa nordöstlicher Richtung entlang über die sanften Wellen des festen Sandes.

Gegen halb fünf Uhr finden wir etwas draußen im Reg eine niedere Baumgruppe, bei der wir unser Lager aufschlagen. Es wird vollgetankt, die Fahrzeuge werden für den morgigen Fahrtag startklar gemacht. Die letzten von uns gehen schlafen – Mitternacht, 18° C, sternenklarer Himmel.

Dieser 10. November bescherte uns reichlich Aklé-Dünen; eine leicht gewellte Ebene, übersät mit Sandanhäufungen, die mit Gras bewachsen sind. Dies erschwert das Fahren beträchtlich, da die Hindernisse ständig umgangen werden müssen. Sichtverbindung auf größere Distanz ist nicht möglich; daher bleibt der Konvoi eng beisammen. Mehrere Male muß Pritsche II freigeschaufelt werden. Zwischendurch dann die Jagd auf die Gazellen (vgl. Kapitel 8). Gegen 12 Uhr ist das Tier unser. Erschöpft bricht es vor dem Koffer zusammen. Die Fesseln werden ihm zusammengebunden, und der Arzt schneidet ihm die Kehle durch. Die Zubereitung des Tieres ist in weniger als einer Stunde abgeschlossen. Wir hängen das Wild hoch auf den Dachgarten des Koffers, damit es genügend Luft bekommt.

Der Nachmittag verläuft sehr leutselig. Jeder denkt schon an den herrlichen Braten am Abend. Früher als gewöhnlich suchen wir unseren Lagerplatz, denn die weitere Zubereitung des Tieres muß behutsam und ohne Eile vor sich gehen. Wie jeden Abend bereite ich meine Messungen vor.

Das Fleisch des Tieres ist zart, mager, aber saftig und von würzigem Geschmack. Es ist wie an Weihnachten; jeder bekommt ein ordentliches Stück und dazu noch einen saftigen Knochen. Das Tier hat gut und gerne 6 kg delikates Fleisch. Die Gazellen mögen sich vor unseren Hanomags in acht nehmen. Wir haben Blut gerochen . . .

Am folgenden Morgen, Dienstag, den 11.11.75, setzen wir die Fahrt durch das menschenleere Gebiet fort. Zwischendurch halten wir an einem Kalkbruch. Unzählige kreideweiße, flache Becken liegen vor uns in der Senke. Ich mache mich auf die Suche nach neolithischen Steinwerkzeugen.

Pascal geht es seit gestern abend ziemlich schlecht. Er scheint die Amöbenruhr zu haben. Er fühlt sich schlaff und hat Krämpfe. Neben Wolfgangs Magenschmerzen, die sich immer wieder einstellen, der erste ernstere Krankheitsfall in der Gruppe. Pascal verläßt den ganzen Tag nicht die Rückbank des Kübels. Solche Ausfälle belasten die Gruppe stark, stellen sie doch jedes Mal eine Bedrohung und Gefahr für ihre Funktionsfähigkeit dar, die in der Einöde existentiell ist.

Zur gewohnten Zeit fahren wir am Fuß einer Düne zur Wagenburg zusammen. Der Zeitpunkt der Sonnenmessung ist gekommen. Die Stimmung ist wieder heiter. Geschickte Köche machen eine schmackhafte Mahlzeit. Der Abend endet anders als gewöhnlich; sechs Leute bleiben bis zum Ende am Feuer und freuen sich und lachen zusammen. Lediglich Philippe und Irène haben sich schon früh zurückgezogen. Leider, muß ich sagen, ist dies die Regel. Andererseits darf nicht unerwähnt bleiben, daß die körperlichen Strapazen und die zunehmende abendliche Kälte die Leute in die Schlafsäcke treiben und einen längeren gemeinsamen Abend im Freien allzuoft verleiden.

Ich liege auf dem Bauch im Sand und warte darauf, daß endlich mein Stern durch die Dreckswolken bricht. Mit der Sonne gab's bereits Schwierigkeiten und jetzt das noch! Wenn ich Pech habe, geht das noch ein paar Stunden, bis es sich die Wolken überlegt haben. Aber die Breite brauchen wir: also heißt es warten! Da hilft alles nichts!

Der heutige Tag war nicht leicht. Zunächst Dünen, über die wir uns hinwegarbeiten mußten. Bleche und Schaufeln waren permanent im Einsatz. Dann zunächst Ruhe; wir fahren durch eine feste Sandebene, die eng mit Hügeln übersät ist, so daß die Orientierung nach der Marschzahl infolge der ständigen Umfahrungen sehr erschwert wird. Zwischendurch immer wieder längere Dünenzungen, die uns auf Trab bringen. Aber wir wissen jetzt, daß wir in der Lage sind, trotz unsere Gewichtes Dünen zu überqueren, wenn auch nur durch kräftiges, manuelles Nachhelfen. Das geht so: Fahrzeug sitzt fest, d.h. aussteigen und helfen; Räder freischaufeln oder mit den Händen freiwühlen, Bleche darunter, schieben! – Wenn alles gut geht, findet das Fahrzeug harten Grund, wenn nicht, dasselbe von vorne. –

Wie es scheint, geht es Pascal wieder besser. Er hat heute unterwegs bereits wieder mitgearbeitet. Ingvo hat ihm Tabletten verabreicht. Sie scheinen geholfen zu haben. Sonst ist alles gesund und munter; kein Wunder, bei der Verpflegung! Heute abend gab es Lauchcremesuppe mit angesengtem Brot, dazu Tee, wie üblich.

Was die Verpflegung betrifft, so sahen wir heute vier herrenlose Kamele durch die Gegend traben. Doch die Größe hielt unsere Mordlust zurück. Das ist doch gleich etwas anderes! Obgleich Kamelfleisch nicht zu verachten ist! Nach Gazellen hielten wir vergebens Auschau. Nur ein Hase lief einmal vor uns her, aber er war schneller als Eckhards Pritsche mit Anhänger. –

Die Temperaturen sind erträglich; wir haben maximal 40° C. Abends kühlt es jedoch bis auf 10° C ab. Ein frischer Wind zieht auf, geht uns durch Mark und Bein und treibt die Wolken vor sich her. Damit wären wir wieder beim Thema: Ich will mal schauen, ob sich mittlerweile etwas geändert hat. – Nichts zu machen! Es hätte mich auch gewundert. Es geht auf 2 Uhr in der Nacht.

10. Von 21° 53′ 7,4″ nB/8° 10′ 57,8″ wL bis 22° 25′ 25,8″ nB/7° 28′ 25,5″ wL

13.–15. November 1975

13. Nov. 1975. – Der Tag beginnt damit, daß wir Pascal zu seinem Geburtstag gratulieren. Es ist 18 Jahre alt geworden, unser Küken! Die Storearbeiten werden gemacht. Um halb zehn Uhr brechen wir auf. Die Vormittagsfahrt bringt eine Fortsetzung des Vortages – Buddeln und Sandbleche! Aber alle sind blendender Laune – Geburtstagsstimmung!

Nach einer halben Stunde Fahrt am Nachmittag wird das Gelände besser. Wir rollen auf festem Sand, der sich in leichten, sanften Wellen nach allen Richtungen bis zum Horizont hinzieht; eine berauschende Weite! Raum, soviel wir wollen. Philippe erwartet heute abend wieder den Funkruf Christians aus Paris, so halten wir gegen 16 Uhr 30.

Pascals Geburtstag, ein besonderer Abend also. Wir essen entsprechend erlesen, Teigwaren, Corned beef und eine gute, tomatengeschwängerte Sauce. Danach Kerzen im Sand. Die Stimmung ist feierlich. Wir öffnen eine Flasche Obstschnaps; die Flasche macht dreimal die Runde und ist leer. Irène hat kalt und zieht sich zurück. Die übrigen halten die Stellung um die letzte Kerze, die noch verblieben ist. Pascal ist immer noch fröhlich. Man sieht, daß er sich heute sehr wohl fühlt. Dies freut mich sehr, denn er hat es nicht leicht. Er ist in verschiedener Beziehung dem Unternehmen nicht gewachsen.

Um Mitternacht der zweite Funkkontakt: es hatte mehrere Male am Abend in der Ferne geblitzt; die Erfolgsaussichten daher um so geringer. Dennoch klappt es dieses Mal. Wenn auch die Verständigung stark gestört ist, gelingen die Mitteilungen trotzdem. Philippe meldet, daß die Moral gut sei, die Aussichten auf eine glückliche Rückkehr ebenfalls. »J'avais déjà commencé à désespérer!« meint Christian. Die Kommunikation ist für beide Seiten eine große Erleichterung. Wir melden unseren Standort; er wünscht uns alles erdenklich Gute für die weitere Fahrt – Um halb ein Uhr in der Nacht ist Schluß. Wir sind alle ungemein glücklich über den gelungenen Funkkontakt; die wohlbekannte Stimme Christians, die Meldung in die Welt.

Im Verlauf des heutigen Fahrtages (14.11.) erreichen wir einen wichtigen Punkt. Im Grunde fahren wir seit Ouadane Hauptrichtung 80°, leicht nördlich also der Ostrichtung, um Mejaoûda, einen Brunnen, auf unserem Weg nach Taoudeni anzufahren.

Heute am frühen Vormittag, erwartet uns die schwierige Aufgabe, in dem Gewirr von Elbs und Gassis das richtige Dünental zu wählen, durch welches dieser Brunnen zu erreichen ist. Ein kleiner Fehler von ein oder zwei Dünentälern wäre dennoch nicht allzu tragisch, da sich trotz allem immer die Möglichkeit bietet, weitere Dünenketten zu überqueren. Aber natürlich sind wir bestrebt, den optimalen Weg, d.h. den der Karte nach einfachsten, zu begehen, denn dieser ist immer noch schwierig genug. Wir dürfen folglich nicht zu weit von unserem Kurs abkommen. Mit Hilfe der IGN-Karte und meiner letzten Ortsbestimmung wählen wir unseren Weg. Binnen kurzer Zeit befinden wir uns in einer dalìhaften Traumlandschaft. Wir fahren ein Gassi, eine breite Sandfläche, die sanft geschwungene Wellen aufweist, dennoch aber den Eindruck einer Ebene vermittelt. In Fahrtrichtung zur Rechten wie zur Linken Dünenketten, die sich in Schlangenlinien über unzählige Kilometer fortsetzen. Dahinter, bis zum fernen Horizont, weitere Ketten, blasser wirkend infolge der Distanz und der Sonneneinstrahlung; dies alles von vollkommener Vegetationslosigkeit, eine extreme Landschaft, die kaum übertroffen werden kann: nur Sand, in allen Variationen, gleißende Helligkeit und dennoch schärfste Konturen. Das eigentlich Unbeschreibliche ist der Eindruck, den wir davon haben. Die vier Fahrzeuge, mutterseelenallein, in diesem unendlichen Sandmeer. Die Luft ist klar, der Himmel blau und wolkenlos, die Sicht weit, kein Flimmern in der Luft, da die Temperatur gemäßigt ist. Ich wünsche mir, die Gegend würde sich nie ändern, Doch nach einer halben Stunde beginnt der harte Sandboden steinig zu werden; ein Reg kündigt sich an. Der sandige Untergrund weicht einem miserablen, profilfressenden Fahrgelände. Was uns weiterhin bleibt, sind die Dünen. Wir suchen unsere Zuflucht darin, möglichst ihren Rändern entlang zu fahren, um so dem mörderischen, spitzen Felsengewirr zu entgehen. Diese Zuflucht erweist sich aber als ebenso trügerisch – doch wir haben keine andere Wahl! So schaufeln wir während des ganzen Nachmittags ein Fahrzeug nach dem anderen frei, legen Rippenbleche, und jedesmal haben wir ein freudiges Gefühl, wenn wir wieder frei sind. Aber bereits einige hundert Meter weiter: heraus aus den Fahrzeugen – die nächste Einsandung! Derart arbeiten wir uns heute zu unserem Lagerplatz vor, der nur gewählt wird, da gegen 16 Uhr ein Schlauch zu flicken ist und ich eine halbe Stunde später meine Sonnenmessung vorbereiten muß. Das Ergebnis des heutigen Fahrtages ist dennoch befriedigend. Falls meine Messungen stimmen, sind wir nur etwa 8 km zu weit nach Süden abgekommen, d.h. wir haben ein Gassi zu früh genommen. Unser Standort befindet sich 54 km von Mejaoûda entfernt. Der Weg dorthin ist uns auf der Karte vorgezeichnet; ein breites Dünental mit mehreren Engpässen, und vor allem scheint sich die Reg-Ebene fortzusetzen: rosige Aussichten also für den morgigen Fahrtag! Dennoch sind wir guten Mutes und hoffen, morgen abend unser Lager am Brunnen von Mejaoûda aufschlagen zu können.

Wer die Koordinaten (2. Teil der Kapitelüberschrift!) in eine Karte überträgt, wird feststellen, daß wir unser Ziel Mejaoûda heute, 15.11., nicht erreicht haben.

Wir fahren ungefähr Nordrichtung, um auf die Dünenkette zu stoßen, an deren Rande entlang wir den Brunnen zu erreichen gedenken. Viel Zeit wird darauf verwandt, durch kurze Gespräche neue Gegebenheiten des Geländes anhand der Karte zu überprüfen. Eine zeitraubende, aber absolut notwendige Tätigkeit!

Am frühen Nachmittag machen wir Lager an einem hoch gelegenen, navigatorisch günstigen Felsabbruch. Wir blicken auf ein großes Gesteinsfeld. Wir nutzen die Gelegenheit und machen uns in drei Gruppen auf die systematische Suche nach neolithischen Werkzeugen. Der Formen- und Farbenreichtum der Steine hat etwas Bezauberndes. Und wie dicht diese herrlichen Stücke gesät sind! Bei jedem Schritt bleibt das suchende Auge an irgendeinem Stein hängen. Man nimmt ihn in die Hand, schaut ihn sich neugierig bewundernd an, stellt fest, daß er zu schwer ist und läßt ihn also wieder fallen. –

Am Abend kommt man auf das Kommunikationsproblem innerhalb der Gruppe zu sprechen, denn es ist tatsächlich so, daß Unterhaltungen recht selten geworden sind. Eine Folge des Lebens in veränderter Umgebung, habe ich den Eindruck. Wir, die wir der Hektik des Großstadtlebens entronnen sind, treffen hier auf ein völlig menschenleeres Gebiet von großem Reiz, das Ruhe und Frieden ausstrahlt. Dieses Gefühl nimmt jeder erst einmal für sich selbst auf. Die Eindrücke werden ganz individuell verarbeitet, und im Innern tragen sie dazu bei, daß im einzelnen ein Gefühl der Zufriedenheit und Ruhe herrscht. Was nach außen dringt, sind die Überschwenglichkeiten, die aus dem Erlebten resultieren, oft aber in wenig konkreter From; einfach die Wiedergabe der Freude und die Vorstellungskraft angesichts von Naturschönheiten. Man kann die individuelle Stimmung, beispielsweise die Freude, an einzelne der Gruppe weitergeben, indem man seine gute Laune und Zufriedenheit zum Ausdruck bringt. Es ist jedoch schwierig oder gar unmöglich, über deren Ursache konkrete Äußerungen zu machen, die Gegenstand einer Unterhaltung sein könnten. Alles ist viel zu sehr im Psychischen verhaftet und gelangt oft gar nicht zu spruchreifer Bewußtheit.

Später kommt man auf den letzten psychologischen Fragebogen zu sprechen, den Agnes im Rahmen ihres Programmes vor einer Woche an jeden von uns verteilt hatte. Er ist sehr persönlich gehalten: Jeder muß über jeden sein Urteil abgeben. Die ausgefüllten Fragebögen sollen hinterher unbesehen wieder in der Versenkung verschwinden, um nicht Sprengstoff abzugeben. Eckhard kritisiert, daß der Fragebogen überhaupt keine Situationen, d.h. innerhalb der Gruppe festzustellende oder von außen an diese herangetragene, konkrete, problematische Tatbestände berücksichtige, sondern nur allgemeine Fragen nach Eignung, Fleiß, Erfahrung, Verträglichkeit usw. stelle. Das ist richtig. Es war schwierig gewesen, Wertmaßstäbe, die ja von vorneherein fragwürdig sind, anhand einer gegebenen Bewertungsskala von –5 bis +5 anzulegen.

Mit dem Essen sind die meisten auch nicht zufrieden. Es herrschen Hungergefühle, die zweifellos zur gedrückten Stimmung beitragen. So endet der Abend wenig harmonisch.

11. Ein Kamel und ein Grab

16.–18. November 1975

Wir haben Küchendienst vergeben – viermal zwei Leute für je einen Tag. Sie haben die Aufgabe, täglich dreimal zu kochen: morgens, mittags und abends. Mittags gibt es zumeist wenig zu tun, da abgepackte Rationen gereicht werden. Ferner sollen Töpfe, Geschirr, Besteck abgewaschen werden, soweit die Rationierung des Wassers dies zuläßt. Dies vorweg. Die Verteilung des Küchendienstes und dessen Arbeit funktioniert eigentlich recht flott. Jedenfalls finde ich, daß aus den vorhandenen Nahrungsmitteln meist schmackhafte Mahlzeiten zubereitet werden.

Im normalen Lebenslauf und -rhythmus gibt es über das Essen eigentlich nicht viel zu schreiben. Hier – unter in mancher Beziehung extremen Lebensbedingungen – ist dies ganz anders. Das Essen nimmt einen Stellenwert ein, den ihm niemand zugetraut hätte. Bei der nun seit 13 Tagen laufenden Rationierung tritt dies besonders eklatant hervor.

Hungergefühle, ich schreibe bewußt Gefühle, können die Aggressivität und die Gereiztheit des Menschen enorm erhöhen. Der Mensch denkt nicht mehr in gewöhnlichen Kategorien, sondern wird ganz einfach zum Egoisten. Er möchte dann nicht mehr Mitglied einer Gruppe sein. »Es ist mir gleich, wenn die andern auch Hunger haben. Ich jedenfalls habe jetzt Hunger. Alles andere interessiert mich nicht.« Diesen Wortlaut, grob wiedergegeben, habe ich in den letzten Tagen nicht selten zu hören bekommen. Dies scheint zu zeigen, daß eine Gruppe so lange gut funktioniert, als genug zu essen da ist. In Atar stellten Agnes und ich einen Rationierungsplan für 60 Tage auf, die maximale Dauer der vorliegenden Etappe. Im Bestreben, diesen Plan in den ersten Tagen nicht gleich ändern zu müssen, stießen wir mehrfach auf Widerstand.

Die meisten klagen zwischen den Mahlzeiten über Hungergefühle. Es wird geraucht, Vivil stangenweise verschlungen, nur um den Hunger loszuwerden. Sicher, es gibt Mahlzeiten, nach denen man nicht satt ist. Ich spüre dies ja schließlich am eigenen Leib. Doch häufig scheint mir dieses Gefühl, Hunger zu haben, ganz woanders herzukommen. Sitze ich an den Fahrtagen neben Ingvo, so glaube ich häufig auch, Hunger zu haben, und ich würde ungemein gern etwas essen. Es ist die Beschäftigungslosigkeit, die das Gefühl hervorruft: ein Art Langeweile, die a priori gereizt macht. Häufig bewirkt schon eine schöne Landschaft oder ein Halt, um Steine zu suchen, oder eine Versandung oder auch Einträge in Formblätter oder ins Tagebuch, daß mit der Untätigkeit auch das Hungergefühl verschwindet. Die Ermüdung aufgrund des täglichen Fahrrhythmus, die monotone Fahrerei will kompensiert sein. Dieses Symptom reicht jedenfalls aus, um gewöhnliche Verhaltensnormen über den Haufen zu werfen. Auf sachliche und ruhige Aussagen kommen aggressive Antworten.

So muß die Einnahme der Mahlzeiten gesehen werden. Alle können es kaum erwarten, bis das Essen fertig ist. Nachschlag zu nehmen, ist die Regel, selbst bei Mahlzeiten, die in Freiburg keiner essen würde oder höchstens gegen Ende des Monats, wenn das Geld knapp wird.

Auf den Ruf »Essen ist fertig!« stürzt sich jeder mit seinem Teller zum Feuer, denn dort muß es ja wohl das Essen geben. Der Küchendienst verteilt peinlich genau die Rationen. Wir haben Selbstbedienung gar nicht erst angefangen. Und dann wird geschaufelt. Einige haben darin ein großes Geschick erlangt. Aber vielleicht allgemeiner: Mir ist aufgefallen, daß die Leute sich bei den Mahlzeiten beobachten. Ich beispielsweise beobachte nicht, wieviel sie essen, sondern wie sie essen.

Ich beobachte, wie einer zum Feuer geht, und mache mir Gedanken darüber. Ich ertappe mich oft dabei, in bestimmten Situationen den einen oder anderen als Fresser zu betrachten, andere als Heuchler, und wieder andere achte ich wegen ihrer rücksichtsvollen Haltung beim Essen, obwohl sie genauso Hunger haben wie die anderen. Es ist weniger die veränderte Situation, d.h. die Rationierung, als vielmehr der Wille und die Selbstdisziplin des einzelnen, die diese unterschiedlichen Eßgewohnheiten hervorrufen. Der Wille verhindert nicht die Wünsche, die einem in den Kopf kommen. Ich möchte hierzu ein erstaunliches Beispiel geben: Ich erinnere mich einer schier nie endenwollenden Diskussion über die Mitführung von Zucker; um es vorwegzunehmen, wir haben über 30 kg dabei; wie kam es dazu: die eine Seite lenkte ein, um nicht von vorneherein Dynamit zu legen. Die Diskussion zog sich über Wochen hin und wurde erst durch den Kauf in Atar zu einem Ende gebracht. Was mich überraschte, war die ungebrochene Beharrlichkeit, mit welcher verschiedene versuchten, die Notwendigkeit des Zuckers plausibel zu machen. Ich muß dabei vorausschicken, daß wir die Wochen zuvor den Tee kräftig süßten, wodurch er ständig ein Höhepunkt des Abendessens war. Einige – den Eindruck hatte ich später, als die Verteidigung des Zuckers so beharrlich verfolgt wurde –, einige haben durch den Tee vieles andere kompensiert, seien es Gefühle wie Sehnsucht oder Heimweh, seien es Frustrationen oder Aggressionen oder auch einfach ein Gefühl der Leere, das Gefühl die Tage gingen ohne Höhepunkte dahin. Dies ist in verstärktem Maße jetzt mit den Mahlzeiten der Fall.

So kurz die Fahrstrecke des heutigen Tages, 16.11. – sie mußte vorzeitig unterbrochen werden und betrug 13 km –, so schwierig war sie auch. Entsprechend meiner Messung mußten wir am Südrand einer bestimmten Dünenkette entlangfahren, um Mejaoûda in etwa östlicher Richtung direkt zu erreichen. Leider unterläuft mir hierbei ein Fehler. Im Gewirr der Dünen komme ich etwas zu weit nach Norden ab, so daß wir uns bald jenseits der Kette befinden. Dies wäre eigentlich nicht tragisch gewesen, doch das Gelände ist dort derart schlecht zu befahren, daß wir wieder auf die Dünen ausweichen müssen und hierbei ständig versanden. Wir finden Passagen, die uns zurück auf die Südseite bringen. Die Kette ist zu zwei Dritteln geschafft, als es gilt, eine leicht ansteigende Düne hochzufahren – auf den Dünenkämmen ist der Sand zumeist härter als im Tal oder am Grat –, was uns jedoch viel Zeit und Kraft kostet. Wir sind fast oben, machen Mittagspause und beabsichtigen weiterzufahren, nachdem wir noch etwas Holz für das Abendessen gesammelt haben. Pritsche II mit Anhänger ist versandet, so daß wir das Gespann erst freibekommen müssen. Und hierbei geschieht es! Wir legen Bleche zwischen Vorder- und Hinterrad, auf beiden Seiten des Fahrzeuges. Eckhard fährt an, ein Blech schnellt vorne hoch, da der Hinterreifen darauf fährt, und unglücklicherweise rollt in diesem Augenblick die Pritsche leicht zurück. Aber es genügt schon: das Rippenblech reißt den Tank etwa 7 cm weit auf. Der Treibstoff wird sofort aufgefangen, ein Behelfslager aufgeschlagen. Es ist noch früh am Tag. Unsere Mechaniker machen sich sogleich an die Arbeit, den Tank abzubauen, um die lecke Stelle abzudichten.

Heute vor zwei Wochen verließen wir Atar. Wir legten in dieser Zeit eine Strecke von 840 km zurück. In Ouadane hatten wir von unseren Gastgebern die ungefähren Entfernungen erfahren, die damals noch vor uns gelegen hatten. Hieraus ergibt sich für die Gesamtstrecke nach Taoudeni das folgende Bild: Atat–Chinguetti 130 km/Chinguetti–Ouadane 120 km/ Ouadane–gegenwärtiger Lagerplatz 590 km/Lagerplatz–Grenze 150 km/Grenze–Taoudeni 450 km. Die Strecke von Atar nach Taoudeni würde demnach am Ende auf etwa 1500 km kommen, wenn wir keine groben navigatorischen Fehler begehen. Die Strecke Taoudeni–Tombouctou beträgt nochmals 800 km; total also 2300 km, damit wesentlich kürzer als erwartet. Seit Atar legten wir im Durchschnitt täglich 64,5 km zurück; unsere stündliche Fahrleistung beträgt 17,5 km/h. Seit wir im Gebiet der Dünen mit lockerem Sand sind, gehen die Zahlen täglich zurück.

Nach mehrfach mißlungener, schließlich aber erfolgreicher Tankreparatur steht am Abend ein Problem im Mittelpunkt der Unterhaltung: der Stellenwert der wissenschaftlichen Arbeit im Verlauf unserer Expedition. Heraufbeschworen wurde das Problem dadurch, daß der größte Teil der Gruppe wenig Initiative in diesem Bereich zeigte. Insgesamt betrachtet bringt der Abend einige Enttäuschungen. Grundsätze, die in Freiburg unter Zustimmung aller festgelegt worden waren, scheinen vergessen. Wir einigen uns schließlich darauf, daß diesem Bereich allgemein mehr Aufmerksamkeit und Fleiß entgegenzubringen sind.

Am folgenden Morgen, Dienstag, 18.11., brechen wir gegen Mittag auf und müssen uns zunächst noch über einige Dünen hinwegsetzen. Dies geht recht flott, nachdem wir zu Fuß die harten Passagen ausfindig gemacht haben. Wir fahren dann etwa 10 bis 15 km entlang des Dünenkammes, als wir vor uns eine hohe Anhäufung von etwa 80 m Umfang bemerken, die mit Steinen bedeckt ist. Wir nähern uns dem Hügel, und Eckhard meint, es wäre ein Tumulus, ein altes Grab. Nach kurzer Beratung sind alle bereit, den Grabhügel zu öffnen oder zumindest soweit vorzudringen, als dies möglich wäre. So machen wir uns an die Arbeit. Der Eingang ins Innere wird zusehends größer, die Arbeit immer schwerer, je weiter wir vordringen. Der böige Wind, der über den Hügel wegfegt, füllt die Augen mit Sand. Zwischendurch eine Pause – und eine Beobachtung. Wir haben von oben sechs Kamele entdeckt, die unweit unseres Aufenthaltsortes grasen. Dies ist natürlich maßlos übertrieben, denn es gibt lediglich einige verdorrte, gelbe Stoppeln, die kaum zum Naschen einladen. Wir haben lange kein Fleisch mehr gegessen und überlegen uns, wie wir die begonnene Arbeit mit einem Schlachtfest vereinbaren könnten. Wir einigen uns dahingehend, daß vier Leute weiter am Grab arbeiten und die übrigen fünf das Kamel jagen, zerlegen und das Essen zubereiten sollen. –

Doch es sollte anders kommen!

Mit Seilen bewaffnet machen sich Wolfgang, Reinhard und Ingvo mit dem Koffer auf den Weg. Ich besteige den Hügel und beobachte die Verfolgungsfahrt. Zunächst geht alles daneben. Schließlich aber treiben sie ein Jungtier vor sich her und bringen es zu Fall. Es gelingt ihnen, dem Tier Fesseln anzulegen. Nicht lange, und das Kamel liegt inmitten unserer Wagenburg, die wir inzwischen gebildet haben. Es hat nur einige Schrammen abbekommen. Es ist uns aber sofort klar, daß die Zerlegung des Tieres jede vorhandene Arbeitskraft fordern würde, wenn wir im Verlaufe der Nacht damit fertig werden wollen. Die Mehrheit entscheidet sich für die Proteine. Das Tier ist bis zur Unbeweglichkeit gefesselt, so daß ein sicherer Schnitt durch die Kehle möglich sein müßte. Ich richte alles für das Abendessen, hole das Wasser aus dem Kübel. Einige Minuten später ist alles vorbei. Das Tier liegt in seinem Blute, zeigt noch eine Weile Reflexe. Wir heben mehrere Gruben aus für die Abfälle und machen uns an das schwierige Unterfangen: drei Arbeitsgruppen. Die erste Gruppe zerlegt das Tier, die zweite macht das Fleisch fertig zum Braten, die dritte übernimmt das Braten selbst, d.h. das Abendessen und die Verwertung des überschüssigen Fleisches. Wir schuften schwer bis ein Uhr in der Nacht – mit Säge, Messern und allem, was uns in dieser Art an Utensilien zur Verfügung steht. Es ist ein Blutbad! Das Fleisch ist gut, die Leber etwas hart, aber genießbar. Vieles wandert für die kommenden Tage in die Vorratskammer.

12. Mejaoûda

19.–22. November 1975

Am folgenden Morgen besteige ich den Hügel; menschenleer die ganze Umgebung! Wir sind noch etwa eine Stunde beschäftigt, das Frühstück einzunehmen und die Vorräte zusammenzupacken. Dann brechen wir auf in Richtung Mejaoûda

Wir finden den Brunnen verlassen vor – welch ein eigenartiges Gefühl! Offenbar ist hier früher ein Fort gewesen. Wir sehen noch Grundmauern und auf weiter Fläche mit Steinrabatten in die Wüste gelegte »Gartenpfade«, absurd und gleichzeitig grotesk in der unendlichen Weite. Ein Produkt der Langeweile oder bereits des Irrsinns der Legionäre? Ferner lassen leere, verrostete Konservendosen, mattgeschliffene Flaschenscherben, eine Munitionskiste und einiges andere mehr auf die frühere Anwesenheit von Soldaten schließen, hier in diesem von der Außenwelt völlig abgeschlossenen Gebiet. – Zwei hohe Steinhaufen, Kerkoure, markieren die Wasserstelle, d.h. den Brunnen, den wir jedoch fast leer vorfinden. Wir vereinbaren die weitere Streckenführung, bestimmen die Marschzahl, verteilen Rationen als Mittagsmahl und setzen unsere Fahrt fort. Wir kommen in felsiges Gelände; die Ebenen zwischen den parallel verlaufenden Dünenketten sind übersät mit grobem Geröll. Unser Weg führt uns über zwei schmale Elbs, die aber ohne Schwierigkeiten gemeistert werden. Doch die Prüfung steht uns noch bevor; das Elb Haricha, eine breite Dünenkette, die wir überqueren müssen, um in das Gassi zu gelangen, das uns auf direktem Weg ein Stück näher an Taoudeni heranbringen würde. Wir könnten ihm nämlich etwa 200 km folgen, bevor wir gezwungen wären, weitere Dünenketten zu überqueren. Die Sonne steht schon recht tief, als wir das Hindernis erreichen. Wir machen uns zu Fuß auf die Suche nach einem Übergang – eine verzwickte Angelegenheit. Wir entschließen uns, die Überquerung am kommenden Tag durchzuführen. Morgen also, es ist mir gerade recht, denn ich habe noch Puddingbeine vom Schlachtfest des Vortages!

Nach dem Essen beeilen wir uns, in die Horizontale zu kommen, denn wir haben vereinbart, morgen früh um sechs Uhr Ortszeit aufzustehen, um die Kühle des Morgens für unser bevorstehendes, schwieriges Projekt auszunutzen.

Noch ist es dämmrig, als ich mich erhebe und zur Feuerstelle gehe, um nicht dort aufzuwärmen. Teewasser wird aufgestellt; ein kurzer Imbiß eingenommen.

Vor der Abfahrt zeigt uns Eckhard die ersten Passagen des Parcours. Nachdem wir diese bezwungen hätten, wären wir genötigt, an Ort und

Stelle neue gangbare Wege zu Fuß ausfindig zu machen. Die Strecke erscheint mir nicht leicht, aber für unsere Fahrzeuge praktikabel. Die Durchquerung der Kette besteht aus zwei Teilstrecken: Die erste ist von der zweiten durch einzelne Regflecken getrennt, die, man könnte fast sagen, ein eigenes abgeschlossenes Zwischental bilden. Nachdem wir einen Zugang gefunden haben, kann die Arbeit beginnen. Wir benötigen den gesamten Vormittag, um nur wenige Kilometer über die Dünen hinweg zurückzulegen. Es gibt Passagen, die wir nur dadurch überwinden können, daß mit unseren acht Rippenblechen »Straßen« gelegt werden, zwei Spuren mit je vier Blechen. Auf diese Art und Weise können wir längere, weiche Stellen überwinden, Stellen, die nicht umfahren werden können. Die Bleche sind permanent im Einsatz. Die Handsprechfunkgeräte leisten bei der »Übermittlung« von tragenden Passagen gute Dienste.

Zur Mittagszeit kommen wir in der Mitte an. Die Hälfte des Komplexes liegt hinter uns. Drei Gruppen machen sich gleich auf den Weg, um die weitere Strecke zu untersuchen. Die übrigen durchkämmen die Regfelder nach steinzeitlichen Werkzeugen. Die Inspektion dauert etwa drei Stunden. Als wir zurückkehren, haben wir alle eine kräftige Suppe nötig. Danach kann es losgehen. Der zweite Teil der Überquerung geht flott voran, so daß wir nach Ablauf einer weiteren Stunde das Elb durchquert haben und auf der anderen Seite, der Südwestseite des Elbs, herauskommen. Die sorgsame Suche nach harten Strecken hatte sich als lohnend erwiesen. Bevor wir uns auf die vor uns liegende Hamada begeben, erhöhen wir wieder den Reifendruck, den wir für die Sandpassagen abgelassen hatten. Bei Einbruch der Dunkelheit schlagen wir unser Lager auf. Nach den Messungen setze ich mich noch ein Weilchen ans Feuer. Es weht ein unangenehmer, kühler Wind. Ein kräftiger Schluck Schnaps wärmt uns innerlich auf; wenig später liegen wir im tiefen Schlummer.

Hilfe! Heute abend rauche ich meine letzten Zigaretten.

Die letzten drei Tage haben etwas Beunruhigendes: die Nächte werden kälter. Seit Freitag, dem 21. November, ist die Tendenz offensichtlich. Die Temperaturen während meiner Polarsternmessungen sind rückläufig und haben gestern abend mit 7° C einen neuen Tiefstand erreicht. Wolfgang spricht heute morgen davon, daß er in der Nacht gegen ein Uhr 4° C am Autothermometer gemessen habe. Das läßt auf eine Temperatur um den Nullpunkt gegen fünf Uhr früh schließen.

Tagsüber herrscht meistens ein böiger Wind; man trägt gerne eine Jacke oder einen Pullover. Gegen Abend läßt er etwas nach, um aber in den frühen Morgenstunden wieder zuzunehmen. Die sternklaren Nächte der Wüste können folglich sowohl angenehme Kühle auf einen heißen Tag, aber auch eine kalte Herbst- oder Winternacht bedeuten, der man während des Tages schon etwas furchtsam entgegenblickt.

Wie ist es eigentlich mit dem Herbst hier in der Wüste? Ich erinnere mich eines Vormittags, der mir einen sehr herbstlichen Eindruck machte. Der Himmel ist grau und bewölkt; es bläst ein kräftiger Wind, und ich sehe einige Rabenpärchen. Dies ist Herbst für mich. Bestimmt nicht sehr differenziert, aber im allgemeinen lassen nur fallende Temperaturen auf das Nahen des Winters schließen.

Was brachte der gestrige Samstag? Nach wenigen Kilometern am Morgen hält Eckhard an: Wir hätten soeben die mauretanisch-malische Grenze überschritten; und dies mitten in der Wüste, in einer Gegend, wo wir seit knapp drei Wochen keine Menschenseele mehr gesichtet haben.

Die Mittagspause benutzen wir dazu, etwas Holz zu sammeln: ohne Holz keine Wärme am Abend!

13. Bir Chali

23.–26. November 1975

Der gestrige Fahrtag, 23.11., war landschaftlich an Höhepunkten reich. Wir durchquerten eine weite Ebene, die quer zur Fahrtrichtung von zahlreichen Wadis durchzogen ist, was sehr unangenehmes Fahren bedeutete. Aus dieser Ebene erheben sich vereinzelt und völlig abrupt Tafelberge und verwitterte Felsentürme neben steinharten Baumstümpfen mit lichtgrünen Blättern – eine absurde Szenerie. Das Gelände ist unwirklich, die Steine auf der Erde, der verwitterte Fels, Farben und Formen, das gleißend helle Licht. All dies steigerte noch das extreme Gefühl von Entlegenheit und Isolation des Ortes, an dem wir uns befanden. Die Felsen erscheinen in märchenhaften Farbkonstellationen: kräftiges Gelb, dunkles Rot und helles Grün, auf braunem hartem Sandboden. Längere Zeit rollen wir auf dieser schweigenden Einöde. Gelegentliche Halte, um Steine zu suchen und gegebenenfalls Holz zu sammeln. Um halb zwei Uhr Mittagspause; 35 km weiter soll ein Brunnen sein, nämlich Bir Chali. Wir kommen überein, heute noch so weit zu fahren, um vielleicht Wasser zum Waschen vorzufinden. Die Gegend bleibt merkwürdig bizarr, wie im Traum. Trotz genauester Orientierung in der Karte können wir nach etwa zweistündigem Ausschwärmen und Suchen den Brunnen nicht finden. Während dieser Suche mache ich die unglaublichsten Entdeckungen; Hunderte von Metern, ja kilometerlange Ketten von Quarzkristallen, die in geometrischen Formen (Würfel, Quader, Pyramiden) eines neben dem anderen in der Erde stecken. Diese Ketten bezeichnen die Umrisse, sind die letzten Überreste früherer hoher Gebirge.

Vor Sonnenuntergang schlagen wir in einer geschützten Felsnische unser Lager auf. Nach dem Essen unterhalten wir uns noch eine Zeitlang um das Feuer herum. Die Probleme, die sich um Pascal bemerkbar machen, werden langsam schwerwiegend. Falls es zu arbeiten gibt, sieht man ihn nicht selten unentschlossen am Fahrzeug verharren. Er muß mit seinen 18 Jahren etwas völlig anderes erwartet haben.

Wir gedenken, zwei Tage hier zu bleiben, eine Entscheidung, die ich sehr begrüße. Wir haben uns Taoudeni bis auf 120 km genähert.

Herrlich, ein Ruhetag! Bereits das Aufstehen erlebe ich in äußerst gelokkertem Zustand. Das Besondere des Tages, die Gewißheit, Ruhe, Zeit und Muße zu haben, seine Arbeit – die kollektive wie auch die persönliche – in Ruhe durchführen zu können, schlägt sich segensreich auf mein Gemüt nieder. Zunächst genieße ich einmal die Sonne, die warm vom Himmel herunterscheint, und geselle mich zum Feuer, wo ich in der Runde Platz nehme. Der Tee ist bereit. Einer nach dem anderen trifft an der Feuerstelle ein. Der Pfannkuchenteig wird mit den verfügbaren, einfachen Mitteln angerührt – Wasser, Milchpulver, Mehl – und auf gehts in die Pfanne! Wir sind völlig entspannt.

Überall wird eifrig gearbeitet. Seitlich am Hang haben Ingvo und Philippe einen Backofen aus Steinplatten gebaut; dort wird gerade das Brot gebacken. Eckhards Teig für einen schmackhaften Kuchen ist auch schon fertig. Er folgt dem Brot anschließend in den Ofen. Ich erledige die Storeberichte für Nahrung und Wasser, damit jederzeit bekannt ist, was für die Zubereitung der Speisen vorhanden ist. Danach werden die Geräte für eine Messung fertiggemacht; zwischendurch Tee und Kuchen, zur Stärkung. Nun, was soll man da sagen! Mitten in der Wüste einen Hefekuchen mit Trockenpflaumen, Nüssen und Krokanthaferflocken.

Um zehn Uhr abends stehen die Koordinaten fest. Wir sind noch eine gute Stunde um das Feuer versammelt; die Atmosphäre ist gemütlich. Gegen 23 Uhr, das Feuer ist fast heruntergebrannt, ziehe ich mich frierend zurück und rauche meine letzte Zigarette aus Teeblättern.

Dienstag, 25.11.; der Vormittag ist einer Beschreibung der Koordinatenbestimmung vorbehalten, die ich gleich hier anschließe: Das Ziel des Verfahrens besteht darin, den Schnittpunkt von Längen- und Breitengrad zu ermitteln, unter Verwendung der Daten, die aus der Sonnen- und Polarsternmessung mit dem Theodoliten hervorgehen, und solchen, die dem astronomischen Jahrbuch entnommen werden. –

Der Theodolit ist ein Präzisionsmeßgerät mit eingebautem Fernrohr, das zwanzigfach vergrößert und auf einer Horizontal- und Vertikalachse um 360° schwenkbar ist. Für das Meßverfahren wird er auf ein Dreibein montiert und mehrfach justiert. Eine Ableseeinrichtung liefert mir die genauen Angaben über Höhen- und Horizontalwinkel. Bei genauer Justierung des Horizontalkreises werden für das vorliegende Verfahren nur die ersteren benötigt. Unter Zuhilfenahme einer Stoppuhr mit Schleppzeiger und eines Quarzchronometers mit bekannter Gangungenauigkeit werden die Zeitpunkte der Messung festgehalten. Ein Thermometer und ein Barometer liefern mir Temperatur und Luftdruck, die zur Berechnung der Strahlenrefraktion notwendig sind. Die Messung der Sonne muß etwa eine halbe bis anderthalb Stunden nach Aufgang oder vor Untergang durchgeführt werden, um eine zu hohe Refraktion bei einem zu tiefen Stand zu vermeiden; zum anderen darf sie nicht zu hoch stehen, damit der Vertikalkreis überhaupt noch eine Fernrohreinstellung erlaubt.

Die Sonne wird als Tangentiale an das Strichkreuz jeweils in zwei zueinander diagonal liegenden Quadranten gemessen, wobei zwei korrespondierende Meßdaten einen Satz ergeben. Aufgrund des raschen Durchlaufs der Sonne im Fernrohr und ihrer relativ problematischen Messung als Tangentiale werden vier Sätze (= acht Einstellungen) durchgeführt und zwei parallele Verfahren gerechnet, wodurch sich etwaige Meßungenauigkeiten durch die Bildung der arithmetischen Mittel der Meßwerte und der beiden Endergebnisse zweimal halbieren.

Die Messung des Polarsterns verläuft weitaus unproblematischer, da er annäherungsweise als Punkt im Fernrohr erscheint und sich nur geringfügig bewegt. Er wird folglich als Punkt auf der Horizontalachse in zwei Sätzen gemessen, und es wird in einem einzigen Verfahren wiederum nach dem Prinzip der Mittelwertbildung gerechnet. Anfängliche Schwierigkeiten bereitet das Auffinden des Sternes im Rohr, wobei jedoch die ungefähre Breite des Standortes, die ja ebenso wie die ungefähre Länge für die Berechnung bekannt sein müssen, eine große Hilfe hierbei ist. Nach Aufstellung der Meßreihen wird gerechnet. Dabei muß die Berechnung der Breite mit Hilfe der Daten des Polarsterns vorgezogen werden, da für die Berechnung der Länge das exakte Ergebnis der Breite benötigt wird. Das Prinzip der Berechnung? Bekannte Winkel und Zeiten, auf Greenwich bezogen und dem astronomischen Jahrbuch entnommen, werden mit Hilfe der Meßwerte auf den Beobachtungsort und -zeitpunkt übertragen. Aufgrund der komplizierten Rechenvorgänge ist ein elektronischer Taschenrechner sehr empfehlenswert, da hierdurch die gesamten Rechenverfahren in etwa 90 Minuten bewältigt werden können. Der Polarstern kann mit Einbruch der Dunkelheit die ganze Nacht hindurch gemessen werden, wobei zur genauen Einstellung eine Taschenlampe und zur Ablesung der Winkel ein Nachtsichtgerät eingesetzt wird. –

Vor Einbruch der Dämmerung dann die überraschende Entdeckung eines menschlichen Skeletts. Es trägt die Merkmale eines gewaltsamen

Todes, wie unser Arzt meint: zertrümmerter Unterkiefer, ein schmaler Schlitz hinter dem Auge, ein teilweise gebrochener Brustkasten. Und natürlich fragt man sich, wer der Tote gewesen ist und unter welchen Umständen er umgekommen ist. Mehrere von uns verbringen eine unruhige Nacht . . .

Am Abend wird noch der neueste Finanzbericht an mich herangetragen. Es fehlt natürlich immer an der gleichen Stelle: stets wird zuviel ausgegeben, obwohl dies einem gar nicht bewußt wird.

Spät in der Nacht erst ziehen wir uns in unsere Schlafsäcke zurück. Die Temperaturen fallen weiter. Der letzte Funkkontakt um Mitternacht ist danebengegangen. Der letzte Ruf unsererseits an Christian ging am 17.11. hinaus, denn auch der Kontaktversuch am 23.11. war mißlungen. Nun, der nächste Versuch ist auf Samstag angesetzt, und wir sind übereingekommen, daß wir aus diesem Grunde erst am Sonntag in Taoudeni einfahren wollen.

14. Erster Advent

27.–30. November 1975

Vor unserem Aufbruch entdecken wir einen Tumulus, ein neolithisches Hügelgrab. Nach kurzer Besprechung entschließen wir uns, es zu untersuchen. Während wir uns beim Ausgraben des Sandes und der Steine ablösen, geschieht dann leider etwas, was unsere Stimmung rapide sinken läßt. Es wird gestohlen, genaugenommen, jemand aus der Gruppe hat mir einen Teil meines Mittagessens weggegessen. Nicht der Wert dessen, was gestohlen wurde, sondern die Tatsache, daß gestohlen wird, bringt mich in Wut. Ich mache mir selbstverständlich über die Täterschaft Gedanken, und inzwischen bin ich mir absolut sicher, wer die Diebstähle begangen hat. Doch ich muß noch schweigen, obwohl ich dem Typ am liebsten gleich die Fresse polieren möchte. Man muß ihm eine Falle stellen! –

Hierdurch ist natürlich die Atmosphäre erst einmal wieder gründlich vergiftet.

Von unserem Lagerplatz in der Nähe des Grabes kommen wir gegen 11 Uhr weg.

Nach wenigen Kilometern bleibt Eckhard mit der Blauen Pritsche im Sand stecken. Die üblichen Handgriffe und Arbeitsgänge bleiben zunächst aus. Alles ist ausgeschwärmt. Nach wenigen Minuten kommen die ersten aus dem Gelände zurück – mit Sandrosen in den Händen. Ich bin zunächst leicht gereizt über das ständige Eigeninteresse in der Gruppe, freue mich natürlich dann aber, daß wir ausgerechnet an einer Stelle versandet sind, an der es in Hülle und Fülle Sandrosen gibt. Das Fahrzeug wird wieder flottgemacht, bevor wir uns dann alle auf die Suche machen. Ich muß mich anschließend mit der Verstauung dieser Steinmassen herumärgern; aber ich hab's geschafft.

Sandrosen sind Gesteinsformationen, deren blütenähnliches Aussehen auf einem Kristallisationsprozeß beruht. Es scheint, daß die Steinsubstanz der Sandrosen gips- oder kalkhaltig ist, denn auf der Erdoberfläche lugt überall weißes Gestein hervor, jedoch nicht in Rosenform, sondern zumeist in säulenartigen Gebilden. Das Kuriose ist nämlich, daß die Sandrosen in und unter dem Sand verborgen sind, also ausgegraben werden müssen. Wenn man den Boden nicht genau mustert, geht man ahnungslos an der Fundstelle vorüber.

Im Verlaufe des Nachmittages halten wir mehrfach an; einmal um Holz zu sammeln, ein anderes Mal besteigen wir einen nahen Tafelberg zu Orientierungszwecken. Hierbei blicke ich auf eine zauberhafte Landschaft, auf die messerscharf gezogenen Umrisse weiterer Felsenplateaus, auf langgezogene, sanftgeschwungene Dünenketten in bunter, kontrastreicher Vielfalt. Wie schon die Tage zuvor sind solche Kurzausflüge auch stets Anlaß zur Schatzsuche. Was mich betrifft, so habe ich wenig Geschick im Entdecken von Spuren aus neolithischer Zeit. Mir fallen eher Gegenstände auf, die in ästhetischen Kategorien zu beurteilen sind, und daran ist die Wüste überaus reich.

Schließlich setzen wir die Fahrt fort, etwa in Richtung 110°, nachdem wir am Vormittag ziemlich genau ostwärts gefahren waren. Wir treffen wieder auf Dünen. Nun, wir waren darauf vorbereitet, jedoch glaubten wir an einen sandfreien Durchgang zwischen den vier Elbs, die vor uns lagen, als wir von dem erhöhten Beobachtungspunkt aus das Gelände überprüften. Es gibt aber keinen. Wir könnten natürlich die Dünen nach Westen umfahren. Wir wählen aber den direkten Weg und suchen einen Übergang. Ein erster Versuch scheitert am lockeren Sand. Die Steigung ist zwar mäßig, aber wir müssen zurück. Der zweite Versuch an anderer Stelle klappt unter Zuhilfenahme der Sandbleche. So haben wir am restlichen Nachmittag zahlreiche Hindernisse zu überwinden, ehe wir in Richtung unseres vorgesehenen Lagerplatzes weiter vorrücken können. Wir haben nämlich in der Karte ein Gebirgsmassiv als Aufenthaltsort für die nächsten Tage zur Weiterführung der psychologischen und linguistischen Arbeiten auserkoren. Es ist bereits am Horizont sichtbar und dürfte nur etwa zehn Kilometer von uns entfernt sein. Eine steil in den Fels eingekerbte Schlucht nimmt uns eine halbe Stunde später auf, deren schmale Talsohle gegen Ende ansteigt, so daß unsere beiden Pritschen alle Mühe haben, auf dem weichen Sandboden, der den Fels bedeckt, hochzukommen. Der Lagerplatz inmitten von hohen Felswänden ist bald ausgesucht und macht einen friedlichen und ruhigen Eindruck. Wir besteigen sogleich die umliegenden Erhebungen, wo uns ein kräftiger Wind empfängt; zu unseren Füßen eine phantastische Welt. Je näher der Einbruch der Dunkelheit rückt, desto mehr nimmt auch in unserem Lager der Wind zu.

Gegen 18 Uhr wird die IWTSE geschäftig. Lebensmittel werden geholt, Wasser herbeigetragen, ein Loch für das Feuer gegraben, Steine rundherum angeordnet und der Rost darauf gelegt. Töpfe und Wasserkessel folgen nach. Zelte werden errichtet. Zwischendurch sind Handgriffe am Essen notwendig. Wir sind fast komplett, als wir um das Feuer herumsitzen und mampfen. Dies ist die Stimmung noch an diesem Freitagabend. Der folgende Abend sollte eine schwere Krise bringen! – Die Kälte der Nacht treibt mich ins Zelt; und draußen tobt der Wind . . .

Der folgende Morgen, 29.11., bricht an, wie der Abend geendet hatte. Der Wind tobt weiter. Eckhard, Agnes und ich machen einen kleinen Spaziergang in die nähere Umgebung unseres Lagerplatzes. Wir analysieren etwas die Gruppendynamik; was mich seit längerer Zeit schon sehr stark stört, ist das übertriebene Eigentumsstreben, das ich bei einigen beobachte, sei es das Essen, seien es Sandrosen, neolithische Funde oder sonst irgend etwas von Interesse. Dahinter steht ein ungesunder Egoismus, der letzten Endes auch für die Diebstähle verantwortlich ist. Wo bleibt die einstimmig gegebene Vereinbarung und Zusicherung, Funde als kollektives Eigentum zu betrachten, um sie nach der Reise zum kollektiven Nutzen zu veräußern? – Wir setzen uns auf einen Felsvorsprung und blicken auf das sich unter uns ausbreitende Sandmeer mit seinen schroffen Erhebungen. Eckhard spricht unser Rollenverhalten in der Gruppe an. Außer uns gibt es kaum jemanden, der einmal Krach schlägt, Mißstände anprangert und öffentlich Kritik anbringt.

Zurück im Lager bereiten wir unsere Nachmittagssitzung über die Linguistik vor. Wir besprechen zunächst noch einmal den äußeren Rahmen der Arbeit, sichten das vorhandene Material, besprechen Methode und Vorgehensweise und beginnen schließlich, die Konzeption der Fragebögen festzulegen. Die Bildvorlagen werden ausgewählt und auf 15 beschränkt; ebenso die Kategorien der Fragestellungen durchgesprochen, Lexikondefinitionen, Syntaxfragen, Morphologie im Verb- und Nominalkontext.

Während des Essens ein Problem: Philippe und Irène haben es abgelehnt, einen psychologischen Fragebogen von Agnes zu beantworten. Ihre Gründe sind undurchsichtig und widersprüchlich. Für mich sind das Ausflüchte, die nur ihre Angst davor manifestieren, daß man ihnen ihre Stellungnahme auf den Fragebögen einmal zum Vorworf machen könnte. Ich lege ihnen zur Last, den ihrerseits begonnenen Bruch der Abmachungen nun offenbar zur allgemeinlegitimen Norm ihrer Überlegungen zu machen, und bin außer mir vor Ärger, daß in einer Gruppe von Freunden Destruktivität und Mißtrauen kursieren. Hierdurch sind verschiedene Einzelbeziehungen empfindlich gestört; damit aber ist die Gruppenharmonie zum Teufel und die Gefahr der Frontenbildung gegeben. Das Frühstücksgespräch am folgenden Morgen bringt wenigstens die Zusicherung, dem Programm Psychologie in Zukunft die Unterstützung nicht zu versagen. Aber was ist das schon wert? Dies alles hatten wir ja schon einmal!

Nach dem Abbau des Lagers setzt sich die IWTSE mit ihrem Konvoi in Bewegung. Das Kartenmaterial ist leider nicht allzu präzise. So gibt es Passagen, die als dünen-, ja sogar sandfrei bezeichnet sind, obgleich wir alle Mühe haben, einen flacheren Dünendurchgang zu finden. Selbst auf flachen Sandpassagen müssen wir unzählige Male buddeln und Bleche legen, um insbesondere Pritsche II und Kübel im Sand freizubekommen. Die Strecke führt an Gebirgsmassiven vorbei, deren Gipfel steil gegen den blauen, mit unzähligen weißen Schäfchenwölkchen bedeckten Himmel streben. Rosarote Dünenketten überziehen in sanften Windungen die weite Ebene, wobei die vorwitzigsten an den nackten Felswänden emporzüngeln. An einer Stelle kreuzt der wandernde Sand gar die Bergkette und macht deutlich, daß nichts ihm Einhalt zu gebieten vermag – ein anstürmendes Heer, das alles überrennt, was sich ihm in den Weg stellt. – Für uns gilt es, mehrere dieser Dünenketten zu meistern, wobei weniger die Steigungen als vielmehr die ständig wechselnde Konsistenz des Sandes uns größte Mühe machen. Harten Stellen folgen butterweiche auf dem Fuß. Trotz der gewohnten Markierung der Wegstrecke vorweg zu Fuß können schwere Einsandungen nicht vermieden werden. Gegen Nachmittag erkennen wir an der Karte, daß Taoudeni nur nach Einbruch der Dunkelheit erreicht werden könne. Da wir dies aber auf keinen Fall wollen, schlagen wir in einer relativ windstillen Gebirgsnische das Lager auf. Es ist 17 Uhr, und Philippe bringt einen Funkkontakt zustande. Obwohl der Tag nicht vereinbart war, ist Christian auf unserer Frequenz und offenbar in großer Besorgnis. Ein wichtiger Erfolg vor unserer Ankunft in Taoudeni, denn wir haben ja keine Ahnung, wie man uns dort empfangen wird...

Eckhard besteigt gleich einen der umliegenden Berge. In der Ferne seien bereits die Lichter von Taoudeni zu sehen. In der Zwischenzeit mache ich die Tagesberichte und komme dann zum Feuer mit Keksen, Pastis und einer Kerze bewaffnet, der Nachtisch und das Requisit des heutigen Tages, Erster Advent. Wir zünden die Kerze an und stellen sie in den Sand. Ich bin in feierlicher Stimmung – mein Ärger im Lauf des Tages ist etwas verraucht! – und denke an den morgigen Tag. Taoudeni – was würde der Ort uns bringen? Es gibt nur wenige Informationen über diese Metropole der Salzgewinnung, denn aufgrund der schwierigen Zugangswege haben es nur einzelne geschafft, dem Ort einen Besuch abzustatten. Offiziell ist Taoudeni gesperrt. Wir haben das Glück, aufgrund unserer wissenschaftlichen Untersuchungen die Erlaubnis hierzu erhalten zu haben. Wir führen ein Empfehlungsschreiben der malischen Botschaft mit uns.

Taoudeni scheint von einem Geheimnis umgeben: eine Metrepole ohne Zufahrtswege von West, Nord und Ost . . . Nur nach Süden führt ein Karawanenweg Richtung Tombouctou. Wie es auch immer sei, die wenigen Berichte sprechen von Sklaverei in Taoudeni. In einem mehrbändigen Werk über die Sahara ist an einer Stelle davon die Rede, daß aus Taoudeni keiner mehr zurückkomme, eine Einbahnstraße! Wird man uns unter diesen Umständen überhaupt empfangen? Oder wird uns gar eine Genehmigung zuteil, die Salzminen zu filmen und zu photographieren, wie unser Programm dies vorsieht? Solcherlei Gedanken gehen mir durch den Kopf, während ich meinen heißen Tee genüßlich schlürfe. Nicht daß ich selbst fürchte, aus Taoudeni nicht mehr wegzukommen, aber nach vierwöchiger Fahrt durch ein menschenleeres Gebiet fragt man sich, was für Menschen hier eigentlich leben. Die Kerze ist zur Hälfte niedergebrannt; ein leichter Wind kommt auf und geht unangenehm unter die Haut. Die Nacht ist sternenklar. Lange würden wir wohl nicht mehr aufbleiben. Doch da sollten wir uns gewaltig täuschen! Ich schenke mir gerade einen neuen Tee ein, als es plötzlich um uns herum lebendig wird. Hinter den Bergen und Fahrzeugen tauchen mehrere Gestalten auf, die uns einen Guten Abend wünschen, ein Mann in Uniform und sechs Zivilisten. Der späte Besuch läßt nichts Gutes erwarten. Der Militär, ein Sergeant, teilt uns mit, daß wir auf unserer Fahrt hierher gehört worden seien – die Motoren! – und daß sein Vorgesetzter wissen wolle, wer wir seien. Wir befänden uns im Grenzgebiet nach Mauretanien – die geographische Grenze ist immerhin 500 km entfernt! –, und es wäre in den letzten Tagen hier geschossen worden. Er wolle uns vor Schwierigkeiten warnen. Der Sergeant ist ausgesucht höflich, ja freundlich! Die Umstehenden betrachten uns neugierig. Die Hälfte ist mit Kamelen gekommen, die anderen zu Fuß. Wir stellen uns vor, erklären unsere Anwesenheit und Aufgabe, nennen unseren Herkunftsort (Atar!) und unser Nahziel (Tombouctou!). Der Sergeant fordert uns in bestimmtem Ton auf, mitzukommen, um unsere Anwesenheit zu Protokoll zu geben. Der Kübel wird für die nächtliche Fahrt vorbereitet, Eckhard, Ingvo und Philippe machen sich fertig, und bald entschwinden die Rücklichter des Fahrzeuges unseren Blicken. Einige unserer nächtlichen Besucher sind mitgefahren. Die übrigen besteigen ihre Kamele grüßen und reiten davon. Nach zwei Stunden verneh-

Oben: Scharfkantige Steinfluren machen den Reifen zu schaffen; Dutzende wurden zerfetzt; noch 3000 km bis zur nächsten Stadt.

Rechts: Sonne, Regen und Sandwind haben aus den Gesteinsformationen des Tassili n'Ajjer bizarre Skulpturen »gemeißelt«.

Vorhergehende Seite: Verlassenes Lager aus der Fremdenlegionärszeit zwischen Nouakchott und Atar. Über Kilometer zerstreut Flaschen und Knochen.

Oben: Mamadi, der Koch unserer Freunde in Atar, bereitet uns zum Abschied einen Hammel.

Links: Ehrwürdige alte Frau in einem kleinen Dorf bei Atar, Mauretanien; in ihrem Gesicht Lebenserfahrung und Reife.

Folgende Doppelseite: Markt in Gao; das Durcheinander ist nur scheinbar, die Höchstpreise sind fest, jede Marktfrau hat ihren Standort.

Oben: »Le vieux« vollzieht die alltägliche Verrichtung des Teekochens mit Andacht und Würde.
Unten: Touareg-Frauen der Kel Antessar, eines der von der Dürre am meisten betroffenen Stämme.

men wir den Motor des zurückkehrenden Kübels. Sie seien ausgesucht freundlich empfangen worden. Das Empfehlungsschreiben habe eine positive Wirkung hinterlassen ... Morgen sollen wir mit den Fahrzeugen vorbeikommen, um unsere Wünsche vorzutragen.

15. Erste Eindrücke, ein Empfang

1. Dezember 1975

... Und der Morgen beschert uns, was der Abend bereits verheißen hat – Gäste, fünf an der Zahl, andere Gesichter, lauter Zivile. Gegen 9 Uhr schaue ich neugierig, aber vorsichtig aus meinem Schlafsack hervor und sehe Wolfgang und Ingvo im Gespräch mit Männern in Boubous, Serouals und Chechs. Die Gruppe wirkt sehr lebendig auf mich, der gerade aus dem Schlaf erwacht ist und dem die kühle morgendliche Brise noch unangenehm kalt unter die Haut fährt. Doch die Sonne scheint; es ist klar; der Tag ist angebrochen und hat uns gleich ein Ei ins Nest gelegt: fünf Gäste zum Frühstück. Ich erhebe mich noch etwas schwankend, gehe sogleich zu den Leuten hinüber und heiße sie willkommen. Drei davon sind Minenarbeiter. Mir fallen gleich die wettergegerbten Gesichter und die großen, schwieligen Hände auf. Zunächst brauen wir den Begrüßungstee und setzen uns alle in einem großen Kreis um das Feuer nieder. Dann die heiße Suppe durch vierzehn; die Rationen sind knapp; wir müssen uns erst wieder an Gäste gewöhnen. Es ist 10 Uhr, als wir zusammenpacken. Ingvo kennt die Strecke von gestern abend. Die Gegend ist auch uns nicht neu; Gebirgsketten, steiniger und holperiger Boden; das Ende der Dünen scheint gekommen. Doch bald sehen wir am Horizont zur Linken Leben: Agorgot, die Minen ... Ich sitze im Fond mit dreien unserer Gäste. Ich stelle Fragen; der eine gibt mir bereitwillig Auskunft. In der Ferne entdecke ich eine Menge aufgeschichteter Hügel, Menschen, Kamele und undefinierbare schwarze Punkte. Wir passieren die Salzminen in einiger Entfernung. »Früher gingen die Arbeiter jeden Abend zu ihren Wohnungen nach Smida, das sind 13 km, denn nur dort gibt es Wasser aus dem Brunnen« – übrigens ein beschissen salziges, eigentlich nicht überraschend! –, »doch seit über 150 Jahren wohnen wir (sic!) in Agorgot in den Minen, und um Wasser zu holen, müssen wir nach Smida.« Wir sind auf dem Weg dorthin. Wenig später kündigen Lehmbauten eine Ortschaft an und wieder diese eigenartigen Hügel. Beim Näherkommen sehe ich, daß es sich um Ruinen handelt und grabartige Anhäufungen, eine neben der anderen. »Das alte Taoudeni mit den alten Minen. Hier wird kein Salz mehr gewonnen, und hier wohnt auch keiner mehr. In früheren Zeiten sind die Touareg bis hier heraufgekommen, um ihre Rezzous durchzuführen, d.h. die Salzkarawanen zu überfallen. Sie stießen hierbei auf die Reguibat, die aus demselben Grund aus Mauretanien und Südmarokko nach Süden gekommen waren. In der Folge fanden blutige Gefechte um die Vorherrschaft statt. Die Ruinen müssen noch aus jener Zeit stammen ...« Alles liegt noch so da wie vor Jahrhunderten, vom Sand verweht, unberührt. Die Fahrzeuge holpern weiter, nein! – Wir haben die Arbeiter in Agorgot aussteigen lassen. Sie hatten es plötzlich eilig, zurück in die Minen zu kommen. Auf der Strecke liegen eine Menge Knochen von verendeten Kamelen. Wir nähern uns den Bergen, überholen mehrere Kamele, einen Esel, geführt von ärmlichen Gestalten. Die Spuren führen uns schließlich mitten hinein in eine verwirrende und hektische Menschenmenge und enden. Es ist 11 Uhr. Wir sind in Smida angekommen. Die Sonne verbreitet übertriebene Helligkeit. Der böige Wind treibt den Sand nur so vor sich her über die Ebene und hüllt die weitere Umgebung in einen fahlen Dunstschleier. Um uns herum herrscht eine lebhafte Aktivität. Zahlreiche Männer scharen sich um den Brunnen, unablässig damit beschäftigt, die ihnen gereichten Wassergefäße – leere, entzweigeschnittene Tonnen, Wasserschläuche, Guerbas und Eimer – an einem Strick in die Tiefe hinabzulassen, um sie mit großer Anstrengung, mit den raschen und ausladenden Bewegungen ihrer kräftigen Arme wieder hochzuziehen. Für größere und schwerere Behälter ist ein anderer Mechanismus vorgesehen. Neben dem Brunnen liegt ein Kamel, einen Strick um den Hals, das im Bedarfsfall dazu angetrieben wird, die schwere Last aus acht Metern Tiefe hochzubefördern. Andere sind dabei, die gefüllten Wasserbehälter wegzuschleppen oder das Wasser in mächtigen Metallfässern wegzurollen, um sie den bereitstehenden hochbeinigen Lasttieren aufzubürden. So existentiell der Brunnen für die Menschen hier ist, so erhält ihre Arbeit doch eine tragisch-absurde Dimension, wenn man bedenkt, daß der Genuß dieses stark magnesiumhaltigen »Meerwassers« – für Europäer absolut ungenießbar – sie binnen Monatsfrist zu völliger Entschlackung und Entkräftung führen wird und endlich ihren Tod zur Folge hat ... Weit über hundert Kamele sind über die Ebene verstreut, die schließlich mit der Staubluft eins wird, mit der gelblich-trüben Atmosphäre des Tages, die aus den muskulösen Leibern der Tiere in größerer Entfernung schemenhafte, aber nicht weniger markant gezeichnete Gestalten und Umrisse schafft. Sie trinken in gierigen Zügen, ruhen wiederkäuend oder zeigen ihren Unmut, wenn ein Treiber mit Lasten sich nähert, brüllen, beißen um sich und schlagen aus. Alles ist Bewegung, freigewordene Energie. Eine dynamische Menschenmenge in aufgelockerten

Gruppen, kräftige wie schmächtige Männer in zerrissenen und kärglichen Kleidern, die wild gestikulieren, sich ständig etwas zu sagen haben. Eine mitreißende, aufregende Hektik! – Dem Brunnen gegenüber befindet sich die Kaserne, ein Militärlager mit hohen Mauern, Bastionen und uniformierten Menschen, einer wie der andere, anonym und statisch; Ordnung, Disziplin, Befehl und Gehorsam, eine programmierte Welt. Die Probleme der Versorgung und Unterbringung obliegen einem Über-Ich, der malischen Regierung.

Eine Vermischung dieser beiden Welten bietet sich unseren Blicken, als wir aus unseren Fahrzeugen steigen. Gleich darauf werden wir begrüßt, vom Sergeanten und seinem Vorgesetzten, dem Adjutant Chef. Sie heißen uns willkommen und führen uns in die Amtsstube, oder eigentlich ist es eine Art Salon; ein quadratischer Raum mit Sandboden, in welchem entlang der drei Wände, dem Eingang gegenüber, Betten aufgestellt sind. Auf ihre Einladung hin nehmen wir Platz. Der Adjutant Chef unterhält sich mit Philippe und Eckhard, die ihm vom Vorabend noch bekannt sind. In wohlgesetzten Worten erklärt Eckhard nochmals unseren Auftrag, und Philippe, unser Kameramann, erläutert seine Aufgabe und seinen Auftrag vom französischen Fernsehen. Das fließt wie Balsam, mit gekonnter Gestik und angenehmer Stimme. Der Adjutant Chef scheint zweifellos davon sehr angetan zu sein und manifestiert in kurzen, höflichen Worten sein Interesse. Daraufhin stellt Eckhard uns der Reihe nach vor, wie es sich in vornehmen Kreisen gehört; dasselbe zelebriert der Adjutant Chef mit seinen Untergebenen. Schließlich kommt man im Detail auf die Minen zu sprechen, Besichtigung, Informationen, Filmen und Photographieren, Werkzeuge und Salzproben – die Unterhaltung fließt hehr dahin. Der Adjutant Chef ist zufrieden, gibt sein volles Einverständnis zu unseren Wünschen. Wir vereinbaren, am Nachmittag, nach dem Essen, gemeinsam zu den Minen zu fahren. Zigaretten werden gereicht; unsere Gesichter erhellen sich mehr und mehr, obwohl der Raum im Finstern liegt. Endlich wieder Zigaretten! Wir bekommen die Papiere gereicht und verlassen mit unseren Gastgebern den Raum. Es gibt zu tun; Zelte werden aufgebaut und mit Decken behaglich eingerichtet, der Besuch der Minen vorbereitet. Ein sonniger Tag für die IWTSE, und entsprechend ist ihre Laune. Was zwei Tage doch ändern können! –

Der Adjutant Chef kehrt zurück und bespricht nochmals kurz mit uns das Nachmittagsprogramm. Es scheint ihm wichtig, uns noch mitzuteilen, daß wir am folgenden Morgen abreisen müßten, in Begleitung seines Sergeanten, eines weiteren Soldaten und zweier Zivilisten . . . Geleitschutz oder Überwachung?

16. Die Salzminen von Agorgot

1. Dezember 1975

Nimmt man eine Weltkugel zur Hand und läßt diese so lange um ihre Achse drehen, bis der Kontinent Afrika vor dem Beschauer erscheint, dann kann man die Überraschung erleben, daß im westlichen Teil der Sahara auf gelbem Grund der Name Taoudeni erscheint. Im allgemeinen werden unzugängliche Orte für unbedeutend gehalten. Mit Taoudeni verhält es sich anders.

Nachdem die Bedeutung Terhazzas als Salzabbaulager im 17. Jahrhundert zu schwinden begonnen hatte, übernahm Taoudeni dessen Rolle und wurde schließlich Sitz der größten und wichtigsten Salzmine der ganzen Sahara. Riesige Karawanen brachten in den vergangenen Jahrhunderten schon das Salz auf die großen malischen Märkte.

Nachdem der alte Ort ausgebeutet war, wurde in einer riesigen Sebkha eine neue Zone abgesteckt, die etwa 7 km² groß ist und Agorgot genannt wurde. Dies fand bereits zu Beginn des letzten Jahrhunderts statt.

Die Fahrzeuge stehen bereit – Pritsche II, Pritsche III und der Kübel. Wir warten auf den Adjutant Chef, der uns zu den Minen bringen will, oder aber, der uns vielleicht nicht allein zu den Minen lassen will, um verschiedene Gespräche, die wir mit den Arbeitern führen könnten, durch seine Anwesenheit zu verhindern. Wer will das so genau wissen?! Nun, er nähert sich und steigt ein. Der Konvoi setzt sich in Bewegung, um die wenigen Kilometer zu den Minen zurückzulegen. Die Menschenmassen bei unserer Ankunft stellen alles in den Schatten, was wir jemals um unsere Fahrzeuge versammelt gesehen haben. Man bestaunt uns aus Hunderten von Augenpaaren in Zehnerreihen. Zweifellos gehören wir mit zu den ersten, möglicherweise sind wir die ersten Europäer überhaupt, die sich zur Besichtigung dieser Minen anschicken. Der Adjutant Chef scheucht die Massen zurück und hält den Leuten eine kurze Strafpredigt, die u.a. beinhaltet, daß sich keiner unterstehen solle, die Fahrzeuge in unserer Abwesenheit zu berühren.

Wir werden dem Bürgermeister und dem Obersten der Minen vorgestellt. Ebenso wie der Adjutant Chef begleiten sie uns auf der Führung durch das Lager. Der äußere Rahmen ist beschämend: wir – Repräsentanten des wohlhabenden Europas – werden durch ein riesiges Arbeitslager geführt, in welchem Menschen unter schwersten Bedingungen eine Hundearbeit verrichten müssen.

Wir betreten das Lager. Halbnackte Gestalten barfuß auf dem Salz – hohe Steinhalden neben rechteckig ausgeschachteten Gruben. Hier wird das Salz im Tagebau gewonnen. Eine Grube, mit einer Grundfläche von etwa 100 m^2, wird bis zu vier Meter tief ausgehoben. Es gilt zunächst, das taube Gestein abzutragen. Ein bis zwei Meter unter der Erde beginnen dann die Salzschichten, die in enormen Quadern herausgeschlagen werden. Die Größe der Quader: etwa 1 m×40 cm×20 cm. Drei bis vier solcher Schichten werden herausgehoben. Die Qualität des Salzes nimmt mit zunehmender Tiefe zu. Ganz unten befinden sich die glasklaren Salzkristalle. Um eine solche Grube auszubeuten, wird eine Woche benötigt. Wie viele Arbeiter dazu notwendig sind, sagt man uns nicht; wie überhaupt viele Informationen über Arbeiter verschwiegen werden. Ich sprach von den verschiedenen Qualitäten des Salzes; hier werden vier unterschieden. Die oberste Schicht enthält die gröbste, die 4. Qualität, darunter die dritte und so fort bis hin zur besten, deren Gewinnung die Ausbeutung einer Grube abschließt.

Über schmale Pfade, vorbei an fertigen Salzbarren, Abraumhalden und in die Tiefe führenden Steintreppen kommen wir zu den nächsten Gruben. Ich fühle mich wie auf einer riesigen Baustelle. Die Menschen, die in den Vertiefungen arbeiten, mit brauner, meistens jedoch schwarzer Gesichtsfarbe, schauen gleichgültig, verlegen, verkrampft oder abgestumpft drein; keiner lacht, wie wir vorbeikommen. Es gibt auch nichts zu lachen! Ich frage mich oft, warum hier die Arbeiter eigentlich nicht meutern. Immerhin arbeiten hier 500 Menschen in den Löchern; in ihren Löchern, denn die meisten von ihnen wohnen gleichzeitig in den Gruben, mitten im Salz! Man erklärt uns, daß hier jeder für sich, d.h. für sein eigenes Salz arbeite. Die Auskunft wird zögernd gegeben; sie scheint einen Haken zu haben. Wovon leben die Leute? wollen wir wissen. Hirse und Reis, sagt man uns. Sie werden satt. Viel später erfahren wir, daß das Essen von den Arbeitern teuer bezahlt werden muß, und daß sie weniger verdienen, als für das Essen verlangt wird. Ein heimtückisches Verschuldungssystem! Das monotone Hacken der Arbeitsgeräte dürfte einen guten Background für den Film geben. Ein einziger Zynismus, dieser Gedanke! Zermürbend, wie ein Schlag dem anderen folgt, ohne daß die Ritze zwischen dem Gestein nennenswert breiter würde. Gearbeitet wird mit Hacken in den verschiedensten Formen, Stemmeisen und Schaufeln; die runden Stiele erinnern mich an die Werkzeuge der Steinzeitmenschen. Es befinden sich wahre Hünen unter den Arbeitern, aber auch Schmächtige, denen man eine solche Schwerarbeit gar nicht zutraut. Auf unsere Frage, wie lange die Leute hier arbeiten, gibt man uns die lakonische Antwort: Solange sie wollen, sechs Monate, ein Jahr, mehrere Jahre! Ich bemerke einen Arbeiter, wie er sich eine Haschischpfeife ansteckt und uns die ganze Zeit über starr anblickt. Ich beobachte Aggressionsausbrüche . . .!

An einer der folgenden Gruben wird der nächste Arbeitsgang ausgeführt; die groben, herausgehauenen Quader werden gereinigt, indem mit einer kurzstieligen Hacke das Gestein um das Salz herum weggeschlagen wird. Hierbei schrumpft der Steinklotz auf ein Drittel seiner ursprünglichen Dicke zusammen. Das erst ist der Salzbarren, der zum Verkauf angeboten und auf Kamelkarawanen zu den Märkten gebracht wird. Er wiegt 35 kg; der ungereinigte Quader folglich zwei Zentner. Welch eine Schinderei! Täglich werden aus den Minen tausend solcher Quader herausgeholt und zu Barren verarbeitet. Ein Arbeiter macht 16 Barren pro Tag; gute Arbeiter bis zu 20. Unsere Frage: Müssen sie das? Gibt es einen Akkord? Ihre Antwort: Sie bearbeiten 16 Barren; sie schaffen das! Und die anderen, bekommen die weniger? Es gibt keine anderen; sie schaffen alle ihre 16 Barren pro Tag.

Und weiter geht die Führung quer durch das Lager, von einem Ende zum anderen. Wir werden über eine Steintreppe hinab in eine solche Grube geführt, wie sie überall zu sehen sind. Von dieser jedoch führt ein unterirdischer Gang etwa zehn bis fünfzehn Meter in den Boden hinein, eine Art Katakombe, 70 cm hoch und 1,50 m breit. Ich denke an die gekrümmte Stellung der Arbeiter. Der unterirdische Stollen verhilft offenbar zu einer schnelleren Ausbeutung des Salzes, da so die oberen Erdkrusten nicht abgetragen werden müssen. Absicherung gegen Einsturz gibt es keine – vielleicht ist dies auch nicht nötig. Die Stollen befinden sich zwei Meter unter der Erde. Weitere Erklärungen: an manchen Stellen müssen Quader auseinandergeschlagen werden, da sie zwei Qualitäten gemeinsam enthalten. Bei der weiteren Bearbeitung werden die pulverartigen Salzabfälle weggeworfen; nur der Barren selbst ist Handelsware, tausend Stück pro Tag.

Wir treten den Rückweg an; ich entdecke Farbzeichen auf den Barren. Sie bezeichnen den Besitzer und werden mit dem Finger aufgetragen. Wer verdient das Geld an einem Barren? Die eine Hälfte der Händler, der mit dem Kamel den Barren zum Markt bringt, die andere Hälfte der Arbeiter. Links und rechts des Weges stauen sich die Neugierigen, alles Männer. Es wird streng darauf geachtet, daß wir nicht in Kontakt zu den Leuten kommen. Frauen gibt es keine in Agorgot, ebensowenig natürlich in Smida. Kinder helfen offiziell den Arbeitern bei der Zubereitung des Abendessens; ich sehe zehnjährige Jungen in den Gruben, wie sie es den Alten nachtun. Natürlich sind das keine Kinder mehr . . .! In Mali ist man schnell erwachsen!

Die Salzproben, die für uns bestimmt sind, werden zu unseren Fahrzeugen getragen. Wir selbst haben die Hände voll: S8-Kamera, Photoapparate, Tonbandgerät und Mikro, Schreibblock und Füller, Taschen und Plastikbeutel.

Zurück in Smida danken wir dem Adjutant Chef und laden ihn und seinen Sergeanten zum Tee in unsere Zelte ein. Wir sind alle sehr glücklich über den unerwarteten Erfolg; erholsame Minuten – Atmosphäre der Zufriedenheit. Nur das monotone Schlagen der Spitzhacken dröhnt in meinen Ohren weiter und mahnt mich an das Elend ...

17. Die Salzkarawanen

2.–5. Dezember 1975

Am nächsten Morgen nehmen wir Abschied von Smida und Agorgot. Der Aufenthalt ist kurz, aber effizient gewesen. Um 9 Uhr sind wir abmarschbereit. –

Im Verlauf des frühen Nachmittags haben wir zwei Begegnungen. Wir treffen die Salzkarawanen von Taoudeni auf ihrem beschwerlichen Weg durch die Einöde der Westsahara hinunter nach dem etwa 800 km entfernten Tombouctou. Die Zahl der Kamele variiert jahreszeitlich. Im Sommer wird im allgemeinen weniger Salz gewonnen als im Winter. Gegenwärtig, d.h. nach der katastrophalen Dürreperiode im Sahel, die eine radikale Verminderung des Kamelbestandes zur Folge hatte, werden jährlich ungefähr 45 000 Kamele zur Beförderung des Salzes auf die Reise geschickt, wobei die Kamele zwei- bis dreimal an einer Karawane teilnehmen, also jährlich zwischen 1600 km und 2400 km einmal im beladenen, einmal im unbeladenen Zustand zurücklegen und jeweils vier Salzbarren tragen. Die Jahreskapazität der Salzminen von Agorgot beläuft sich folglich auf einen mittleren Wert von 180 000 Barren, was einem Gewicht von 6500 Tonnen entspricht. Eine stolze Zahl, wenn man bedenkt, mit welch primitiven Mitteln das Salz noch gewonnen wird.

Nach Aussage der Militärs seien während unseres Aufenthaltes weniger Kamele in Smida und Agorgot gewesen. Sie lassen uns wissen, daß letztes Jahr (1974) allein in den Monaten September und Oktober sage und schreibe 11 300 Kamele bei den Minen gewesen seien, um das Salz nach Tombouctou zu bringen. Es hätte hierbei Tage gegeben, an denen 800 Kamele am Brunnen versammelt waren. Vor der Dürrekatastrophe, also bis zu den Jahre 1969/1970, seien die Zahlen jedoch noch fünf- bis zehnmal so hoch gewesen. Es soll damals Eigentümer von über tausend und mehr Kamelen gegeben haben, wobei der Stückpreis bei etwa 120 000.– Malischen Francs gelegen habe. Heute läge er bei 150 000.– MF; – das Angebot ist geringer geworden!

Im fahlen Licht der Sonne und durch die staubgetrübte Luft hindurch bemerke ich in der Ferne das sanfte Wiegen der Kamelrücken, ein Relikt aus vergangenen Jahrhunderten. Bei unserem Näherkommen winken uns die Treiber zu. Abstand halten! – Die Kamele könnten durch den ungewohnten Anblick, die Geräusche der Motoren und die Bewegung scheuen – und die beiden Treiber könnten die 29, mit Salzbarren beladenen Tiere niemals halten. Wenig später stoßen wir auf die nächste Karawane; 90 Kamele und vier Treiber. Wir halten in einer Entfernung von hundert Metern an. Die Karawanenbetreuer kommen zu uns herüber, begrüßen uns und unsere vier Fahrgäste herzlich. Es sind allesamt aufgeweckte und kräftige, flinke und ausdauernde Burschen, nur mit dem Spärlichsten bekleidet: Serouals, Boubou, Chech, eine Decke über den Schultern, teils barfuß, teils Sandalen an den Füßen. Ich bekomme Hochachtung vor den Leuten, die die kalten Nächte mit einer solchen Bekleidung in den weiten, schutzlosen Ebenen zwischen Taoudeni und Tombouctou verbringen, über die der Wind unbarmherzig hinwegfegt. Zum andern, welch schwere Arbeit für diese jungen Burschen! Jeden Morgen, jeden Abend, bei jeder Pause gilt es, den Kamelen die Salzlast aufzulegen und/oder abzunehmen; 360 Salzplatten, mit einem Gewicht von 12,6 Tonnen oder 252 Zentnern, verteilen sich kräftemäßig auf vier Leute. Bei einer solchen unvorstellbaren täglichen Schinderei sollte man eigentlich vermuten, daß die Treiber wenigstens ein kräftiges Essen 'reinschieben. Aber auch dies trifft nicht zu. Genaugenommen essen sie den ganzen Tag nichts, sondern nur abends, nämlich eine Mahlzeit aus Hirse oder Reis – nichts weiter! Gegen den Durst gibt es zwei Glas Wasser, falls dazu Zeit bleibt, noch den Tee. Der Sergeant sagte uns, daß zwei Drittel der Strecke von den Treibern zu Fuß zurückgelegt würden. Ich sah aber nicht ein einziges Mal einen der Betreuer hoch zu Kamel, und ich kann mir auch gar nicht vorstellen, wie diese vier Treiber bei der ständigen Kontrolle und dem Zurechtrücken der 90 Salzlasten zu einem geruhsamen Ritt kommen wollen . . .

Wir treffen auf die Karawane nachmittags um 15 Uhr und sind zu diesem Zeitpunkt 119 km von Smida entfernt. Die Karawane ist, wie wir erfahren, den dritten Tag unterwegs. Pro Tag wird eine Strecke von etwa 50 km zurückgelegt. Dies stimmt überein mit der Dauer von 15 Reisetagen, die man für die Strecke nach Tombouctou nannte.

Eine Episode am Rande. Einer der Treiber fährt mit uns zum nächsten Brunnen, Bir Ounane, um dort seine Guerbas bereits mit Wasser zu füllen, bevor die Karawane eintreffen würde, dies alles, um Zeit zu sparen. Er führt sechs solcher Wassersäcke mit sich. Wir beobachten ihn am Brunnen und verstehen die Welt nicht mehr. Der Wind bläst uns fast aus den Mänteln. Doch er zieht sich die Sandalen und die Hosen aus, nimmt den Chech ab, legt alles nieder, hängt die Guerbas um seine Schultern und steigt, nur mit seinem Boubou bekleidet, hinab ins kalte Wasser. So fördert er einen Sack nach dem anderen gefüllt nach oben. Eine Guerba faßt 40 Liter Wasser, und der Brunnen ist 20 Meter tief...

Die ersten Kilometer an diesem Morgen sind trotz einer vorläufig vorhandenen Piste recht beschwerlich. Bald aber weicht diese einfachen, hart ausgefahrenen Spuren, die uns schnell vorwärtsbringen. Die Gegend ist eintönig, eine mit Sand und Geröll bedeckte Ebene. Am Horizont kann man hin und wieder sanft gewellte Dünen- und flache Bergketten entdecken, wenn die Sicht überhaupt so weit reicht. Die faszinierenden, farbenprächtigen Felsenmassive westlich Taoudenis sind zu Ende. Sie gehören der Erinnerung an – vorbei! Zwischendurch belebt sich die Gegend etwas durch vereinzelte, grasbedeckte Senken, deren Grün dem Auge guttut. Aber die Passagen sind lächerlich kurz. Woher sollte auch die Vegetation kommen? Es regnet ja lediglich drei- oder viermal im Jahre. Die Regenzeit im Sahel wirkt sich hier oben zumeist in Form von Sandstürmen aus.

Ich reise im Fond des Kübels zusammen mit Pascal, den beiden uns zugeteilten Soldaten und einem Zivilen. Der Führer, ein Sonrhai, hat auf dem Beifahrersitz Platz genommen. Ich unterhalte mich zwischendurch mit dem netten Sergeanten. Er meint, er habe den Befehl erhalten, uns heil nach Tombouctou zu bringen. Um dieser Aufgabe auch gerecht werden zu können, haben er und sein militärischer Untergebener, ein schweigsamer junger Bursche, ihre Gewehre mitgebracht. Zwischen den beiden hat ein Vorarbeiter der Minen Platz genommen. Unser vierter Fahrgast schließlich ist ein Sonrhai mit grauen Bart, ehrwürdigem Alter und großer Erfahrung als Militärführer durch die Sahara. Er kennt den ganzen unzugänglichen Westen von Tindouf bis hinunter nach Obervolta; schweigsam und verschlossen, ist er offenbar verläßlich. Der Adjutant Chef hat wirklich nichts vergessen. Im Prinzip nehmen wir die Mahlzeiten getrennt ein. Sie führen ihren eigenen Proviant mit sich, Tee, Zuckerhut, Hirse und ein Couscous mit gemahlenen Erdnüssen. Dennoch tauschen wir immer etwas aus. Den Abend verbringen wir gemütlich bei gemeinsamer Unterhaltung.

Die Stunden des heutigen Tages schleppen sich träge dahin. Am Vormittag hatten wir ein unangenehmes Reg, das aber im Laufe des Nachmittags zurückgeht. Wir kommen in eine Gegend mit Flachdünen und weichem Sandbelag, Foum el Alba. Unser Führer deutet ab und zu in eine bestimmte Richtung und murmelt Namen. Er bezeichnet damit die Gegend. Einmal mehr ein Grund, sich zu wundern, denn die so bezeichnete Gegend unterscheidet sich für meine Augen in nichts von der daran angrenzenden. Versteh' einer die Männer der Wüste!

Der Morgen bricht an mit lauter Musik aus dem Transistor unseres Sergeanten, dem bereits zu dieser Stunde alles wieder zu langsam geht. Um 10 Uhr sind wir abmarschbereit. Im Laufe des Vormittags entdecken wir vor uns die Fußspuren von Kamelen, eine Karawane, und bald sehen wir sie am Horizont vorbeiziehen. Eine zweite lagert unweit von uns; überall verstreut ruhen Kamele, etwas weiter weg die Treiber, die Lasten und die Ausrüstungen, formschöne und nützliche Utensilien; eine Schale, mit Mörser aus Holz, um die Hirse zu zerstampfen; ein ledernes Trinkgefäß, hübsche Messer und geschnitzte Holzlöffel; die unentbehrlichen Habseligkeiten eines Nomaden und Kameltreibers auf seinem Weg durch die Wüste. Wir geben den Treibern zu trinken. Sie leeren einen ganzen Kanister. Nachdem die Fahrzeuge aufgetankt sind, kann es weitergehen. Die Vegetation nimmt leicht zu. Streckenweise haben wir einen ganz feinen, dichten und lichtgrünen Grashalmbewuchs, der sich herrlich frisch gegen all die Grau- und Gelbtöne des Erdreiches abhebt. Wir passieren eine Unmenge Kamelskelette. An einem derselben meint der Sonrhai lächelnd – es ist das einzige Mal, daß ich ihn so sehe! –, in den letzten zwanzig Jahren, in denen er diese Strecke absolviert habe, sei er jedes Mal an dieser Kamelleiche vorbeigekommen.

Wenig später halten wir an einem sehr tiefen Brunnen, Guir, dessen Wasser aber fürchterlich faul stinkt und dessen nähere Umgebung mit Gebeinen übersät ist; ein grausames Schicksal für die Tiere, das Wasser so nah zu wissen und dennoch verenden zu müssen.

Um 18 Uhr treffen wir in Bou Djebeha ein. Hier, so hatte uns der Sergeant berichtet, gäbe es einen Marabu. Er ist in einer Person Gelehrter, Heiliger, Medizinmann, Inhaber von Geheimrezepten, Ortsvorsteher und, wenn man will, Eigentümer von Produktionsmitteln; er besitzt nämlich Sklaven (»captifs«), zumindest jener, dem wir heute abend entgegentreten. Allgemeiner, er ist eine Autorität und will als solche behandelt werden.

Wir werden zum Hammelessen eingeladen. Ingvo und Pascal, geführt von zwei Dorfbewohnern, machen sich im Kübel auf den Weg, um den Hammel herbeizuholen. Es wird langsam finster. Um das prächtig lodernde Feuer sind zahlreiche Menschen versammelt, der Marabu mit Hofstaat, unsere vier Fahrgäste und wir selbst. Als die Abordnung nach Stunden zurückkehrt, folgt die blamable Nachricht, daß die beiden Führer den Hammel in der Nacht nicht gefunden hätten. Man reicht uns zum Trost ein Huhn – enthaupten, rupfen, ausnehmen –, wir bedanken uns überschwenglich dafür. Ein Topf mit Wasser aufs Feuer, das Huhn hinein, damit das Fleisch erst einmal weich werde. Als das Essen fertig ist, verbleiben nur noch unsere vier Fahrgäste und wir selbst. Unser Gastgeber ist verschwunden.

Am nächsten Morgen sind sie aber wieder alle da. Der Marabu hat sein berühmtes Gästebuch aus dem Jahre 1926 mitgebracht, in welches wir uns einschreiben dürfen. Als Dank für die verbrachte Zeit und die freundliche Einladung schenken wir dem Marabu ein neues Gästebuch.

Schon bald nach unserem Aufbruch aus Bou Djebeha meldet Eckhard, daß Pritsche III Getriebeschaden hätte. Wir kehren um und können uns bald selbst davon überzeugen. Reinhard wechselt die Gänge. Das Krachen dringt mir bis ins Innerste. Wir sind zunächst beunruhigt, denn über eine Stunde lang ist ungewiß, ob wir das Fahrzeug nicht zurücklassen müssen, was natürlich ein herber Verlust wäre. Reinhard schaut sich den Schaden an und sucht in der Ersatzteilkiste nach dem Passenden. Unsere Fahrgäste nehmen die Panne gelassen hin. Beim Mittagessen teilen wir brüderlich. Jeder von ihnen erhält seine Ration. Ich glaube, ihre Vorräte neigen sich dem Ende zu, da sie mit einer kürzeren Fahrzeit nach Tombouctou gerechnet hatten. – Der Nachmittag verrinnt. Gegen 18 Uhr 30 ist das Ende der Reparatur abzusehen. Wir einigen uns darauf, noch einige Stunden in die Nacht hineinzufahren. Als die Pritsche dann angelassen wird, arbeitet das Getriebe wieder tadellos.

Auf den ersten Kilometern der Piste steht plötzlich eine Gazelle vor uns. Sie ist geblendet, aber unser Sergeant muß erst das Gewehr laden; Zeit genug für das Tier, die Flucht zu ergreifen. Die Piste ist nicht schwierig, gelegentlich etwas tief; aber wir kommen ohne Versandung über die Runden. Die Vegetation wird üppiger, je weiter wir nach Süden vordringen. Im hellen Scheinwerferlicht sind Tausende von Nachtfaltern und Mückchen zu sehen.

Gegen 23 Uhr wird angehalten, mitten auf der Piste. Wer fährt schon nach Taoudeni?! Ich breite eine Decke aus. Es ist sternenklar, windstill und wunderbar mild. Je mehr wir uns Tombouctou nähern, desto wärmer wird es. Wir verlassen die Wüste und kommen in den Sahel. Wir schlafen auf weichem Sand zwischen Aklé-Dünen, Büschen und Gräsern ...

18. Tombouctou

6.–12. Dezember 1975

Bald nach dem Frühstück sind wir reisefertig, heute schon um 9 Uhr. Das Gelände belebt sich weiter, der Bewuchs wird savannenartig. An Brunnen werden Rinder und Kamele getränkt. Ein großer Geier erhebt sich schwerfällig am Rand der Piste in die Lüfte, als wir uns lautstark nähern. Einmal entdecke ich eine schwarze Schlange hinter einem Grasbüschel. In den Dornbuschhecken turnen kleine bunte Vögelchen herum. Der Übergang von der Wüste – Bou Djebeha ist umgeben von einer vegetationslosen Sandebene – in die Savanne hat sich rasch vollzogen.

Zweimal benötigen wir die Bleche, da die Piste gelegentlich tiefsandig ist. Um die Mittagszeit müssen die Radmuttern des Kübels nachgezogen werden. Wir verbinden diesen unfreiwilligen Halt gleich mit einer warmen Mahlzeit; eine würdige Idee am Tage, an dem in der Heimat die kleinen Kinder beschenkt werden. Danach macht die letzte Zigarette am Feuer die Runde. Tombouctou ist nicht mehr weit, und dort gibt es wieder welche.

Nach einigen weiteren, kurzen Unterbrechungen treffen wir um 20 Uhr in der Stadt ein, eine Stunde nach Sonnenuntergang. Damit ist die erste Etappe der West-Ost-Durchquerung zu Ende gegangen.

Auf der Gendarmerie werden wir dann sehr zuvorkommend behandelt, nicht zuletzt, da der Sergeant die Fahrt von Taoudeni hierher in den schillerndsten Farben schildert. Ein Beamter weist uns am Stadtrand eine stille Übernachtungsstätte zu. Wir sind glücklich und zufrieden und richten uns behaglich ein.

In der Nachbarschaft befindet sich eine Bar, eine der üblichen afrikanischen Bars; grelle Neonbeleuchtung, ein bunt zusammengewürfeltes Mobiliar, farbige Wände. Hinter der Theke ist ein Regal an der Wand angebracht, von welchem die Etiketten zahlreicher alkoholischer Getränke das Angebot des Hauses vorzustellen scheinen. Doch die Flaschen sind leer, vermutlich schon sehr lange, und der obligatorische Kühlschrank in der Ecke enthält Ananassaft und Eiswürfel. Wir sind damit zufrieden und bestellen einige Dosen. Zurück in der Zivilisation! Wir glänzen uns gegenseitig an. Die erste Etappe, die menschenleere Einöde des Djouf, ist überstanden. In Atar waren die Befürchtungen groß. Doch die Erfahrungen, die täglichen Auseinandersetzungen mit dem schwierigen Gelände haben uns Selbstvertrauen gegeben. Der hohe Einsatz hat sich gelohnt: wir haben alle Fahrzeuge durchgebracht! – Die Stimmung ist entspannt. Keiner denkt mehr an Rationierung. Am Abend verteile ich noch Kekse und Pastis – so vergessen wir Lebkuchen und Nüsse.

Nach einem morgendlichen Imbiß brechen wir das Lager ab und fahren in die Stadt. Wir spazieren durch die Gassen und Straßen Tombouctous, und mir sticht sofort die starke Baufreude in die Augen. Wir gehen an mehreren Backöfen vorüber, bienenkorbartigen Lehmbauten von etwa zwei Metern Höhe. Dann, an einer Hausmauer, die Gedenktafel für Gordon Laing, den ersten Besucher Tombouctous im Jahre 1826, den dieser Schritt teuer zu stehen kam. Er war unerkannt in der Stadt untergetaucht und hielt sich versteckt. Aber die Touareg kamen ihm auf die Spur. Er floh nach Norden, die Meute hinterher. Bei Araouane, westlich von Bou Djebeha, war es dann soweit. Sie hatten ihn eingeholt, stellten ihn und hieben ihm den Kopf ab.

Wir kommen zum Markt. Welch ein vielfältiges und farbenprächtiges Angebot! Diverse Kräuter und Körnerfrüchte in hübsch geflochtenen Körben, Obst in malerischer Anordnung, Orangen, Bananen, Goyaven,

Wassermelonen, Frischgemüse und Salat auf ausgebreiteten Matten, Tabak, Erdnüsse, Gewürze und frische, süße Backwaren. Ich finde Holzlöffel, die mich zum Kauf ermuntern; einfachen, schönen Schmuck, Halsketten, Armreife und Ringe, Haarspangen und bunte Ohrgehänge. Wir treffen den Sergeanten, der uns einen besseren Lagerplatz weiß. Mohammed, ein kleiner, aufgeweckter Junge, schließt sich uns an. Wir fahren wenige Kilometer aus der Stadt hinaus. Ein kleiner Kanal mit klarem Wasser, eine weiche, sandige Fläche mit zahlreichen niederen Baumgruppen, herumliegendes Brennholz für das Feuer – was wollen wir mehr? Wir fühlen uns hier sofort heimisch. Einige bauen gleich das Zelt auf; andere machen sich an die Zubereitung der Mahlzeit. Wir haben den Sergeanten zu Gast, und das erlesene Menü mit Fleisch, Pudding, Goyaven und Melonen sowie die Gespräche ziehen sich über mehrere Stunden hin. Danach verlockt der nahe Wasserlauf gleich zu einem Bad, das wir in ausgelassener Fröhlichkeit erleben.

Nicht ganz zwei Wochen, dann ist Heiliger Abend. Das ist für mich wie auch für die anderen eine unvorstellbare Situation. Wir erleben hier herrliche Tage; eine heiße, aber nicht unangenehme Mittagszeit und wunderschöne, milde und windstille Abende. Nichts erinnert daran, daß wir uns im Weihnachtsmonat befinden. Kein Gedanke an Kälte, Frost, Glatteis, Ostwind und Schnee, an Heizungsprobleme und warme Kleider. Diese haben wir seit einer Woche weggelegt. Verrückte Welt! –

Auf dem Kanal treiben Händler und Bauern mehrmals täglich ihre beladenen Boote vorbei, lange, schlanke Pirogen, die ruhig und ebenmäßig durch das Wasser gleiten. Der Himmel ist blau und wolkenlos, die Sommersonne ungetrübt. Die Menschen, denen wir begegnen, haben tiefbraune bis schwarze Hautfarbe, Berber, Bambara, Peulh, Sonrhai und Haussa. Ja, und dann die Stadt selbst; die staubigen, sandigen Straßen, die eigenartigen Lehmbauten neben mehrstöckigen, neuen Steinhäusern, die fremdartig duftenden Märkte mit dem kräftigen und immer wiederkehrenden, sympathisch-spontanen »Monsieur, ça va?« der Marktfrauen und Händler; die »fliegenden« Touareg mit den umgehängten Waffen, dem Schmuck und den Lederwaren.

Wolfgang, Agnes und ich besuchen Kabara, den Hafen Tombouctous. An den morastigen Ufern, halb im seichten Wasser, Pirogen, eine neben der anderen, halbmondförmig, wie an einer Kette aufgereiht. Dahinter erstreckt sich das Überschwemmungsgebiet des Niger mit seinen kleinen, herrlich grünen Lagunen. Seerosen und eine Art gelber Sumpfdotterblumen bedecken das Grün, und Vögel ziehen gemächlich über die ruhige, schimmernde Wasserfläche. Hier ein Ausflug im Ruderboot, zwischen den kleinen Inseln hindurch, an den Blumen vorbei, um den Fischen zuzuschauen, die Natur zu betrachten . . .

Zurück im Lager finden wir zwei schwarze Schönheiten zwischen unseren Leuten, die Töchter des Alten, unseres Sonrhaiführers – ohne Begleitung! Ich staune. Das ist ein großer Beweis für das Vertrauen, das der Alte in uns setzt. Für Sonntagabend sind wir bei ihm zum großen Mechouifest des Jahres eingeladen. Das Fest geht drei Tage. Jeder Muselmane ist hierbei verpflichtet, dem Koran gehorchend, einen Hammel zu schlachten. Man stelle sich diese Fresserei vor! Die Preise für die Hammel sollen zu diesem Fest um das Vierfache steigen. Wie bei uns zu Ostern mit den Eiern also oder zu Weihnachten mit den Gänsen. –

Nachdem ich den ganzen Nachmittag an den linguistischen Fragebögen gearbeitet habe, verlasse ich um 18 Uhr das Zelt. Die beiden schwarzen Schönheiten werden von Ingvo nach Hause gebracht; Arzt = Vertrauensperson! Den Nachmittag hatten sie mit uns verbringen dürfen. Sie sind 15 und 16 Jahre alt. Nächstes Jahr werden sie verheiratet. Wir haben Schwierigkeiten, ihnen klarzumachen, daß die meisten von uns noch ledig sind. Nun, sie freuen sich, daß sie sich mit uns unterhalten können, trinken Tee mit uns, nehmen ein Geschenk von uns entgegen. Sie wünschten partout Unterhosen ... Versteh' einer die Kinder Afrikas! Als es Zeit zum Gehen ist, wollen sie absolut noch ein Viertelstündchen bleiben. Hoffentlich hat Vati nicht geschimpft! Wir möchten es nicht mit dem Alten verderben.

Der Nachmittag geht in den Abend über, und die Nacht bricht herein. Ich beende eine Schreibarbeit, trete aus dem Zelt und genieße das Schweigen und die Stille, welche den Lagerplatz umgeben, unterbrochen für Augenblicke von den Stimmen der Natur. Die Unterhaltung rund um das Feuer geht ihrem Ende entgegen. Seit einer Stunde nehmen hier wie allabendlich die Moskitos auf unangenehme Art und Weise zu; und das Kerzenlicht bestärkt die Schwärme noch mehr in ihrem Wunsch, gerade mir einen Besuch abzustatten. Dem werde ich jedoch in Kürze ein Ende bereiten. Es geht auf Mitternacht – sommerliche Abendkühle!

Mitternacht! – die meisten schlafen schon. Das Lager liegt im Dunkeln. Ich zünde mir gerade eine Zigarette an, da bemerke ich, wie unten an unserem Waschplatz eine Piroge anlegt. Ich trete näher. Ein Mann kommt aus dem Boot; er hatte dort gerade etwas verstaut. Ich wünsche ihm freundlich einen Guten Abend, doch er scheucht mich mit einer Handbewegung weg und murmelt einige unverständliche Worte. Er lädt noch einiges ins Boot. Dann weckt er einen kleinen Jungen, der in eine Decke gehüllt schläft – ich hatte das gerade für ein Warenbündel gehalten, und die plötzliche und unvermutete Bewegung macht mich ganz konfus. Der Junge erhebt sich taumelnd und steigt in die Piroge, die der Alte daraufhin ins Wasser stößt, und mit seiner langen Stange, die er in den Grund des Kanals treibt, schiebt er das Boot langsam gegen die schwache Strömung; es wird schneller, gewinnt an Fahrt und verschwindet kurz darauf im Dunkel der Nacht. Ich stehe noch eine Weile wie gebannt und starre hinterher, obwohl ich nur noch ein leises Plätschern höre, schließlich nichts mehr.

19. Bei Atta, dem Schmied

8. und 19. Dezember 1975

Es ist 20 Uhr. Ich bummle mit Wolfgang durch die Stadt. Die Hauptstraße ist spärlich erleuchtet, alle hundert Meter ein trübes Licht am Rande der Sandpiste. Meine Stiefel sinken bei jedem Schritt tief ein. Leute begegnen uns und sprechen in fremden Sprachen. Die Häuserfronten liegen zumeist im Dunkeln; gegen den sternenklaren Himmel kann ich dennoch die hübschen Giebel mit den Friesen entdecken. Aus den Türen dringt hin und wieder Lichtschein und beleuchtet schwach zwei Frauen, die gerade vorbeigehen und farbige Emailschüsseln auf dem Kopf tragen. Die eine lacht mir aufmunternd zu; sie will schäkern. Doch schon ist sie vorbei, und ich blicke im Vorübergehen in die Hausflure. Herrliche Szenerien bieten sich meinem Blick dar: erleuchtete Innenhöfe mit Rundgewölben, Außentreppen und Säulen – sehr malerisch und fremd. Wir stapfen weiter durch den Sand, an Gruppen von Männern vorbei, die, auf dem Boden sitzend, Dame spielen. Wir schauen kurz zu. – Sie spielen aggressiv und schnell, dennoch überlegt. Der alte Sonrhai gewinnt; er hat zwei Damen. Sein Gegner nur eine. So ist das im Leben. Wir kommen zum Kleinen Markt, »Le Petit Marché«; an etwa einem Dutzend Ministänden brennen Feuer. Es gibt Bonbons, einzelne Fischkonserven, Zigaretten, Streichhölzer und Taschenlampenbatterien; daneben viel Plunder. Keine hundert Meter weiter steht ein Mann hinter einer Tonne, die ihm als Herd dient, um Fleisch zu braten; um ihn herum einige Menschen. Es sind seine Freunde; sie kaufen nicht. Über dieses bunte Treiben breitet sich das Laub einer Akazie, deren Stamm völlig verkrüppelt ist. Er kommt aus dem Boden, oberschenkeldick; einen Meter weiter dreht er in die Horizontale, um nach fünf Metern krumm und bucklig weiter nach oben zu wachsen. Solche verkrüppelten Bäume gibt es bei uns nicht mehr. Hier dagegen ist man um jeden Baum froh, bietet er doch Schatten und dem Sand Einhalt in seinem Betreben zu wandern.

Wolfgang möchte sich eine Pfeife kaufen. Wir betreten einen Laden, den falschen. Ein kleiner Junge führt uns durch dunkle Gassen zu einem anderen. In der Ecke liegen angestaubte Kamelsättel, wunderschön. Am Tresen stehen einige Leute; der Händler versucht, ihrem Begehren nachzukommen. Eine Pfeife, bitte, zum Rauchen. Er legt uns eine her. Wolfgang betrachtet sie. An den Wänden hängen Armreife, Ringe und Halsketten. Es gibt alles hier, auch Lebensmittel und Hygienegegenstände. Wolfgang möchte eine mit Etui. Der Händler schüttelt den Kopf. Wir gehen. Der Junge schlägt vor, zu einem Schmied zu gehen. Wir sind natürlich einverstanden. Weiter führt der Weg durch dunkle Gassen. Gelächter, Gesprächsfetzen, einige laute Worte – schemenhaft sehe ich zwei Menschen an mir vorbeilaufen. Wir haben es nicht so eilig. Wir biegen um eine Ecke und treten in einen Hof. Der Junge spricht einige Worte, ein Mann erhebt sich, kommt uns entgegen, reicht mir und Wolfgang die Hand und fordert uns freundlich auf, uns zu setzen. Er setzt sich selbst. Eine Lampe wird herbeigebracht, das Tablett mit drei Gläsern und die Teekanne; der Junge nimmt ebenfalls Platz. Wir sind beim Schmied; er ist Targui Imhodjar, also Angehöriger der gefürchteten Kaste der Schmiede, zur Fraktion der Kel 'd Moulay Bola gehörig, vermutlich einer kleinen Einheit der Kel Geres, der Touareg des Flusses. Die Schmiede leben in der Stadt, isoliert vom Stamm selbst; sie nomadisieren nicht. Der Stamm fürchtet sie, da sie Beherrscher des Feuers und der Metalle sind; sie stehen mit den Dämonen der Unterwelt in Verbindung. Streit mit Schmieden bringt Unglück über den Stamm. Man muß sie meiden, denn sie besitzen magische, übernatürliche Kräfte und evozieren wie Kobolde das Böse.

Kein Wort von Kauf; wir trinken Tee, den guten »thé à la menthe«. Noch sprechen wir von den Pfeifen, die mir ebenfalls gefallen, doch mein Interesse geht bald schon auf andere Dinge über. Der Schmied läßt seine Arbeiten bringen, die Takuba, die Tela und die Ella, das Langschwert, die Lanze und den langen Armdolch. Neue Arbeiten – als Überraschung präsentiert er eine Ella, die sein Großvater, wie er sagt, einst gefertigt habe, ein altes, wunderschönes Stück, das in manchem Gefecht gegen die feindlichen Reguibat erprobt sein dürfte. Die Klingen tragen die Zeichen des Schmiedes, mehrere halbmondähnliche Gebilde und Riefen. Die Stücke sind gut gearbeitet, feine Klingen. Die Scheiden, im charakteristischen Türkis und Rot, tragen Dekorationen, die ihre Bedeutung haben. Einst schwiegen die Schmiede. Nur sie wußten um die Bedeutung dieser Zeichen, seit Jahrhunderten. Die neuere Wissenschaft hat das Geheimnis gelüftet.

Der zweite Tee wird gereicht. Er ist ebensogut wie der erste. Ich schaue mir die Stücke an. Die Preise sind hoch, um vieles höher als vor fünf Jahren in Gao. Ich sage es ihm. Die Arbeiten aus Tombouctou seien besser als jene aus Gao. Klar! – Ich sehe das ein. Außerdem ist inzwischen viel Wasser den Niger hinabgeflossen. Ich komme heute auch nicht zum Kaufen. Wolfgang zieht ebenfalls vor, noch zu warten. Ich lasse den Jungen das übersetzen und füge hinzu, daß wir noch acht bis zehn Tage in Toumbouctou sein würden und auf alle Fälle bei Tag kaufen wollten.

Die Atmosphäre ist vollkommen gelöst. Der dritte Tee; wir unterhalten uns freundlich und verständnisvoll. Ein kleiner Hund streicht um uns herum, bellt und balgt zwischendurch und wird schließlich mit dem Ruf »Akcha!« zur Ruhe gebracht. Ich fühle mich emotional stark zu dem Mann hingezogen, obwohl ich ihn nicht kenne. Wir sagen ihm, daß wir morgen um die Mittagszeit wieder kommen wollten. Ich biete ihm eine letzte

Zigarette an; der Kleine raucht gleichfalls. Ob wir nicht ein Geschenk für seine Frau hätten. Wolfgang und ich schauen uns betreten an. Wir versprechen ihm, morgen etwas mitzubringen. Er lächelt zufrieden und bringt uns zur Straße, wo er uns noch ein Stück begleitet.

Weitere Storearbeiten stehen auf dem Vormittagsprogramm, denn unser Aufbruch aus Tombouctou liegt nahe. Um die Mittagszeit überlege ich mir dann, daß ich eigentlich eine Verabredung beim Schmied hätte, die dritte. Also packe ich meine Siebensachen und entschließe mich, mit Ingvo in die Stadt zu fahren. Beim Großen Markt trennen sich unsere Wege. Wir wollen uns zwei Stunden später am Auto wieder treffen. – Ich lenke meine Schritte zum »Petit Marché« – der Weg ist mir inzwischen wohlbekannt – und lege dann die letzten 100 Meter, vorbei an Händlern, Ständen und Tiergruppen, bis zum Hause Attas zurück. Er unterhält sich gerade mit einem Händler, der vor seinem Haus sitzt. Als er mich sieht, kommt er mir einige Meter entgegen, begrüßt mich freundlich und führt mich in den Innenhof seines Hauses. Der dritte Besuch – der dritte Platz, den ich für die kommenden Verhandlungen zugewiesen bekomme: im Schatten des geräumigen Touaregzeltes aus Kamelleder, das auf einem komplizierten System von Holzpflöcken ruht.

Atta nimmt mir gegenüber Platz und läßt sich sofort die Teeutensilien herbeibringen. Sein Sohn kommt hinzu. Ich biete Zigaretten an und lobe die gute und hübsche Arbeit einiger Gegenstände, die im Zelt hängen, schließlich das Zelt selbst, das auch wirklich eine prachtvolle Arbeit ist. Es besteht aus zahlreichen zusammengenähten Kamelhäuten – insgesamt eine Fläche von vielleicht 30 bis 40 m^2 – und ruht auf einem Holzgerüst aus waagrecht und senkrecht montierten Pflöcken, die an den Enden zum besseren Halt gegabelt sind. An den beiden oberen gebogenen Querstangen hängt das restliche Hammelfleisch des gestrigen Tabaski-Festes zum Trocknen. Es hat einen angenehmen, wilden Duft. Dann präsentiert er die Takuba, die er mir verkaufen will – ein schönes Stück! Ich sehe zweifellos einem schwierigem Handelsgeschäft entgegen, schlürfe die erste Runde Tee, beschaue daraufhin das Stück längere Zeit und lege es dann wieder vor mich hin. Sein Preis ist sehr hoch. Ich muß mir etwas einfallen lassen. Für 2500 MF würde er mir dieses Stück nie überlassen. Er schüttelt auch lächelnd den Kopf und meint dann mit energischer Stimme, dies sei die Waffe seines Vetters, der draußen im Busch lebe und die Waffe aus Armut verkaufen müsse. Zu diesem Zweck habe er sie von ihm bekommen . . . Ich weiß Bescheid: die Trockenheit hat überall ihre katastrophalen Spuren hinterlassen. Aicha, ein Mädchen von vielleicht 13 Jahren, hierzulande eine Frau, die seit gestern zu unseren Gästen auf dem Lagerplatz gehört und die wir heute morgen zu ihren Eltern unweit davon zurückgebracht haben, auch sie, ihre Geschwister und ihre Eltern sind vor zwei Jahren gezwungen gesesen, das Nomadendasein im Busch aufzugeben, um hierher zu ziehen und eine kärgliche Existenz zu fristen. Was diese Leute in den zwei, drei Jahren zwischen 1971 und 1973 an Mühsal, Not und Enttäuschung durchgemacht haben, ist eine unsagbare Tragödie. Ein Großteil der aus Europa gespendeten Nahrungsmittel, Medikamente und Kleider blieben in der Administration des Landes hängen. Ganze Schiffe voll Ausrüstungen machten kehrt, als die Verantwortlichen hörten, daß sie für das Entladen der Geschenke auch noch bezahlen müßten. Die malische Regierung hat sich an diesen Leuten schwer vergangen.

Nun, jedenfalls hat mein gewiefter Gesprächspartner den Nagel auf den Kopf getroffen und meine schwächste Stelle bloßgelegt. Ich schweige erst einmal. Der Junge reicht seinem Vater Trockenfleisch, das dieser auf dem Feuer anwärmt und mir dann auf einer Metallschale reicht. Es geht in die zweite Runde. Der Tee hat die Bitterkeit der ersten verloren. Ein neuer Anlauf: ich sei das dritte Mal nun schon sein Gast; seine Gastfreundschaft mir gegenüber sei tadellos. Ich genieße jedesmal die entspannte Atmosphäre bei ihm. – Ich hätte ja das letzte Mal diese alte Ella gekauft, diesen herrlichen Dolch, und 4000 MF bezahlt. Meine Freunde hätten ebenfalls bei ihm gekauft. Ich würde und könnte für diese Takuba, die nicht ganz diesen Glanz besitze, nicht denselben Preis bezahlen. Er schaut unbeugsam und ernst drein und meint dann nach einer Weile, da er mich als Freund betrachte, ich dreimal seine Gastfreundschaft genossen habe und er mich nicht als Tourist ansähe – was er natürlich doch tut! –, würde er mir die Takuba für 5000 MF überlassen.

Beim Eintritt ins Zelt hatte ich meine Lederstiefel ausgezogen, wie das so üblich ist. Sie stehen an der Seite, genau zwischen ihm und mir. Diese greift er sich; gleichzeitig kommt mir natürlich die rettende Idee. Ich habe noch ein zweites Paar dabei, so daß der Tausch für mich keine Schwächung meiner persönlichen Ausrüstung bedeuten würde. So mache ich mein Angebot. Kopfschütteln, die dritte Runde Tee und sein jüngster Sohn, der von der Schule zurückkommt. Er zeigt mir stolz sein Schulheft. Ich lasse ihn einige Zeilen Französisch lesen, verbessere ihn liebevoll und gebe ihm einen Filzstift. Er probiert ihn gleich aus. Ich frage ihn, ob ihm die Schule Spaß mache. Ja, sehr! Ein aufgewecktes Bürschchen! Der Alte lächelt stolz. Die Atmosphäre ist gelöst, fast herzlich. Atta zeigt mir eine Tasche, die zur Nahrungsaufbewahrung dient – Hirse, Datteln u.a. – alt und gebraucht, wunderschön, aber er verkauft sie nicht. Atta ist sehr guter Laune. Die Takuba wolle er eigentlich nicht hergeben, aber ich sei sein Freund.

Ich ziehe mein Geschenk aus der Tasche, das er voll Freude entgegennimmt. Kurz darauf hat auch er ein Geschenk für mich bereit: ein ledernes Sitzkissen, etwas zerschlissen, aber für mich von Wert. Ich danke ihm mit vielen Worten. Das Ganze zieht sich noch eine Weile hin. Bald aber kommen Philippe, Irène und Ingvo vorbei, neuer Tee wird zubereitet. Doch die Atmosphäre ist verändert. Ich verspürte eine ganz eigenartige, nicht näher zu beschreibende Intimität, eine Ruhe und Gelassenheit bei aller Konzentration, Geborgenheit bei aller Fremdartigkeit der Umgebung. Es ist, als ob in eine stille Dachmansarde, verstaubt und mit Spinnweben verhangen, plötzlich der laute Lärm des Straßenverkehrs dringen würde; der Staub wirbelt auf, die Spinnweben zerreißen! Ich bleibe dennoch konzentriert und bringe die Verhandlungen zu einem befriedigenden Ende. Vier Stunden sind seit meiner Ankunft gerade vergangen, als ich mich freundschaftlich von Atta verabschiede.

20. »Le Vieux«

13. Dezember 1975

Eigentlich macht er einen sehr verträumten Eindruck; diese Verträumtheit ist jedoch stets gepaart mit einer bestimmten Gefühlslage. Während unserer Fahrt von Taoudeni nach Tombouctou herrschte eine traurige, melancholische Grundstimmung in seinen Gesichtszügen vor, müde Augen und ein Blick voll Hoffnungslosigkeit. Unsere Mahlzeiten am Mittag, unser Tee, das Abendessen brachten ihn nur müde zum Lächeln. Es ist jedoch nicht das Lächeln eines blasierten Menschen, das soviel sagen will wie: laßt mich doch mit eurem Fraß in Frieden! Das spürte ich damals schon. Es ist eher, als wolle er sagen: was gebt ihr mir überhaupt noch zu essen? Es ist ja doch alles aus! Vielleicht war es dieser Umstand, daß ich ihn anfangs für einen Minenarbeiter gehalten hatte.

Er war ja unser Führer gewesen, und ich hatte mich oft genug gewundert, welche Geländemerkmale er zum Anlaß nahm, mit seiner ausgestreckten Hand nach vorne und nicht nach rechts oder links zu deuten. Es gab Tage, an denen ich ihn kaum sprechen sah; an anderen war er etwas lebhafter. Bei all dieser Eigenheit – ich will es einmal so benennen, obwohl ich ihn nicht zum Außenseiter stempeln möchte – war er jedoch immer höflich und freundlich, eher zurückhaltend im Nehmen und bereitwillig im Geben. Über seine wahre Identität war ich mir damals noch nicht schlüssig. Ich wußte, er war als Führer weit herumgekommen, von Marokko bis Guinea, alles mit dem Kamel, über zwei Jahrzehnte hinweg. Kein Zweifel, er kennt die Westsahara bis hinunter nach Nema und hinauf nach Tindouf und Spanisch Sahara. Selbst Ksar es Souk im südlichen Marokko ist ihm bekannt. Nun, mir war klar, daß er mit den Salzminen von Agorgot zu tun haben müßte; was sollte er sonst in Taoudeni? Es hieß, er wäre Arbeiter, was ich zunächst so hinnahm; aber, in Wirklichkeit gab ich mich nicht zufrieden damit. Seine ganze Erscheinung ist nicht die eines der armen Teufel, wie ich sie haufenweise in den Gruben habe schuften sehen. Er machte nicht mehr den Eindruck eines täglich schwer arbeitenden Menschen.

Nach der Ankunft in Tombouctou läßt er es sich trotz der gebotenen Eile nicht nehmen, uns zu sich in sein Haus einzuladen. Im Verlauf der letzten Woche blieb der Kontakt zu ihm stets aufrechterhalten. Sein Haus war für uns stets offen. Ich finde diese Geste sehr nett, hatte selbst aber nur zweimal Gelegenheit, davon Gebrauch zu machen – und beide Male relativ kurz. Insbesondere Ingvo ist es, der als Arzt und Photograph fast täglich beim Alten zu tun hat und immer wieder für neue Gerüchte sorgt; oder sind es gar ernstzunehmende Informationen? Er soll neben dem einen noch drei weitere Häuser und viele Kamele besitzen, kurz, ein sehr reicher Mann sein. Wer hier in Tombouctou reich ist, und das sind viele, ist es durch das Salz. Es heißt, er sei einer der Herren von Taoudeni, d.h. hätte mit dem Verkauf des Salzes hier zu tun, also Besitzer eines bestimmten Claims. Dies paßt weit besser in das Bild, das ich mir von ihm machte. Seit Wolfgang über die Identität des Alten Bescheid weiß, möchte er nichts mehr mit ihm zu tun haben. Daß die armen Teufel unter den schweren Bedingungen für einen Hungerlohn arbeiten, um andere steinreich zu machen – und letztere dies selbstgefällig hinnehmen –, dieses Wissen ist ihm unerträglich und unvereinbar mit weiteren Besuchen. In diesem Zusammenhang dürfte eine Episode noch von Bedeutung sein. Philippe beobachtet einen Landrover mit der Aufschrift »Centre de rééducation – Taoudeni«, wie er die Kaserne verläßt. Auf der Pritsche sitzen etwa zehn Gestalten, an den Händen gefesselt und streng bewacht von Militärs; zehn zukünftige Grubenarbeiter für Agorgot; zehn arme Schweine, die irgendwie auf die falsche Bahn geraten waren und jetzt dafür büßen müssen – in den Minen von Agorgot. Rééducation = Umerziehung! Seither ist es mit Wolfgang und dem Alten ganz aus. Wir haben die Gewißheit, daß es sich bei Agorgot um ein Arbeitslager für Sträflinge handelt. Wer sonst würde da oben auch freiwillig arbeiten!

Für mich ist die Sachlage nicht so einfach; denn trotz dieser deprimierenden Gewißheit über den Alten – in Tombouctou kennt man ihn nur als »le Vieux« – ist meine Neugierde und mein Interesse an diesem Mann wachgerufen. Schon bei meinem ersten Besuch, damals mit Wolfgang noch, erlebte ich eine völlig andere Person als jene, die ich von der Strecke Taoudeni–Tombouctou her in Erinnerung hatte. Und dies ist heute wieder der Fall – in noch viel intensiverer Art und Weise.

Man tritt von der Staubstraße direkt in eine Art Vorplatz, ziemlich im

Dunkeln gelegen und mit Natursandboden bedeckt. Zur Linken führen unebenmäßige, grob gearbeitete Steinstufen hinauf in den ersten Stock, wo man auf einer geräumigen Dachterrasse ankommt, auf deren einen Seite sich Räume anschließen, die den Blick auf die Straße freigeben. Vor dem ersten ziehen wir die Schuhe aus, und der Alte begrüßt uns freundlich mit Handschlag und fordert uns auf, Platz zu nehmen. Zwei dicke Teppiche sind im Raum ausgebreitet, zwei große Betten in den Ecken, einige Stühle, eine schöne Truhe, ein Schrank: sehr viel für hiesige Verhältnisse! Der Alte trägt einen weiten, reich bestickten, blauen Kaftan, einen weißen Chech und Sandalen. Er nimmt Platz. Mir fällt sofort sein heiteres, mildes Lächeln auf, Inbegriff von Zuneigung und Nachsicht, nicht nur uns, sondern auch seinen Kindern gegenüber. Einer seiner Söhne bleibt in unserer Gegenwart anwesend. Er spricht gut französisch, obwohl er erst zehn Jahre alt ist, und macht den Dolmetscher zwischen uns und seinem Vater. Der Alte ist 56 Jahre alt; unterwegs war er mir wesentlich älter erschienen; jetzt macht er mir eher einen jugendlich beschwingten Eindruck. Seine Gesichtzüge sind in Bewegung, jedoch nie streng. Sicher, gelassen und sachlich bereitet er den Tee zu; nun, das ist Routine! Während seiner Unterhaltung mit einem befreundeten Patron aus der Nachbarschaft befinden sich Finger, Hände, Arme, Augen und die Gesichtszüge nie in Ruhe. Gestik und Mimik sind stark ausgeprägt, aber nie im voraus zu erraten. Sie fügen sich harmonisch in die Lautung seiner ruhigen Stimme. Die Augen wandern von links nach rechts, von oben nach unten und zurück, aber nie gehetzt. Ihr Ausdruck bleibt heiter, ja wird gelegentlich schalkhaft oder verschmitzt. Lautes Lachen ist selten, aber es kommt vor – undenkbar zwischen Taoudeni und Tombouctou –, seine Würde verliert er jedoch nie. Liegt es an seinen erfahrenen Gesichtszügen, seinen grauen Haaren, seinem geblichenen Bart? Er wirkt auf mich patriarchalisch. – Wir trinken unseren Tee und reden mit seinem intelligenten Sohn über Europa, unser Leben dort und über das morgige Fest. Wir sind ja im Hause eingeladen, morgen zum Mechoui, und es gibt noch einige Dinge zu klären. Ist es landesüblich, ein »cadeau« mitzubringen? Der Junge übersetzt. Der Alte, milde, verlegen lächelnd – es ist eine ungeschickte Frage –, meint, er wolle uns zeigen, wie dieses Fest vor sich gehe. Daher sollen wir kommen. Für ihn kein Geschenk, höchstens für die Eltern. – Hat er denn noch Eltern? – Wir sollen ganz das tun, was wir in solchen Situationen zu tun pflegen. Keine Diplomatie, sondern eher Unkompliziertheit! Dann dringt seine väterliche Art durch: er habe uns sehr liebgewonnen in der Zeit, in der wir schon zusammen seien, und er wolle uns den Aufenthalt in Tombouctou so angenehm wie nur möglich machen. Er fährt fort: »Ich bin ein sehr weitgereister Mann und kenne andere Gepflogenheiten. Ich kenne die Schwierigkeiten des Reisens. Daher meine Sympathie zu Reisenden. Wenn ihr zurück nach Europa kommt, sagte euren

Eltern, daß ihr einen Vater in Tombouctou habt.« Und er fährt mit sanfter, ruhiger Stimme fort: »Ich liebe es, Gäste zu haben, und lade sie zum Essen. Um 9 Uhr morgen früh ist das Gebet, das bis etwa 10 Uhr dauern wird. Dann wird das Mechoui zubereitet. Kommt also um 12 Uhr vorbei. Mein Haus steht euch immer offen!« Er äußert das auf eine einfache und schlichte Art. Wer kann es sich versagen, zu solch einem Mann Sympathien zu entwickeln?

21. Tabaski

14.–17. Dezember 1975

Am Vortag des Festes; wir fahren in die Stadt. Der Weg führt beim Alten vorbei, der uns mit unserem Anliegen – wir wollen wissen, wo sich der zentrale Salzmarkt befindet – bestimmt weiterhelfen könnte. So ist es auch. Er meint, die Karawanen würden das Salz an keinem bestimmten Ort abliefern, sondern den Händlern direkt ins Haus bringen. Schräg gegenüber sei gerade eine angekommen. Wir haben wahrlich Glück. Vor der Tür des gegenüberliegenden Hauses stehen zwei Kamele, daneben die Halterungen der Salzbarren, Lederbeutel und -flaschen, mehrere Decken und ein Sack Hirse. Die beiden Treiber sind noch mit der Versorgung der Tiere beschäftigt. Wir treten durch die Tür in einen Innenhof mit Sandboden. Zwei Säulen stützen ein mittelhohes Gewölbe. An einer Stelle in der Decke ist eine nicht verschließbare Luke, eine rechteckige Öffnung, gelassen worden, durch welche der helle Tag hereinleuchtet und die gleichzeitig den Blick auf die Balustrade und einen Bogengang im Obergeschoß gestattet. Es ist märchenhaft. Im Innenhof, von welchem eine massive Holztür mit Eisenbeschlägen und dekorativen Schnitzereien ins Innere des Hauses führt, herrscht ein lebhaftes Licht- und Schattenspiel. Einfallende Sonnenstrahlen erfassen Teile der etwa hundert nebeneinander aufgereihten Salzbarren und bringen die Kristalle zu faszinierendem Glitzern und Funkeln. In einer dunklen Ecke entdecke ich einige verstaubte Kamelsättel und bauchige Holzgefäße. Der untersetzte und graubärtige Besitzer des Hauses, offenbar ein Patron von Taoudeni, begleitet uns anschließend zurück ins Haus des Alten, wo wir während des Tees erfahren, daß heute, am Vorabend des Festes, auf dem »Petit Marché« Hammelmarkt sei. Die Photographen sind dabei. So zögern wir nicht lange, verabschieden uns und kommen zurück auf die Straße. –

Über den ganzen Marktplatz verteilt sind unzählige Gruppen von mehreren Hammeln, dazwischen Menschen, die emsig beim Feilschen sind. Morgen früh würde es also in Tombouctou ein enormes Blutbad geben, denn jede Familie würde mindestens einen Hammel schlachten. Vorgesehen wird vom Koran: für jede Ehefrau einen Hammel! Nun, wie es auch immer sei, jedenfalls scheinen die Tiere dies zu spüren, denn nachdem sie den Besitzer gewechselt haben und damit in den Händen ihres Schlächters sind, werden sie plötzlich ungemein bockig. Ich beobachte eine Szene. Ein Tier blockiert mit den Hinterbeinen; Ziehen an der Schnur um den Hals, Schieben, Hiebe und Dresche mit der gezückten Gerte, alles vergebens! Schließlich reißt dem Mann die Geduld. Er packt mit beiden Händen die Hinterbeine, reißt das Tier hoch und will es wie eine Schubkarre vorwärts schieben. Zunächst fällt das Tier mehrfach auf die Nase und überschlägt sich dabei fast, da es nun versucht, mit den Vorderbeinen, die natürlich viel zu schwach sind, zu blockieren. Der Mann ist am längeren Hebel. Unterbrochen werde ich in meiner Aufmerksamkeit – ich hatte für Augenblicke alles um mich herum vergessen – durch eine Meute anstürmender Hammel, die knapp neben mir vorbeigaloppieren und wild durch die Gegend brüllen. Eingestaubt wie ich bin, blicke ich dem rasenden Lauf der Tiere hinterher, die auf dem Marktplatz brutal zusammengetrieben werden. Noch ist die Luft staubgeschwängert, da bemerke ich auf der anderen Straßenseite zwei hohe Hedschin, weiße, äußerst kostbare Reitkamele, voll gesattelt und geschmückt, die von zwei Touareg in voller Montur an Seilen geführt werden. Sie machen den Eindruck, als ob sie eine längere Wüstendurchquerung hinter sich hätten, verschwitzt und verstaubt wie sie sind, mit geröteten Augen. Sicherlich sind sie gekommen, um an den morgigen Festlichkeiten mit ihren Stammesbrüdern teilzunehmen. Solche Bilder sind zweifellos selten geworden. Es vergeht kein Tag, an dem wir nicht Takubas und Telas angeboten bekommen. Die Zeit, da die Touareg ihre Waffen noch selbst trugen, geht ihrem Ende entgegen. Die Stammesstrukturen scheinen sich hier auf eine Art und Weise aufzulösen, die erschreckend ist. Aus Kriegern und Nomaden sind Händler geworden, die ihre Habseligkeiten den Touristen anbieten, um zu überleben. Jeden Samstag fliegt Neckermann Tombouctou an, ein amerikanisches Reiseunternehmen ebenfalls. Das Ende der Touaregkultur steht kurz bevor. Die Leute müssen sich gleichsam wie vor einem Weltuntergang fühlen.

Die Sonne senkt sich schon langsam. Es geht auf 18 Uhr 30. Ich beschließe, den Rückweg von der Stadt zu unserem Lagerplatz zu Fuß zu machen. Vorbei an der Moschee bringt mich die staubige und sandige Straße zum Großen Platz. Bei einer alten Frau kaufe ich einige Kleinigkeiten zum Naschen, bevor ich meinen Weg entlang der Asphaltstraße fortsetze, die zum Hafen Kabara und weiter nach Bamako verläuft. Ich folge ihr einen Kilometer und schlage mich dann nach links in die Büsche

– immer den Spuren unserer Fahrzeuge nach. Ich schätze die Atmosphäre des Alleinseins und der Ruhe. Der zunächst feuerrote Sonnenuntergang büßt rasch an Intensität ein. Die Dämmerung nimmt schnell zu. Vorbei an Nomadenzelten und runden Lehmhütten, vorbei an kleinen Feuern, an Gruppen von Erwachsenen und Kindern, erreiche ich den Akazienbewuchs. Im Vorübergehen erwidere ich das freundliche »ça va?« der Bewohner. Nun, es geht wirklich glänzend! Mit meinen Stiefeln kann ich unbekümmert und fest auftreten, obwohl es auf dem Boden nur so von Löchern wimmelt und Dornen und Stacheln verstreut herumliegen. Mit dem letzten Licht des Tages treffe ich im Lager ein. –

Den heutigen Sonntag verbringe ich von mittags bis in den Abend hinein in der Stadt. Um 12 Uhr mittags sind wir ja beim Alten eingeladen, um an dem Hauptmahl des Festes, dem Mechoui, teilzunehmen. Im Hause treffen wir nur die eine Tochter an, die sich mit uns eine Weile ungezwungen unterhält. Bald kommt der Sergeant, den wir zwei Tage nicht gesehen hatten, sowie ein Händler, bald darauf noch ein zweiter – für meine Begriffe wenig sympathische Zeitgenossen. Die Unterhaltung kommt etwas ins Stocken. Doch die Ankunft des Alten befreit alle Anwesenden von einer längeren Tortur. Zu Ehren des hohen Feiertages haben der Gastgeber wie auch die Gäste ihren Sonntagsstaat angezogen. Der Alte ist ganz in Hellblau gekleidet. (Nach dem Essen erscheint er ganz in Weiß.) Der Sergeant hat einen reich verzierten, großen weißen Boubou an, in dem er ganz verändert wirkt. Der militärische Look ist verschwunden. Die Tochter macht sich noch im Nebenraum hübsch und verläßt dann für den Rest des Tages die Männerwelt. Denn beim Essen haben Frauen in Anwesenheit der Männer nach Landesbrauch nichts zu suchen, es sei denn, sie wären geladen wie Agnes und Irène. Die Tochter geht, und der Sohn kommt, um einige Anweisungen des Alten entgegenzunehmen. Letzteren beobachte ich wieder interessiert. Er ist frisch und heiter und lebendig.

Der Junge bringt den Tisch herein, ein einfaches Blechgestell mit vier Beinen, auf welches ein riesiges, rundes Silbertablett mit reicher Ornamentik gelegt wird. Letzteres, von etwa einem Meter Durchmesser, hatte der Alte auf einer seiner Reisen in Marrakesch erworben. Damit wird indirekt das Mittagessen angekündigt. Der Junge holt Stühle herbei – meiner Ansicht nach überflüssigerweise; man wäre bequemer auf dem Boden gesessen. Doch der Alte glaubt sicherlich, als Europäer seien wir gewohnt, beim Essen auf Stühlen zu sitzen, was ja eigentlich auch stimmt. Leider disharmonieren diese völlig mit der Höhe des Tisches. Als die Zahl neun erreicht ist, setzen wir uns, der Alte, der Sergeant und wir sieben. Wir brauchen nicht lange zu warten, da kommt auch schon der erste Gang. Jeder bekommt auf seinen Teller eine große Portion Couscous mit Sauce und eine Menge Fleisch darauf. Das Essen ist phantastisch; das Fleisch zart und schmackhaft, die Zutaten gut gewürzt. Die Umstände beim Essen sind es weniger. Ich muß die ganze Zeit über meinen Teller festhalten, damit er nicht in die Mite des Tisches rutscht, denn die Konstruktion hat Schlagseite. Noch ist der Teller nicht leer, Löffel und Gabel kaum aus der Hand gelegt, da wird schon der zweite Gang aufgetragen. Die noch halb gefüllten Gedecke werden rasch eingesammelt – ja, wirklich, mit einer unglaublichen Hektik; vielleicht ist dies hier so üblich, um die Bereitschaft des Gebens zu unterstreichen –, und der neue Gang wird serviert, mitsamt neuen Tellern und frischem Besteck: eine scharfe Sauce mit Ragoutfleisch, dazu ein Fladen Brot – geschmacklich völlig verschieden, aber ebenso gelungen. Wir trinken Wasser dazu. – Während des Essens plärrt der Transistor. Der Sprecher von Radio Mali verliest Hörerwünsche und Grußadressen zum Feiertag. –

Während des Essens wird wenig gesprochen; aber wer geglaubt hätte, danach würde sich hierbei etwas Wesentliches ändern, findet sich bald schon in seiner Annahme getäuscht. Eckhard bemüht sich mit redlichem Fleiß, steht jedoch ziemlich allein auf weiter Flur. Der Tee wird zelebriert und macht dreimal die Runde. Der Nachmittag ist heiß. Aber offenbar erfordert es die Sitte des hohen Hauses, im Raume zu verharren. Die Zigaretten machen einmal mehr die Runde, Müdigkeit bricht aus und ist zum Glück ansteckend. So ist mein kurzes unfreiwilliges Nickerchen, dem ich erliege, verziehen. Aber die Stille ist so himmlisch gewesen! – Eckhards emsiges Bemühen wird zum einen vom Sergeanten, zum anderen von einem Händler, der sich nach dem Essen wieder zu uns gesellt, belohnt. So zieht sich über Stunden eine Unterhaltung hin, die von bestickten Hemden – der Händler ist Schneider – bis hin zu Salzkarawanen reicht, und die Augenlider werden bleiern. Gegen 18 Uhr brechen wir auf. Der Alte begleitet uns hinunter zur Haustür. Wir danken ihm überschwenglich für das gute Essen und die Einladung und gehen.

Den Abend verbringe ich mit Ingvo und Pascal im Stadtteil bei der großen Düne. Auf den Straßen sind viele Menschen in bunten Gewändern, die meisten mit fröhlichen Blicken und lauten, ausgelassenen Stimmen. Wir kommen bald in ärmere Wohngebiete – Touaregbezirke. Hütten, die als Notlager dienen, wie mir scheint. Dennoch sind die Menschen auch hier nicht bedrückt, sondern fröhlich. Im Außenbezirk hören wir von ferne schon rhythmisches Händeklatschen, in welches sich wilde Schreie mischen. Am Ort des Geschehens befindet sich eine große Menschenmenge, aufgereiht in einem Kreis, in dessen Mitte im Rhythmus des Klatschens getanzt wird, abrupte, ja ekstatische Bewegungen, die sich ständig wiederholen. Unter den Anwesenden befinden sich hübsche Targuias, deren dunklere Gewänder sich gegen die farbenfrohen Kleider der Negerinnen deutlich abheben. Frauen überwiegen zahlenmäßig klar die Männer. Auch der Singsang, der zwischendurch anschwillt, wird von den Frauen getragen. Als das Tanzen zu Ende geht, treten wir den Rückweg zum Kleinen Markt an. Einige Straßen sind von den Menschen völlig überfüllt. So wählen wir die engen Gassen, die auch ihre Reize haben. Die Rohre, die von den Dachrinnen herunterreichen und hoch oben im rechten Winkel zu den hohen Häusermauern angebracht sind, wirken wie die Gargoyles gotischer Kathedralen gegen den sternenklaren Nachthimmel.

Am Kleinen Markt angekommen, setzen wir uns an den Kanal. Hier ist es herrlich ruhig und friedlich, angenehm warm und windstill. Keine Moskitos heute!

Tabaski geht dem Ende entgegen!

Der zweite Teil meines Berichtes vom Hammelfest könnte überschrieben sein »Empfang beim Commandant du Cercle«:

Gerade stelle ich fest, daß in zwei Stunden ein denkwürdiger Augenblick Jubiläum feiert. Am 16. September 1975 um Mitternacht haben wir Freiburg verlassen, um auf diese Expedition zu gehen. Genau drei Monate also, die wir schon unterwegs sind.

Während meiner Arbeit am folgenden Nachmittag, 16.12., setzt sich unweit des Zeltes ein Targui nieder, der offenbar etwas verkaufen will. Eigentlich hätte ich zu gerne meine theoretische Arbeit vor der Einladung um 18 Uhr 30 noch zu einem Teilergebnis gebracht, aber dann denke ich, daß die theoretische Arbeit ja nur durch die praktische sinnvoll wird. So packe ich meine Sachen, gehe zu ihm hin, begrüße ihn freundlich und frage, ob er französisch spräche. Er schüttelt den Kopf. Das stört mich jedoch nicht weiter. Ich lege ihm das erste Bild vor. »Sekk-aoua?« frage ich. (Was ist das?) Er macht große Augen, als ich ihm einige Gegenstände in Tamaschek benenne. Er versteht alles. Dies macht mich ungemein glücklich, denn dies sind die ersten Worte, die ich in dieser Sprache an die Touareg richte. Die Aussprache macht aber noch Schwierigkeiten. Ich frage weiter und lasse ihn antworten. Die Strukturwörter seiner Antworten sind in meinen Aufzeichnungen vermerkt. Das läuft ja sehr erfolgversprechend ab! Bald gesellt sich Eckhard hinzu. Wir fragen in anderen Bildvorlagen herum, testen den Personalfragebogen und sind sehr zufrieden. Schließlich suchen wir noch einige freie Themen. Er versteht uns, und wir vertehen mit Abstrichen auch ihn. Er erhält ein Geschenk. Dann verabschieden wir uns voneinander.

Leicht verspätet treffen wir beim Befehlshaber der Region von Tombouctou ein. Die ersten Gäste sind bereits im Garten unter den Bäumen versammelt. Der Kommandant stellt sich vor, ein junger, weicher und gutaussehender Bursche mit wohlklingender französischer Stimme. Wir setzen uns in europäische Sessel, bekommen europäischen Whisky und Pastis auf europäischen Tischchen angeboten, das Ganze mit Eis aus europäischen Kühlschränken versetzt. Der junge Mann will imponieren, wenn er Gäste hat. Die Boys sind beständig auf Achse. Tja, und dann kommt die Konservation ... Diesen Teil der Pflicht mag ich besonders gern! Herr Kommandant möchte anbauen, obwohl er bereits das größte Gebäude der Stadt bewohnt – links und rechts je einen Flügel. Ob wir nicht einen guten, deutschen Architekten wüßten ...? Nun, da ließe sich schon etwas machen ...! Dreiviertel Stunden Pflicht! Ich bin guter Laune, zuversichtlich und flexibel eingestellt, und so spiele ich mit und ergötze meinen Nebenmann, einen Reiseführer der Neckermanntours in Westafrika – ausgerechnet! wie interessant! – mit weisen Reden in betont erlesenem Französisch. Dann kommt der Hammel an einem Stück, auf einem großen Silbertablett malerisch angerichtet. Er ersetzt das Kalte Büfett. Man erhebt sich. Die Stewardeß von Air Mali versinkt mit ihren Stöckelschuhen hilflos im weichen Sand; ihr Begleiter, ein geschniegelter Pilot derselben Gesellschaft, hilft ihr bereitwillig aus der Misere und reicht ihr anschließend zum Trost des Hammels edelsten Teil – Penis und Hoden! Das ist Landesbrauch, so scheint es, und gibt Kraft. Es wäre unzutreffend zu behaupten, das Fleisch sei nicht gut gewesen. Aber man befindet sich auf einem Empfang, und da ißt man bescheiden. Man ist ja Delikatessen gewohnt ...! Danach geht es in die zweite Halbzeit. Wir schneiden nicht schlecht ab. Um halb neun Uhr scheidet die Gesellschaft; verbindliche Worte, lächelnde Mienen und unsere Einladung für Donnerstag an den Kommandanten, der scheinbar gelangweilt annimmt. Dann ist der Spuk vorüber, und wir kehren hungrig zum Lager zurück.

Draußen vor dem Zelt ist alles ruhig. Lediglich die lauten Schreie einiger Wasservögel gellen durch die nächtliche Stille. Schweigen! Es ist erst 23 Uhr, und ich frage mich: »Was ist mit unserem Jubiläum?«

22. Aicha, Hamma, Chantaf und Namenlose

19. Dezember 1975

Die Arbeit des heutigen Tages findet in sehr gelockerter Stimmung statt. Wir haben Besuch von einheimischen Kindern und Jugendlichen; Aicha, einem Touaregmädchen, schenke ich einen Lidschatten, nachdem ich ihr zuvor die Funktionsweise erklärt habe. Sie freut sich sehr darüber. – Zwischendurch kommt der Milchmann, ein Bauer aus der Umgebung, der ein- bis zweimal täglich einen Kilometer zu Fuß zurücklegt, um uns einen

Liter Milch vorbeizubringen, häufig Sauermilch, denn die Sonne hat während des Marsches ihre Wirkung nicht verfehlt. – Die Eierfrau rief heute noch nicht über den Kanal herüber. Die Hühner scheinen nicht so recht zu legen.

Es gibt zu tun. Die Lagerung der Hygieneausrüstung muß erneuert werden. Unsere Zaungäste schauen mir interessiert bei der Arbeit zu. Einen schließe ich sofort ins Herz. Er ist offen und ehrlich, freundlich und hilfsbereit. Er stellt mir seinen Bruder vor, Hamma. Er selbst heißt Chantaf. Sein Bruder ist etwas schweigsam, aber nicht minder freundlich. Die beiden sind Brüder Aichas, ebenso auch der Kleine, der uns heute morgen die Hühner brachte. Erst gestern hatten wir ein leckeres Abendessen. Ein Hund, der mit den Kindern gekommen war, hatte zwei Hasen erlegt, die wir den Kindern abkauften und zubereiteten.

Alle Rassen sind in unserem »campement« vertreten – Peulh, Sonrhai, Araber, Touareg, Bella –, und alle sind nett. Der Peulhjunge spielt den ganzen Tag auf seinem einsaitigen Instrument und hat eine sehr nette Lache. Sie sitzen da, schauen einem zu und lächeln, wenn man mit ihnen zu reden versucht. Einige helfen; sie warten förmlich auf die Gelegenheit dazu. Dafür nehmen sie mit uns am Tee und an den Mahlzeiten teil.

Einige gehören inzwischen zum festen Personal des Lagerplatzes. Ihr Anblick ist zu einer lieben Gewohnheit geworden. Viele, ja die meisten, leben in den Hütten, zwischen Bäumen und Büschen entlang unserer Piste, die wir mittlerweile durch die häufige Fahrerei in die Stadt trassiert haben. Sie sind Opfer der Dürre, waren gezwungen, ihr Nomadenleben auszugeben und leben hier jetzt recht und schlecht am Stadtrand. Ihre Sehnsucht zurück in den Busch währt ein Leben lang.

Pascal hat in der Zwischenzeit die Ersatzteile in Kästen, Schachteln und Plastiktüten verpackt. Nun bin ich an der Reihe, sie an ihren vorgesehenen Platz im Kübel zu bringen. Zwischendurch wird zum Essen gerufen, ein kurzer Imbiß, danach ein Tee – eine kurze Pause, eine Zigarette, ein Schwätzchen. Aicha spült das Geschirr. Zurück zum Kübel; Chantaf hilft mir etwas. Ich bin froh, als das Werk vollendet ist und alles seinen Platz gefunden hat. Auch Eckhard hat gute Arbeit geleistet. Der Innenraum des Koffers erscheint in einem ganz neuen Gewand. Man kann wieder laufen, ohne bei jedem Schritt das Bein heben zu müssen und dennoch fast dabei auf die Nase zu fallen.

Ich schwitze. Ein Bad im Kanal ist jetzt das Richtige. Hinterher fühle ich mich wie neu geboren. Am Feuer sind Philippe und Irène mit der Zubereitung des Abendessens beschäftigt. Es soll Reis, Hühnerfleisch und Sauce, Tomaten, Grünen Salat und Tee geben. Ich freue mich schon darauf, denn ich bin hungrig. Einige Schritte weiter sitzt Eckhard mit den Testbildern, daneben Hamma und Chantaf, der Milchmann und sein Sohn, Touareg. Die meisten Bilder seien brauchbar, meint Eckhard. Ich fühle mich wohl in der Gesellschaft. Wir unterhalten uns lange mit den beiden Jungen. Hamma insbesondere ist sehr intelligent. Er ist12 Jahre alt und möchte aufs »lycée«, um später einmal Sprachenlehrer zu werden. Wir sprechen über die kapitalistischen Länder, wie die Leute dort leben, wie teuer das Leben sei. Wir schildern das Städtebild, das Bild der ländlichen Gegenden, führen Größenvergleiche an. Wir sprechen von den beiden deutschen Staaten – Karl-Marx-Stadt ist die Zwillingsstadt zu Tombouctou –, der Lebenssituation und den Beziehungen zwischen den beiden Ländern. Wir erwähnen die Mauer, sprechen von der Situation nach dem Krieg, von der Aufteilung Deutschlands, den Besatzungsmächten und über eine Menge anderer Einzelheiten.

Die beiden Jungen erzählen uns von ihren Reisen nach Bordj Mokhtar, Bamako, Gao und Mopti; ihr Vater und ihr Onkel sind beide berühmte Führer durch die Sahara. Sie wissen genau, welche Sterne in Richtung welcher Brunnen und Ortschaften liegen. Chantaf spricht von Taoudeni und Kidal. In Taoudeni, so meint er, arbeiten viele Sträflinge ohne Bezahlung, bekommen Prügel und wenig zu essen. Viele sterben, die meisten kommen nicht mehr zurück. Viele versuchen die Flucht nach Tombouctou, 800 km; die Chance durchzukommen, ist gering. In Kidal seien die politischen Gefangenen und »Schwerverbrecher« . . . Die malische Regierung hat sich gegen Gesetzesbrecher (u.a. Leute, die der Korruption entgegenzuwirken versuchen) einen abschreckenden Strafvollzug einfallen lassen. Die territoriale Lage kommt dem Land hierbei entgegen: Wüste, Regenzeiten und Busch, Sonne, Kälte und miserable Versorgungsverhältnisse.

So vergeht die Zeit bis zum Augenblick, da das Essen fertig ist. Die Stimmung ist ausgezeichnet. Um 22 Uhr 30 ziehe ich mich zurück, um noch etwas zu schreiben.

Heute morgen, 20.12., als ich um 9 Uhr aufstehe, sind bereits unsere kleinen Freunde wieder da; einige haben die Nacht mit uns auf dem Lagerplatz verbracht. So kommen einige Mütter vorbei, um nach ihnen zu schauen – und sie lächeln erleichtert, als sie alle ihre Lieblinge bei uns versammelt sehen. Das Frühstück wird zubereitet, Marmeladebrot und französischer Milchkaffee. Als ich danach hinunter zum Wasser gehe, um mich zu waschen, finde ich Philippe inmitten einer Schar von Kindern, die alle Geschirr spülen; der eine hat einen Becher, der andere einen Teller; der dritte spült einen Schneebesen, Gäbelchen und Löffelchen, nichts wird vergessen. Einer kann überhaupt kein Ende finden; er bringt ständig neue Sachen herbei, gleich ob schmutzig oder nicht. Als wir ihn darauf aufmerksam machen, schaut er uns groß an. Daraufhin setzt er sich in Bewegung, geht am Wasser in die Hocke und spült die Tasse, die er gerade in den Händen hält.

23. Letzter Tag in Tombouctou

20. Dezember 1975

Heute abend, Samstag, sitze ich das letzte Mal an meinem Arbeitsplatz unter dem Zelt, dessen Inneres von Tag zu Tag ein gemütlicheres und wohnlicheres Aussehen erlangt hat: Wir beabsichtigen, morgen vormittag nach Gao aufzubrechen. Bis Gao werden wir wieder zwei Fahrgäste haben, den Alten, der inzwischen ein guter Bekannter geworden ist, und seinen Sohn Mustafa.

Den letzten Tag verbringe ich mit Ingvo zusammen in der Stadt. Auf unserem Weg dorthin begegnen wir gleich bei dem Polizeigebäude dem Alten, der durch seinen Sohn bereits von unserem Aufbruch informiert worden war. Wir begrüßen uns, und er meint, aufgrund der jüngsten Überschwemmungen müßten wir einen anderen Weg als den üblichen nach Gao wählen.

Der erste Weg führt uns zum Bäcker, wo wir erfahren, daß das bestellte Brot noch im Ofen sei. Ein kurzer, ungezwungener Einkaufsbummel auf dem Markt schließt sich an. Ingvo, ganz Mediziner, kauft einige Pülverchen und Kräuterchen gegen Magenweh – er ist heute ganz auf Schmerzbekämpfung im alten Stil eingestellt.

Schon lange hatte ich mir vorgenommen, in einem urigen Restaurant essen zu gehen. Heute, am Tag vor unserem Aufbruch, wird es dazu langsam Zeit. Also lenken wir unsere Schritte in Richtung von Baba Cissés Restaurant.

Von der Straße tritt man in einen Raum, der alles andere als Restaurantcharakter hat. Zur Rechten , gleich neben der Tür, steht ein wackliger Tisch auf dem unebenen Boden, ein Metallstuhl und eine Holzbank direkt neben der Wand. Der Putz bröckelt. Wir setzen uns, nachdem Baba uns versichert hatte, es gäbe etwas zu essen, Makkaroni und Steaks. Zunächst haben wir jedoch viel Zeit und Muße, uns in Gemütsruhe umzuschauen, denn Baba klopft gerade das Fleisch mit einer leeren Flasche, damit es Steakform bekäme. Was es da nicht alles gibt! Zwei weitere Tische; auf dem einen steht ein altes Radio, zur Hälfte ausgebaut – das Zeug ist verstaubt und bunt über den ganzen Tisch verstreut; dazwischen einige ältere Kleider – auf dem anderen Gläser und Teller für die Gäste. In der Ecke steht ein alter Küchenschrank, den allerhand Krimskrams schmückt, u.a. die Speisekarte und ein Photo des Inhabers in einem Holzrahmen, beides wirkt eigenartig alt. Später, wie ich in dem Raum etwas auf und ab gehe, entdecke ich ein französisches Kochbuch aus dem Jahre 1927, völlig verstaubt. Baba hatte es offenbar längere Zeit nicht mehr benutzt, was seine Bestätigung findet, als ich die Speisekarte zur Hand nehme: Makkaroni oder Reis, Leber, Steak oder Omelette, noch ein bis zwei Gerichte für gehobene Ansprüche, Tee oder Kaffee; ein DIN-A5-Blatt, zur Hälfte beschrieben.

Im hinteren Teil des Raumes, dort wo eine Türöffnung auf den Hof führt, auf welchem der aus Lehm gebrannte Ofen steht, sind Regale angebracht, die Babas Speisevorräte beherbergen: aber nicht nur das, sondern auch einen Kalender, Plakate von den Ministern schwarzafrikanischer Staaten, leere Dosen und Tüten, einige Werkzeuge, alte Zeitungen, Besteck und wiederum Gläser. Spinnweben zieren die Decke. Wir bekommen unser Essen, jeder zwei kleine Stückchen Fleisch und einen Teller voll Makkaroni mit Sauce. Wir trinken Wasser dazu und essen Brot. Währenddessen kommt ein Gast, ein französischer Pater. Er ist gerade aus Gao angekommen, wo er für die katholische Mission arbeite. In Tombouctou wolle er mit den wenigen Christen Weihnachten feiern. Ich unterhalte mich mit ihm über die Touareg, und er meint, es sei sehr schwierig, sie zum Arbeiten zu bringen, und es ginge ihnen daher sehr schlecht. Wir würden viele Bettler in Gao antreffen. Er spricht von seiner Arbeit, einem landwirtschaftlichen Projekt, in welchem zahlreiche Touareg beschäftigt seien. Wir sind längst mit dem Essen fertig, als wir uns schließlich erheben und den Raum verlassen.

Beim Alten, dem Patron von Taoudeni, gibt es das nächste interessante Zusammentreffen. Ingvos Wißbegierde nach Mitteln der Schmerzbekämpfung in Afrika führt uns ein altes Kräuterweib ins Haus. Drei Körbe werden hereingetragen, das Weiblein folgt auf einen Stock gestützt; sie sieht verhärmt und abgearbeitet aus, so als käme sie geradezu aus der Brousse. Hinter ihren Körben läßt sie sich nieder, deckt diese auf und fängt gleich an, mit dem Alten zu sprechen, indem sie gleichzeitig auf die einzelnen Häufchen in ihren Körben deutet. Ihre Stimme ist rauh und krächzend. Sie hat viel zu den Mittelchen zu sagen. Wir bekommen Namen, Anwendungs- und Wirkungsweise genannt sowie unzählige Proben gereicht. Die Alte erhält die verlangten 500.– MF und ist zufrieden. Sie packt ihre Körbchen zusammen und verläßt humpelnd den Raum. Der Tee ist für sie nicht bestimmt, Feinheiten, die mich immer wieder stören. Nach dem Besuch fahren wir beim Bäcker vorbei, wo wir das bestellte Brot abholen, und setzen dann unsere Fahrt nach Kabara, 8 km von der Stadt entfernt, fort.

Im Lager herrscht Abschiedsstimmung. Vorabend des Aufbruchs! Ich gebe Chantaf das versprochene Geschenk, ein T-Shirt. Er nimmt mich kurz in den Arm; ich habe ihn richtig liebgewonnen. Eine Stunde später sind die Kinder verschwunden; etwas wehmütig wird mir zumute.

Es ist inzwischen dunkel geworden, und das Abendessen wird zubereitet. Während der Mahlzeit besprechen wir ein Problem, das dadurch entstanden ist, daß einige von uns Geldbeträge geschickt bekommen haben.

Da jedem von uns aus der gemeinschaftlichen Kasse eine Fixsumme in gleicher Höhe an Privatgeld zusteht, kommt von verschiedenen Seiten der meines Erachtens berechtigte Einwand, das Geld müsse eigentlich der Chancengleichheit wegen in den gemeinsamen Topf, natürlich unter gleichzeitiger Registrierung des Namens und des Betrages im Kassenbuch. Es gibt leichte Mißstimmung darüber, die sich jedoch bald wieder auflöst.

Es fällt uns auf, daß der Wasserstand des Kanals stark angestiegen ist und sich kleine Rinnsale mit bemerkenswerter Strömung auf der baumbestandenen Ebene bilden. Ich schaue mir die Sache aus der Nähe an; der Vollmond spiegelt sich auf geheimnisvolle Art und Weise im Wasser; der helle Schein verdeutlicht das feine Kräuseln auf der Oberfläche, d.h. die Bewegung des Wassers. Langbeinige Wasservögel kreischen von den Bäumen herunter, sonst ist alles still; um mich herum herrscht nächtlicher Friede.

24. Der Niger

21.–22. Dezember 1975

Ich sitze hier im Schatten eines Baumes, direkt am Ufer des Isa Ber, wie der Fluß in der Landessprache heißt. Es ist heiß, gerade Mittagszeit; ein Wind sorgt jedoch hin und wieder für etwas Kühle. Das Ufer ist sandig, mit Bäumen und Sträuchern bewachsen, und eine Menge hübscher Libellen sirrt mit ihren transparenten Flügeln um mich herum. Alle tragen sie auf deren hauchdünner Oberfläche einen braunen, quadratischen Fleck, der meiner Vorstellung von Feinheit und Zerbrechlichkeit leicht entgegenwirkt. Das Wasser des Flusses ist milchig trübe, aber im Überfluß vorhanden – die Zeit des niedrigen Wasserstandes vorüber. Gegen die Mitte zu bedecken grüne Pflanzen den Wasserspiegel, ähnlich dem weichen Teppich eines gesunden englischen Rasens. Um diesen herum scheint das Wasser blau und bildet zu dem Grün des Bewuchses einen eindrucksvollen Kontrast. Über den Fluß hinweg fliegen mehrere weißgefiederte Vögel mit spitzem, gelbem Schnabel; vermutlich eine Reiherart.

Die Nähe des Flusses wirkt sich segensreich auf die Landschaft aus, die wir durchfahren. Hier, ungefähr 170 km östlich von Tombouctou, ist jeder Gedanke an die Wüste vergessen. Eine vegetationsreiche Baumsavanne umgibt uns. Der Boden ist sandig bis lehmig; er trägt noch die

Spuren der Regenzeit, die hier vor zwei Monaten zu Ende gegangen war; verkrustete, dunkel getönte Erde, tief ausgewaschene Fahrrinnen, entwurzelte Bäume und Sträucher und steinhart gewordener Morast. Das leicht hügelige Gelände ist eng mit Bäumen bewachsen, die lange Stacheln tragen. Daneben gibt es buschartige Palmgruppen. Wir gehen auf kurzem, gelbem Gras.

Die Gegend beherbergt zahlreiche Vogelarten, die selbst in ihrem Fluge noch die Schönheit ihres Gefieders erkennen lassen und deren Stimmen und Schreie fremdartig klingen. Ziegen- und Zebuherden tauchen links und rechts der Piste auf, bleiben neugierig stehen und überqueren diese unbekümmert und ungeachtet unseres Näherkommens oder ergreifen panikartig die Flucht. Die Piste selbst ist schmal und sandig, dennoch gut zu befahren. Da die Vegetation oft bis an die Fahrspur heranreicht, ist Vorsicht geboten beim Hinauslehnen aus dem Fenster. Die Akaziendornen hinterlassen im Gesicht markante Zeichen.

Die Landschaft wirkt eigenartig erregend auf mich. Ich ertappe mich oft dabei, wie meine Augen suchend über das Gelände hinweggehen, um menschliches Leben zu entdecken.

Wir verließen Tombouctou gestern nachmittag um 14 Uhr 30. Der Alte war bereits reisefertig, sein dolmetschender Sohn und ein Diener standen wartend neben ihm, als wir im Konvoi vorfuhren. Dann ging's auf die Piste. Nach 45 km erreichen wir Ber, ein Dorf mit einer völlig gemischten Bevölkerung. Der Alte steigt aus und verschwindet hinter den Bäumen. Er scheint ein Haus hier zu haben. Ich unterhalte mich unterdessen mit den Kindern und Erwachsenen.

Der Alte kommt zurück; sein Diener trägt eine Ziege mit frisch durchschnittener Kehle herbei; der Tod ist hier allgegenwärtig, direkt und spontan, genau wie das Leben. Bei uns verbirgt man ihn, und jeder Gedanke an ihn wird verdrängt. Heute abend wird es also wieder festlich zugehen, denn wir haben auch noch drei Hühner mit dabei. Dann setzen wir die Fahrt fort. Zu unserer Rechten begleitet uns das helle Band des Flusses, dessen Nebenarme stellenweise weit zu uns heranreichen und sofort eine Intensivierung des Grüns bewirken.

Gegen halb sieben Uhr schlagen wir mitten im Busch das Lager auf; die Ziege wird ausgenommen, zerlegt und geteilt. Die Hühner lassen wir frei im Lager herumlaufen. Feuer wird entfacht, Wasser aufgestellt und die Mahlzeit zubereitet. Der Abend zieht sich schließlich gemütlich beim Tee dahin. Gegen Mitternacht gehen wir schlafen. Wir haben eine große Plane ausgebreitet und uns in unseren Schlafsäcken daraufgelegt. Es ist 2 Uhr in der Nacht, als Eckhard mich weckt. Eine Raubkatze sei eben hier gewesen. Er deutet zum Kübel hin. Und tatsächlich! Es ist ein unheimlicher Anblick. Ich sehe zweimal zwei Beine, die sich hinter dem Kübel nach rechts bewegen; das Fahrzeug verdeckt den Rest. Das Tier befindet sich genau zwischen Vorder- und Hinterachse und würde gleich erscheinen; ein erregender Augenblick! Dann können wir es sehen; es ist eine große gefleckte Katze, die hier gemächlich durch den Busch pirscht, ein Gepard oder ein Leopard! Vermutlich hat sie der Geruch des Blutes der geschlachteten Ziege angelockt; vielleicht auch die Anwesenheit der Hühner, die zum Schlafen auf einem Baum Platz genommen haben.

Der Rest der Nacht verläuft ohne weitere Zwischenfälle. Ich fühle mich herrlich ausgeschlafen, als ich um halb neun Uhr aufstehe. Eine Stunde später verlassen wir unseren Lagerplatz. Die Landschaft behält ihren lebhaften Charakter bei. Wir passieren die Ruinen irgendeines alten Militärpostens, zerfallene Lehmmauern, die vollkommen überwuchert sind; wir stöbern einen Affen aus seinem Mittagsschlaf im Baumwipfel; er ergreift die Flucht; und immer wieder die eigenartig runden Nester der Webervögel in den zum Teil entlaubten Baumkronen.

Gerade kommt eine Ziegenherde am Flußufer an, um ihren Durst zu löschen. Der Wind kräuselt leicht die Oberfläche des Wassers. Ich erhebe mich und gehe zurück zu den Fahrzeugen. Das Essen ist gerade fertig geworden. Die Leute empfinde ich als wortkarg und kühl. Ist ihnen die Mittagspause zu lang?

Auf der weiteren Fahrt ist der Fluß ein ständiger Begleiter. Ich beobachte die bunte Vogelwelt, die mich am meisten fasziniert. Unter den munteren und lärmenden Savannenbewohnern gibt es Exemplare, die aussehen, als ob sie aus dem Malkasten kämen; rot, gelb und grün in kräftigen, ja schreienden Farben. Ich glaube, mehrmals einen Wiedehopf zu erkennen; die Vögel fliegen auf eine merkwürdige, seitliche Art, so als wollten sie sich mit Macht gegen den Wind stemmen, und während sie das tun, schauen sie unablässig auf unser Fahrzeug herab.

Gegen 17 Uhr nähern wir uns einem Dorf, das direkt am Ufer des Niger gelegen ist, Takamba. Während wir von der Anhöhe hinunter zu der Ansiedlung fahren, schaue ich gebannt auf die vor mir liegende Naturidylle. Braune Lehmbauten. Menschen in bunten Gewändern und farbenfrohen Chechs, dahinter die blauen Fluten und die grünen Inseln, inmitten derer sich langgestreckte Flächen von zitronengelben Blüten ausbreiten; blau, grün und gelb im ständigen Wechsel bis zum jenseitigen Ufer. Dieses steigt relativ schroff an und besitzt die Farbe der Dünen, die wir über Wochen hinweg bewundern konnten. Die tiefstehende Sonne intensiviert mit ihrem Schattenwurf die scharfe Linienführung der Farbfelder.

Im Dorf sind wir sofort von einer Menschenmenge umringt, und man bietet uns die verschiedensten Dinge zum Kauf an, u.a. Hühner. Nach einigem Feilschen erstehe ich zwei Hähne und ein Huhn. Das ist ein Gezeter, als wir das Dorf wieder verlassen! –

Die hochgelegene Wellblechpiste gestattet uns eine Viertelstunde lang den Blick auf die Flußlandschaft mit ihren Lagunen, Inseln und Verästelungen; dann verschwindet die Schönheit hinter düsteren grauen Hügeln, und ein Raubvogelpärchen begleitet uns tröstend noch einige Kilometer. Sie sind auf der Suche nach ihrem Abendessen. Auch wir denken daran, Lager zu machen. Nach wenigen Minuten nimmt der Baumbestand wieder zu – er war einer Prärie, einer weiten, baumlosen Grasfläche gewichen –, und wir schlagen uns rechts der Piste in die Büsche, 18 Uhr 30.

25. Bei Yarga

23.–24. Dezember 1975

Nach dem neuerlichen Schlachtfest gestern abend weckt mich heute morgen der noch verbliebene Hahn mit seinem fröhlichen, lauten Krähen. Die Henne muckst sich nicht.

Um 10 Uhr 30 verlassen wir unseren geräumigen Lagerplatz und begeben uns auf die Piste. Was würde der dritte Fahrtag seit Tombouctou, was würde Gao bringen? Morgen ist Heiliger Abend, und den wollen wir in einer Stadt verbringen, die wir in guter Erinnerung haben.

Die Landschaft wirkt zunächst etwas abweisend. Der Niger ist außer Sicht. Dementsprechend ist das saftige Grün der Flußlandschaft etwas getrübt. Als wir aber Bourem vor uns sehen, ist auch der Niger nicht mehr weit. Die Hütten werden zahlreicher. Immer häufiger sehen wir Menschen mit ihren Herden, und wir haben alle Hände voll zu tun, jeden gewinkten Gruß zu erwidern. Wir fahren hinunter zum Marktplatz, mitten hinein in das Treiben der Händler und Kauflustigen. Ich gehe durch die Reihen der Stände hinunter dem Fluß entgegen. Am Hafen bietet sich mir ein lebhaftes Bild. Ein alter Nigerkahn, vielleicht 50 m lang und 20 m breit, wird gerade entladen. Über die ausgelegten Landebretter laufen keuchend die Arbeiter, jeder mit einem Sack auf dem Rücken. In den Säcken ist Sorghum aus den Vereinigten Staaten. Die Säcke werden fein säuberlich gestapelt, ein krasser Gegensatz zu der sonstigen Unordnung, die hier herrscht. Eigentlich ist es weniger ein befestigter Hafen als vielmehr eine natürliche Anlegestelle, die dieses Schiff bereits voll ausfüllt. Dies aber macht gerade die Schönheit des Ortes aus. Bäume breiten sich über diese Idylle am Wasser, spenden den Arbeitenden wenigstens notdürftig Schatten. Das Wasser ist verschmutzt. Dennoch sehe ich Leute, die davon trinken. Ich gehe am Schiff entlang. Am Heck ist ein völlig verbogenes Steuer angebracht. Der Schiffskörper ist über und über mit Rost bedeckt.

Die Fahrzeuge sind mittlerweile von einer Schar Negerkinder umringt. Sie schauen mich teils skeptisch, teils freundlich an; neugierig sind sie alle. Bald sind wir wieder vollzählig, so daß wir unsere Fahrt fortsetzen können.

Der Palmenbewuchs nimmt weiter zu. Die Rundbauten entlang des Flusses und unserer Piste bilden kleine Ansiedlungen. Hunde verfolgen uns in rasendem Lauf. Herden zwingen uns, bisweilen langsam zu fahren. Die Piste ist härter geworden und mit Querrinnen bedeckt. Ein hoher Termitenhügel links der Piste, gut versteckt in einer Palmengruppe, erregt unsere Aufmerksamkeit. Ein kurzer Halt – und schon steht ein gutes Dutzend Jungen um uns herum. Je näher wir Gao kommen, desto dichter wird die Besiedlung. Wir passieren Überschwemmungsgebiete. Bäume stehen im Wasser, hohes Schilfrohr und Teichrosen mit weißen Blättern. Die Vögel vollführen ein großes Gezeter. Um die Gewässer herum sind Frauen, die waschen – Männer, die fischen. Wir begegnen vielen Menschen, reich beladen, auf dem Rückweg vom Markt zu ihrer Ansiedlung im Busch. Bis zu 20 Kilometer legen sie zu Fuß zurück. Wohlhabendere Leute führen ihr Kamel hinterher oder reiten auf ihrem Esel. Sie tragen reich bestickte, weiße oder blaue Gewänder, farbigen Schmuck um den Hals und einen im Wind wehenden Chech auf dem Kopf. Die Nähe des Wassers bringt angenehme Kühle. Eine lange, schnurgerade Zufahrtsstraße führt uns ins Stadtinnere, und bald stehen wir vor dem Polizeigebäude. Wir bekommen einen Platz zugewiesen, einen für Touristen eingerichteten Campingplatz mit Rundbauhütten.

Unser Hahn ebenso wie unsere Henne werden heute abend nochmals verschont. Insbesondere der Hahn hat es uns angetan, heute im Verlauf des Tages. Er kräht nämlich in regelmäßigen Abständen von seiner provisorischen Behausung herunter, einem Reifen auf dem Dachgarten des Koffers, und sorgt hierdurch für heitere Abwechslung. So war unsere Einfahrt nach Gao vor wenigen Stunden begleitet vom triumphalen Krähen unseres Dachgartenbewohners. Jetzt pennt er friedlich neben seiner Henne auf dem Stängelchen; irgendwie gehört er dazu.

Der anbrechende Tag wartet zunächst einmal mit viel Arbeit auf. Es ist Großeinkaufstag. Zudem müssen wir bei Post, Polizei und Gouverneur vorbeischauen; Wasser muß geholt und die katholische Mission aufgesucht werden. Wir hoffen, über letztere einen Targui kennenzulernen, der sich für unsere Arbeit als Dolmetscher eignen würde.

Auf dem Markt! Das Angebot hier in Gao ist recht groß, was Früchte und Frischgemüse betrifft: grüner Salat, europäische Kartoffeln, Süßkartoffeln, Zitronen, Zwiebeln, gelbe Rüben, Tomaten, Orangen, Radieschen, Datteln und Bananen. Beim Betreten des Marktes werden wir von allen Seiten bestürmt. Beim Kauf von Orangen kommen die Marktweiber mit Tomaten, Zwiebeln und Zitronen an, um sie uns gleichfalls zu verkaufen. Es bedarf einiger Anstrengung, um ihnen klarzumachen, daß wir nicht alles auf einmal kaufen könnten. Bei all dem Drängen bleiben sie jedoch stets heiter und freundlich. Dies sollte man nicht vergessen, wenn man von der Aufdringlichkeit des afrikanischen Händlers spricht. Die Marktfrauen bleiben anständig in ihrer Haltung uns gegenüber, und ihre Preise sind ansprechend. Die Frauen besitzen viel Sinn für Spaß und Humor, und ihr Verkaufswille ist frei von der verbissenen Kleinkrämerei von Händlern, die mit touristischen Gegenständen zu tun haben. Sobald ich von einem Stand wegtrete, habe ich stets den Eindruck, mit jemanden kommuniziert und nicht nur einen Kauf abgeschlossen zu haben.

Wenn auch von Festpreisen ausgegangen wird, ist Feilschen im Kleinen jedoch immer möglich. Meistens wird dabei lachend dem Wunsch des Käufers nachgegeben. Wir setzen und in den Schatten, um einen kleinen Imbiß zu uns zu nehmen.

Nun, der Heilige Abend steht bevor. Es ist 16 Uhr. Ich übernehme die Aufgabe, zum Restaurant Yarga zu gehen, um mich nach dem Essen zu erkundigen. Eine Viertelstunde später bin ich unterwegs. Ein Junge bringt mich hin. Ich erkenne Yarga sofort, wie er hinter seinem Tisch sitzt. Er scheint ruhiger geworden zu sein. Wie übel hatte er sich damals gegen die Kinder gerichtet! Er hatte sie in seinen Wutanfällen schreiend aus dem Hof gepeitscht. Seine Peitsche war gefürchtet, ebenso wie seine Trunksucht, die zu solchen Exzessen geführt hatte. Ich erinnere mich noch, wie seine Schläfenadern dabei anschwollen. Nun, er hat die Jahre überlebt, den Suff und alles andere. Er sitzt vor mir, keine zwanzig Meter entfernt an der Mauer hinter einem Tisch. Ich trete zu ihm hin, stelle mich vor, lobe seine mir sehr bekannte Küche, bringe meine Wünsche vor. Er erinnert sich nicht mehr an uns. Zuviel Zeit ist verstrichen, zu viele Touristen sind ins Land gegangen.

Es ist kurz vor Einbruch der Dunkelheit, Reinhard bittet mich, für ihn kurz Dolmetscherdienste zu leisten. Ich folge ihm und einem Franzosen ans Nigerufer hinunter. Wir betreten ein Schiff. Der Weg führt über zwei wacklige Planken. Ein uralter Nigerschlepper, der jetzt zum Waren- und Menschentransport dient. Alles ist rostig, schmutzig und vergammelt. Wir gehen über Deck, vorbei an Ladeluken, Eisentreppen, aufgerollten Seilen, an Kisten, Scheinwerfern, Rohren und Eisenstangen, kunterbunt durcheinanderliegend. Es herrscht ein eigenartig würziger Geruch an Deck. Hier brät man Hirsebrei, dort wird Reis gekocht, Tee zubereitet und Fleisch gegrillt. Die Menschen sind um ihre Abendmahlzeit bemüht, grüßen mich mit dem gewohnten »ça va!«, lachen, rufen und unterhalten sich in verschiedenen Dialekten. Wir gehen an alledem vorüber auf den nächsten Kahn, der gleich daneben längsseits liegt; wieder ein Brett mit

Schlagseite, und wir sind an Bord. Drei oder vier Fahrzeuge sind vertäut. Reinhard kümmert sich um ein Tonband. Ich übersetze, habe ansonsten aber nur Augen für die Flußlandschaft, über welcher der letzte feuerrote Schein der untergegangenen Sonne zwischen den grauen Wolken hervorlugt. Schemenhaft kann ich die Bäume, Büsche und die Hütten am jenseitigen Ufer erkennen, das nicht allzuweit entfernt liegt. Die Nacht bricht herein über diese phantastische Naturidylle. Zwischendurch einige Sätze auf Französisch, ein Blick zur Uhr; der Aufbruch zu Yarga steht bevor. Etwas wehmütig verlasse ich die alten Dampfer. Ich finde sie sympathisch. Morgen früh würden sie ihre Fahrt nach Mopti beginnen; heute ist kein Diesel da.

Stockdunkle Gassen nehmen uns auf. Im letzten Augenblick kann ich noch rasch entgegenkommenden Menschen in weißen, wallenden Gewändern ausweichen. Aus einigen Häusern dringt Licht, das bedeutet einen sicheren Schritt für einige Meter. Dann wieder die Dunkelheit. Gegen 20 Uhr treffen wir bei Yarga ein. Wir bestellen. Der Kellner setzt sich zu uns. Er spricht gut Französisch. Er ist Weißer, ein Targui aus der Gegend von Agadez, der vor zwei Wochen seinen Dienst bei Yarga angetreten hat; für eine Arbeit von 7 Uhr morgens bis 2 Uhr in der Nacht erhält er monatlich 6000.– MF. Er macht einen unzufriedenen Eindruck. Eckhard und ich erklären unser Projekt. Der Targui erzählt von der trübseligen Situation der Iwelliminden im Aïr und Umgebung. Die Trockenheit hat sie um ihren letzten Besitz gebracht. Es geht ihnen noch schlechter als den Flußtouareg hierzulande. Er erzählt von seinen Reisen in den Tschad, nach Kamerun und Nigeria. Da er sechs Negerdialekte und Französisch spricht, engagieren wir ihn als Dolmetscher.

Das Essen wird aufgetischt. Wie oft hatten wir nicht in Freiburg von der Erdnußsauce geschwärmt. Jetzt haben wir sie vor uns auf dem Teller. Adamou, der Targui, hat daraufhin eine Stunde lang zu tun, ehe er sich wieder zu uns setzt. Wir erklären ihm unsere Arbeit; wir erklären ihm seine Funktion. Wir besprechen unser weiteres Vorgehen. Er scheint erfreut bei dem Gedanken, mit uns die Reise fortsetzen zu können, uns zu Diensten sein, mit uns zusammen leben und uns durch sein Wissen behilflich sein zu können. Er ist einverstanden. – Die Zukunft sieht plötzlich sehr vielversprechend aus, bei allen Abstrichen, die nach einem solch kurzen Gespräch zu machen sind.

Wir kehren zum Lager zurück, jeder den Kopf voll Ideen. Was ist in diesen zwei Stunden nicht alles auf uns eingedrungen?! –

Philippe, Irène und Pascal sind ausgegangen. Wolfgang und Ingvo schreiben. Reinhard liegt im Schlafsack . . . Was soll das? Heute ist Heiliger Abend! Ich öffne den Lebenmittelkoffer, hole Eckhards Weihnachtspaket aus Deutschland heraus, das ich ihm gleich aushändige. Ich greife mir einen Behälter und fülle ihn mit lauter Leckereien – Orangen,

Datteln, Kuchen, Cognac, Pastis. Ich wende mich um; im Sand brennen drei Kerzchen; Tannenzweige und Weihnachtspapier sind drum herum angeordnet. Ich füge weitere Kerzen hinzu und breite die feinen Sachen auf dem Weihnachtspapier aus. Die anderen kriechen aus ihren dunklen Löchern hervor und bekommen leuchtende Augen bei all der Herrlichkeit. Wir führen uns auf wie die Kinder unterm Weihnachtsbaum. Vielleicht haben wir noch nie so intensiv wie an jenem Abend Weihnachten empfunden. Es bedarf keiner Tanne. Ein paar Tannenzweige genügen. Wir zünden einen an und atmen den Rauch ein; glimmendes Tannenreis duftet zauberhaft! Er herrscht eine stille Solidarität unter den sechs Anwesenden. Wo sind nur die anderen? Vom Freiluftkino tönt es beängstigend laut herüber. Eine Schlägerei scheint der nächsten zu folgen. Sind sie etwa ins Kino gegangen? – Hier herrscht Frieden und Ruhe, so lange bis der Hahn wieder zu krähen beginnt. Wie verschieden doch unsere Reaktionen hierauf sind! Heute mittag noch entnervte uns das Krähen. Jetzt lachen wir Tränen, als wir Huhn und Hahn einträchtig nebeneinander in einem kleinen Holzkästchen sitzen sehen, das an Pritsche II angebracht ist. Die Kerzen brennen herunter, neue werden angezündet. Es ist warm, dennoch fast keine Moskitos. Vielleicht 10 m^2 Boden – einfacher Sand! –, auf welchem zu diesem Zeitpunkt die glücklichsten Menschen der Welt liegen ...

26. Nächtliches Gao

26. Dezember 1975

Ich verlasse das Lager. Der heutige Tag war ohne Höhepunkte; heute vormittag auf der Post versuchten wir, Kontakt mit der Welt aufzunehmen. Unserem Wunsch, Deutschland anzurufen – um endlich zu erfahren, wo unsere Zweitpässe stecken –, konnte erwartungsgemäß nicht entsprochen werden. Philippe versuchte Tombouctou und Bamako zu erreichen, um nach den Paketen aus Deutschland zu forschen – auch das vergebens! Morgen vielleicht! Ein Lichtblick des heutigen Tages: Sicheren Bescheid darüber, daß wir morgen unsere Visa um eine Woche verlängert bekommen.

Ich verlasse das Lager; es ist dunkel. Ich wende mich zum Hafen hinunter, einige Schritte nur. Zahlreiche alte Kähne liegen am Ufer, bereit, Fracht nach Mopti aufzunehmen. Gleich daneben – welch ein Unterschied! – ein hell erleuchteter Passagierdampfer, um ein Vielfaches größer, hierzulande zweifellos ein Luxusdampfer. Laute Musik tönt herunter, die Vorhängchen in der Salonklasse sind vorgezogen, dahinter brennt Licht. Die Herrschaften haben sich zur Soirée zurückgezogen! –

Am Ufer liegen stapelweise Säcke, prallvoll und im Mondlicht glänzend wie gestopfte Schweine. Ich gehe graume Zeit an ihnen entlang, dann nimmt mich die Dunkelheit auf. Links im Wasser liegen lange, schlanke Boote, deren Silhouetten sich elegant gegen die matt beschienene Wasseroberfläche abheben. Aus meinem Wunsch, dem Flußufer weiter zu folgen, wird leider nichts. Das Wasser tritt immer näher an das Land heran, der Boden wird leicht morastig. Die ersten Hütten tauchen rechter Hand auf und beengen mein Gehen noch weiter. Einige Leute sitzen um kleine Feuer auf ihren Matten aus Palmblättern. Das Wasser überschwemmt den Pfad. Ein Stück vom Ufer weg nimmt mich eine Staubstraße auf, die längs des Flusses, von diesem durch eine Reihe Lehmbauten getrennt, verläuft. Einige Leute kommen mir entgegen und gehen vorbei. Die Stadtbeleuchtung hört bald auf, und aus den Passanten werden anonyme Schatten. Im Schein meiner Taschenlampe, die ich zwischendurch anknipse, liegen beiderseits der Straße die Frontmauern der Behausungen, hinter denen sich die Innenhöfe anschließen. Vereinzelte menschliche Silhouetten, keine jedoch nimmt meine Richtung. Ich befinde mich in einem engen Straßennetz; zahlreiche Querstraßen kreuzen. Ich nehme eine nach links und folge ihr zurück zum Ufer. Von ferne sehe ich noch den Schein des Passagierdampfers, Inbegriff von Reichtum und europäischem Luxus. Das Ufer ist schmutzig; einige Leute waschen sich. Eine Gruppe von Frauen grüßt mich. Ich folge wieder ein Stück dem Ufer, bis der Weg zu Ende ist; die Häusermauern, daneben das Wasser: nasse Kellerräume, Ratten und Ungeziefer, Epidemien und Krankheiten. Über einige halb eingefallene Mauern geht es immer weiter hinaus aus der Stadt entlang dem Flußlauf. Um mich herum stockdunkle Nacht, keine Menschenseele mehr; in den Häusern vereinzelte Feuer oder Petroleumleuchten, über mir der sternklare Himmel. Eine Wegkreuzung, der Blick nach links: Hütten, Palmen, niederes Gebüsch, dahinter das Wasser; die Seitenstraße endet in einer schmalen Schneise. Am Ufer liegen die eleganten, sicherlich schnellen Boote mit ihren langen Vordersteven, die nur knapp über dem Wasserspiegel als dunkle Silhouetten sichtbar sind, eines neben dem anderen, ganze Reihen davon. Die gezackten Palmkronen gegen den Sternenhimmel – überall Kontraste. Bizarre Formen gegen mattscheinende Flächen. Die Sterne spiegeln sich im Fluß und zerfließen darin. Jenseits des Wassers kündigt eine schwarze Linie das Flußufer an; beide vermengen sich stromabwärts im milchig bleichen Dunst, der spielerisch über dem abendlichen Tal schwebt. Weit in der Ferne das Flackern eines Feuers; kein Luxusdampfer mehr. Dennoch aber ein Heidenlärm in der nächtlichen Idylle: Grillen, Wasservögel, Fröschequaken... Wer kann schon die Stimmen der nächtlichen Brousse so genau unterscheiden!

Nach etwa dreiviertel Stunden Weges entlang des Nigers kündigt eine Kolonie von Hütten zunehmende Armut an. Ich habe den Rand der Flüchtlingslager erreicht und beschließe, das Schicksal nicht herauszufordern, niemanden durch meine Anwesenheit zu provozieren – in verschiedenen Zelten und Hütten brennt das Licht der Schlaflosigkeit. – Ich wende mich nach rechts, weg vom Dunkel, zurück zum hellen Schein des Neons. Der Weg dorthin führt durch eine schmale Gasse, eingefaßt von Lehmmauern, hinter denen ich rhythmisches Händeklatschen und laute Stimmen vernehme. Auf der taghell erleuchteten Ausfallstraße wende ich mich stadteinwärts. Auf einmal sind wieder Menschen da, zu zweien und zu dreien beieinander. Fremdklingende Gesprächsfetzen kommen an meine Ohren; gegenüber eine Moschee; das Gebäude steht in einem großen Innenhof; ich luge über die Mauer, in welcher sich rings herum Öffnungen befinden, die vermutlich zu Gebetskammern führen. Die Moschee selbst ist aus Lehm gebaut; pyramidenförmig verengt sie sich in drei Stufen nach oben; den Abschluß bildet ein Flachdach. Aus den Mauern des Gebäudes ragen unzählige waagrechte Balken, den Stacheln eines Igels gleich, die offenbar dem Fundament zusätzlichen Halt verschaffen sollen.

Weiter geht's Richtung Innenstadt. Von ferne höre ich laute, rhythmische Musik und arabischen Singsang. Dort scheint es ja hoch her zu gehen! Menschenmassen kommen mir entgegen, andere folgen meinen Schritten. Ich werde neugierig. Bald herrscht Rummelplatzatmosphäre; das »Stade Kassakeita«, daneben das Haus der Kunst und Kultur, davor ein Gedränge und Geschiebe, Lärm und Menschen, Licht und Leben. Zwei Soldaten reißen den Eintretenden – vornehme Gestalten, hübsche Gewänder – ihre Eintrittskarten durch. An einem Stand inmitten des Rummels kaufe ich bei einem Targui Plätzchen. Ich entferne mich von dem Lärm und komme wieder in stillere Straßen. Aus einzelnen Häusern dringt Lichtschein; einige Händler haben noch geöffnet. Im Vorbeigehen wünsche ich den Ladenbesitzern eine gute Nacht. Langsam nehmen mich wieder wohlbekannte Straßen auf; ich bin in der Stadtmitte. Auf den Märkten ist es still. Die leeren Stände, nackte, hölzerne Gestelle, wirken wie Skelette – ich gehe mitten zwischen ihnen hindurch. Dann nehme ich bereits wieder die Scheinwerfer unserer LKWs wahr, als ich das »Hôtel de l'Atlantide« passiere.

27. Adamou und der Alte

27. Dezember 1975–Neujahr 1976

Adamou Jules Amadou kommt gegen Mittag, und nach einem kurzen Imbiß und Tee gehen wir gleich an die Arbeit. Ich führe ihm die Fragen und Bilder vor, lasse mir Übersetzungen in Tamaschek geben. Unsere Arbeit dauert zwei bis drei Stunden. Zwischendurch kommen Gäste; der Alte, Mustafa, sein zehnjähriger Sohn, und zwei weitere Söhne, die hier in Gao wohnen.

Adamou äußert sich über das Zusammentreffen mit dem Alten; er habe den Alten sofort als einen Marabu erkannt. Nicht sein reichbesticktes, blaues Gewand, nicht sein blauer Chech hätten es ihm gesagt. Er habe dessen Augen beobachtet, die Ruhe und Gelassenheit seiner Bewegungen, kurz, das Benehmen und das Auftreten. Im wesentlichen ist mir das ebenfalls aufgefallen, ich habe aber keinen Bezug zu einem Marabu hergestellt. Was ist ein Marabu? Adamou erzählt ein bißchen. Im Alter von 7 Jahren schon beginnt die Lehre mit dem Erlernen des Korantextes; diese Lehre dauert im allgemeinen etwa 20 Jahre. (Ein Marabu muß den Koran auswendig kennen!) Die nächsten 10 Jahre sind der Textinterpretation und -explikation gewidmet: er muß das Geschehen im Koran, die Parabeln, Vorschriften usw. den Menschen für das Leben verständlich machen. Hierzu ist es notwendig, daß er neben der arabischen Hochsprache eine Anzahl von Dialekten beherrscht, die es ihm erlauben, mit den einfachen Menschen in Beziehung zu treten. Nach 30 Jahren des Studiums, für welches mir eine Art mönchischer Abgeschiedenheit notwendig erscheint, tritt er ins Leben und lernt von seinen erfahreneren Kollegen, den altehrwürdigen, greisenhaften Marabus, Weisheit und Gelehrtheit; d.h. der Marabu wird vom einfachen Menschen als Inbegriff der Weisheit und Religiosität betrachtet; dennoch hört der Lernprozeß eines Marabu eigentlich nie auf, dauert bis zu seinem Tode und seinem Marabubegräbnis.

Was für Menschen sind Marabus? Den Marabu von Bou Djebeha habe ich versucht vorzustellen. Ich mochte ihn nicht. Nun, wer das Kapitel über den Alten gelesen hat, mag zur Annahme neigen, daß sich in ihm nur Tugenden und Qualitäten vereinen, die seinen Stand als Marabu erklären oder gar rechtfertigen könnten! Es war ein spontaner Eindruck, den ich vom Alten bekommen und niedergeschrieben habe; es ist das Ergebnis der reinen Beobachtung und die gefühlsmäßige Verarbeitung derselben. Ich erwähnte bereits, daß er ein Patron von Taoudeni ist; er verdient Unsummen an dem Verkauf des Salzes; die Arbeit von Sträflingen gewährt ihm Ansehen und ein sorgloses Leben innerhalb einer Art Oberschicht. Er ist Besitzer von vier Häusern und vielen Kamelen. Verschiedene kleine

Begebenheiten verdeutlichen, daß sein ruhiges, mildes Aussehen und seine Heiterkeit nur durch eine ausreichende materielle Basis möglich sind. Um seine Geschäftsinteressen offen zu zeigen, ist er sich zu heilig. Dafür hat er seinen Schwiegersohn, den Schneider. Er wurde uns einst geschickt, um mit uns den Preis für Kanister auszuhandeln. Seit wir in Gao sind, ist unser Kontakt denkbar dünn: kein Begrüßungstrunk im Hause seiner Brüder, geschweige denn eine Einladung oder irgendeine Hilfeleistung bei unseren administrativen Schwierigkeiten seitens des Alten.

Adamou verläßt uns um 15 Uhr 30, um nach Niamey zu fahren und dort seine Papiere zu besorgen.

Ich mache mich an die Arbeit – die Fertigstellung der Fragebögen für die Interviews. Gegen 19 Uhr bricht die Nacht herein, und ich lege die Arbeit bis zum nächsten Tag zur Seite. Der Vorschlag wird gemacht, in einem billigen Restaurant essen zu gehen. Zu fünft machen wir uns auf den Weg. Wir bestellen Reis, Beefsteak und Salat. Das Essen ist reichlich, einfach und gut – natürlich afrikanische Küche. Die Atmosphäre im Restaurant ist äußerst lebhaft; die Tische sind alle besetzt. Mir fällt auf, daß die meisten Einheimischen nur Reis essen; er kostet nur 50.– MF, der billigste Teil des Essens, aber sehr sättigend. Es wird improvisiert; Wasser wird in leeren, etwas verrosteten Konservendosen gereicht, ein einziges Messer muß uns genügen, um das Fleisch klein zu kriegen. Es fehlt an zwei Tellern; so wartet man eben, bis die nächsten zwei Gäste fertiggegessen haben. Das Brot ist auch etwas naß geworden. Aber niemand stört sich daran. Gegen 21 Uhr verlassen wir das Lokal. Der Abend endet harmonisch.

Der Alte wird nochmals zitiert. Die Marabus scheinen hier das zu sein, was die Pfaffen bei uns sind – gierig, engherzig, begütert und frömmelnd.

Am Nachmittag verlassen wir die Stadt, um unser Lager hinaus in die Brousse zu verlegen. In Richtung Bourem finden wir rechts der Piste ein hübsches Plätzchen, einen Palmenhain, der uns zur Piste hin gegen Entdeckung schützt; einen großen Platz für unser Lager, eine hübsche Umgebung, etwa 10 km von Gao entfernt. Leider sind auch wieder die Moskitos da, wie ich gerade feststelle. Aber das ist hier im Überschwemungsgebiet des Niger eben nicht zu vermeiden.

Ich glaube, nach dem Essen fehlt einigen die Möglichkeit des Stadtbummels. Mir geht es ebenso. Wie schnell man sich doch an einen solchen Auslauf gewöhnt! Es herrscht ein etwas bedrückendes Schweigen, eine brütende Stille im Lager, und es fällt auf, wie früh sich die Leute heute in ihre Schlafsäcke zurückziehen. Ich bin jedoch sicher, daß wir uns auch wieder an das Leben in der Brousse gewöhnen werden, wenn wir erst einmal Gao verlassen haben und einige Zeit in der Wüste sind; dann werden wir wieder die alten sein.

Am nächsten Morgen erwirkt Eckhard bei der Polizei eine 28tägige

Visaverlängerung. Wir können damit erst einmal bis zum 25.1. im Land bleiben. Ich spreche mit Agnes kurz durch, was für den kommenden Streckenabschnitt von Gao nach Tamanrasset noch einzukaufen sei, registriere die Neueinkäufe und mache dann Pause. Nebenbei kocht die ungeschälte Hirse und kann sich immer noch nicht entschließen, weich zu werden. Aber wir kriegen sie schon klein! Wir werden daraus noch schmackhafte Mahlzeiten zubereiten.

Am Abend rücken wir etwas näher ans Feuer heran (auf dem unverdrossen die Hirse brodelt), denn es wird zunehmend kühler. Der Temperaturunterschied zwischen Tag und Nacht macht jedoch keinerlei Beschwerden. Morgen ist der 30. Dezember, und doch spricht noch keiner von Silvester. Den ganzen Tag über hatten wir Besuch von Bewohnern der umliegenden Hütten. Ingvo verteilt Medikamente. Kinder tragen Palmschindeln zum Verfeuern für uns zusammen. Sie sind unheimlich lieb, wie sie da so ankommen, sieben Mann hoch, und ihre Körbchen vor uns ausleeren. Keiner von uns hatte etwas gesagt; so ist das in der Brousse. Man ist fast nie allein, erhält unerwartete und gut gemeinte Hilfe.

Das alte Jahr geht zu Ende. Die Zeit und das Leben aber gehen weiter, übergangslos, ohne neue Vorzeichen. Natürlich werden wir übermorgen abend feiern, aber nur, weil wir das gerne tun und weil unsere Vorräte es nicht erlauben, täglich zu feiern. Dies war bisher immer so, gleich welches Datum gerade geschrieben wurde.

Auf dem Markt bei den Händlern. Ich versuche die Qualität der getrockneten Peperoni, mit dem Ergebnis, daß ich hinterher gleich drei Bananen esse, um die Schärfe auszugleichen. Wir wenden uns hinunter zum Nigerufer. Ich kaufe zwei hübsche Tontöpfe für sehr wenig Geld. Am Ufer des Flusses herrscht Armut; armselige Hütten, kranke und zerlumpte Menschen, aggressive Kinder und altkluge Weiber. Auf dem Wasser bewegen sich zwei Nigerkähne, von Menschenhand getrieben, in rhythmischen Stößen vorwärts. Am Ufer liegen weitere Kähne in Reih und Glied. Ein kurzes Gespräch bei einem sehr netten Neger von der Elfenbeinküste mit seiner Familie, Freunde Adamous.

Für heute abend haben wir uns ein ausgesuchteres Essen ausgedacht: Eierpfannkuchen und Fruchtsalat mit Karamelsauce, dazu Tee. Vor Einbruch der Dunkelheit entfachen wir ein schönes Feuer, und Eckhard rührt die Sauce an. In einer Pfanne wird Zucker bei großer Hitze zum Schmelzen gebracht, daraufhin Dosenmilch zugesetzt. Das Gemenge zischt beim Eingießen der kühlen Milch laut auf. Das Feuer züngelt am Rande der Pfanne empor. Das Backen der Pfannkuchen ist ein Augenweide; das lodernde Feuer, der Rost, die Pfanne, ein Deckel, der als Ablage für die fertigen Pfannkuchen dient, der Holzhaufen, eine in kurzer Zeit von Reinhard gebastelte Bratschaufel aus einem alten Ölkanister, das Licht- und Schattenspiel inmitten des Karrees unserer Wagenburg – ein Gemälde.

Danach eine Flasche Cognac. Wir leeren sie nicht ganz, zumal es Wolfgang nicht gut geht und er heute abend keinen Alkohol trinken möchte. Er liegt schon früh auf seinem Faltbett und gibt bald keinen Ton mehr von sich. Er hat Magenbeschwerden. Er tut mir leid, ausgerechnet heute! – Wir setzen uns ums Feuer herum, das durch gewaltige, halb zerfallene Baumstämme und Palmenreste immer wieder zu hellem Lodern gebracht wird, bis es heruntergebrannt ist. Tausende von rotglühenden Punkten und Fäden sind über die ganze Feuerstelle verteilt. Der Wind hält das Funkeln in Bewegung. Die rotglühenden Teilchen, der Bast des Palmenstammes, wiegen sich regelmäßig im Wind auf und ab. Ich trinke den Cognac mit Tee und erfreue mich an der Lebendigkeit des Feuers. Silvester ohne Feuerwerk berührt mich eigenartig. Aber es hat seine eigenen Reize. Keine Tausende, die innerhalb von wenigen Minuten in die Luft geschossen werden. Ich lausche den Stimmen im Busch, Ochsenfrösche und Vögel. Ein Baumstamm folgt dem andern ins Feuer. Gegen halb zwei Uhr in der Nacht ist der Drang, schlafen zu gehen, allgemein, und bald schon herrscht himmlische Ruhe im Lager; nur das Feuer glimmt noch sanft vor sich hin.

28. In der Brousse

1.–4. Januar 1976

Sonntagmorgen – die Kinder kommen schon um 7 Uhr. Einer der kleinen Touaregjungen weint und hält sich schmerzhaft die Glieder. Er zittert am ganzen Körper. Nach kurzen Erkundigungen bei seinem Bruder wissen wir Bescheid: Malaria! Er hat einen leichten Anfall. Wir legen ihn auf Reinhards Bett und geben ihm zwei Wolldecken. Ich sehe an den Erschütterungen, wie er darunter weiterzittert. Eckhard kümmert sich rührend um ihn. (Er möchte ja einen kleinen Touaregjungen adoptieren.) Langsam wird der Kleine etwas ruhiger. Ein bedauernswertes Kerlchen, in diesem Alter schon Malaria! Die Krankheit wird seinen ganzen Kreislauf ruinieren. Wahrscheinlich wird er nicht sehr alt werden. Wir können nichts weiter für ihn tun, zumal unser Arzt nicht da ist. Sein Bruder erzählt uns, daß der Schüttelfrost schon heute morgen um 6 Uhr angefangen habe. In ihrer Familie seien noch sechs ältere Menschen, die diese Anfälle hätten. Zwischendurch schläft der Patient kurz ein, und als er aufwacht, will er nach Hause. Wir meinen, es sei viel besser, wenn er jetzt im Warmen liegenbleiben würde. Nun, der Vater hat es gesagt; da ist nichts zu machen! So schwankt er mit seinem Bruder auf wackligen Beinen davon. Sie verschwinden zwischen den Palmen.

Als ich das Lager verlasse, ist es Mittag. Ich lenke meine Schritte zunächst in Richtung Stadt, quer durch den Busch, unter Palmenhainen hindurch und an Dornbüschen vorbei; schon bald treffe ich auf die Piste, der ich kurze Zeit folge. Dann wird mir der Staubweg zu langweilig. So schlage ich mich nach rechts in die Büsche; der Boden ist sandig, jedoch gut zu begehen; ich sinke nicht tief ein. Eine üppige Vegetation herrscht um mich herum; ich weiß, die Überschwemmungsgebiete sind nicht weit – und sie sind auch mein Ziel.

Vorbei an niederen Gräsern, an Unmengen von bleichen Skeletteilen aus der langen Dürre, an Dornbüschen, die kleine rosa Blüten tragen und mit einer Art Spinnweben behangen sind (wahrscheinlich handelt es sich jedoch um eine parasitäre Pflanze), und über mir die Palmenkronen, komme ich zum Wasser. Hier ist die Idylle vollständig: die Palmen beugen sich in ihrer charakteristischen Form elegant über das seichte Gestade. Aus einem Wurzelstock wachsen zumeist drei bis sieben stattliche Palmen, die sich kelchartig nach oben öffnen, so daß für alle Kronen Raum ist. Es weht ein kühler Wind. Ich schaue hinauf und bemerke rotbraune Früchte, die eine glatte, sehr harte Schale haben. Im ufernahen Wasser treiben sie haufenweise. In ihrem Innern befindet sich eine grießige, sämige Masse, nicht besonders wohlschmeckend. Die Palmwedel rascheln im Wind; es knackt und rauscht im Gehölz. Direkt neben mir ein Termitenhügel, eine knochenharte Lehmkonstruktion. Die weißen, ameisenähnlichen Tierchen haben ein Gebäude errichtet, das mir bis zu den Schultern reicht. In meiner Umgebung finden sich jedoch solche, die bis zu 2,5 m hoch sind. Mein Blick fällt über das Wasser. Weit draußen schwimmen Enten und stelzen weiße Reiher. Einige schwarzweiß gefiederte, taubengroße Vögel fliegen rasch über eine grüne Fläche von Schilfrohr, aus der sich vereinzelt mächtige Bäume erheben, und lassen sich am Uferlauf nieder. Wie schön doch einfache Kontraste wirken können! Ein schwarzer Kopf, ein weißer Hals und Rumpf, graue Flügel und schwarze Schwanzfedern. Mit ihren Stelzbeinen laufen sie bedächtig weg, sobald ich mich ihnen nähere; instinktives Erfassen eines Sicherheitsabstandes! Ich beschleunige meine Schritte; sie stoßen heiser gellende, laute Warnrufe aus und erheben sich in die Lüfte. Aus den nahen Palmkronen fliegen einige andere Vögel auf, die der Warnung gefolgt sind. Das Ufer ist leicht morastig; ich bemerke kleine gelbe Blüten auf dem Grund des seichten Wassers; unfern davon weiße Teichrosen mit ihren großen, im Wasser schwebenden Blättern. Ich komme mir vor wie auf einer kleinen, idyllischen Insel irgendwo in den Tropen. Wohin ich auch blicke, Palmen, in kleinen Hainen von fünfzig bis hundert Bäumen, dazwischen sandbedeckte Lichtungen mit Grasbüscheln. Auf der Erde liegen Gegenstände, die auf Menschen hinweisen, Topf- und Glasscherben, zerbeulte und löchrige Blechgefäße und einige Papierfetzen; ich bin also doch nicht allein. Und richtig sehe ich am jenseitigen Ufer zwei Menschen gehen, der eine in einem langen blauen, der andere in einem weißen Gewand. Eine Landzunge führt ins Wasser hinaus, von wo ein beeindruckender Blick auf die das Ufer säumenden Palmenreihen möglich ist; merkwürdigerweise ist die gegenüberliegende Seite des Wassers frei davon; erst ein Stück weiter hinten entdecke ich die pittoresken Kronen wieder.

Ein Blick nach vorn zeigt an, daß sich die mehrere hundert Meter breite Wasserfläche verzweigt, je ein Arm nach links und rechts; und überall Vögel, ein wahres Paradies.

Noch vor wenigen Tagen habe ich bezaubernde Stunden auf diesen Wasserläufen verbracht. Ich war nicht weit gegangen, als mir vom Wasser her jemand zurief, ein Negerjunge, den ich kenne, einer unserer täglichen Besucher im Lager. Er kommt lachend ans Ufer herangerudert. Sein Boot ist ein schwimmendes Wunderwerk – es besteht aus Holzplanken, die mit starken Stricken zusammengehalten werden –, aber in einem jämmerlichen Zustand. Nun, er muß sein Boot kennen! Ich wate die wenigen Meter durchs Wasser und steige ein. Zunächst schöpft er das Boot leer, dann greift er zur Stange und fährt weit mit mir hinaus. Es ist unglaublich schön, wie wir so durch das ruhige Wasser gleiten, zwischen Schilf und Teichrosen hindurch, an überfluteten Bäumen vorbei. Ich beobachte Gruppen von Wildenten, wie sie flach über die Wasseroberfläche dahinrauschen; andere Vögel mit gelben Bäuchen und schwarzweiß kontrastierenden Köpfen, Hälsen und Schwänzen, die Flügel in hellem Grau. Eine ganze Palmengruppe ragt aus den Fluten, wobei die Laubkronen bis zum Wasser herunterreichen – grüne Teppiche, bedeckt mit Blumen in den herrlichsten Farben, kleine rote und blaue Blüten auf kurzen Stengeln. Auf diesen grünen Pflanzeninseln tummeln sich stelzbeinige Wasservögel mit weinrotem Gefieder und langen gelben Schnäbeln. Reiher überfliegen majestätisch die Wasserfläche. Die gelben Kelche der Teichrosen und ihre tellergroßen Blätter sind zum Greifen nahe. Ich strecke meine Hände aus und lasse sie im Wasser treiben. Es ist herrlich kühl. Zwischendurch wieder das Schöpfen. Das Holz kracht und stöhnt in allen Fugen. Als ich mit den Händen an die Bordwände greife, geben sie nach. Ich lasse diese Dummheiten zukünftig bleiben. Das Boot schlingert zwischendurch etwas bedenklich. Ich sitze auf einem morschen Palmenstamm, damit ich keinen nassen Hintern bekomme. Die Fahrt hätte endlos weitergehen können; ein himmlisch nasses Vergnügen ging zu Ende. –

Ich habe diese Gegend allein schon wegen ihrer bunten Vögel liebgewonnen: jeden Morgen nach dem Aufstehen erhalten wir die ersten Besuche. Unser Frühstück ist auch ihr Frühstück. Hierbei zeigt es sich, daß die kleinsten auch die frechsten und mutigsten sind: Vögel, mit purpurroten Köpfen und Schwänzen, halb so groß nur wie unsere Spatzen, zierlicher und ungleich hübscher; sie hüpfen, vorsichtig nach oben schielend, um unsere Kanister herum und picken sich einige Leckerbissen zusammen. Sie sind sehr zutraulich, glauben zu wissen, daß wir ihnen nichts tun. Des weiteren besuchen uns den ganzen Tag über Scharen von taubengroßen Vögeln mit herrlich buntem, in der Sonne schillerndem Federkleid, dazu Wildtauben und große Rabenvögel, die laute, heisere Schreie ausstoßen.

Sie alle sind auch hier in der Brousse vertreten – und noch einige andere Arten. In einer Palmenkrone entdecke ich zufällig einen winzigen, gelbgrün gefärbten, drolligen Kerl dabei, wie er an einer Frucht herumpickt und mich in seinem Eifer ganz übersieht.

Ich gehe etwas landeinwärts, mit zum Boden gerichtetem Blick; ich möchte Federn finden, als Erinnerung. Mehrmals schrecke ich dabei Eidechsen auf, die vor mir ins dichte Unterholz der Palmen fliehen. Was gibt es hier eigentlich nicht? Ich bücke mich nach einigen Federn, nichts besonders Farbiges, aber sie sind von hier. Ich atme die frische Luft ein und denke schon mit Grausen wieder an die Abgase in Freiburg. Ich stoße auf einen Rinderschädel; aus einem Kieferknochen breche ich die Zähne und denke unwillkürlich an Poe. Es ist tatsächlich so, daß Gebisse eine unerklärliche Anziehungskraft ausüben. Ich betrachte die stumpf gewordenen Kauflächen, gehe weiter, die Zähne in der Hand. Ich werfe sie erst später weg. Was soll ich denn noch alles mit nach Hause nehmen! Der Wasserlauf beschreibt einen Halbkreis und führt mich zurück zur Piste. Ich schaue mehreren Strandläufern zu, wie sie flink durchs seichte Wasser trippeln und hie und da nach etwas Eßbarem picken. Der Palmenwald geht bald über in eine eintönige Dornbuschsavanne. So verweile ich noch etwas im Schatten der Kronen, am Rande des Wassers, und rauche eine Zigarette. Am gegenüberliegenden Ufer werden Kamele getränkt; die Männer tragen lange, blaue Boubous.

Ich raffe mich auf und setze meinen Marsch fort; wenige Schritte nur, und die Palmen liegen hinter mir. Der Boden wird lehmig; er ist steinhart und weist Sprünge auf. Ich entsinne mich der Bilder in unseren Zeitungen zu Hause; jetzt gehe ich mitten hindurch, Dornbüsche und Akazien, Akazien und Dornbüsche, das ist alles. Ich drehe mich um und sehe die orangene Kugel der Sonne auf einer Palmenkrone ruhen; auch sie scheint müde geworden zu sein. Die Kamele sind aus meinem Blickfeld verschwunden. In einer halben Stunde wird es dunkel; ich weiß jedoch, daß ich unweit unseres Lagers bin, und habe keine Eile. Einige grüne Pflanzen mit eigenartig runzligen Blättern bedecken eine kleine

Fläche zu meiner Linken. Wie Schlangen kriechen die Stiele über die Erde hinweg. Von ferne sehe ich schon unsere blauweißen Fahrzeuge durch das Grün der Palmen schimmern. Einige Negerjungen tummeln sich drum herum. Wenige Minuten später bin ich wieder unter Menschen.

29. Bei den Touareg

2. und 8. Januar 1976

Als ich um 8 Uhr 30 aufwache, hat Philippe bereits das Teewasser aufgestellt. Ich wecke Ingvo, Eckhard und Agnes. Reinhard wacht ebenfalls auf; er ist völlig gerädert. So nach und nach strömt alles zusammen, und wir frühstücken, der Tee ist fertig. Pritsche III fährt anschließend in die Stadt. Eckhard hat mit einem der Touaregkinder, die ständig unser Lager besuchen, für heute Interviews in dessen Familie vereinbart.

Um halb elf Uhr verlassen wir das Lager zu Fuß in Richtung der Überschwemmungen; das ganze Testmaterial, inklusive Tonbandgerät und Mikro, ist dabei. Nach etwa einer halben Stunde Wegs sehen wir einige ärmliche Hütten vor uns. Davor sitzen Frauen mit interessanten, ausdrucksstarken Gesichtern und blicken uns freundlich entgegen, grüßen und lachen ungezwungen. Vor einer der Hütten halten wir an; wir werden sofort aufgefordert, uns zu setzen. Ich schaue mir die Menschen an, die mich umgeben; phantastisch schöne, durch das mühsame Leben gereifte Gesichter. Es sind nur Frauen und Kinder da. Jegliche Scheu ist ihnen fremd. Alle Frauen tragen ihre malerischen, langen schwarzen Gewänder und ihren Tagelmoust, eine Art Kopftuch, ebenfalls schwarz. Geschmückt sind sie mit Ohrringen, Halsketten, Armreifen und Stirnbändern. Ich blicke in freundliche, neugierige Gesicher. Wo sind die Spuren der Katastrophe bei diesen Menschen, wo die Niedergeschlagenheit, die Zeichen größter Armut, in welcher die Leute gegenwärtig leben? Die Familie ist von Bourem heruntergezogen, um nicht verhungern zu müssen. Sie haben alles Vieh verloren – restlos! Ihr Leben haben sie jedoch retten können, und das scheint bei Nomaden zum größten Glück zu gehören. Ich sehe eine Schüssel mit irgendeinem Getreide, das eine der Frauen malerisch in die Luft wirft. Der Wind trifft die Wahl und trennt die Spreu von der kostbaren Nahrung. Eine Schale, gefüllt mit dem trüben Wasser der Überschwemmungen, muß den Durst löschen. Das Familienoberhaupt kommt hinzu, ein sympathisches, aber verrunzeltes und verhärmtes Gesicht. Er hält zwei Hühner in den abgemagerten Armen, letztere nur Haut und Knochen, aber mit willensstarken Sehnen und Venen. Der Alte begrüßt uns, sein Begleiter ist etwas verschlossen, taut aber dann zusehends auf. »Wir hungern«, meint er.

Ich habe viel Sympathie, ein kleines »cadeau«, sonst nichts; ich fühle mich schäbig von Kopf bis Fuß.

Die Frauen schreiben fast alle das Tifinagh, die Schriftzeichen des Taschek. Der Ältesten reichen wir Papier und Filzstift. Sie fängt an zu schreiben, zunächst stockend, dann flüssiger; das Ergebnis ihres Werkes ist auf der gegenüberliegenden Seite abgebildet. Es ist für sie eine spielerische Tätigkeit. Daraufhin liest sie das Geschriebene in einem eigenartig monotonen Tonfall vor; nicht der Phonemwert, sondern der vokalisierte Graphemwert wird wiedergegeben, d.h. jedem Konsonanten folgt ein Vokal.

Nach dieser »linguistischen« Einführung beginnen wir mit den Interviews. Die Frauen sind sehr interessiert und finden sichtlich Spaß daran. Trotz großer Anstrengung reicht ihre Konzentration jedoch nur für einen der fünfzehn Fragebögen. Die Testfragen im Zusammenhang mit den Bildvorlagen werden zum großen Teil befriedigend beantwortet. Was jedoch störend wirkt, ist das streckenweise Dazwischenreden, Kindergeschrei und -geheul sowie zu leises Reden der befragten Person. Wir befragen drei Frauen, jede etwa zwanzig Minuten; dann ist auch das Band voll. Wir reichen »cadeaux«: Tee, Zucker, Tabak, Seife und Kugelschreiber. Dem Jungen, der uns dolmetscht, geben wir eine Lupe, die wir ihm als Brennglas gleich vorführen. Gegen halb zwei Uhr verabschieden wir uns von unseren Gastgebern und treten den Rückweg ins Lager an. Reinhard fühlt sich schlecht; er scheint krank zu werden. Wir haben Hunger und sind ausgelaugt. Die Anstrengungen, die die Tests gekostet haben, spüren auch wir. Wir essen einige Datteln und trinken Wasser. Schließlich kommt die Abordnung aus der Stadt zurück. Sie haben ein Telegramm entgegengenommen. Die Zweitpässe seien abgeschickt, würden jedoch nicht vor dem 7.1. in Gao eintreffen. Magere Informationen; wir sind zunächst ratlos. Nach längerer Diskussion entschließen wir uns dazu, daß Philippe, Irène, Ingvo und Wolfgang morgen früh nach Niamey aufbrechen, um dort die notwendigen Visa ausstellen zu lassen. Wir anderen halten hier die Stellung.

Durch diesen plötzlichen Einschnitt in das doch recht geruhsame Lagerleben gibt es am Nachmittag viel zu tun, so daß wir die vorgesehene Interviews absagen müssen. Der Kübel wird teilweise ausgeräumt – Reifen, diverse Nahrungsmittel und persönliche Ausrüstungen bleiben hier. Gegen Abend wird es wieder etwas ruhiger. Wir hören uns die Tonbandaufnahmen an und stellen übereinstimmend fest, daß nur einzelne Passagen zur Auswertung herangezogen werden können. Nun, wir lassen uns jedoch nicht entmutigen, im Gegenteil, der Anfang ist gemacht, und der könnte schlechter sein.

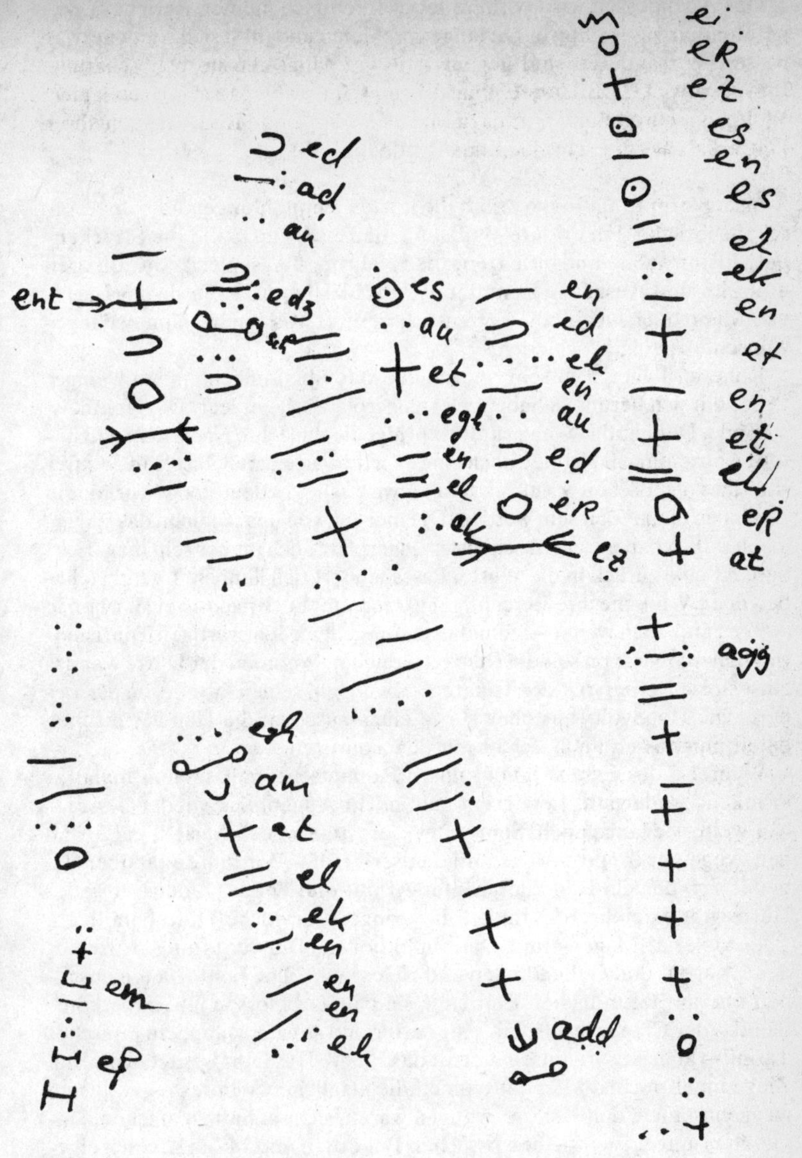

ei
eR
ez
es
en
es
el
ek
en
et
en
et
el
eR
at
agg
ed
ad
au
ent
edz
es
au
en
ed
et
el
en
egt
au
en
ed
el
eR
ez
egh
am
et
el
ek
en
en
en
eh
em
ef
add

Das Abendessen wird vorbereitet, während ich meinen Bericht beginne. Reinhard ißt wenig; er hat lange geschlafen und fühlt sich wieder etwas besser. Wir anderen sind gegenwärtig (22 Uhr) alle noch beschäftigt: Ingvo entwickelt Bilder, Eckhard bringt Interviewpassagen zu Papier, Wolfgang schreibt und hört dazu Musik, Philippe und Irène sitzen in ihrer Fahrerkabine und schreiben das Bordbuch.

Samstagvormitttag. Ingvo erhält die letzten Empfehlungen für seine Botschaftsbesuche. Ich erkläre Wolfgang die Eintragungen in die Streckenberichtsformulare und bitte Irène, den Nahrungshaushalt zu kontrollieren und Ein- und Ausgänge zu notieren. Um 11 Uhr verlassen sie das Lager, vier Mann hoch im Kübel. Hoffentlich ist ihrer Mission in Niamey der gewünschte Erfolg beschieden!

Ruhe im Lager! Ein sehr angenehmes Gefühl, endlich einmal weniger Leute um sich herum zu haben. Der Lagerplatz scheint leer. Die Hektik ist zu Ende. Der heutige Gang zur Post bringt die schlechte Nachricht, daß unsere Abordnung in Niamey noch eine Woche warten muß, bis sie in den Besitz eines algerischen Visums kommen wird. Dies bedeutet, daß wir hier in Gao noch einige Zeit sein werden. Die meisten von uns scheinen das Lagerleben satt zu haben, so hübsch unser Lagerplatz auch immer sein mag. Eckhard möchte zurück in die Wüste, Pascal äußert sich ähnlich. Irgendwo haben diese Wünsche ihre Berechtigung – es treibt mich nach zwei Wochen in dieser Stadt auch weiter –, zumal Gao durch den widerwärtigen Touristenrummel sehr viel von seinem Reiz verloren hat. Während der Dürre war das einst stolze Berbervolk der Touareg gezwungen, seine Habe gegen das Leben, eine Handvoll Reis oder Hirse, einzutauschen; die Händler machen damit nun das große Geschäft mit den Touristen.

Während des Essens taucht unser Dolmetscher mit seinem malariakranken Bruder auf. Letzterem geht es im Augenblick wieder besser – wer weiß, wie lange noch! Sein Vater, der »amrar« der Ansiedlung, sei an den Augen erkrankt und benötige unsere Hilfe. Wir fahren hinüber. Es bietet sich uns ein Bild allergrößter Armut und tiefen Leidens. In jeder Hütte gibt es mehrere Kranke, die dringend ärztliche Hilfe benötigen, Tbc, Malaria, Magen- und Darminfektionen, Blutvergiftung, verschiedene Augen- und Gelenkleiden und vieles mehr! Die Leute bieten uns einen überaus freundlichen Empfang, sind aufgeschlossen und zuvorkommend – der Chef selbst ist ein sehr netter und stolzer Mann, ein typischer Targui –, aber wo wir hinschauen ist das Elend. Das Dorf besitzt nicht eine Ziege mehr, nichts! Man hatte ihnen die kläglichen Viehreste gewaltsam weggenommen, damit sie gezwungen wären, sich seßhaft zu machen. Damit aber unterliegen sie den örtlichen Behörden und Militärs. Nach eigenen Angaben habe ein Militär auch das Augenleiden des »amrars« auf dem Gewissen. Mit dem Stiefel habe er ihm einen Schlag ins Gesicht versetzt, wobei vermutlich ein Augennerv verletzt worden sei. Oh, wie sie sie hassen, die Schwarzen! Aber sie sind ohnmächtig, krank und schwach und hilflos ihrer Willkür ausgeliefert – und die scheint groß zu sein! Ein Krankenhausaufenthalt kostet 10000.– MF. Woher das Geld nehmen? Das Schicksal dieses Volkes ist eine Tragödie. Mit wehmütigem Lächeln meint auch der »amrar«, daß ihre Zeit vorbei sei. Ein solches Wort aus dem Munde eines ehemaligen Heerführers ist mehr als schmerzlich. Aber er ist intelligent und realistisch. Er weiß auch, daß die Hilfesendungen aus Europa und Amerika auf den malischen Märkten für teures Geld verkauft werden, obgleich sie seinem Stamm rechtmäßig und kostenlos gehörten. Mit welchen Worten soll man eine solche Ungerechtigkeit beschreiben! Wir sehen das Elend, fahren zurück und suchen in den Medikamentenkisten nach brauchbaren Salben, Dragees und Tabletten. An mehreren Hütten halten wir uns länger auf; wo wir Medikamente reichen, machen wir präzise Angaben über Anwendung und Gefahren, lassen übersetzen und das Ganze mehrfach wiederholen, damit ja kein Unglück geschehen möge. Überall können wir leider nicht helfen; wir verweisen auf unseren Arzt, der in einer Woche zurück sein würde. So ziehen wir durch das ganze Dorf und werden auch noch zu einem zweiten geführt; wir helfen, bis die mitgebrachten Medikamente alle sind. Der »amrar« dieses Dorfes ist gleichzeitig Lehrer seines und des Nachbardorfes. Wir staunen nicht schlecht, als er uns das »Schulgebäude« zeigt, eine größere, rechteckige Hütte. Er habe von einem Volksschullehrer die notwendige Unterweisung erhalten, um hier 40 Schüler und Schülerinnen unterrichten zu können. Das Innere der Hütte ist sehr liebevoll eingerichtet: alles beruht auf Eigeninitiative. Voll Stolz präsentiert er das Diplom, die Namensliste seiner Schüler, einige Schulbücher und meint des öfteren, Allah habe uns im richtigen Augenblick geschickt. Eckhard mag seine übertriebene Freundlichkeit nicht; sie ist ihm suspekt. Ich kenne dieses Gefühl. Mir geht eine solche Verhaltensweise im allgemeinen auch gegen den Strich. Bei den Touareg jedoch denke ich da etwas anders. Ich bin ziemlich sicher, daß sie ihre Gefühle offen zeigen und einem nichts vormachen. Freude ist vorbehaltlos und spricht aus sich selbst.

Gegen 21 Uhr 30 kommen wir zum Lagerplatz zurück, den Agnes in der Zwischenzeit für uns gehütet hat.

Wir holen Holz für das Abendessen; von den Palmenstämmen sägen wir die bereits in Fetzen herunterhängende Rinde ab; sie regeneriert sich ständig wieder. Sonst gibt es hier nur hartes Schilfgras, das uns zum Anfeuern dient. Das Holzholen geht gleich über in die Zubereitung des Abendessens – heute stehen Rindersteaks, Reis und Erdnußsauce auf dem Speiseplan, ein festliches Essen also! Hinterher beim Tee sitzen wir zusammen und unterhalten uns über die deprimierenden Erfahrungen, die wir heute gemacht haben.

30. Ein Flickschuster von Format

3. Januar 1976

Reinhard bastelt. Ein kurzer Satz nur, aber was drückt er nicht alles aus; ein Naturtalent schlägt zu, in der Linken einen rostigen Nagel, in der Rechten seinen über alles geliebten Hammer! Eine Schachtel, oh, was sag' ich, tausend Schächtelchen, die von gebrochenen Federn, Schräubchen, Nägeln, Holzleistchen, »Blechlen« in allen Formen und Stärken, Gummis, Schnur- und Drahtresten, Nieten, Knöpfen, Schaltern, Kabelresten und Bolzen überquellen, leisten hierbei unschätzbare Dienste.

Ich erinnere mich eines Abends größter Niedergeschlagenheit: mein Polarstern versteckt sich hinter einer dicken Wolkenwand; unser Standort macht uns Kopfzerbrechen; der kalte Wind bläst uns förmlich aus den Stiefeln; das Abendessen läßt, wie so oft, Wünsche offen, der Tee ist auch nicht süß genug, denn der Zuckerhut ist ja rationiert, und weiß der Teufel was noch alles! Nur das Tonband läuft noch – eine Zeitlang, dann gibt es aus unerfindlichen Gründen den Geist auf. Ich sehe unsere Interviews bereits unter den undurchführbaren Notwendigkeiten rangieren. »Haben wir gleich!« kommt da eine Stimme aus dem Dunkel – und er verschwindet murmelnd im Innern des Koffers, aus welchem der Lichtschein der Innenbeleuchtung wieder nach außen dringt, nachdem ich noch am Vortag mit der Taschenlampe darin herumoperieren mußte. Aber ein Ausfall des Elektrizitätsnetzes der IWTSE bietet vielleicht für einen gelernten Elektriker Schwierigkeiten . . .! Jedenfalls kehrt dann für eine Weile Stille ein; der Wind bläst weiter und lehrt uns das Frösteln. Nach einer Viertelstunde, süße Klänge aus dem Innern des Koffers, doch Sekunden später schon ersterben sie in grauenhaftem Wehklagen. »Jetzt hab' ich euch!« kommt es aus des Flickschusters Werkstatt. Wir senden einen Blick gen Himmel, der immer noch wolkenverhangen ist, und wünschen, er möge die richtigen Zutaten in seinen Schächtelchen finden. Und er findet sie: es ist eine Reparatur für die Ewigkeit. Das Tonbandgerät wird inzwischen von Pariser Gummis angetrieben, aber was kümmert dies die Interviews, die dadurch wieder Wirklichkeit geworden sind. Die Musik läuft, der Abend geht festlich mit Keksen zu Ende. –

Vor wenigen Tagen nur – es war die Nacht, in welcher das alte Jahr dem neuen einen guten Verlauf wünschte und abdankte – brutzelten die Pfannkuchen in der Pfanne, und die IWTSE blickte mit glänzenden Augen ins Feuer (manch falsche Träne trat durch die ungeheure Rauchentwicklung auf die glühenden Bäckchen!) – die IWTSE? O nein, ich vergaß, daß an jenem Abend in einer dunklen Ecke des Lagers ein geschäftiges Treiben zwischen einem Stapel von Schächtelchen zu hören war; ein ausgedienter Pflanzenölkanister lag in den letzten Zügen. Die Blechschere in der geübten Hand unseres KFZ-Mechanikers trennte kreischend den Kopf vom Rumpf. Es folgte eine Zeitlang monotones Gehämmer, bis schließlich des Rätsels Lösung ans Licht kam: eine Bratenschaufel, um die Pfannkuchen zu wenden. Die Blechüberreste verschwanden, zum weiteren Gebrauch bestimmt, in den unergründlichen Tiefen von Flickschusters Ersatzteillager.

Wenn ich ihm so bei der Arbeit zuschaue, dann stelle ich fest, daß seine Hauptwerkzeuge seine Hände und Finger sind; diese haben jedoch menschliche Dimensionen, jenen der anderen IWTSE-Teilnehmer durchaus nicht unähnlich. Es muß wohl eine andere Erklärung für ihre universelle Einsatzbereitschaft geben. Manch einer dürfte sich schon so seine Gedanken gemacht haben, ohne aber von sich behaupten zu können, das Rätsel damit gelöst zu haben. Auch ich trage mich natürlich mit Vermutungen: Sollte es nicht möglich sein, daß ihm die Schächtelchen bereits in die Wiege gelegt wurden, daß die ersten Schreie seines jungen Lebens der Person galten, die versuchte, ihm die Schrauben, die Nägel und die Drahtrollen aus seinen zerbrechlichen Fingerchen zu nehmen. Wie es auch immer sei, ohne die Wundertaten unseres Flickschusters jedenfalls würde die IWTSE einen Teil ihrer Identität verlieren.

Ob Landrover, Unimogs, Peugeots (oder zwischendurch auch einmal unsere expeditionseigenen Hanomags), ob Lenkung, Getriebe, Zylinderkopf, Einspritzpumpe, Gaszug, elektrische Anlage oder Anlasser – alle Probleme werden gelöst, wenn auch mancher Werkstattmeister in den Armen seines Lehrlings ohnmächtig zu Boden gehen würde. Wenn auch in den Reparaturberichten von Drahseilkonstruktionen, von tausendfach geflickten Schläuchen und vergewaltigten Reifen, von Heizungsschaltern, die für die Lichtanlage benutzt wurden, die Rede ist, die IWTSE ist dankbar für jeden Tag, den sie in betriebsbereitem und funktionsfähigem Zustand von einem Lagerplatz zum nächsten schaukelt. Man muß mit den Geräuschen leben und nicht versuchen, sie abzustellen; eine markante Kontrollanzeige ginge hierdurch verloren, und wenn es dann doch einmal kracht, dann tut es das entscheidend und irreparabel. Nein! Eine West-Ost-Saharadurchquerung impliziert die tägliche Auseinandersetzung mit blechernen, quietschenden, dröhnenden, rotierenden, heulenden Geräuschen; jeder Fahrtag, der zu Ende geht, ist ein Schritt in Richtung Ziel, ein Sieg des Flickschusters über die Gehässigkeiten vier bereifter Ungeheuer.

31. Heuschrecken- und Termitenfraß

9.–15. Januar 1976

Der gestrige Tag stand ganz im Zeichen der Touareg. Bevor wir jedoch am Vormittag zu ihrem Lager aufbrachen, wurde uns zunächst eine unangenehme Überraschung zuteil, die heute mittag ihre Fortsetzung fand. Eckhard und Agnes räumen ihr Zelt aus, um darin etwas Ordnung zu schaffen. Je weiter sie jedoch nach unten vordringen, desto löchriger wird die ganze Angelegenheit. Sie tragen eine Bastmatte heraus, über und über von Termiten angefressen. Ein Djellaba hat faustgroße Löcher in der Kapuzengegend. Ja, und dann ist das Zelt leer, und was einmal ein Zeltboden gewesen ist, kann jetzt niemand mehr als einen solchen identifizieren. Zwischen den Tausenden von Gängen, die sich diese heimtückischen Tierchen gegraben haben, lugt an verschiedenen Stellen das Schwarz des zerfressenen Gummis hindurch – riesige Löcher, dazwischen meterlange Risse. Der Rest hat die Farbe der Erde angenommen. Ich sprach schon in einem früheren Kapitel über die turmartigen Gebäude, die diese kleinen, weißen Tierchen errichten. Ich hätte aber nie geglaubt, daß sie wie die Menschen bei all ihrer Arbeitsamkeit so gefräßig sind. Der Speisezettel der Termiten scheint sehr flexibel zu sein, ihr Magen ein Wunder an Verträglichkeit. Wer hätte geglaubt, daß sie selbst vor Gummi und Plastik nicht haltmachen würden?

Dieser Überraschung folgt tags darauf gleich die nächste. Ich räume die notdürftig eingerichtete Nahrungsmittelecke auf – der Kübel ist in Niamey, und wir haben uns mit dem Nötigsten daraus versorgt. Außer einem sind sämtliche Kartons an- oder durchgefressen. Einen kompletten Karton mit Brot fehlt der Boden. Zahlreiche Brotpakete sind völlig ruiniert: ein Drittel Brot – zwei Drittel Erde. Auch den Tee haben sie schon angeknabbert. Aber der Schaden ist noch geringfügig. Eine große Plastiktüte mit Reis ist durchgefressen. Reis scheinen sie zu mögen. Dennoch haben sie uns netterweise noch etwas übriggelassen. Heute abend essen wir schnell den letzten Rest davon.

Gegen Mittag fahren Eckhard und ich ins Flüchtlingslager, um weitere Medikamente zu bringen und um uns nach dem Zustand der von ihm behandelten Kranken zu erkundigen. Teilweise gibt es bereits Besserungen. Wir schauen bei der Schule vorbei. Der Unterricht ist kurz vor dem Ende, als wir die Hütte betreten. Sie wird umfunktioniert in ein Gästezimmer; wir lassen uns auf Bastmatten nieder. Reinhard kommt hinzu und leistet uns Gesellschaft. Auch er nimmt Anteil am Schicksal der Touareg. Wir unterhalten uns mit dem Lehrer, der daneben die Funktion des Apothekers mit übernommen hat. So entschließen wir uns, die Medikamente für das Dorf gleich an Ort und Stelle zu lassen. Wir besprechen mit dem Lehrer das weitere Vorgehen und versuchen ihm unser Arbeitsprogramm zu erklären.

Er hatte uns gesagt, er wohne im Dorf und mache seine Arbeit völlig unentgeltlich; ich habe langsam daran meine Zweifel. Ich frage mich, wie er bei der herrschenden Armut zu seinem schönen weißen Boubou gekommen ist. – Nun, wir verabreden uns für die Interviews um 17 Uhr bei uns. In der Zwischenzeit räumen wir das Lager für unseren Besuch etwas auf.

Nach 17 Uhr kehren sie zurück, der Lehrer und einige andere Touareg. Wir setzen uns auf die ausgebreiteten Matten und unterhalten uns zunächst über die stolze Vergangenheit und die triste Gegenwart dieses Berbervolkes. Das Gespräch geht dann über in die eigentlichen Befragungen. Die Aufnahmetechnik ist gut, die Inhalte sehr zufriedenstellend. – Zum Abschluß des Abends singt uns Moussa ag Amastan, der eine der drei Probanden, ein guter Sänger, noch zwei Lieder, die wir gleichfalls mitschneiden. Die Atmosphäre ist sehr entspannt und freundschaftlich. Es ist 22 Uhr, als unsere Gäste uns verlassen.

Am frühen Nachmittag des folgenden Tages erhalten wir Besuch von einigen Touareg des Flüchtlingslagers, die uns Gemüse aus ihrem Garten mitbringen. Wir finden das sehr nett, geben ihnen etwas Geld und von unserem Essen, das noch warm ist. Als wir ihnen hinterher den Tee reichen, strahlen sie uns vor Freude an.

Kurz vor Einbruch der Nacht beginnen wir mit der Zubereitung des Abendessens. Eckhard entdeckt die Schönheit des Motivs »Lagerfeuer« und ist emsig um uns herum mit Stativ und Mittelformatkamera beschäftigt. Die Scheinwerfer werden zur Ausleuchtung eingestellt. Als die gelben Rüben gar sind, werden sie in den inzwischen weichgekochten Reis geschüttet. Der leergewordene Topf dient mir zum Anrühren der Erdnußsauce, die ich mit Salz, Pfeffer und Paprika abschmecke. Ich lasse die Masse aufkochen und aufquellen . . . und um uns herum geht die »Jagd« nach ausgeleuchteten Bärten und Haaren, nach rotglühender Holzkohle weiter.

Wir sind gerade mitten beim Essen, als plötzlich der Busch um uns herum lebendig wird. In den Palmenkronen beginnt ein unglaubliches Getöse und Geraschel. Wir hören, wie irgendwelche Flugobjekte mit Gewalt gegen unsere Fahrzeuge stoßen und zu Boden stürzen. Vermutlich sind sie durch den Lichtschein angezogen worden – ein großer Schwarm Wanderheuschrecken. Sie sind biz zu 12 cm lang. Früher haben die Schwärme Getreidefelder kahlgefressen. Jetzt begnügen sie sich damit, das geschwächte Lager der IWTSE zu terrorisieren. Sie klammern sich mit enormer Kraft an unsere Kleider, stürzen in die Lebensmittel, überfliegen das Karree mit rasselndem Geräusch. Wir entschließen uns, dem Spuk Einhalt zu gebieten. Das Einfangen beginnt. Selbstmörder, nicht wenige, stürzen sich gleich ins Feuer und verpesten die Luft. Die Jagd dauert geschlagene zwei Stunden. Endlich setzen wir uns ermüdet auf die Kanister, trinken einen Tee und rauchen. Das Geraschel in den Palmenkronen geht weiter.

Am nächsten Morgen, dem 13. des Monats, stehen wir alle etwas früher auf, denn heute gibt es eine Menge zu tun. Zunächst Einkäufe in der Stadt und der Weg zur Post; Reinhard bleibt im Lager. Eckhard hat die Deutsche Botschaft in Bamako angerufen. Bei Nennung unseres Namens meint der Beamte, es läge ein Telegramm des Auswärtigen Amtes vor mit einer bedrohlich klingenden Mitteilung, der dringenden Warnung, auf keinen Fall zurück in die Sahara zu fahren. Es sei Krieg! – Leider sei die Verbindung derart schlecht gewesen, daß nichts weiter zu erfahren war. Für uns erhebt sich die Frage, ob das Telegramm den Krieg in der West-Sahara um Spanisch Sahara meint oder einen in der Ost-Sahara, in den Libyen, der Sudan und Ägypten verwickelt sein könnten. Im ersteren Falle, so glauben wir, hätten wir nichts zu befürchten, im letzteren aber sehr viel. Jedenfalls gibt Eckhard umgehend ein Telegramm auf mit der Bitte um weitere genauere Information.

Voll beladen kehren wir am späten Vormittag ins Lager zurück, wo wir bereits einen fertigen Ofen vorfinden. Reinhard hat einen tiefen Griff in seine große Trickkiste getan. Aus der Öltonne, die wir vor Tagen schon ausgebrannt hatten, einigen Konservendosen, einem Gitter und Heringen hat er einen phantastisch gut funktionierenden Backofen gebaut. Ein längliches, ca. 20 cm tiefes Loch wurde gegraben, vier Heringe in den Boden des Loches geschlagen und die Öltonne mit der Öffnung nach vorn daraufgelegt. Dahinter, in halber Höhe des Loches, hat er horizontal ein Gitter angebracht, an welchem die Kaminkonstruktion aus zusammengesteckten Konservendosen befestigt ist. Daraufhin wurde das Ganze mit Blech abgedichtet, so daß der Rauch gleich beim ersten Versuch vorschriftsmäßig durch die Konservendosen hindurch abzieht.

Das gelungene Werk beflügelt natürlich unsere weiteren Tätigkeiten. Reinhard heizt den Ofen ein. Ein Kuchen wird vorbereitet. Ein ausgewellter Hefeteig, mit Bananenscheibchen belegt, darauf eine Schicht geriebener Erdnüsse, die – oh, wie himmlisch! – mit einer Schokoladencreme und kandierten Nüssen und Datteln dicht begossen wird; darüber gitterartig angeordnete Teigstreifen. Nach eineinhalb Stunden schon ist der Kuchen gar. Der Tisch wird aufgestellt, vier Kanister und die Schutzklappe eines Kofferfensters. Die Stühle zurechtgerückt, fünf Kanister. Die Tischdecke ausgebreitet, ein ziemlich sauberes Handtuch. Der Kuchen wird geteilt. Das Schmausen beginnt.

Der Nachmittag beschert mir eine wenig erfreuliche Überraschung, den

Touareglehrer. Eckhard kümmert sich nicht weiter um ihn; er ist stinksauer, da dieser Gelder und Medikamente, die ihm für seine leidenden Stammesgenossen anvertraut werden, offenbar in der Stadt veruntreut. Der Lehrer setzt sich. Währenddessen betritt eine Targuia unser Lager, ein kleines Kind auf dem Arm. Wir hatten ihr vor zwei Tagen Augentropfen für ihr Kind gegeben, das eine Infektion hatte. Sie wolle wieder von den Tropfen, denn die anderen habe man ihr abgenommen . . . Dem Lehrer ist das Zusammentreffen sichtlich peinlich. Ob jemand in absehbarer Zeit in die Stadt fahre, fragt er mich, doch er erhält negativen Bescheid. Dennoch verabschiedet er sich eilends von mir. Wir behandeln die geschwollenen Augen des Kindes.

Gegen 18 Uhr ruft plötzlich Eckhard: »Da kommen sie!« Ich bin ein wenig reaktionsarm und merke erst etwas spät, wen er meint. Da kommt er auch schon angebraust, der Kübel mit unseren Leuten, Ingvo, Wolfgang, Philippe, Irène und Adamou. Besonders über den Targui freue ich mich ungemen. Unsere Leute bringen frischen Wind ins Lager und gute Nachrichten. Das ägyptische Visum sei eine reine Formalität gewesen. Um das algerische Visum mußten sie bis zum Ende kämpfen – aber sie haben es. Offenbar war es das erste Mal, daß die Algerische Botschaft in Niamey ein Visum für Deutsche ausstellte, und wie wichtig ist es für uns!

Die Rückkehr unserer Leute hat das Lager wieder gefüllt. Es liegt eine fast beängstigende Unruhe in der Luft. Um ehrlich zu sein, insgeheim bedauere ich sehr, daß der Friede und die Ruhe der letzten Tage zu Ende sind und jetzt wieder der alte, unübersichtliche Rahmen der Gruppe gegeben ist. Lärm und Leben sind ins Lager zurückgekehrt. Zehn Leute sind auf dem Lagerplatz versammelt.

Der Rest des Abends am wärmenden Feuer ist sehr anregend. Spät in der Nacht erst legen wir uns schlafen. Hat mich letzte Nacht der untergehende Mond geweckt, steht, als ich heute morgen um halb fünf die Augen aufschlage, das Sternbild des Kleinen Wagens klar in Nordrichtung über mir. Ich bin so gebannt von dem plötzlichen Anblick – die Abende zuvor habe ich vergebens den Polarstern gesucht, und jetzt wache ich auf und schaue mitten hinein –, daß ich eine ganze Weile die Augen nicht davon losbekomme. Ich freue mich bereits wieder auf die Wüste, wo ein klarer Sternenhimmel die Regel ist; und auf den Augenblick, da ich wieder die Standortbestimmungen durchführen werde . . .

32. Endlich wieder auf der Piste

16.–19. Januar 1976

Da wir nun wieder vollständig sind, erhebt sich natürlich die Frage nach dem Zeitpunkt des Aufbruches aus Gao. Die Vorbereitungen zur Weiterfahrt werden begonnen und sollen morgen abend (17.1.) abgeschlossen sein.

Nach dem Frühstück macht sich jeder an seine Arbeit. Reinhard, Wolfgang und Pascal gehen daran, die gebrochenen Federblätter der Pritsche III zu wechseln. Ingvo behandelt den ganzen Vormittag bis weit in den Nachmittag hinein kranke Besucher. Ich kümmere mich um den Kübel; der Nahrungsmittelkoffer befindet sich in einem jämmerlichen Zustand. Die Reifen, die zur Fahrt nach Niamey ausgeladen worden waren, müssen wieder im Innenraum des Kübels festgezurrt werden. Es ist ein Kampf mit dem Staub. –

Der Nachmittag geht langsam in den Abend über; es wird dunkel. Wir stellen die Arbeiten ein. Die restlichen Stunden des Tages verbringen wir in harmonischer Runde um das wärmende Lagerfeuer.

Am folgenden Morgen fahren zwei Abordnungen in die Stadt, um Wasser und Treibstoff an Bord zu nehmen. Die Vorbereitungen zum Aufbruch gehen weiter. Verschiedene Einkäufe sind erledigt worden. Ich vermerke die Eingänge auf der Storeliste und räume auf.

Nach dem Essen gilt meine Aufmerksamkeit dem Koffer. Kartenmaterial, Kameraausrüstungen, Medikamente usw. sind von den Verantwortlichen bereits verstaut worden. Durch Verzurrungen sichere ich sämtliche Ausrüstungen gegen Sturz und Stoß – der Koffer ist abmarschbereit.

Gegen Abend trifft der Pater der Missionsstelle mit seiner Mobilette zu Besuch im Lager ein. Der Tee ist schon fertig. Wir sprechen über Volksgruppen und ihre Sprachen, ihre Gewohnheiten und Bräuche, über Marabus. Wir hören unglaublich klingende Geschichten, die aber der Machtposition dieser Heiligen genau entsprechen. Südlich von Gao gäbe es einen, der eine Leibwache von 150 Berittenen besitze. Jeder Reiter habe seinen eigenen Diener. Dieser Marabu bereise hin und wieder Dörfer; Pech für jedes, das er heimsucht, denn in jedem Haus würden Leute und Pferde des Heiligen untergebracht, natürlich auf Kosten der Bewohner. Darüber hinaus müsse jede Familie beim Abschied des Marabus mit einem großen Geschenk aufwarten. Zu einem anderen sei eines Tages eine junge Frau gekommen, die heiraten möchte, aber Schwierigkeiten mit ihrem Verlobten habe. Sie bittet um Rat. Der Heilige verlangt sofort eine Kuh, eine Ziege und noch einige weitere Kleinigkeiten. Kaum zu glauben, mit welcher Dreistigkeit diese schriftgelehrten Scheinheiligen die Leute ausbeuten und so zu ihren Reichtümern kommen.

Wir beabsichtigen, morgen am frühen Nachmittag Gao zu verlassen.

Ich beginne den heutigen Tag damit, das ganze Geschirr durchzuspülen. Adamou bietet mir sofort seine Hilfe an. Dann überprüfe ich nochmals die Wasserreserven; es verbleiben uns 1200 Liter. Eine Kontrolle des Dieselbestandes schließt sich an. 1500 Liter sind ausreichend für die Strecke nach Tamanrasset.

Seit heute morgen fröstle ich schon etwas und habe Gliederschmerzen; ich fühle mich, als ob ich in Bälde Grippe bekommen würde. Eckhard geht es ähnlich; auch er fühlt sich fiebrig. Zum Glück ist der größte Teil unserer Arbeit getan, so daß sich unser schlechter Gesundheitszustand nicht auswirkt.

Ich beschließe die Storearbeiten am Kübel. Der Raum über den Reifen ist wohl bis hinauf zur Plane brechend voll, unter den Sitzbänken quellen die Ausrüstungen hervor, und der Bewegungsspielraum ist auf ein Minimum eingeschränkt, aber dennoch gibt es Plätze für vier Passagiere, von denen zunächst zwei, nämlich für Pascal und Adamou, genutzt werden.

Zum letzten Mal fahren wir zum Markt nach Gao. Hier kaufen wir die letzten Vorräte. Daraufhin begeben wir uns auf die Piste nach Norden. Die zweite Etappe, nach Djanet, hat begonnen.

Die Piste, die wir befahren, hebt sich deutlich vom Gelände ab – es handelt sich um die relativ häufig befahrene Tanezrouftpiste –, wobei sandiger und weicher mit hartem Untergrund abwechselt. Sie ist über weite Strecken gut und schnell zu befahren. Wir befinden uns in einer Baumsavanne mit Akazien und grellgelbem Gras, das bis zur Piste heranreicht und farblich mit dieser stark kontrastiert. Sie zieht sich wie ein dunkles Band durch die weite Ebene. Zwischendurch ein kurzer Halt: Brennholz für die Mahlzeiten am Abend.

Überraschend für mich ist die beträchtliche Anzahl von Vieh: Rinder-, Ziegen- und Hammelherden, Kamele und Esel. Nach der Trockenheit und dem großen Sterben ein erfreulicher Anblick, denn die Tiere sind für die Nomaden zumeist der einzige Reichtum. Wir haben die Stadt verlassen: keine Flüchtlingslager mehr mit ihren deprimierenden Schicksalen, sondern relativ intakte Nomadensiedlungen und reichlich Vieh. Ich bemerke zahlreiche Touareg, die mit ihren Tieren durch die Savanne ziehen; gelegentlich hoch auf dem Kamel – doch der Anblick ist selten geworden! Oder ich sehe sie, wie sie um ihre Hütten versammelt sind; vorbei ist die Zeit der malerischen Zeltkonstruktionen aus Kamelhaut und Holzstangen. Sie sind zu teuer geworden und haben Hütten aus Palmenbast weichen müssen.

Wir erreichen den Abzweig nach Tin-Aouker, wo wir die Hügel nach

Pfeilspitzen und Steinbeilen durchkämmen. Die Ausbeute ist beachtlich. Wir sind in der Nachbarschaft eines Touareglagers gelandet, etwa zehn Kilometer von der Piste entfernt. Da es schon 16 Uhr ist, entschließen wir uns, Lager zu machen, um einige Interviews durchzuführen und Kranke zu behandeln. Bis Sonnenuntergang sind wir, Eckhard, Adamou und ich, dann auch dabei, drei Männern die vorbereiteten Fragen zu den vorgelegten Bildern zu stellen. Ingvo ist währenddessen mit den Kranken beschäftigt: Tbc, Bronchitis, Rheuma und Keuchhusten. Tonband, Photoapparate und Filmkamera sind permanent im Einsatz.

Mittlerweile ist das Essen zubereitet worden. Eine zwei- bis dreiwöchige Rationierung hat begonnen und damit auch wieder die Zeit der langen Gesichter; das Essen sei zu knapp bemessen, der Tee nicht süß genug, und nicht einmal Erdnüsse dürfe man nehmen, wie man wolle.

Um 10 Uhr am nächsten Morgen brechen wir das Lager ab. Das Landschaftsbild ändert sich heute in keiner Weise. Ich sitze mit Adamou im Fond des Kübels und unterhalte mich mit ihm. Nach knapp 90 km, es ist um die Mittagszeit, halten uns einige Militärs an und bitten uns, ihren Kommandanten nach Kidal mitzunehmen. Wir sagen zu, nicht zuletzt, da noch ungewiß ist, wie wir in Kidal von den Behörden empfangen werden würden. Man vergesse nicht, daß wir uns jetzt wieder im militärischen Sperrgebiet der 6. Region Malis befinden. Ein Kommandant als Passagier kann bei einem solchen Empfang nie schaden. – Es heißt also, enger zusammenrücken. Der Kommandant und ein einfacher Soldat leisten uns im Kübel Gesellschaft; die vier Plätze sind besetzt. Die Fahrt wird fortgesetzt. Das Gespräch plätschert träge dahin. Schlaglöcher reißen mich aus dem Halbschlaf, der mich zwischendurch überwältigt. Die Gegend bietet keine Höhepunkte.

Einige Kilometer hinter Anefis verlassen wir die Tanezrouftpiste in östlicher Richtung, der algerischen Grenze entgegen. Wenig später finden wir einen geeigneten Lagerplatz für die Nacht am Fuße der beginnenden Felsenmassive des Adrar n' Iforhas.

Am Abend noch eine Probemessung mit dem Theodoliten, um meinen Kenntnisstand zu überprüfen. Nebenbei wird das Abendessen zubereitet, Reis mit Erdnußsauce und Bohnensalat mit Zwiebeln; hinterher Tee.

33. Kidal

20. und 21. Januar 1976

Kidal ist ein großes Gefängnis. Ein Großteil der erwachsenen männlichen Bevölkerung sind Sträflinge. Dabei liegt der Ort idyllisch und könnte mit angenehmen Erinnerungen in Verbindung gebracht werden: die Felsentürme und Findlinge des Adrar n' Iforhas in grauschwarzer Farbe; kleine Palmenhaine und hübsche grüne Täler; im Hof eines Kulturzentrums, in welchem drei knorpelig gewachsene Bäume angenehmen Schatten spenden, mehrere Bänke und ein Tisch zum gemütlichen Gelage einladen, bereiten wir unsere Mittagsmahlzeit zu, umringt und genau beobachtet von einer großen Schar Einheimischer – darunter sehr viele Kinder –, die u.a. darauf achten, daß wir keine Photos aus Kidal mitnehmen. Beim Höllenlärm eines kreischenden Schallplattenspielers können wir nebenbei die Vorbereitungen zu irgendeinem Fest beobachten. Das baufällige Holzgatter, durch welches man den Hof betritt, bewacht zunächst ein Mann in blauem Boubou, der so den größten Teil der Menschenmenge von uns abhält. Er ist sich jedoch bald schon zu vornehm für diese Tätigkeit. Kurz darauf sehe ich ihn auf einer Bank sitzen, und ein zerlumpter Neger hat seine Aufgabe übernommen.

Ich setze mich auf einen fast horizontal gewachsenen Baumstamm und verzehre die Spaghetti mit Corned beef und Tomatensauce. Über die Hofmauer hinweg ist das große, burgartige Staatsgefängnis sichtbar; es gibt hier mehrere, aber das hier ist zweifellos das auffälligste. Das absolute Photographierverbot, das über die Stadt verhängt ist, fordert mich heraus. Ich mache eine Skizze des Gebäudes, so gut dies eben meine Zeichenkünste erlauben. Einige von uns photographieren und filmen unbemerkt. Hoffentlich sind die Bilder gelungen; sie dürften eine gewissen Seltenheit haben, denn Touristen gibt es hier nicht.

Nur wenige Stunden weilen wir in Kidal, aber ich habe einen Eindruck bekommen. Was mir besonders auffällt, ist die Tatsache, daß eine gewisse Anzahl von Bewohnern – vielleicht 5 Prozent – entweder stark europäisch oder aber in reiche, landesübliche Gewänder gekleidet ist. Die Sonnenbrille ist dominant. Die übrige Bevölkerung hat zerlumpte und löchrige Kleider am Leib. Touaregnomaden gehören zu den letzteren. –

Doch zurück zu den Ereignissen des heutigen Tages. Die Piste, die nördlich von Anefis nach Osten abzweigt, ist eine »piste interdite«, eine verbotene Piste, die über die malische Grenze hinweg nach Tamanrasset/Algerien durch militärisches Sperrgebiet führt und insgesamt etwa 800 km lang ist. Wir hatten diesen Abzweig bereits gestern passiert und befanden uns noch 75 km von der verbotenen Stadt entfernt, als wir heute morgen gegen 11 Uhr von unserem Lagerplatz aufbrachen. Ich hatte angenommen, wir würden in ein gebirgiges Gelände kommen, doch die Piste war, abgesehen von unangenehmen Löchern und Wellen, brettcben, das Gelände flach. Bunt verstreut erhoben sich die für das Adrar n'Iforhas typischen Felsengruppen; gewaltige, völlig abgerundete Trümmer, die über Jahrmillionen hinweg durch die starken Temperaturunterschiede und die jahreszeitlichen Regenfälle entstanden sind. Eine eigentümliche Landschaft; eine weite ebene Savanne und dann diese schwarzen Steine . . .

Gegen 14 Uhr fahren wir hinunter in die Talsenke, in welcher Kidal gelegen ist. Lange grüne Baracken am Eingang, eine Unmenge Menschen in blauen Arbeitsanzügen – Gefangene; einige andere in grüner Uniform – ihre Aufpasser. Beim Polizeiposten gibt es eine kurze Kontrolle, eine Befragung nach dem Zweck unserer Anwesenheit; eine kurze Erklärung, die Papiere und eine Behandlung durch Ingvo – dann haben wir unseren Stempel. Wir laden das Gepäck unserer gestrigen Fahrgäste ab; der Kommandant spricht mit dem Unterpräfekten von Kidal, und wir sind für die Siesta zur Mittagszeit untergebracht. –

Wir verlassen Kidal gegen 17 Uhr in Richtung Tin-Zaouaten. Die Piste wird schlechter und schlechter; bei jedem Loch wirbelt Staub im Kübel auf. Ich sitze mit Pascal im Fond und sehe Igvo und Adamou streckenweise wie durch eine Nebelwand. Entsprechend eingestaubt sind wir selbst, als wir nach 50 km vor Einbruch der Dunkelheit zur Wagenburg zusammenfahren. Kurz zuvor waren wir auf eine falsche Piste geraten, doch lagernde Nomaden wiesen uns bereitwillig die richtige.

Auch in der Nachbarschaft unseres Lagers befinden sich Touareg, die Ingvo morgen betreuen wird und die wir interviewen wollen. Wir begrüßen uns freundlich und erfahren, daß erst vor zwei Tagen ein Landrover mit drei Leuten durchgekommen sei; sonst verkehre hier nur das Militär. Die Touareg hier in Eherher sind aus ihrer Evakuation zurückgekehrt und haben bereits wieder einen kleinen Viehbestand. Ich suche Holz zusammen. Bald schon lodert das Feuer hell auf. Die Nahrungsmittel werden gewünscht, Reis, Linsen, Tee, Zucker, Essig, Öl, Salz, Gewürze; das Ergebnis ist passabel. Der Abend verläuft in schöner Harmonie. –

Schon sehr früh heute morgen vernehme ich, noch im Tiefschlaf neben der gelobten Feuerstelle – es war bestialisch kalt gestern abend! –, ein mehrfach wiederholtes »Salam Aleikum«. Ich überlege mir kurz, ob ich mich schlafend stellen soll, denn ich fürchte gar sehr den kalten Wind außerhalb des Schlafsackes. Nun, ich quäle mich mit dem Kopf durch die im zugebundenen Zustand knapp bemessene Öffnung und bin von der Helligkeit des Morgens natürlich völlig geblendet. Nach und nach sehe ich einen Targui vor mir mit einer Schale Milch in der Hand. Er stellt sie an das Kopfende meines Schlafsackes. Ich danke ihm dafür. Daraufhin begibt er sich dorthin, wo gestern gegen Mitternacht, als ich mich schlafen legte,

Oben: Die Salzminen von Agorgot/Taoudeni; hier werden jährlich etwa 200 000 Salzbarren (= 50 000 Kamellasten = ca. 7000 t) verschiedener Reinheit abgebaut.

Rechts: Verbindungskanal vom Nigerhafen Kabara nach Tombouctou: reger Verkehr, da die meisten Güter über den Wasserweg auf den Markt gelangen.

Vorhergehende Seite: Mehr als 200 »slouk«- oder »sif«-Dünen mußten bis zum Nil überquert werden; manche werden mehrere hundert Kilometer land, und ihre Ränder sind so scharf, daß ein Fahrzeug sich überschlägt, wenn es schräg auf die Kante gelangt.

Folgende Doppelseite: Die Ruinen der Burgstadt Djado; die malariaverseuchten Sümpfe haben die Bewohner vertrieben.

Asclepiadazee; aus ihrem Saft bereiteten die Touaregs das Gift, mit dem sie die Brunnen feindlicher Stämme (und der französischen Armee) unbrauchbar machten.

Nach einem Wolkenbruch – ein blühender Wüstenstrauch.

Apothekerskink oder »Sandfisch«; er bewegt sich unter der Oberfläche sandiger Böden, sein glatter Hornpanzer lässt keine Ausschwitzung zu.

Oben: Blick vom Kraterrand des Wau en Namus in die Oase; ein See orangebraun, einer blau, dahinter schwarz der andere Kraterrand.

Folgende Seite: Die phantastische Kulisse des Hoggar wirkt bedrohlich unter den Wolken; wenn es regnet, gelangen nur wenige Tropfen auf die Erde, der Rest verdunstet im Fallen.

Unten: Die Palmengruppe am Grund des Kraters von Wau en Namus scheint wie eine Fata Morgana in der Luft zu hängen.

herrliche Glut noch wohltuende Wärme versprühte. Und was ist jetzt davon noch übriggeblieben! – Graue, handwarme Asche! Ich beobachte, wie er winzige Hölzchen kreuzweise auf etwas legt, was in der Nacht vielleicht noch rötlich geschimmert hatte. Ein Feuer würde das nie geben. Er friert sehr; zwei Boubous und ein Chech schützen ihn kaum gegen die Kälte. Ich bin ratlos. Wer ist dies morgens um 7 Uhr nicht, wenn ihm der kalte Wind das Gehirn einfriert? Ich bleibe auf den Ellbogen gestützt, halb im Schlafsack, träume vor mich hin und starre auf die Hölzchen. Bald kommen zwei weitere Touareg. Ich begrüße sie trotz allem freundlich, denn sie können ja nichts dafür, wenn die Kälte sie aus dem Schlaf reißt. Sie sollen sich wärmen, so gut das eben ginge. Adamou erwacht, streckt den Kopf aus dem Schlafsack und spricht mit den dreien. Mir kommt es barsch vor. Er meint aber gleich darauf, er habe ihnen freundlich gesagt, sie wollten doch später wiederkommen, wenn wir auf seien. Es schlief tatsächlich noch alles. Ich glaubte schon, sie seien hierdurch verletzt. – Nun, sie tun mir leid, wie so so fröstelnd vom Feuer gehen und unser Lager verlassen. Eine halbe Stunde später stehe ich auf und bin immer noch der erste. Ich packe mein Schlafzeug weg; die Matte lasse ich liegen. Ich entfache das Feuer, stelle das Wasser auf und hole die Nahrungsmittel für das vorgesehene Frühstück.

Sobald sich das Leben im Lager zu regen beginnt, stellen sich auch unsere Gäste wieder ein. Wir laden sie ein, auf den Matten Platz zu nehmen, die wir in die Nähe des Feuers gelegt haben. Die geschenkte Milch wird zusammen mit dem Kaffee zu Milchkaffee verarbeitet. Sie bekommen eine große Schüssel voll, denn Frauen und Kinder haben sich mittlerweile gleichfalls eingestellt. Eckhard beginnt, die Pfannkuchen zu machen, mit einem muffig riechenden Mehl, in welchem es nur so von kleinen Käfern wimmelt. Dennoch essen wir alle mit Appetit, unsere Gäste ebenfalls.

Nach dem Frühstück interviewen wir einige Männer. Endlich haben wir mal »echte« Leute aus der Brousse vor uns; Motorräder, Maschinen und andere technische Errungenschaften sind ihnen gänzlich unbekannt. So improvisieren wir unsere Fragestellung, entnehmen den Fragebögen lediglich die Fragetypen. Kurz, die Gespräche sind äußerst interessant, wenn auch anstrengender als bislang. Sie dauern zwei Stunden. Die Probanden gefallen mir sehr. So habe ich die Geduld, die für diese Arbeit notwendig ist. Eckhard fragt heute mit, was mich sehr entlastet. Es ist Mittagszeit, als wir uns auf die Piste begeben. –

Wie sich sehr bald herausstellt, ist dieser Ausdruck maßlos übertrieben. Wären nicht die Landroverspuren gewesen, hätten wir querfeldein nach Marschzahl fahren müssen. Aber auch so bleibt die heutige Strecke sehr schwierig und nimmt die Fahrzeuge stark her. Der Belag der »Unpiste« wechselt zwischen Sand und grobem Gestein, gelegentlich beides zusammen, gut durchwachsen mit den harten Grasbüscheln der Savanne. Tiefe Löcher, kaum zu sehen, Treibsand, unregelmäßige Wellen und steile Wadiabfahrten erfordern größte Aufmerksamkeit von den Fahrern.

Aber es ist auch ein Tag der Gazellen; wir sehen heute etwa eine halbe Hundertschaft. Die ersten beiden verfolgen wir noch voller Jagdeifer, müssen jedoch bald aufgeben. In einem solchen Gelände ist mit Fahrzeugen nichts auszurichten. So schauen wir den Herden wehmütig hinterher, die in Richtung der nahen, völlig verwitterten, schwarzen Bergrücken entfliehen.

Die Landschaft ist lebhaft; zunächst bilden die schwarzen Gesteinsmassen einen scharfen Kontrast zu dem Grün und Gelb der Savannenvegetation. Später geht diese vollständig zurück, und das Geröll ruht auf der weiten, kahlen Sandfläche. Die runden Gesteinsformen vermögen nicht, die Düsternis der kalten, grauen und öden Landschaft zu mildern. Sie wirkt bedrohlich, ja lebensfeindlich und vermittelt das tödliche Schweigen des Grabes. Die Faszination angesichts der Schwermütigkeit der Natur ist nicht geringer als die zuvor erlebte, lebendige Farbenidylle.

Spät am Nachmittag verlieren wir wieder einmal die Orientierung. Glücklicherweise ist ein Nomade mit seinen Kamelen in der Nähe, der uns Auskunft geben kann. So beenden wir den heutigen Fahrtag neben den Reifenspuren, die uns morgen oder übermorgen nach Tin-Zaouaten bringen sollen.

34. Winter in der Wüste

22.–24. Januar 1976

Freitagmorgen, 10 Uhr 30; seit zwei Stunden bin ich auf den Beinen und darum bemüht, gegen den kalten, stark böigen Wind anzukämpfen, der die Fahrzeuge auf dem Lagerplatz zum Schaukeln bringt und mich fast von der Erde hebt. Wir haben alle Hände voll zu tun, die Pfannkuchen, die gerade gebacken werden, einigermaßen sandarm zu halten. Der Windschutz wird des öfteren glatt umgeweht.

Wir haben gestern abend unser Lager hier in einer etwa 300 Meter langen Schneise zwischen zwei steilen Erhebungen aufgebaut, in der Hoffnung, hier etwas besser gegen den Wind geschützt zu sein als auf der freien Ebene. Vielleicht ist dies auch der Fall; wer weiß, wie es draußen aussieht!

Der Wind bläst bereits seit vorletzter Nacht gegen 4 Uhr und hat uns den gestrigen Fahrtag nicht leicht gemacht. Den ganzen Tag über war es sehr kalt, der Himmel bedeckt; graue Wolken stürmten am weißen Himmelsgewölbe entlang. Die Sonne war gleißend, streckenweise aber gar nicht zu sehen; die Sicht sehr kurz, die Luft trübe und diesig. Wind und Sand reichten überall hin.

Die ersten Kilometer der Strecke führen uns quer durch die karge Landschaft, über Stock und Stein. Nach allen Richtungen erstreckt sich eine weite Sandfläche, die von nordöstlich verlaufenden Gebirgsketten durchzogen wird. Wir folgen ihrem Lauf in weitem Abstand. Zwischendurch Erkundungsfahrten, wenn die Spuren auf härterem Grund mit uns Versteck zu spielen scheinen. Am frühen Nachmittag essen wir Salat aus getrockneten Bohnen und Zwiebeln. Hierzu sucht sich jeder ein windstilles Eckchen; die kalten Böen gehen durch und durch bis auf die Haut. Die Gegend ist menschenleer, keine Kamele, keine Nomaden, nichts: »Ni chamaux, ni hommes, ni femmes, ni chèvres, ni moutons, ni maisons, ni rien!« wie Adamou meinte. Wir verstehen uns sehr gut mit dem Targui. Er gehört einfach dazu, und er weiß das. Ich gab ihm Socken, Wolfgang Schuhe, Eckhard einen Pullover; er bekam einen Schlafsack von Pascal und Decken, soweit welche übrig waren. Er muß nicht frieren, und die Reise macht ihn selig. Er liebt die Wüste und findet nicht genug Worte und Gesten, um ihre Schönheit auszudrücken. Trotz der kalten Witterung springt er bei jedem Halt aus dem Fahrzeug, um die Gegend zu betrachten. Dann kehrt er fröstelnd zurück, reibt sich die Hände und freut sich, daß es im Kübel nicht so weht wie draußen. Wir holpern weiter, durch Löcher, Wadis und über harte Grasbüschel. Die Fahrzeuge bekommen Schläge; wir nicht minder. Kein Gedanke an Gazellenjagd. Das Terrain ist uns schlecht gesonnen.

Am späten Nachmittag glaube ich durch die sandgeschwängerte Luft hindurch Dünen vor mir zu sehen; doch dies ist ein Trugbild. Es handelt sich um Felsen, die über weite Flächen hinweg vom Sand verweht sind. Die schroff aus der Ebene emporstrebende Kette scheint näher und näher zu rücken. Schließlich zwingt sie uns, nach NNO abzudrehen, und wir folgen ihr entlang ihrem Fuß. Gleichzeitig enden die Reifenspuren. Welchen Weg hat der Führer des Landrovers wohl durch das Gebirge genommen? Trotz einer längeren Suche können wir keinen Hinweis darauf finden.

Es ist nach 18 Uhr. Die Sonne steht schon sehr tief, und der Himmel hat alle Farben, von Gelb bis zu dunklem Violett. Der winterliche Wüstenhimmel hat fast noch mehr Reize als jener während der Sommermonate. Gewöhnlich läßt der Wind nach Sonnenuntergang in der Wüste nach. Aber was sind schon Erfahrungswerte in einem unbekannten Lebensraum! Jedenfalls tut er uns diesen Gefallen dieses Mal nicht; im Gegenteil, er wird immer stürmischer, und ich denke mit Grausen an die kommende Nacht. Alle sind um das lodernde Feuer versammelt, mampfen und trinken den heißen Tee. Endlich wieder unterwegs; es ist ungleich härter hier als im Schutze der Stadt mit all ihren Versorgungsmöglichkeiten, aber dafür abwechslungsreicher, spannender, ungewisser. Es passiert immer etwas! –

Nach dem Essen ist noch eine Breitenbestimmung vorgesehen. Das Gestirn liegt völlig anders, als ich das aus früheren Beobachtungen gewohnt bin. Die Deichsel des Wagens steht steil nach oben und schließt mit dem Polarstern, gleichsam dem Stachel des bedrohlich aufgerichteten Schweifes eines Skorpions, ab. Ich erhalte einen Wert von 19° 13′ 39,0″ nB, was bedeutet, daß wir heute lediglich 45 bis 50 km gefahren wären. Eckhard und ich unterhalten uns noch darüber, wie wir morgen die Spuren wieder zu finden gedenken, und suchen dann unsere Schlafplätze auf.

Nachdem er in der Nacht abgeflaut war, nimmt der Wind am Morgen wieder enorm zu. Adamou hat bereits Feuer gemacht, als ich mich gleich daneben von meinem Lager erhebe. Reinhard und Wolfgang wechseln zwei gebrochene Federblätter an der Pritsche II aus. Hoffentlich geht diese Art von Schäden bald wieder zu Ende, denn unsere Reserven an Blattfedern sind stark geschwunden. Nach dem Frühstück säge und spalte ich mit Eckhard und Philippe Holz, das wir völlig überraschend am Vorabend entdeckt hatten. Später kommt Wolfgang herbeigefahren, um die geschlagenen Stämme und Äste auf den Dachgarten des Koffers zu verladen. Eine Stunde später sind wir mit den Fahrzeugen wieder im unwirtlichen Gelände. Die Reifenspuren bleiben weiter unauffindbar. Wie soll man eine Strecke beschreiben, die uns ein Stundenmittel von 9,5 km/h reiner Fahrzeit aufzwingt? Sie beschert uns alles, was an Schwierigkeiten einer Geländefahrt vorstellbar ist. Wir haben zunächst groben Fels und ein Meer steinharter, grasbewachsener Hügel; bald schon sehen wir uns genötigt, quer zur Fahrtrichtung verlaufende Oueds zu kreuzen. Der erste Gang im Allrad ist unzählige Male im Einsatz. Diese fürchterlichen Trokkenwadis kosten uns den letzten Nerv. Dann wieder eine Reifenpanne – ein spitzer Fels schlitzt seitlich den harten Gummi auf, und ein gerissener Gaszug zur Abwechslung.

Die Fahrzeuge befinden sich häufig in einer bedenklichen Schräglage, richten sich aber glücklicherweise immer wieder auf. Und als ob uns das Terrain nicht schon genug abgefordert hätte, erreichen wir noch vor dem ersehnten Feierabend Tiefsand und Dünen, die sich munter zwischen Fels- und Steingewirr eingenistet haben – wie malerisch! Schaufeln und Rippenbleche! Dennoch bleiben wir alle guten Mutes; jeder packt an. Die Landschaft beschert uns zum Abschluß des quälend langen Fahrtages – trotz der geringen Leistung haben wir uns bis auf 60 km an Tin-Zaouaten herangearbeitet – ein märchenhaftes Bild; steilaufragende, spitze, felsige

Bergstöcke in einer leicht gewellten Ebene, die von unzähligen vegetationsreichen und grünen Queds in spielerischen Windungen durchzogen wird; der Himmel dunkelblau, bedeckt mit eigentümlich geformten Wolkenfetzen – eine verwunschene Landschaft am Ende der Welt. Das Gemälde eines Romantikers mit betont düsterer und wehmütiger Aussagekraft.

Am Abend dann, als wir in der Runde um das Feuer sitzen und Tee trinken, erzählt uns Adamou, was ein Charif und ein Hadj sei. Eckhard meint, in Marokko und Algerien seien allein die Charifs berechtigt, den grünen Turban zu tragen. Adamou ist anderer Meinung. Ein Charif, ein Abkömmling Mohammeds, trägt weder einen grünen Turban noch irgendwelchen anderen Prunk. Materiell gesehen, ist er ein armer Mann, barhäuptig und barfüßig, mit zerrissenem Gewand, wirrem Haar und zerzaustem Bart, äußerlich ein Vagabund, der jedoch Gaben hat, die Allah nur ihm beschert. Kälte und Hitze können ihm nichts anhaben, Schmerz, Hunger und Durst fühlt er nicht. Das Materielle bedeutet ihm nichts: er ist der Alte Weise des Morgenlandes, entstammt allen Rassen und Schichten. Die Menschen kommen zu ihm, wenn sie Hilfe brauchen. Der Charif gibt sie ihnen. Sie lassen ihm etwas dafür oder nicht. Der Charif braucht die Habe der Menschen nicht. Er lebt ohne Besitz; er ist der Guru des Islams. Hier wie dort überwiegen jedoch die Mißbräuche, Gier und Heuchelei, Streben nach materiellen Gütern und Machthunger, und wie sie alle heißen mögen . . .

Ein Mohammedaner, der in Mekka gewesen ist, ist noch lange kein Hadj. Er muß erst die acht großen Forderungen des Koran erfüllen, die sich in einer großen Anzahl von Ritualen und Gebeten ausdrücken. Hierzu gehören Kraft und Ausdauer; nicht wenige seien bei der Ausführung der heiligen Handlungen gestorben – häufig aufgrund des hohen Alters und ihrer Gebrechlichkeit.

Viele nennen sich Hadj, ohne die heiligen Handlungen in Mekka auch alle wirklich vollzogen zu haben. Sie alle – ob echt oder unecht – tragen zum Zeichen ihrer Frömmigkeit ein Band mit zwei Amuletten um den Kopf, zumindest am Freitag, dem mohammedanischen Sonntag. Die Pilgerfahrt nach Mekka ist teuer. Es gibt immer noch welche, die Hin- und Rückweg zu Fuß bewältigen, vom Niger, der Heimat Adamous, über den Tschad und Sudan, hinüber auf die Arabische Halbinsel. Sie sind die vorbildlichen Hadj. Über die Echtheit eines Hadj gibt es keine Dokumente. Die Reisebegleiter nur wissen um die Redlichkeit, den religiösen Eifer und die Ausdauer eines Mekkapilgers.

Die Unterhaltung geht auf die Heirat über. Sie kostet heute im Niger den Mann 30000.– CFA. Die Frau gebärt ihm vier bis sechs, die Targuia, die Frau des Targui, jedoch bis zu zehn Kinder. Wir fragen Adamou, warum er nicht verheiratet sei. Dann wäre es vorbei mit dem Herumziehen und Reisen; denn »wenn du längere Zeit weg bist, wird sie sich einen anderen nehmen und wegziehen« . . .

Adamou geht früh zu Bett; das tut er eigentlich immer. Morgen möchte er uns um 8 Uhr aus den Schlafsäcken holen. Das Feuer ist heruntergebrannt. Wir schnattern leise vor uns hin, denn obgleich der Wind zu einer Brise geworden ist, ist es bitterkalt.

35. Tin-Zaouaten

25.–28. Januar 1976

Der folgende Morgen bricht mit unverminderter Kälte an. Reinhard und Wolfgang reparieren das Kreuzgelenk eines Kardan, eine Folge der gestrigen Strecke. Danach werden die Motoren angelassen. Die Strecke wartet mit den Schwierigkeiten des Vortages auf. Nach 9 km kreuzen wir Spuren, die in nordwestlicher Richtung (Marschzahl 310) verlaufen. Nach der ersten Euphorie hierüber werden wir skeptisch, da die Richtung nicht die unsrige ist. Auch eine Erkundungsfahrt bringt keine eindeutige Klarheit. Eckhard spricht sich dafür aus, unserer Richtung quer durch das Gelände weiter zu folgen; und der Kompaß gibt ihm eindeutig recht. Die Spuren brächten uns zu weit nach Westen ab. Falls sie uns zur Grenze bringen würden, wäre dies in einem weiten Bogen. Trotz verschiedener Einwände setzen wir die Fahrt mit MZ 45 fort. Nach wenigen Kilometern treffen wir auf eine breite, mit hohen Steinhaufen markierte Piste, die uns eindeutig den weiteren Weg weist. Bald sehen wir jenseits des Oued an einem Berghang zwischen Felsengewirr eine größere Ansiedlung im Lehmbaustil: Tin-Zaouaten. Noch ein Stück weit auf der kurvenreichen Strekke, und wir stehen vor den Militärs, die uns neugierig mustern. Seit sieben Monaten sei hier kein Fahrzeug mehr vorbeigekommen. Der Landrover habe den Ort nicht berührt. Wir reichen die Papiere und erfahren zu unserer nicht geringen Überraschung, daß wir bereits auf algerischem Territorium seien: wir haben den algerischen Grenzposten vor uns. In Begleitung der Soldaten fahren wir in den Ort hinein, an ein schattiges Plätzchen – es ist heiß geworden! –

Kaum sind wir dort, unterbreitet man uns, daß wir beim Zoll wären. Sie wollen die Fahrzeuge untersuchen. Sie haben uns auf geschickte Art und Weise überrumpelt. Alles wollen sie sehen; das hatten wir seit Marokko nicht mehr erlebt. Eckhard führt sie durch. Trotz der Tatsache, daß sich das Land im Kriegszustand befindet, habe ich einen furchtbaren, aber wohlverborgenen Zorn auf die Beamten, übrigens alles Meharisten. Hier, am Ende der Welt – anders läßt sich dies wirklich nicht beschreiben – solch einen Zauber zu veranstalten!

Währenddessen lodert in einer Ecke des ummauerten Hofes bereits das Feuer; im Teekessel wird Wasser erhitzt, aus dem Kübel werden die Nahrungsmittel geholt. Wir sind peinlich darauf bedacht, daß die Fahrzeuge, die von der Feuerstelle aus nicht zu sehen sind, verschlossen sind. Man hat uns wohl versichert, daß die ganze Nacht hindurch Wachen für unsere Sicherheit aufgestellt seien. Wir bleiben in solchen Situationen aber stets wachsam und mißtrauisch. Einen Mann, der mir zu nahe am Kübel herumtanzt, scheuche ich kurzerhand weg. Man muß den Leuten zeigen, daß unsererseits die Aufmerksamkeit nicht nachgelassen hat.

Während wir am abendlichen Feuer versammelt sind, kommt Eckhard auf uns zugesteuert, und meint, daß der eine der beiden Beamten mit Agnes schlafen wolle. Feine Aussichten sind das! Ich hole meine Matte, Schlafsack, Decke usw. und gehe, um mir die Räumlichkeiten näher anzuschauen. Nun, es besteht kein Grund zur Panik; schließlich sind wir neun Leute und in zwei nebeneinanderliegenden Räumen für die Nacht untergebracht. Die Absage ist definitiv. Die getroffenen Sicherheitsvorkehrungen verfehlen ihre Wirkung nicht!

Die Nacht verläuft ruhig und ohne Zwischenfälle. Wir stehen auf, frühstücken und machen uns reisefertig, denn um 8 Uhr sollten wir die Papiere zurückerhalten. Es sieht inzwischen jedoch ganz danach aus, als wollten sie uns aus dem einen oder anderen Grund hinhalten. Wir haben uns bereit erklärt, einige Kranke zu behandeln, die vorherige Herausgabe der Pässe aber als Forderung gestellt. Ohne Pässe keine Behandlung! –

Nun, dies scheint gewirkt zu haben. Gerade haben wir unsere Papiere zurückbekommen. Es ist 12 Uhr 45. Ingvo zückt seinen Instrumentenkoffer . . .

Sie wollten uns zeigen, wer Herr im Hause ist. Man wundere sich nicht darüber. Gerade in den Grenznestern des »Grand Sud« der Sahara ist es diesbezüglich am schlimmsten. Die Obrigkeit ist zumeist Hunderte von Kilometern entfernt. Der Reisende bekommt die Launen der Uniformierten zu spüren – und diese sind infolge der Eintönigkeit des Lebens dieser Leute häufig wunderlich. –

Um 13 Uhr kehren wir Tin-Zaouaten den Rücken. Gern lassen sie uns nicht ziehen! –

Noch einmal durch das Steingewirr des Adrar n'Iforhas. Die sandige Ebene ist übersät von abgerundeten Felsen, die in ihrer Anordnung eigentümliche Gebilde ergeben. Bergrücken aus quaderförmigen Steinkolossen, einer auf den andern gesetzt, ähneln nicht selten Kreuzritterburgen. Andere wieder sind nur noch Trümmerfelder. Zwischen dem Fels verlaufen grüne Oueds.

Zum anderen entdecken wir einen sehr tiefen auszementierten Brunnen, der jedoch keinen Tropfen Wasser mehr enthält. An der Außenseite lassen Tifînagh-Zeichen auf seine Besitzer schließen: nomadisierende Touareg. Aber sie sind aus ihrer Heimat verschwunden. Wahrscheinlich hat sie die schon oft zitierte Trockenheit der vergangenen Jahre nach Süden vertrieben. Wir sammeln das wenige Holz zusammen, das rings um den Brunnen herum noch zu finden ist, und setzen daraufhin unsere Fahrt fort. Eine Stunde später, Reifenpanne; der Schlauch wird geflickt, der Reifen dient, wie so viele andere zuvor, jetzt als Markierung (balise) für den Reisenden von Tin-Zaouaten nach Silet und Tamanrasset.

Am frühen Abend, noch ist es Tag, eine mißlungene Gazellenjagd. Wir verfolgen die Tiere etwa 7 bis 8 km weit, bis wir in ein völlig unübersichtliches Gelände kommen, in welchem sie leicht Zuflucht vor uns finden. Die anderen wollen Ingvo aufziehen und meinen, es komme natürlich darauf an, wer am Steuer sitze. Im Grunde bedauert aber jeder den beutelosen Rückzug. –

Um sich an einer abendlichen Feuerstelle wärmen zu können, muß erst eine solche geschaffen werden. Das ist der springende Punkt bei der Kälte. Da ich den dicksten Mantel habe, grabe ich im Schutze eines Felsens ein Loch, in welches ich Holz und Papier gebe. Daraufhin zünde ich die ganze Herrlichkeit an, lege den Rost darüber und stelle einen Topf Wasser auf. Diese Tätigkeit ist niemals falsch; denn ob Tee, Reis, Bohnen, Nudeln – kochendes Wasser wird immer benötigt. Nach kurzem, innigen Verhalten am Feuer geht jeder seiner Arbeit nach. –

Der Tee wird ausgegossen, und die schon zur Gewohnheit gewordene Diskussion, ob er genügend Zucker habe oder nicht, läuft ohne Begeisterung ab. »Médiocre! – Passable! – Très passable!« Derart pflegt Adamou sich auszudrücken und liefert so auch seinen Beitrag.

Später am Abend erzählt mir Ingvo, daß Wolfgang höchstwahrscheinlich Typhus gehabt habe. Seit Bou Djebeha hätte er ohne Unterbrechung Durchfall, rosa und grünen Erbsenbrei, ein sicheres Zeichen für die Krankheit. Alle Arzneimittel hätten versagt. Er sagt dies eigentlich mehr im Nebensatz, und ich wundere mich über die Ruhe, mit welcher wir darüber sprechen. Herzlos? Gleichgültig? Nein! Man reagiert viel gelassener auf solche Dinge, sobald der Lebensstil »Sahara« wiederum Gewohnheit geworden ist. Unter diesem Aspekt ist die Erkrankung an Typhus nichts Ungewöhnliches.

Jedenfalls erscheint Wolfgang heute abend strahlend zwischen den Felsen aus dem Dunkel der Nacht und teilt die Normalisierung seines Stuhlganges mit. Arzt wie Patient sind überglücklich darüber, den Feind endlich vertrieben zu haben.

36. Adamou

30. Januar 1976

Mir kommt es so vor, als ob er schon immer zu uns gehört hätte; so sehr habe ich mich an seinen Anblick gewöhnt. Dabei fährt er erst seit Gao mit uns. Kennengelernt haben wir ihn allerdings schon am Heiligen Abend 1975.

Adamou ist Targui und stammt aus einem kleinen Ort namens Bongoukou bei Agadez: ein Sohn des Aïr also. Seine Eltern sind gestorben, als er 2 Jahre alt war; er hat noch einen Bruder in Agadez und einen Vetter in Niamey; letzterer, auf dem dortigen Paßamt beschäftigt, hat ihm geholfen, einen neuen Paß zu bekommen, nachdem ihm sein erster nach langen Irrungen durch Schwarzafrika in Kamerun gestohlen worden war. Davon später mehr!

Adamou ist lang und schlaksig, hat dünne Beine, große Füße, eine typisch gebogene Nase, lange feingliedrige Finger, leicht gekräuseltes Haar, das inzwischen etwas länger geworden ist, ein hageres Gesicht mit flinken Augen, die schelmische Blicke werfen. Eine dunklere Gesichtsfarbe darf dennoch nicht vergessen lassen, daß er Weißer ist, wie jeder reinrassige Targui. Außer seinem vergilbten und verlausten Chech erinnert nichts an seiner Kleidung mehr an den Ursprung seiner Abstammung. Er trägt einen grauen europäischen Kapuzenmantel aus Wolle, Pullover und Hemd, eine ehemals weiße Faltenhose, Socken und Wildlederstiefel.

Adamou und ich sind Freunde geworden: er holt mir den Tee, ich hole ihm den Nachschlag beim Essen. Wenn der eine den anderen vergißt, setzt es vorwurfsvolle Blicke. »Tu as oublié ton ami«, sagt er dann und meint es vielleicht ernster, als die Situation es eigentlich erlaubt. Seine Gefühlswelt ist überhaupt sehr stark ausgeprägt; beim Erzählen sind seine Worte von einer intensiven Gestik begleitet. Wenn er als Beifahrer im Kübel sitzt, geschieht es nicht selten, daß er die Gegend in einem inneren Zwiegespräch mit sich selbst erlebt: er murmelt vor sich hin, und seine Arme sind in beredter Bewegung.

Vor einigen Tagen saß ich mit ihm im Fond des Kübels, und wir kamen aufs Reisen zu sprechen. Er erzählte mir von seiner früheren Reise und die Geschichte seines ersten Passes: er verließ Agadez, um die Welt zu erleben, und gelangte nach mehreren Tagen an die Grenze Nigerias. Irgendwo in seinem Gepäck steckte ein Paß, dessen Handhabung ihm aber völlig fremd war. Ein Nomade kümmert sich nicht um bürokratischen Unsinn; er möchte erleben!

Er zeigte seine Identitätskarte, die zunächst abgewiesen wurde; schließlich ließ man ihn aber doch ziehen. Er durchquerte das Land und kam an die nächste Grenze: Kamerun. Man verlangte Paß und Visum. Er suchte und fand ihn und gab ihn hin. Ein Visum war natürlich keines drin. Er wußte ja gar nicht, was das war. Eine längere Diskussion! Er war ein Targui aus dem Busch; so ließ man ihn ziehen mit dem Hinweis, baldmöglichst das Land wieder zu verlassen. Dies wollte er auch. So kam er zur Grenze der Zentralafrikanischen Republik. Wo sind die Stempel von Kamerun, wo jene von Nigeria? Wo ist das Visum? Man schnauzte ihn forsch an und wies ihn kurzerhand ab. Nichts zu machen! Worte und Gestik versagten ihre Wirkung! So lenkte er seine Schritte Richtung Tschad, denn er wollte die Welt kennenlernen. Nach vielen Tagen des Reisens kam er zur Grenze des Tschad. Er reichte den Paß hin. Man behielt ihn gleich ein, ebenso sein ganzes Gepäck und seine übrigen Papiere. Man steckte den Targui in das quartier Haussa; seine Kleider, die er am Leib trug, und eine Decke hatte man ihm gelassen. Der Chef Haussa war ein verständiger Mann und nach sieben Tagen zog er mit ihm vor die Polizei. Was habe er getan? Warum behandle man ihn wie einen Verbrecher? Er ist ein redlicher Bürger der Republik Niger mit einem legalen Paß. Was will man von ihm eigentlich? Man legte ihn in Eisen und warf ihn in einen dunklen Kerker. Fünf Tage und Nächte hauste er da ohne Nahrung. Der Haussa-Chef, der ein hilfsbereiter Mann war, ging zum Sous-Préfet der Stadt. Dieser wußte von all dem nichts. Die Polizei hatte eigenmächtig gehandelt. Der Sous-Préfet trat vor die Polizei und verlangte eine Erklärung: illegales Reisen! Die Obrigkeit war verärgert, nicht informiert worden zu sein. Was wird man im Grenzland Niger wohl über den Tschad erzählen, wenn sich solche Mißgriffe häufen! Adamou wurde freigelassen, bekam alle seine Sachen zurück und zusätzlich 5000.– CFA, um sich zu erholen. Dann informierte ihn der Sous-Préfet über die Paßgepflogenheiten und machte ihn darauf aufmerksam, daß er sich das Visum für die Zentralafrikanische Republik holen müsse. Dies tat er dann auch und verließ das garstige Land, das ihm nur Schwierigkeiten bereitet hatte. In Kamerun kam ihm dann sein Paß abhanden; damit war der Traum vom Reisen erst einmal zu Ende. Aber auch so wollte der Targui nichts mehr vom Reisen wissen und schon gar nichts mehr vom Tschad.

Die Zeiten haben sich geändert. Adamou weiß inzwischen Bescheid und hat seine Reiselust wieder entdeckt. Gestern, 29.1., als wir aus der Ebene von Silet langsam in das Hoggargebirge vordrangen, kannte seine Begeisterung keine Grenzen. Vom Lagerplatz aus, der von Bergen umgeben ist, wollten wir gleich die Besteigung eines der Kolosse unternehmen, bevor es dunkel würde. Wir stolpern über grobes Geröll und spitzkantige Felsen; zunächst fast eben, aber bald schon beginnt es, steiler zu werden. Adamou, der sonst abends, wenn der Wind aufkommt und es kühler wird, immer schnell friert, kommt ins Schwitzen. Es ist seine Erstbesteigung; das Aïr ist nicht das Hoggar! Wir erreichen ein steiles Geröllfeld, das sich endlos hinzieht; und als wir es endlich geschafft haben, kommen wir nur durch eine Kraxelei weiter, weder gefährlich noch schwierig, nur ein bißchen anstrengend, dann noch einige Meter Anstieg, und wir haben den Gipfel erreicht. Der Blick von oben hinab ist stark getrübt durch die beginnende Dämmerung und den aufsteigenden Dunst; dennoch genieße ich das einmalige Erlebnis der Vogelperspektive: unzählige kleine Oueds schlängeln sich über den Boden dahin. Die Piste ist ein gewundener, endlos schimmernder Strich, je nach Gesteinsformation einmal mehr rot, dann wieder mehr gelb. Unsere Fahrzeuge sind kaum mehr zu erkennen.

In Nordrichtung ein ganz anderes Erlebnis: eine grünblau schillernde, weite und ebene Fläche, aus der die Felsenkolosse gespenstisch emporragen: eine düstere und wilde Traumlandschaft. Die Gipfelformationen fügen sich zu merkwürdigen Figuren und Gestalten zusammen; auf einem scheint mir ein Mann mit ausgestrecktem Arm zu stehen; er zwingt mich immer wieder, in seine Richtung zu schauen; ich habe den Eindruck, daß er dringend Hilfe benötigt. Doch er ist zur Steinsäule geworden. Die grünliche Fläche, die vom Dunst mehr und mehr verschlungen wird, hinterläßt einen Eindruck der Tücke. Eine Oberfläche, die bei ihrem Betreten nachgibt, ein tückischer Sumpf mit scheinbar glattem und festem Belag, unter welchem sich eine unbekannte, drohende Gefahr verbirgt. Wenn dem grünlichen Schillern plötzlich, indem sich der Boden gespalten hätte, ein vorsintflutliches Untier entstiegen wäre, hätte dies keineswegs schockierend gewirkt. Alles ist entsetzlich alt, verwittert und zerfallen, nurmehr in Erinnerung vorhanden. Wie mag diese Gegend ausgesehen haben, bevor es im Innern der Erde zu brodeln begann und der Boden unter den Feuerstößen bebte?

Es wird dunkler und dunkler; wir machen uns an den Abstieg, der Adamou noch mehr Beschwerden macht als der Aufstieg. Sein linkes Knie hat seit seiner Kindheit einen Fehler, wodurch er des öfteren strauchelt, sich jedoch immer wieder fängt. Wir brauchen sehr lange, bis wir die steile Steinhalde hinter uns gebracht haben und einem sanft abwärts führenden Flußbett folgen. Während wir, mehr springend als gehend, uns von Stein zu Stein abwärts bewegen, wird es Nacht um uns, und von weitem sehen wir den hell erleuchteten Lagerplatz, der uns von unserem Standort aus, wo der Wind uns um die Ohren pfeift und die Dunkelheit und der Dunst uns einwickeln, ein Ort der Geborgenheit und Sicherheit scheint. Wir kommen just zu dem Zeitpunkt an, da der Tee in die Tassen abgefüllt wird.

Adamou ist ziemlich kaputt; er setzt sich gleich auf den Boden, und eine Stunde später sitzt er immer noch dort und schlürft weiter seinen Tee. »Nie mehr so ein Berg«, sagt er mir. Und ich mache ihn darauf aufmerksam, daß Bewegung sehr nützlich und Müdigkeit keine Krankheit für den Körper sei. Ich glaube, er war da nicht ganz meiner Meinung.

37. Silet und Abalessa

29. und 30. Januar 1976

Am gestrigen Donnerstag während des Vormittags nutzen wir einen Halt, um unsere Holzvorräte aufzufrischen. Von unserem Ort aus kündigt eine phantastisch zerklüftete Horizontlinie das bevorstehende Hochgebirge an. Der Himmel ist bedeckt; so erscheinen die Umrisse der fernen Berge in tiefem Dunkelblau. Nach dieser kurzen Unterbrechung tauchen wenige Kilometer weiter bereits Lehmbauten inmitten von Dattelpalmengärten auf. Die Oase zeigt sich uns von ihrer besten Seite: wie lange haben wir keine Dattelpalmen mehr gesehen?! Die Häuser verschwinden hilflos in einem Meer von Grün. Wir betreten den Ort in erster Linie, um nicht irgendwelche Formalitäten zu versäumen. Aber wie erleichtert sind wir, als man uns mitteilt, daß es hier weder Militär noch Polizei noch Zoll gäbe. Ein glücklicher Ort mit paradiesischem Frieden!

Wir verbringen die Mittagspause hier. Die Palmen laden geradewegs dazu ein. Ich nutze die Stille und die Ruhe, um etwas zu schreiben. Nicht lange aber, dann lege ich die Schreibarbeiten beiseite, um mich noch etwas umzuschauen. Unweit unseres Lagers, durch eine Geröllfläche von diesem getrennt, bemerke ich eine Ruine. Auf den letzten Metern dorthin überquere ich Foggaras, lange, tiefe Gräben, alte Brunnenschächte, die alle 50 m einen Ausgang nach oben haben, sonst aber unterirdisch verlaufen.

Die Ruine liegt vor mir, eine Moschee. – Durch eine niedere Türöffnung komme ich ins Innere. Die Grundmauern sind größtenteils noch erhalten. Der Lehm ist jedoch an zahlreichen Stellen von den Steinen abgebröckelt, die daher nackt aus dem Mauerwerk herausschauen. Dazwischen völlig vermoderte Holzbalken, die noch in den Mauern stecken und einst als Träger gedient haben dürften. Die Requisiten des Verfalls faszinieren mich. In dem ehemals hohen Hauptraum sind Sandmengen angeweht, die bis hinauf zum oberen Rand der Außenmauer reichen. Wo früher Räume waren, wachsen Bäume, deren Zweige der Bevölkerung als Zahnbürsten dienen. Es sind hübsche Bäume mit fast weißem Holz und hellgrünem Laub, ohne Dornen und ohne Stacheln, was mir hierzulande eher die Ausnahme zu sein scheint.

Die Fahrt am folgenden Morgen durch die immer wilder werdende, karge Felsenlandschaft ist traumhaft. Welch ein Unterschied doch zum Adrat n'Iforhas, das eigentlich weniger als Gebirge bezeichnet werden kann, denn als riesiges Geröllfeld mit einzelnen felsigen Erhebungen. Das Hoggar dagegen ist gewaltig, ja gigantisch. Dies stelle ich jetzt schon fest, da wir den flacheren Westrand befahren. Wie wird mein Eindruck erst sein, wenn wir an den wirklichen Riesen vorbeikommen werden, die ich bereits jetzt am fernen Horizont erkennen kann. Welch eine Abwechslung in der Wüste, trotz der Kargheit und Lebensfeindlichkeit! Der Reichtum an Formen und Farben ist unendlich in ihrer Kombination! –

Abalessa, das wir nach einer Stunde Fahrt erreichen, hat große Ähnlichkeit mit Silet; Stille und Friede, dieselbe Scheu seiner Bewohner. Es herrscht auch hier die Ruhe und der Frieden eines verträumten Fleckchens Erde, an dem die Weltgeschichte unbemerkt vorübergeht. Ein still daliegendes Oued, gesäumt von Bäumen und Gräsern, die Farbe in den grauen Fels bringen. Nur wenige Menschen bekomme ich zu Gesicht, als ich mit Ingvo durch den Ort gehe; hin und wieder scheue Kinder und Frauen, einzelne Männer, die einen grußlos mustern – nicht unfreundlich, o nein! Distanziert, ja gleichgültig! –

Hinter einer Mauer kommt ein gebrechlicher alter Mann am Stock mühsam hervorgehumpelt und täppelt die paar Schritte zum Friedhof, wo er sich etwas länger an einem Grab aufhält. Er wird hier seinen Lebensabend beschließen; Ende des irdischen Lebens. Und doch; er hat Ruhe und Frieden hier bis zu seinem Ende, denn auch hier keine Behörden. Und: keine Behörden – natürlicher Lebensrhythmus.

Wir passieren Rundhütten aus Schilfgeflecht, die als Stallungen für Ziegen, Hammel und Hühner verwandt werden. Durch einige Palmengruppen hindurch gewinnen wir die Anhöhe, wo unsere Fahrzeuge stehen. Daneben – ein äußerlich sehr einfaches Gebäude, das sich kaum von den umliegenden unterscheidet – die Moschee. Es ist Freitag, vor 15 Uhr. Um das Gebäude herum sitzen etwa 30 Männer in bunten Gewändern, und es nähern sich immer noch weitere. Gebeugt, die Hände auf dem Rücken verschränkt, den Kopf nach vorne geneigt, welchen der Chech, blütenweiß und wohlgebunden, gänzlich einhüllt und nur einen schmalen Sehschlitz freiläßt, mühen sie sich die leichte Anhöhe herauf, gegen einen recht böigen Wind ankämpfend und mit malerisch wehendem Boubou, von allen Seiten her zum zentralen Ort für die Männerwelt an diesem Freitagnachmittag. Plötzlich, für mich völlig unerwartet, erscheint aus dem Innern des Gebäudes über den Grundmauern eine Gestalt in hellblauem, wallendem Boubou und ruft die Gläubigen zum Gebet. Dieses Schauspiel dauert nur wenige Augenblicke, aber für mich ist es ein besonderes Erlebnis, den Ruf zum Gebet noch direkt aus der Kehle eines Menschen zu hören. Hier hat das Leben offenbar viele Ursprungsformen beibehalten.

Die Gläubigen begeben sich ins Innere des Gebäudes; wir starten die Motoren und verlassen Abalessa. Ich habe die Zeit gut genutzt: faszinierende Beobachtungen und ein gutes Gespräch mit Ingvo.

38. Tamanrasset

30. Januar–4. Februar 1976

Vorbei an steil aufragenden Felsengruppen windet sich die Piste flach durch das Gelände, den Bergsilhouetten im Osten entgegen. Wir erreichen die denkwürdige Stelle, da unsere C-Piste auf die Hoggarpiste trifft, die frequentierteste Verkehrsader der Sahara in Nord-Süd-Richtung. Nach Tamanrasset sind es noch 45 km; wir haben jedoch nicht die Absicht, heute bereits die Stadt zu betreten, sondern suchen uns ein Lager zwischen den Felsen.

Der Abend wartet mit Problemen zwischen der deutschen und französischen Expeditionsseite auf, deren Ursache auf ein Vertragswerk zurückgeht, das infolge der unterschiedlichen Eigentumsvorstellungen und -praktiken zum Schutze des Gruppeninteresses notwendig geworden war. Die Kluft zwischen den beiden Seiten wurde hierdurch natürlich vertieft – die drei französischen Expeditionsteilnehmer ließen sich in einer Zusatzklausel ihr privates Eigentumsrecht bestätigen –, was heute abend in gereizten Worten zum Ausdruck kommt. –

Der letzte Tag im Januar; am Ortseingang ist eine erste allgemeine Kontrolle. Phantastisch herausgeputzte Polizisten sind sehr freundlich. Die Touristenheere sollen gleich den besten Eindruck von Algeriens Ordnungshütern bekommen. Der erste Besuch von Tam gilt den zahlreichen Fomalitäten, die zu erledigen sind. Auf der Terrasse eines Cafés am Rande der asphaltierten Hauptstraße lassen wir uns dann erschöpft nieder. Die Aufmachung sind ganz den französischen Verhältnissen nachempfunden.

Wir verlassen die Stadt vorerst wieder, um etwas außerhalb einen günstigen Lagerplatz ausfindig zu machen; nach kurzer Suche stehen wir am Eingang zu einem Wadi, das von verwitterten Felsenbergen eingerahmt ist. Hier lassen wir uns nieder. Schweigsam begibt sich jeder an seine Arbeit, deren Durchführung in die Abendstunden übergeht. Nach dem Essen verbleiben die sechs Deutschen am Feuer – die zwei Fronten sind zunächst einmal Tatsache geworden.

Während die Nacht und der Vorabend fast windstill und mild gewesen sind, beginnt in den frühen Morgenstunden des ersten Februar ein böiger, kalter Wind zu wehen, der nicht geeignet ist, meine Laune an diesem Vormittag zu verbessern. Das Frühstück verläuft in eisigem Schweigen. Kaum sind die Tassen leer, kommt plötzlich eine eifrige Geschäftigkeit in die Gruppe. Jeder sucht sich jetzt bereits einen windgeschützten Platz für die kommende Nacht in den Felsen. Mit großer Liebe und Sorgfalt werden Nestchen hergerichtet, die sich wie die Brutstätten an einem Vogelfelsen ausnehmen.

Der folgende Morgen bringt eine ergreifende Windstille. Die Nacht hindurch haben sich die Elemente ausgetobt; jetzt ist Ruhe, und die Sonne scheint: ungetrübtes, warmes Sommerwetter mit blauem Himmel! Gibt es einen größeren Gegensatz als Wärme und Kälte? Nein, wenn man an zwei aufeinanderfolgenden Tagen beides in großer Intensität erlebt. Denn was ändert sich mit der Witterung nicht alles: Aktivitäten, Laune, Appetit, Ausgeglichenheit, Initiative, Verträglichkeit usw. –

Der Morgen beginnt also sehr harmonisch. Wir lassen uns viel Zeit beim Frühstück. Eine Gruppe von vier Leuten fährt anschließend in die Stadt, um verschiedenes zu erledigen. Wir sollten nicht mit dem Mittagessen auf sie warten. Sie würden also erst spät wieder zurückkehren.

Einfach so in der Sonne zu sitzen und nichts zu tun ... Eckhard fängt eine Echse zwischen den Felsen. Er hat sie mit der Steinschleuder getroffen. Ich gratuliere. Sie ist etwas angeschlagen, aber sehr schön. Am folgenden Morgen wird sie tot sein. Sie schillert grünblau in der Sonne; auf dem Rücken sind kurze, rötliche Dornen.

Ich verlasse das Lager und überquere das etwa dreihundert Meter breite Flußbett zur Felsenwand hinüber, einem steilen Berg aus aufeinandergeschichteten Gesteinsplatten, die bei jedem Tritt ins Rutschen kommen und in die Tiefe stürzen. Eine halbe Stunde, dann habe ich den Gipfel erreicht. So setze ich mich auf einen Felsen und blicke in Westrichtung, hinab in das Wadi, das von weiteren kleinen, trockenen Rinnsalen übersät und durchfurcht ist. Unser Lager macht sich neben dem Trümmerberg äußerst bescheiden aus; dieser verliert sich seinerseits wieder in der unendlichen Weite der Ebene, die sich nach Westen anschließt, wird zu einem unbedeutenden Steinhaufen. Mein Blick reicht weit über Hoggarpiste und Flughafen hinaus bis zur gezackten Horizontlinie des entfernten Gebirges.

Einzelne Raubvögel kreisen in meiner Nähe über dem Steingewirr, spielen mit der sanften Brise des Nachmittags, lassen sich treiben, stehen auf einmal in der Luft, um plötzlich dann im Sturzflug nach unten zu stoßen und daraufhin gemächlich knapp über den Gesteinsfelsen dahinzuschweben. Welche Stille!

Die Nachmittagssonne blendet mich, wenn ich die Ferne nach unserem Kübel absuche; andererseits wärmt sie mich herrlich, so daß mir der Aufenthalt auf dem Felsen nicht lang wird. – Unten in unserem Lager herrscht Unruhe; die Leute – ich kann sie von hier oben nicht erkennen – machen kleine Spaziergänge, kehren zum Lager zurück, um dann definitiv über die weite Ebene in Südwestrichtung loszumarschieren. Zwei andere Gestalten bewegen sich gemächlich auf den südlich von mir gelegenen Bergstock zu, verharren zwischendurch an einem der kleinen Oueds und reichen sich die Hände. Folglich müssen es Eckhard und Agnes sein, denn Philippe und Irène sind in der Stadt. Eckhard geht es seit gestern abend etwas schlecht, Magenbeschwerden und Brechreiz. Hoffentlich tut ihm der Spaziergang gut. Ich weiß nicht, wie lange ich nun schon da oben sitze; ich spüre lediglich, wie von Minute zu Minute die wärmende Kraft der Sonne nachläßt, und beginne zu frösteln. Aber ich bleibe. Das Lager war mir zu klein geworden. Ich empfinde ein tiefes Gefühl von Freiheit.

Die Sonne senkt sich unbarmherzig weiter; sie steht mir genau gegenüber, als wolle sie mir sagen: »Für heute ist meine Zeit abgelaufen; du wirst bis morgen früh auf mich warten müssen.« Mein Blick kann jetzt ihren Strahlen ohne schmerzhaftes Blenden begegnen. Sie ist erkaltet, erstorben in der abendlichen Kühle.

Ich trete den Abstieg an, bevor die Dämmerung hereinbricht. Als ich am Fuße des Berges angekommen bin, verschwindet die Sonne hinter der gegenüberliegenden Geröllhalde. Ich gehe an einem auseinandergeplatzten Riesenfels entlang, dann folge ich einem mannshoch ausgewaschenen Flußbett in weiten, ausladenden Schleifen; eine kleine Akazie, unnahbar mit all ihren gespreizten, weißen Stacheln – eine unglückliche Kreatur, bestimmt meint sie's gar nicht so! –; einige flache Lavasteine, ich springe von einem zum andern; wenige Meter flaches Sandland; ich gehe hindurch – und bin zu Hause. Minuten später kommt, worauf ich so lange gewartet hatte – der Kübel aus der Stadt. Die Nacht ist mittlerweile hereingebrochen.

Ein Paket aus der Heimat war eingetroffen; Tabak und Blättchen, Schokolade und Bacardi, Marzipan und Bonbons, Kuchen, Wurst und Käse – alles vor unseren Augen. Die Stimmung, gespannt und verdrießlich wie sie war, bessert sich. Das Abendessen verläuft fast heiter.

Der Morgen bricht an, ein sehr friedlicher Morgen. Mehrere Schwalben setzen sich auf die benachbarten Felsen und schauen uns zu. Wir sind bunt über das Lager verteilt, allein oder in Gruppen, jeder auf einem Felsen, der ihm bequem erscheint, seine Marmeladestulle kauend, die Tasse neben sich.

Nach dem Frühstück beginnen die Mechanikerarbeiten für Wolfgang und Reinhard. Philippe und Irène machen Kassensturz. Am Nachmittag fahren wir in die Stadt. Auf dem Markt versuchen wir, Frischgemüse zu bekommen. Aber Fehlanzeige! – Die Versorgungssituation in Tam läßt zu wünschen übrig, für mich überraschend bei dem Touristenrummel. Eine halbe Stunde lang gehen wir von Laden zu Laden, bis wir endlich Speiseöl finden können.

Zurück im Lager! – Eckhard geht es schlecht; er scheint eine Darminfektion zu haben. Er ißt Diät, die gewöhnlichen Mahlzeiten rührt er nicht an. Den ganzen Tag über hat er das Zelt nicht verlassen. Die Medikamente scheinen auch keine Besserung zu bringen. – Den Abend verbringen wir am Feuer. Der Wind hat zugenommen. Es ist bitterkalt. Rosige Aussichten für die kommenden Nächte.

39. Auf dem Plateau

5. Februar 1976

Ich habe einige Schreibarbeiten hinter mich gebracht und sehne mich nach etwas Bewegung. Es ist bedeckt und kühl. Ich marschiere los in Richtung eines einzelstehenden, oben abgeflachten Berges, etwa fünfhundert Meter in Südostrichtung über das ausgedehnte Oued hinweg. Dann beginnt der Anstieg, zunächst auf noch relativ festem Fels; später aber schlage ich mich durch ein unübersehbares Gewirr von locker aufeinander geschichteten Gesteinsplatten; es wird immer steiler. Auf einem kleinen Felsenvorsprung befindet sich ein Grab. Kurz vor Erreichen des Gipfelplateaus entdecke ich auf einer der Platten runde Abdrücke. Versteinerungen? – Ich weiß es nicht. Der Aufstieg hat mich nicht sehr ermüdet; frisch und munter komme ich oben an. Ich schreite das Plateau ab, nur eine kleine Fläche, finde aber nichts weiter, was mein Interesse geweckt hätte. Ich setze mich und schaue in östliche Richtung, wo das Hoggargebirge in einer langen und massigen Kette zu gewaltiger Höhe anwächst und die spitzen Gipfel sich dunkel gegen den Himmel abheben. Einzelne Tafelberge, kegelförmige Erhebungen und massive Felsentürme ragen in enger, verwirrender Anordnung aus der Ebene empor und reichen, so scheint es, bis nahe zu mir heran. Tief unter mir, in direkter Nachbarschaft des Berges, den ich bestiegen habe, reihen sich rosa Felsen, relativ flach und äußerst plastisch wirkend, in paralleler Anordnung, durch tiefeingeschnittene Flußbetten voneinander getrennt. Über der Gebirgslandschaft schwebt ein milchiger Dunstschleier, der bis zu den Bergspitzen herabreicht und die scharfen Konturen verwischt. Der Himmel ist über und über mit dunklen Wolken bedeckt, die die weiße Sonne zumeist gar nicht hervortreten lassen. Die Atmosphäre hat sich der Düsterheit meiner Umgebung angepaßt. Wie kalt und bedrohlich nackter Fels doch wirkt! Auch die geringe Vegetation entlang der Oueds kann an diesem Eindruck nichts ändern.

Soweit ich dies von meinem Standort aus erkennen kann, erstreckt sich in nördlicher Richtung ein langgezogener Tafelberg, der offenbar ohne beständige Ab- und Aufstiege zu begehen ist und von dem aus eine permanente Sicht nach Osten möglich scheint. Ich mache mich an den Abstieg in die angegebene Richtung, überquere eine felsige Talsohle und trete den Aufstieg des gegenüberliegenden Berges an. Fester Fels und hartes Lavagestein wechseln mit gleitenden Felsplatten und losem Geröll. Der Aufstieg ist nicht sehr schwierig, wenn man treppenartig von Stein zu Stein die Höhe nimmt. Oben angekommen, folge ich dem Plateau an seinem Ostrand. Die Oberfläche ist mit losem Fels bedeckt, der bei jedem Schritt in dumpfen Tönen widerhallt. Es ist ein angenehmer Marsch ohne nennenswerte Höhenunterschiede, ein langer, aber abwechslungsreicher Weg über Fels und Stein, der mich weit in nördlicher Richtung vom Lager abbringt. Zu meiner Rechten begleitet mich ständig die geisterhafte Kulisse des Gebirges, ein Bild aus vormenschlicher Zeit.

Ich habe jegliches Zeitgefühl verloren; die Sonne ist nicht zu sehen, so daß ich erst an der einbrechenden Dämmerung merke, daß die Nacht bevorsteht. So verlasse ich die Ostseite des Plateaus und gebe die düsteren Kolosse des Hoggar preis. Ich beschreibe einen Bogen nach Westen, muß ein Stück weit bergab, um dann die parallel hierzu verlaufende Bergkette wieder hochzusteigen. Es müßte jene sein, die von unserem Lager aus zu sehen ist. Ich überquere dieses zweite Plateau, an dessen Westrand ich unter mir wohl die weite Ebene, nicht aber das Lager noch den daneben liegenden Trümmerberg erblicke. Ich bin daher leicht verunsichert, zumal es jetzt immer dunkler wird. Ein Gewirr von übermannshohen Felsblöcken, das steil vor mir nach unten abfällt und von dessen Existenz ich keine Ahnung hatte, mahnt mich zur Eile, denn ein Fehltritt oder ein in der Dunkelheit falsch berechneter Sprung könnte fatale Folgen haben. So marschiere ich zügig weiter, um diesen Abstieg noch heil beim letzten Licht des Tages zu überstehen. Sprungweise von Fels zu Fels verliere ich an Höhe und komme hinab in ein Wadi, das ringsum von schroffen Silhouetten vor brandroten Wolkenfetzen – ein Widerschein der bereits untergegangenen Sonne – umgeben ist. Ich folge seinem Lauf, gehorsam und etwas kleinmütig geworden, und bin erleichtert, als ich nach einigen hundert Metern auf die weite Ebene hinausgeführt werde, wo ich in einiger Entfernung die Umrisse der Fahrzeuge mehr erraten als tatsächlich sehen kann. –

Tags darauf fahren wir in die Stadt. Der Kübel ist zum Brechen voll. Wir wollen das Gros der restlichen Lebensmittelvorräte für die weitere Strecke einkaufen. Es ist bereits dunkel, als die Läden leergekauft sind und das Fahrzeug unter seiner Zentnerlast stöhnt. In einem nahen Hotel mit dem wohlklingenden Namen Tin-Hinan gedenken wir, den anstrengenden Stadtbesuch mit einem entspannenden Cognac zu beenden. Doch zu unserem Leidwesen müssen wir hören, daß akuter Alkoholmangel in Tam herrsche. Nun, dann eben Kaffee und Fruchtsaft! So angenehm die weichen Ledersessel mit Rückenlehnen im Vergleich zu unseren Kanistern auch sein mögen, so hat doch keiner von uns das Bedürfnis, den luftigen Lagerplatz in der freien Natur außerhalb der Stadt mit der Sterilität und dem abgeklatschten Touaregzauber des Hotels einzutauschen.

Der Rückweg wird angetreten. Zwischen prallen Säcken und großen Kartons, Reifen und Ersatzteilen zwängen wir uns sieben Mann hoch in den Innenraum des Kübels. Im Lager türmen sich schon bald die Vorräte neben der Kanisterkultur zu gotischen Dimensionen.

Nach dem Abendessen verlegen wir den Aufenthaltsort in das große Zelt, da es weiterhin stark weht. Die Glut des Feuers wandert in einer leeren, oben aufgeschnittenen Öltonne – jene, die uns in Gao als Backofen diente – in das Innere des Zeltes und spendet dort wohlige Wärme. Kerzenlicht bringt die Gemütlichkeit. Bacardi und Orangensaft ergänzen die Heiterkeit. Auch Eckhard ist mit von der Partie; aber er trinkt nicht. Ein schlechtes Zeichen angesichts seines Lieblingsgetränkes . . .

40. Ein schwerer Rückschlag

7.–9. Februar 1976

Die letzten Tage waren überschattet von Eckhards und Agnes' Ausscheiden aus der Expedition. Am Samstag teilt mir Ingvo mit, daß Eckhard Hepatitis habe; eindeutiges Anzeichen hierfür seien die gelben Augen. Ingvo hat sich bereits im Krankenhaus erkundigt und erfährt, daß keine Blutanalyse in Tam möglich sei.

Abends am Feuer diskutieren wir dieses Thema. Wir kommen überein, daß Eckhard uns in Begleitung von Agnes bereits hier in Tam verlassen soll, damit die Analyse möglichst bald in Deutschland durchgeführt werden könne.

Nun, inzwischen ist Dienstag abend gegen 20 Uhr (10.2.76); wir haben Tamanrasset in Richtung Djanet verlassen. Eckhard und Agnes blieben zurück. Eckhard starrte den Fahrzeugen hinterher – fassungslos! Reinhard und ich haben das Erbe angetreten, die Pritsche II, den Treibstofftransporter.

Die letzten Tage in Tam sind in einer äußerst trübseligen, teils aber auch geschäftigen Atmosphäre verstrichen. Vorabend der Hinrichtung; Eckhard liegt in seinem Zelt. Ich besuche ihn. Er prophezeit mir eine schwere Zukunft. Er hat sicherlich recht; ich bin auch der Meinung. Wie ich so neben Eckhard im Zelt sitze, komme ich mir vor wie an einem Totenbett. Wir besprechen den Verlauf der weiteren Expedition, immer unter dem Aspekt seines Ausscheidens – es ist ein Begräbnis! Eckhard begräbt »seine« Expedition, sein liebstes Kind. Die Hoffnung auf Rückkehr ist das einzige, woran er sich klammert.

Gestern, Montag, versuchte ich mit der Deutschen Rettungsflugwacht wegen der Überführung nach Hause klarzukommen. Doch die Leitung nach Deutschland ist schlecht. Man empfiehlt mir, die Deutsche Botschaft in Algier als Kontaktstelle dazwischenzuschalten. Aber auch dorthin gibt es keine Mitteilungsmöglichkeit für mich.

Wie ich Monate später erfuhr, hatte mein Kontaktversuch zur DRF eine hektische Suchaktion nach uns in die Wege geleitet, die die DRF initiiert und die Deutsche Botschaft in Algier aktiv unterstützt hatte. Hier ein Auszug aus der Telex-Kommunikation:

DRF an DiploGerma Alger: (09.02.76, 13.16 h) »Soeben haben wir einen Alarmruf aus Tamanrasset bekommen. Die Personen werden sich mit Ihnen in Verbindung setzen, da Telefonverbindung äußerst schlecht war. Es ist möglich, daß ein oder mehr Patienten ausgeflogen werden müssen . . . Bitte, nehmen Sie Kontakt mit uns auf, wenn der Alarmruf Sie erreicht. Bisherige Diagnose: Hepatitis. Die Erkrankten sind Mitglieder der deutschen Afrika-Expedition und uns bekannt.« . . .

Alger an DRF: (09.02.76, 15.30 h) »Betr. Ambulanzflug Tamanrasset. 1. Botschaft bisher keine Nachricht von Patienten. 2. Diagnosenüberprüfung hier nicht möglich . . . 5. Ärztlicher Notdienst Tam rudimentär.« . . .

DRF an Alger: (direkt danach!) »Wissen Sie, ob in Tamanrasset ein Krankenhaus oder eine Sanitätsstelle ist? Ist es evtl. über eine andere Stelle möglich, Funkkontakt mit der Expedition aufzunehmen? Die Gruppe hat nach Aussage des Schirmherrn Funkgeräte bei sich.«

DRF an Alger: (10.02.76, 10.58 h) »Können Sie etwas Neues über die Patienten in Tamanrasset sagen? . . . Ist es Ihnen vielleicht möglich, Funkkontakt aufzunehmen? Hallo, die Sache läuft noch . . .«

Alger an DRF: (direkt) »Nein, hier noch nichts Näheres bekannt. Botschaft verfügt zwar über eine Empfangsanlage, direkter Funkkontakt mit Tam jedoch nicht möglich.«

DRF an Alger: (direkt) »Wir bereiten den Luftrettungseinsatz vor, können ihn aber erst auslösen, wenn Kontakt zu den Patienten besteht. Wichtigste Frage dürfte im Augenblick sein, ob sich weitere Expeditionsmitglieder infiziert haben . . .«

Weiter im Wechsel: »Wenn mehr als zwei Patienten zurück müssen, können wir keinen Lear-Jet einsetzen.« »Welcher Typ käme dann in Frage?« » Zur Zeit unklar, aber wir schaffen das schon! . . . Für den Fall des Einsatzes bitten wir jetzt schon um Ihre Mithilfe für die Einfluggenehmigung.« »Einfluggenehmigung muß von Ihnen eingeleitet werden mittels Flugplan.« »Verstanden, machen wir auch. Sie können Behörde von Dringlichkeit unterrichten.« »Bei Angabe ›Hilfsflug‹ schalten die Behörden hier sofort.« ...

Alger an DRF: (10.2.76, 15.00 h) »Tel.-Kontakt mit hôpital civil in Tam: Diensthabender Arzt erklärt, ein Mann und eine Frau hätten vorgesprochen. Diagnose bei männlicher Person, schwere infektiöse Hepatitis. Arzt rät dringend zur Heimschaffung. Diagnose bei weiblicher Person nicht bekannt ... Namen beider Personen nicht bekannt. Behandlung erfolgte ambulant. Augenblicklicher Aufenthalt der Personen im Krankenhaus nicht bekannt. Botschaft hat Arzt gebeten, bei erneuter Vorsprache schnellstens Tel.-Kontakt mit hiesiger Vertretung aufzunehmen ...«

Leider war dieser Aktion kein Erfolg beschieden, da die Expedition am 10.2.76 Tamanrasset verließ und die beiden Erkrankten am 12.2.76 mit einer gewöhnlichen Linienmaschine die Heimreise antraten.

Der Tag des Aufbruches, der Tag der Trennung, bricht an, kalt und windig, grau und trübe! Die letzten Vorbereitungen zum Aufbruch haben mich die Situation nicht vergessen lassen. Das war nicht möglich; aber ich fühlte nicht, und ich dachte nicht, denn alles war Routine! Jetzt aber stehen die Fahrzeuge bereit, die Motoren werden angelassen ... »Haben wir auch alles besprochen?» Wir können nicht mehr viel sagen. Unsere Zeit geht zu Ende. Ich sehe mich kurz vor einer ganz privaten Trennung von Eckhard und empfinde entsprechend. Ich gebe den beiden Scheidenden die Hand und wünsche ihnen alles Gute; dann fahren wir davon. Eckhards und Agnes' Blicke folgen uns, bis die Mauer des Campingplatzes uns trennt ...

41. Assekrem

10.–13. Februar 1976

Der erste Streckenabschnitt nach Djanet liegt hinter uns. Wir halten mehrmals, um Holz zu sammeln. Die Piste ist sehr schlecht, tiefausgefahrenes Wellblech und starke Steigungen.

Vor Einbruch der Dunkelheit bauen wir das Lager in einem breiten, tiefsandigenWadi auf. Wenn das Wasser käme, wären wir verloren! Der Gedanke macht mir bewußt, daß ich an Zuversichtlichkeit eingebüßt habe. Der Abend ist kalt. Ich wähle für die Nacht den Ort neben dem

Feuer. Morgen werden wir wohl Assekrem erreichen, wo ich auf den Empfang bei Jean-Marie gespannt sein werde.

Der neue Tag bricht an. Die Strecke verschlechtert sich zusehends. Schlimme Wadis kreuzen die Piste; 15%ige Steigungen zwingen uns, Schrittempo zu fahren. Je näher wir der Ermitage kommen, desto schwieriger wird die Fahrstrecke.

Wenige Kilometer hinter dem Abzweig nach Djanet befindet sich Assekrem, ein äußerst kaltes und windiges Hochplateau in 2700 m. So kalt es ist, so phantastisch ist der Blick auf die höchsten Erhebungen des Hoggar, in dessen Innern wir uns hier befinden. Wir machen uns an den Aufstieg zur Ermitage. Oben werden wir sehr freundlich von Jean-Marie begrüßt. Ich stelle mich vor, und er macht große Augen. »Nun«, meint er, »dann müßten Sie eigentlich vom Atlantik kommen?« Ich bejahe und füge hinzu, daß wir zum Nil unterwegs seien. Jean-Marie ist der Autor einer Grammatik und eines Wörterbuches über das Tamaschek, und auf meine Frage, wie lange er daran gearbeitet hätte, meint er, er sei nun 21 Jahre hier, und »peu à peu« seien die beiden Bücher fertig geworden. Der Bruder ist groß, hager und geht leicht gebeugt. Er hat sehr lebhafte, freundlich und mild blickende Augen und ausgeprägte Lachfalten. Sein Alter schätze ich auf 65 Jahre. Er lädt uns zum Tee ein; in einer liebevoll hergerichteten Nische mit einem Holztisch und Holzbänken nehmen wir Platz. Später steigen wir noch einige Meter höher, auf das Plateau selbst, wo die Hütte von Charles Foucauld steht, original erhalten, mit Dokumentationen und einer Bibliothek in ihrem Innern. Ich lese einige Dokumente über Foucauld und nehme Kenntnis von seinem Tode im Jahre 1916 im Verlaufe eines Angriffes der Senoussi aus Libyen. Es herrscht eine Atmosphäre des Friedens in der Hütte direkt unter dem Himmel.

Im selben Stil haben vor etwa zwanzig Jahren die Nachfolger Foucaulds nur wenige Meter unterhalb einen ganzen Hüttentrakt gebaut, der Aufenthalts-, Schlaf- und Küchenräume sowie die überdachte Sitzecke und eine Einsiedelei für die Klausur enthält. Ich kann dieser Arbeit in 2700 m Höhe nur allergrößte Bewunderung zollen.

Der Abstieg geht rasch vonstatten. Der kalte Wind hat nicht nachgelassen, so daß wir uns eilends in die Fahrzeuge zurückziehen, um unsere Fahrt durch das Hoggar fortzusetzen. Das Gebirge erscheint mir überwältigend. In unmittelbarer Nähe passieren wir mächtige Felsenriesen. Noch nie sind mir menschliche Dimensionen so bescheiden und zerbrechlich erschienen. Die Piste bleibt in den verbleibenden Abendstunden dieses Fahrtages miserabel. Gewagte Abfahrten auf gleitendem, grobem Geröll häufen sich. Kurz vor Dunkelheit fahren wir zu unserer gewohnten Wagenburg zusammen.

Es ist bitterkalt. Ein Nordost tobt um unser Lager herum und läßt uns vor Kälte erstarren. 20 Uhr; wir messen 1° C. Mehrere der Gruppe warten nicht einmal mehr, bis das Essen bereit ist, sondern ziehen sich vorher schon in den Schlafsack zurück. Ich ahne bereits, daß die kälteste Nacht seit Beginn unserer Reise bevorsteht. Ungewöhnlich früh wird die Feuerstelle, die heute die Frierenden nicht zu wärmen vermag, verlassen. Die Nachtkälte ist empfindlich, aber ich schlafe jedesmal wieder ohne Schwierigkeiten ein.

Am Morgen erwache ich ausgeschlafen und bin blitzschnell munter, als ich Wolfgangs Stimme höre, der von eingefrorenem Wasser spricht. Ich denke an unsere Fahrzeuge, und mir bleibt das Herz stehen. Reinhard springt auf und läßt die Motoren an, einen nach dem andern. Welch ein Glück! Das fettige Spülwasser vom Vorabend ist mehrere Zentimeter dick gefroren.

Um 10 Uhr verlassen wir den Lagerplatz, und ich stelle befriedigt fest, daß die Kraft der Sonne nicht nachgelassen hat. Es wird wärmer und wärmer. Ein kurzer Halt an einer Guelta; ein idyllischer, sonnenbeschienener, von Felsen eingerahmter Ort mit reicher Vegetation, die den Uferlauf des eiskalten Sees markiert.

Wir setzen die Fahrt in nordöstlicher Richtung fort. Gegen Mittag verlassen wir das Hoggarmassiv und kommen auf ein Plateau. Die Bergstrekken haben ein Ende. Das Gebirge tritt immer weiter von der Piste zurück. Trotz der Eile mache ich in Hirafok einige Interviews, und wir fragen uns, wie die halbnackten Touareg die fürchterliche Nacht überlebt haben können...

Wir überqueren weite Regebenen, die mit wuchtigen Felsen in mannigfaltigen Formen übersät sind; durch dieses Gewirr hindurch ziehen sich grünende Oueds. In einem derselben ist ein richtiger kleiner Wald entstanden, eine willkommene Gelegenheit, um unseren zu Ende gegangenen Holzbestand zu erneuern. Der Anhänger und der Dachgarten des Koffers sind zum Brechen voll, als wir auf die letzte Etappe des Tages gehen.

Der heutige Abend beschert uns ein Schauspiel ohnegleichen. Die tiefstehende Sonne zeichnet die in warmen Farben angestrahlten Felsengebilde – das Spektrum reicht von hellem Rosa bis zu dunklem Violett, je nach Lage derselben – mit scharfen Konturen. Am Himmel treiben feuerrote Wolkenfetzen vor hellblauem Untergrund. Die Helligkeit des letzten Lichtes des Tages ist extrem. – Eine Viertelstunde später ist der Zauber bereits vorbei.

Es herrscht Windstille. Adamou versucht, in der Glut des Feuers Brot zu backen – aus Mehl, Wasser und Hefe. Ein gelungener Versuch, nach meiner Ansicht; doch nicht alle denken so, und der Targui scheint etwas enttäuscht über die mäßige Resonanz auf sein Werk. Adamou ist in den letzten Tagen etwas launenhaft; ich glaube, er bekommt langsam die Reise und vor allem die Kälte hier im Hoggar über. –

Freitag, 13.2.76. Wir folgen einer Wellblechpiste, die sich in breiter Spur über das Plateau hinweg nach Osten windet. Am Nachmittag umgibt uns ein zauberhaftes Bild. Das Reg ist einer weiten Sandfläche gewichen, die das Plateau in gelben, roten und braunen Farbtönen bedeckt. Die Ebene ist dicht mit schwarzen Inselbergen übersät, die flächenweise bis unter die Gipfel mit hellem Sand verweht sind. Zwischen diesen kontrastreichen Erhebungen wellen sich die sanften Rücken einzelner Dünen. Einmal blendet mich das Weiß einer Flachdüne, die für Augenblicke unsere Piste säumt. Streckenweise fehlt jegliche Vegetation. Und über dieser Herrlichkeit aus Sand und Fels wölbt sich drohend eine zu Fetzen zerrissene Wolkendecke, durch die hin und wieder die Sonne bricht.

Es ist bereits dämmrig, als wir zur Wagenburg zusammenfahren. Kurz darauf wartet Reinhard mit einer Hiobsbotschaft auf. Die Hälfte eines Federpaketes des Koffers sei gebrochen. Im Scheinwerferlicht der Pritsche II machen sich die Mechaniker bei Wind und Kälte an die Arbeit, die erst gegen 2 Uhr in der Nacht beendet ist. Den anschließenden Schlaf haben sie sich redlich verdient.

42. Das Tassili n'Ajjer

14.–23. Februar 1976

Nach etwa zwei Stunden Fahrt am folgenden Morgen erscheinen am Horizont schemenhaft die Umrisse eines Gebirges. Wir nähern uns dem Tassili n'Ajjer. Die Piste ist seit gestern sehr tief, und sie bleibt es auch heute den ganzen Tag über.

Der Himmel ist bedeckt. Dunkle Wolken sorgen für eine frühe Dämmerung. Es ist nicht sonderlich kalt und nur leicht windig. Es sieht nach Regen aus, würde man sagen, wenn man nicht gerade in der Wüste wäre. Das unfreundliche und rauhe Klima ergänzt die Düsterheit der vor uns in die Höhe strebenden Felssäulen und massiven Bergketten, die wie von Riesenhand auf die Sandfläche aufgesetzt scheinen. Fahler Dunst umwölkt den schwarzen Fels. Mit jedem Kilometer rücken wir ihm näher, schließlich säumt er unseren Weg, und unsere Piste führt mitten durch steil aufstrebende Felswände, an deren Fuß sich ein Steingewirr ausbreitet.

Wir entschließen uns, die noch verbleibenden hundert Kilometer nach Djanet am folgenden Tag zurückzulegen, und suchen einen geeigneten

Lagerplatz. In einer windstillen Felsennische abseits der Piste lassen wir uns nieder. Am abendlichen Feuer herrscht eine angeregte Stimmung, bis plötzlich Wasser vom Himmel tropft – Regen, der erst wieder aufhört, als der helle Tag mich weckt, Schlafsäcke und Matten werden zum Trocknen ausgelegt.

Um die Mittagszeit fahren wir in Djanet ein. Wir lagern einige Kilometer außerhalb der Stadt neben einem hohen Felsen. Der Boden ist sandig und noch feucht vom gestrigen Regen. Es ist warm und windstill.

Die letzten beiden Tage standen im Zeichen des Linguistikprogramms. Zwischendurch Formalitäten in der Stadt. Wie am Vortag bereits ist die negative Resonanz bei den Behörden zu einem großen Teil auf Adamou zurückzuführen. Es ist eine glatte Unverschämtheit, mit welcher Geringschätzung, Verachtung, ja offener Feindschaft der Targui hier behandelt wird; das Verhalten einer Wohlstandsgesellschaft gegenüber ihrem armen, unterprivilegierten Nachbarland! –

Am folgenden Morgen nach dem Frühstück spazieren Adamou und ich über die weite Ebene hinweg zu einer Nomadenansiedlung. Wir gehen durch das Lager und werden zum hintersten Hüttenkomplex verwiesen. Dort weist uns ein geöffnetes Tor in einen geräumigen Innenhof von rechteckiger Grundfläche, in welchem fünf Männer auf Palmenmatten gerade beim Mittagessen sind. Der gesamte Raum ist umfriedet von übermannshohen Palmwedeln, säuberlich auf die gleiche Länge geschnitten und zum besseren Halt ringsum mit Schnüren befestigt. An den vier Ecken sowie am Eingang sind kräftige Äste als Stütze dieser Konstruktion im Boden verankert.

Die Männer begrüßen uns, heißen uns Platz nehmen und bieten uns Tee an. Es sind zwei alte und drei jüngere Touareg vom Stamme der Ajjer, malerische Burschen mit lebhaften Augen, freundlichen, sympathischen Gesichtszügen und »verwegener« Kleidung. Zwischen Adamou und einem Alten beginnt eine längere Unterhaltung, in welche die anderen sich ständig einmischen. Sie erscheinen mir neugierig und sehr kritisch. Ich beobachte Gesichtszüge und Gestik, beide von größter Variabilität und Lebhaftigkeit. Heiteres Lachen unterbricht häufig die Kommunikation, die sich über eine Stunde hinzieht. Die beiden Alten begleiten uns schließlich ins Lager. Die Jüngeren wollen am Nachmittag zu den Interviews kommen. Trotz eines Regens geht das Programm über die Runde. Adamou eröffnet uns, daß er uns am kommenden Morgen verlassen möchte. Wie es scheint, hat er eine Möglichkeit gefunden, mit irgendwelchen Leuten nach Ghat und Sebha zu gehen, wo er sich Arbeit beschaffen möchte, denn in Libyen scheint man gut zu verdienen. Ich bedaure seine schnelle Entscheidung auch in Hinsicht auf das Programm, für welches er uns nützliche Dienste geleistet hat. Damit endet die Geschichte des Targui in der IWTSE; unsere Wege trennen sich. –

Im Gebirge

Der Kübel bringt uns zu der Stelle, von wo der Aufstieg nach Tamrit vorgesehen ist, etwa 15 km auf einer unangenehmen Gebirgspiste, die uns in nordöstlicher Richtung mitten hinein ins Tassili führt. Um uns herum hohe Felswände und schlanke Felsentürme. Der Fußweg verläuft durch ein wildes Steingewirr zu einem schmalen Pfad hin, der sich immer höher hinauf ins Gebirge windet. Ich habe den Eindruck, förmlich in die Berge hineinzusteigen. An einer kleinen Felsengruppe machen wir einen kurzen Halt; die erste Steigung liegt hinter uns. Vor mir breitet sich eine Sandebene aus, auf welcher ich bereits den weiteren Weg verfolgen kann. Bäume und Büsche schmiegen sich an die noch feuchten Rinnsale am Fuße der emporstrebenden, monumentalen Wände. Eine Unmenge von sehr hohen, aber relativ schmalen und kurzen Felsenketten, von riesenhafter Hand in die Erde gerammt, sind derart angeordnet, daß zwischen ihnen ein unübersehbares Gewirr von Canyons entsteht, in welchem sich der Ortsunkundige sehr schnell hoffnungslos verlaufen hätte, gestatten ihm doch die hohen Wände nicht einmal den Blick zur Sonne, sondern nur einen kleinen Ausschnitt auf das Blau des Himmels.

Die Pause ist zu Ende. Wir folgen dem markierten Weg, der mürrische und unfreundliche Führer vorweg. Bald weicht der Sand grobem Geröll. Wir durchqueren eine schmale, aber tiefe Schlucht. Pfützen und feuchte Erde zeigen an, daß auch hier vor wenigen Tagen Regen niedergegangen ist. Kein Sonnenstrahl dringt in diesen Abgrund, dessen Düsterheit lediglich durch einige munter herumtollende, murmeltierähnliche, putzige Kerlchen hoch oben im Fels gemildert wird. Am Ausgang der Schlucht begrüßen uns wieder das Licht und die Wärme des sonnigen Tages. Der Blick verharrt an spitzen, natürlichen Obelisken aus vormenschlicher Zeit.

Der nächste Aufstieg, um einiges schwieriger als der erste. Der Pfad hört bald auf. Steiler und steiler geht es voran. Der Rucksack wechselt des öfteren den Träger. Schließlich behilft man sich auf allen vieren. Wir arbeiten uns mühsam auf den Felsen nach oben, von einer Plattform zur nächst höheren, an Abgründen entlang, auf Wegen, auf denen gelegentlich das Wasser als Kaskade in die Tiefe stürzt, immer bestrebt, einen Halt zu finden. Der Gipfel des Felsenstocks ist erreicht, und wir schauen hinunter in einen schier nimmer endenwollenden Schlund, senkrecht abfallende Felsenwände mit kleinen Vorsprüngen, damit dem Stürzenden auf dem Weg hinab ins Tal die Zeit nicht zu lang wird.

Unser Weg führt weiter über ein weiträumiges Hochplateau, durch tief in den Fels eingeschnittene Wadis hindurch, die reißende Sturzbäche aus dem Gebirge geschaffen haben; rundgeschliffene Steine, Sand, Gras und Büsche markieren das Flußbett inmitten der bizarren Felswüste, die sich am entfernten Horizont in Form von schroffen Erhebungen wieder ankündigt. Sollte dies unser Ziel sein? Wir nähern uns einem Felsen, der tief ausgehöhlt ist und ein gewaltiges, von der Natur geschaffenes Dach aufweist. Unser Nachtlager, teilt uns der Führer mit; sandiger Boden und eine Feuerstelle. Aus einiger Entfernung tragen wir Gestrüpp herbei, um gegen die abendliche Kälte gewappnet zu sein. In der näheren Umgebung befinden sich zahlreiche Felskuhlen im Sand, in denen klares Regenwasser steht. Wir holen uns davon, um damit einen stärkenden Tee zu bereiten. Am folgenden Morgen soll es zu den Felsmalereien gehen. Um hierfür auch fit zu sein, ziehen wir uns bald schon vom Feuer zurück.

Am 23.2. um 7 Uhr sind wir auf den Beinen. Wir packen uns etwas zusammen für den ausgedehnten Ausflug. Der Führer wartet schon. Wir brechen auf in eine Gegend, deren Zauber meine kühnsten Erwartungen übertrifft. Ich glaube mich in die Vergangenheit versetzt, in eine alte Inka- oder Mayastadt. Das Land ist dicht mit grotesk geformten Felsenerhebungen übersät; der Fels selbst infolge der Verwitterung mit eigentümlichen Horizontalrippen versehen, von oben bis unten in regelmäßigen Abständen, als ob er aus Stockwerken bestünde. Andere Gebilde erinnern an enorme Burgen, die sich nach oben hin verengen; dazwischen, in bunter Vielfalt, leicht abgerundete, ungeheuer hohe Säulen und Türme. Eine Reihe flacherer, ausgewaschener Felsen bietet einen höhlenartigen Unterschlupf. Wir marschieren unter natürlich entstandenen Toren hindurch und glauben zu träumen. Ich habe noch niemals eine ähnliche Gebirgslandschaft gesehen. Was ist das gewiß phantastische Hoggar gegen dieses märchenhafte Felsenchaos! Hier wurde eine Stadt geschaffen, die so alt ist, daß man sie nur träumen kann. Nicht spontane Bewegung signalisiert hier Leben, sondern der unmittelbare Eindruck von Veränderlichkeit jenseits menschlich begreifbarer Zeit- und Energievorstellungen. Ich stehe vor Ruinen, die mir die Geschichte der Erde erzählen wollen, von Zerstörung und Umwälzung – und die Akte der Vernichtung werden nie aufhören, grandiose Kunstwerke zu entwerfen, die in immer neuem Gewand weiterleben.

Manch einer mag hier Dresden nach dem Zweiten Weltkrieg sehen. Mir ist diese Vorstellung zu konkret. Das Ruinenfeld dokumentiert die Umwälzung der Welt. Der Fels ist Repräsentant des Alters, und dennoch wird er zu Sand und Staub.

Dieses unvergeßliche Erlebnis läßt die Felsmalereien unerwarteterweise als zweitrangig erscheinen, obwohl die Station von Tan-Zoumaitak interessante Figuren aufweist. In mehreren übereinandergemalten Schichten aus verschiedenen Epochen erkennen wir Antilopen und Gazellen, in weißer und roter Farbe ausgemalt, rote Strichmalereien von Giraffen und Rindern, weiß ausgemalte und mit rotbraunen Strichdekorationen versehene, für mich unidentifizierbare, rundliche Darstellungen, von denen Bündel roter »Fäden« ausgehen. An anderer Stelle finden sich große menschliche Gestalten in gelblicher Farbe mit gepunkteten Ziernarben. Die Darstellungen auf den obersten Schichten sind sehr gut erhalten. Die größte Station hat eine Ausdehnung von etwa zehn bis zwölf Metern Länge und drei Metern Höhe.

Wir folgen einem steinigen Flußbett, dann geht es hinauf auf ein von tiefen Canyons durchzogenes Plateau; hundert Meter unter uns das Oued Djanet. Wir werfen Felsbrocken hinunter; ein Brüllen dringt laut zu uns herauf, gefolgt von einer dicken Staubwolke. Wie soll man eine Tiefe beschreiben? Der Blick von einem Kirchturm auf eine Stadt oder eine weite Ebene ist erholsam; jener in eine enge Schlucht oder in einen tiefen Brunnen beklemmend oder aufregend, da ihm etwas Tabuiertes anhaftet, der Blick in das Innere der Erde, der Hölle.

Eben noch die Bedrohlichkeit der Tiefe vor Augen, bietet sich uns nur wenig später die Idylle eines breiten Tales; ein schmaler Flußlauf, gesäumt von tiefgrünen Tamarisken und Zypressen, uralte und verwachsene Bäume, die herrlichen Schatten spenden; dazu der rötliche Fels, der gelbe Sand und über dem Ganzen ein blauer Himmel. Wir folgen dem Ufer des Flusses; schließlich zwingen uns die Felsen, den beschwerlicheren Weg quer durch das Gelände zurück zum Lager einzuschlagen.

Am Abend haben wir einen Targui zu Gast, der uns Gesellschaft leistet, bis das letzte Holz verbrannt ist. Dann wünscht er uns eine gute Nacht und einen glücklichen Abstieg.

43. Djanet

24.–26. Februar 1976

Heute, Dienstag, der 24.2., ist der vorgesehene Abfahrtstermin der IWTSE. Ein Brief Eckhards informierte uns gestern, daß wir in Sebha/ Libyen mit ihm und Agnes für die vierte Etappe rechnen können. Dem heutigen Aufbruch stehen nur noch der Ausgangsstempel der Polizei und die Zollkontrolle im Wege.

Der Ort, dessen Bewohner und Behörden uns bislang wenig Grund zur Freude gegeben haben, ist umgeben von den malerischen Felsenmassiven des Tassili n'Ajjer. Von hoher Warte aus, in direkter Nachbarschaft des Polizeigebäudes, reicht der Blick über die ganze Stadt hinweg, hinüber zum sandbedeckten Oued, an welchem sich die Palmengärten entlangziehen, und weit hinaus auf die schroffen und spitzen Felsentürme des Gebirges, das die gesamte Breite des nördlichen Horizontes einnimmt. Man sollte diesen Gang jedoch nur wählen, wenn man sicher ist, daß die Polizei geschlossen hat. Andernfalls könnten die beschaulichen Betrachtungen jäh durch harte und beleidigende Worte eines Cholerikers unterbrochen und verdorben werden.

Die Gebäude mit der algerischen Flagge sind die größten und bestgepflegtesten des Ortes. Es sind auch die einzigen, die mit einer Klimaanlage ausgestattet sind: die offiziellen Stellen und Behörden, Gendarmerie, Daira, Polizei, Zoll, Air Algérie, Post usw. Sie repräsentieren die Ordnung und den Wohlstand des Landes. Trotz dieses Wohlstandes und Fortschrittes ist Algerien auf dem besten Weg, sich eine Unterschicht zu schaffen, der jeglicher Zugang zu offiziellen Ämtern verschlossen ist: die Touareg. Sie leben inzwischen als Händler oder Kunsthandwerker in der Stadt und übernehmen die Führung der Touristen ins Gebirge. Andere fristen ein kärgliches Dasein als Halbnomaden am Rande der Oase. Die Vorstellung vom nomadisierenden Targui muß auch unter den Ajjer bald begraben werden. Wir haben hier eine Bevölkerungsschicht vor uns, deren Tätigkeitsfeld infolge mangelhafter oder fehlender Ausbildung immer begrenzt sein wird. Der Vorsprung, den die arabische Bevölkerung den Touareg gegenüber hat, ist nur schwer aufzuholen. Zumeist ist jedoch die Einsicht in diesen Sachverhalt einen an Nomadismus gewöhnten Menschen, der lange Zeit, ja eigentlich immer, mit Viehzucht ein zufriedenes, repressionsfreies Leben fristen konnte, a priori versperrt. Die zunehmende Technisierung Algeriens schränkt dieses Tätigkeitsfeld ständig weiter ein. Die Trockenheit hat die Entwicklung lediglich beschleunigt. Hat der Nomade überhaupt noch eine Zukunft vor sich? Das Tragische ist, daß dieser der eigentliche Herr dieses Landes ist. Das Tassili n'Ajjer ist die Heimat der Kel Ajjer. Die Machthaber Frankreichs und Algeriens kommen viel später. Aus Herrschern sind innerhalb eines halben Jahrhunderts Beherrschte geworden, die gezwungen sind, der neuen Entwicklung, die allein zu ihren Lasten geht, Rechnung zu tragen. –

Wir hatten heute reichlich Gelegenheit, von hoher Warte aus das oben beschriebene Panorama zur Kenntnis zu nehmen. Für den Ausreisestempel werden wir zum Kommissar der Polizei geschickt. Eine vergleichbare Erscheinung aus dem Tierreich drängt sich mir auf; ein schmieriges, rundliches, kleingewachsenes Schweinchen mit glattpoliertem Schädel; einige schwarze, fettige Schläfenlocken kräuseln sich um die Schweinsohren. Er, der Kommissar, ist verantwortlich für den Scheißdreck, den ihm Touristen vorlegen, sofern man seinen eigenen Worten trauen darf. Jenen, die im Hotel absteigen und des Abends das Restaurant aufsuchen, um für zwölf Dinar ein armseliges Essen 'reinzuschieben, jenen also, die überhaupt viele Scheine in Djanet hinblättern, bietet er zur Erledigung der Formalitäten einen Stuhl an und beeilt sich auch sehr, sich für diese nette

Geste zu bedanken, indem er ihnen als Gegenleistung die Pässe fertig macht, denn das Flugzeug wartet ja schon. Jene anderen aber, die sich von den grunzenden Tönen »Napoleons« nicht beeindrucken lassen und das Geld für die Übernachtung sparen, jene also, auf die Algerien verzichten kann, da sie dem Land ja doch kein Geld bringen (Zitat!), werden zunächst einmal vor die Tür gesetzt, und wenn sie wiederkommen, werden sie nochmals vor die Tür befohlen, um dort einen Nachmittag lang auf den Ausreisestempel zu warten. Man wird darauf hingewiesen, daß man sich nun einmal im Süden viel Zeit läßt. Der Abend für den Touristen zweiter Klasse endet schließlich vielversprechend mit einer Bestellung auf den nächsten Vormitag.

Der Kommissar meint vermutlich, wir wären eine »agence«, eine Reisegesellschaft also, und sieht im Geiste wieder viel Geld davonschwimmen. Jeder nicht kassierte Dinar aber muß gebüßt werden. Der Polizeichef spielt hierbei die Rolle des Exekutivorgans. So liegen wir weiterhin am Fuße des Felsens und hoffen auf bessere Zeiten.

An den beiden folgenden Tagen kommen die Probleme derart geballt auf uns zu, daß wir sie nur mit Mühe und Not meistern können. Obwohl es mir widerstrebt, diese Geschichte nochmals im Geiste Revue passieren zu lassen, darf sie an dieser Stelle nicht fehlen.

Am Mittwoch, dem 25.2., fahren wir gegen 9 Uhr morgens zurück zur Polizei. Nach einer gewissen Wartezeit wird Philippe hineingerufen. Dies ist der Beginn einer Reihe von unverschämten Einzelverhören, die durch einen gefährlichen Eklat unterbrochen werden, als nach Philippe, Irène und Ingvo ich an die Reihe kommen sollte. Der Kommissar empfängt mich kurz angebunden, duzenderweise, worauf ich ihn darauf aufmerksam mache, daß er mich zu siezen habe. Daraufhin wirft er mich hinaus und nennt mich duzenderweise »con«. Ich drehe mich um und fordere ihn auf, dies zurückzunehmen und seine freche Verhaltensweise einzustellen, andernfalls würde ich mich bei der Daira beschweren. Dies läßt ihn zum gemeinen Raufbold werden. Er zieht mich am Kragen hinein und knallt mir eine. Die anderen werden gleichfalls hereingerufen. Reinhard wird die Zigarette aus dem Mund geschlagen; mit mir zusammen wird er auf die Seite gestellt, der Rest der Gruppe, nach einer zünftigen Strafpredigt, wieder hinausgeworfen. Daraufhin werde ich zu meinem Widersacher beordert, den ich versuche, darüber aufzuklären, wer wir seien. Ich muß mich hierbei zügeln, hätte ihm lieber ganz andere Dinge gesagt, doch dann wäre der Tanz von neuem losgegangen. Angesichts der entwürdigenden Situation bleibt mir nichts anderes übrig. In einem einstündigen Vortrag glaubte ich auch, dies wäre mir gelungen – der Kommissar und sein Lehrling werden zunehmend freundlicher, ich bekomme einen Stuhl angeboten, und zwischendurch hatte ich gar den Eindruck, man würde mir zuhören –, doch der Nachmittag zeigt, daß ich den Argwohn des Cholerikers geweckt hatte. Denn mittlerweile hält er uns für ein militärisches Unternehmen. Die Freundlichkeit war Fassade und Lockmittel zugleich. Den gesamten Nachmittag verbringen der Kommissar und seine willigen und unterwürfigen Hausgeister damit, unsere vier Fahrzeuge auseinanderzunehmen. Eine Unmenge von Dingen wird vorläufig beschlagnahmt: die neolithischen Funde, das gesamte IGN-Kartenmaterial mitsamt den Luftaufnahmen, die Signalausrüstung, Ordner, Papiere, Reisedokumente und einiges andere mehr. Ich meine bestimmt, aber vorsichtig, daß dies ja wohl die Arbeit des Zolls sei. Der Kommissar fordert mich auch sofort auf, den Mund zu halten.

Nach Abschluß der behördlichen Aktivitäten, dem vandalenhaften Gebaren dieses Kommandos, ist es dunkel; unsere Moral so tief wie nie zuvor, aber dennoch nicht so tief, als daß wir nicht zumindest einigermaßen Ordnung gemacht hätten. Eine Ausnahme: Pascal trauert seinen Funden nach und ist dem Heulen nahe. Der Arme! –

Einige Deutsche offerieren ihre Dienste als Briefboten. Ich schreibe an die Deutsche Botschaft in Algier, schildere die Situation und bitte um Intervention in dieser Angelegenheit. Ingvo schreibt an Eckhard, damit dieser in Bonn tätig werde.

Am nächsten Morgen folgt der zweite Teil des Tanzes unter Regie »Napoleons«. Philippe muß ihm den ganzen Vormittag Rede und Antwort stehen. Um 11 Uhr sucht mich der Mann mit der fetten und federnden Faust selbst auf. Er gibt sich sehr gnädig und meint heuchlerisch, mit Philippe könne man nichts anfangen. Mit sanfter Stimme werde ich bewegt, Auskunft über unseren Briefkopf zu geben. Ich gebe zu bedenken, daß ich von der bisherigen Unterhaltung ferngehalten wurde, und verweigere jede Aussage. Nach kurzer Beratung meint er, ich könne gehen. Sie wollen sich also an Philippe schadlos halten. Ich verlange zu wissen, wo er sei. Er sei hier, und er bleibe hier! Wir sollen ihm das Essen bringen. Ich protestiere, doch die Antwort des Kommissars ist kurz und lakonisch: »Il est emprisonné! Si je veux qu'il reste, il reste, et je le garde!« Ich gehe deprimiert von dannen. Die Sache hat eine fatale Wendung genommen, und es ist klar, daß jetzt der Schritt zum Unterpräfekten trotz der geringen Erfolgsaussichten getan werden muß. Doch da kommt völlig unerwartet Philippe wieder. Er ist blaß und mit den Nerven am Ende. Man hat ihn mit allen Mitteln außer Schlägen ausgequetscht. Das will verdaut sein! Sie mißtrauen uns offenbar weiterhin.

Dann, am Nachmittag, die Peripetie. Wir könnten das ganze Material wieder hochtragen. Wie ist dies zu erklären? Philippe hat die Gelegenheit wahrgenommen, seine Mitgliedschaft in der Gewerkschaft der Sozialistischen Partei zu erwähnen, und von da an ging's bergauf. Wir haben einen glühenden Patrioten vor uns, der Frankreich nicht verzeiht, welche Seite es im Krieg um die Spanische Sahara bezogen hat. Die Fahrzeugpapiere werden herausgegeben, die Pässe gestempelt und zurückgegeben. Der bildhübsche Lehrling des Kommissars scheint stark verunsichert, macht aber dennoch seine Arbeit auch jetzt fehlerfrei. Er wünscht uns zum Abschied eine gute Reise, der nette Junge. –

Unten im Hotel lasse ich mir die beiden Briefe wieder geben. Sie würden in dieser Fassung keine Funktion mehr erfüllen.

Kurze Zeit später fahren die Fahrzeuge beim Zoll vor. Der Chef ist verärgert. Philippe gibt eine Erklärung über die Vorkommnisse der letzten Tage ab und signiert sie. Der Verantwortliche scheint Konsequenzen einleiten zu wollen. Unbehelligt läßt man uns ziehen. – Die Bedrohung ist zu Ende. Das Projekt kann weiterlaufen.

44. Wendepunkt Seguedine

26. Februar–3. März 1976

1. März; wir liegen zehn Kilometer von Chirfa entfernt, am Fuße der Burgruinen von Djado, auf feinem Sandboden inmitten von Palmenhainen. Es bläst ein böiger, kühler Wind, wie das in den vergangenen Tagen seit Djanet so üblich ist. Die IWTSE ist moralisch erneut an einem Tiefpunkt angelangt. Der Freude über den Aufbruch aus Djanet folgte bald schon ein neuer Tiefschlag. Seit Tamanrasset ist das Schicksal der Gruppe wenig hold: Wir stehen vor dem Verlust zweier weiterer Mitglieder: Wolfgang und Pascal. Wie kam es hierzu? Als wir Djanet verließen, war es bereits finster. Wir schlugen nur wenige Kilometer hinter dem Zoll unser Lager auf.

Die drei folgenden Tage führten uns über das etwa 800 m hoch gelegene Djadoplateau. Wer die Tanezrouft kennt, kann sich in etwa vorstellen, wie abwechslungsreich die Fahrt verläuft. Am ersten Tag finde ich die Sandfläche, die sich bretteben nach allen Richtungen bis hin zum Horizont erstreckt und auf der kein Gräschen, und sei es noch so gelb, sich zeigt, die vollkommene vegetationslose Einöde, noch faszinierend. Der Sand ist streckenweise tief; wir benötigen die Bleche. Die Strecke ist mit Stangen und Metallfähnchen deutlich gekennzeichnet. Von einer Piste kann aber nicht die Rede sein. Es gibt mehrere alte Spuren, die der Wind mit Sand gefüllt hat und bald wieder unkenntlich machen wird. Man muß ihnen ausweichen, wo es nur geht, denn sie sind weich und eine Qual für die Fahrzeuge.

Wolfgang beginnt, über die Zunahme seiner Magenschmerzen zu klagen. Pascal hat wenig Appetit, was bei ihm ebenfalls als ein Krankheitssymptom zu werten ist. Ingvo nimmt sich ihrer an und verteilt Medikamente. Noch verbringen wir alle eine gute Nacht.

Am folgenden Morgen frühstücken wir das letzte Brot. Pascal geht es schlechter. Er hat Quartier bezogen im Fond des Kübels, ausgestreckt auf der Sitzbank. Die Krankheit hat ihn geschafft. Im Verlauf dieses Fahrtages kotzt er sich die Seele aus dem Leib; er behält absolut nichts mehr; alles geht weg. Aber er ist noch relativ gut dran, denn er kann sich schonen. Wolfgang dagegen wird als Fahrer gebraucht, also Höchstanstrengung, obwohl er psychisch und physisch von Stunde zu Stunde mehr verfällt. Seine Schmerzen kommen von Leber und Galle! Wir fahren von morgens bis abends; ganze 40 Minuten dauert die Mittagspause. Die Piste ist härter geworden. Der Allrad wird kaum mehr gebraucht. So rollen wir zügig über das eintönige Plateau. Wolfgang ist nicht mehr ansprechbar, zu schwach und apatisch. Ingvo reicht weiterhin Medikamente, doch erfolglos. Wolfgang erhält eine Spritze, doch auch diese zeigt keine Wirkung. Aber wir können ihn nicht schonen; wir haben vier Fahrer und vier Fahrzeuge, da muß jeder 'ran!

Die Hitze tags darauf ist ebenso unverändert groß wie das Gelände trostlos und karg, die Krankheitssituation schlecht. Der eine kotzt wie besessen, der andere hält sich vor Schmerz den Unterleib. Die Tagesleistung: 224 km, entsprechend kurz die Pausen. Der Drang nach Bilma ist groß. Vielleicht, so hoffen wir, läßt sich dort für die Kranken etwas machen. Den Abend am Feuer verbringen wir zu fünft. Geht die Schrumpfung der Gruppe weiter? –

Heute nach Absolvierung der letzten Teilstrecke nach Chirfa sieht es ganz danach aus. Auf den letzten 50 km beginnt ein sanfter, gelblicher Bewuchs. In östlicher Richtung tauchen Dünen auf. Der Sand wechselt etwas nach Serir. Am südlichen Horizont wird im fahlen Licht des Tages und im Staub, der über der Wüste schwebt, die vage Zeichnung eines Gebirges sichtbar. Davor scheint uns die Reflektion der Sonne Bäume vorzugaukeln. Je näher wir kommen, desto konkreter werden Linien und Objekte. Aus schemenhaften, vernebelten Umrissen entstehen tatsächlich Bäume. Der Gebirgszug wird Wirklichkeit. Zu den Bäumen gesellen sich Gräser in kräftigem Grün. Bald zeigen Tümpel und Rinnsale an, daß auch hier etwas Regen gefallen sein muß. Wir passieren pastellroten Fels und weiße Erde, das Gebirge, die Bäume, Hütten und ein Lehmbau mit der nigrischen Fahne: das Militärlager von Chirfa. Wir werden freundlich begrüßt – wie gut das tut! –, erfahren, daß hier keinerlei Formalitäten zu erledigen seien, und stellen uns erleichtert in den Schatten einiger Bäume. Dann steuern wir nordwärts in Richtung Djado. Durch das Fernglas entdecken wir in westlicher Richtung die steil aufstrebenden Mauern der

Ruinen. Mit einiger Mühe bringen wir die Fahrzeuge an den von uns gewählten Lagerplatz. Der Nachmittag steht ganz im Zeichen der Besichtigung der Ruinenstätte.

Der Abend bricht an. Wolfgang und Pascal sind sehr krank. Es besteht dringender Verdacht auf Hepatitis. Wir anderen stehen unter Ansteckungsgefahr. Wie lange nun schon! Ingvo macht den Vorschlag, angesichts der Krankheitszustände eine beschleunigte Ankunft in Sebha anzustreben. Bilma nütze uns nichts. Wir brauchten einen Flughafen. Wir einigen uns darauf, obwohl ich ein schlechtes Gefühl wegen des fehlenden Einreisestempels habe.

Der heutige Tag (3.3.) beschert uns weiter Schwierigkeiten; wann hört das endlich wieder auf?! Von Seguedine aus nehmen wir Kurs NNO. Die Piste wie gestern sehr wechselhaft, zunehmend scharfkantige spitze Steine, launisch wie unser Schicksal. Nach drei Stunden erreichen wir Dao-Timni – und werden aufgehalten. Der Stempel. Wir weisen eindringlich auf unsere Kranken hin. Der Militär bleibt zunächst hart, läßt uns aber ziehen. Doch es gibt noch andere Sorgen. Wolfgang ist heute vormittag in ein tiefes Loch 'reingeknallt. Heute abend nun entdeckt Reinhard die Folgen; die letzten der sechs Halterungen des Kofferaufbaus sind losgerissen; dieser hat seine Lage auf dem Chassis auch schon leicht verändert. Reinhard ist zunächst ratlos. Um dies reparieren zu können, müsse man auf alle Fälle zuvor den Aufbau wieder richten. Die Reparatur ist für die Nacht angesetzt, denn die Zeit ist Wolfgangs größter Feind. Am Abend fange ich an zu frieren. Sollte ich etwa auch noch krank werden? Es ist nicht sehr kalt. Gestern abend, als ein kalter Wind wehte, fror ich noch nicht. Ich habe leichte Gliederschmerzen, so ein merkwürdiges Gefühl unter der Haut, ganz wie es ist, bevor man Fieber bekommt ...

45. Die Ruinen von Djado

1. März 1976

Wie sehr doch ein Mensch von seiner Gefühlslage abhängt. Einmal ist es ihm unmöglich, einen idyllischen, poetischen Ort eindrucksvoll und vorstellungskräftig zu beschreiben, da ihm unangenehme äußere Vorkommnisse seine innere Ausgeglichenheit nehmen. Ein andermal schildert er ihn in den treffendsten Worten.

Wir nähern uns der Ruinenanlage, die wir von der Piste aus über den

Kronen der Palmen ausgemacht, und die wir zunächst für einen gewaltigen Felsenstock gehalten hatten, indem wir uns durch den tiefen Sand vorarbeiten, vorbei an den tiefhängenden Ästen der dichtstehenden Palmen. Zwischendurch taucht unvermutet eine halb eingefallene Mauer vor uns auf. Auf einem hohen Felsen befindet sich ein kleines Wachtürmchen, das dem Verfall bis jetzt noch standhalten konnte. Was in früheren Zeiten von dort oben wohl bewacht wurde? Wir sollten es bald zu sehen bekommen. Wir treten aus dem wuchernden Grün des Palmenwaldes und schauen auf die vor uns liegende Ruinenanlage. Eine hohe Außenmauer umgibt das wehrhafte Dorf kreisförmig. Diese ist jetzt an mehreren Stellen eingebrochen. Wir versuchen sofort den Einstieg; wir klettern über locker herumliegendes Gestein und Lehmreste, merken jedoch bald, daß von dieser Seite die Ruinen unzugänglich sind. Wir stehen auf der Mauer eines viereckigen Hauses, dessen Boden sich mehrere Meter unter uns befindet. Kein Weg, kein Durchgang, auch nicht die Schutthalde einer eingefallenen Lehmwand. So gehen wir zurück und versuchen, von einer anderen Seite einen Zugang zu finden. Wir kämpfen uns durch hartes, scharfes Gras, das uns bis zu den Hüften reicht. Um die Burganlage herum ziehen sich moskitoverseuchte Sümpfe, denen fauliger Geruch entströmt. Sofort stürzen die Quälgeister sich auf uns: Endlich wieder frisches Blut! Wir müssen bald erkennen, daß die Tümpel kein Durchkommen ermöglichen.

So kehren wir unverrichteter Dinge wieder um und entdecken eine versteckte Bresche in der Burgmauer. Ein schmaler, festausgetretener Lehmpfad nimmt uns auf; wir gehen vorbei an den niederen, rechteckigen Eingängen zu Räumen und Häusern; dann kreuzen wir andere Wege. Wir gehen wie in einer Schlucht, rechts und links hohe, senkrechte Lehmmauern. Der Weg führt aufwärts; wir steigen über vereinzelte, halbmorsche, runde Deckenbalken, über Schutt und Steine. Wir treten durch bizarr geformte Tordurchgänge; nach rechts und links führen kaum kniehohe, dunkle Gänge und Wege; wir durchqueren einige Räume und steigen dann quer durch ein Gewirr von Zerfall nach oben. Unter uns präsentiert sich ein phantastisches Bild; wir schauen in eine Vielzahl von Innenhöfen, die gleichzeitig die Decke der darunterliegenden Etage bilden. Die ganze Burganlage besteht aus übereinander angeordneten Stockwerken. Dekken sind teilweise eingestürzt oder löchrig; vereinzelt letzte Andeutungen von einstmals hübschen Anbauten und Erkern, Treppen, die zu kleinen Türmchen führen. Ein unübersehbares Labyrinth von Räumen und Gängen. Durch eine etwas waghalsige Kletterei ist der Weg frei zur obersten Etage, die von einem großen und mehreren kleinen Türmen gesäumt wird. Der Ausblick ist grandios: rundherum liegen die steil abwärts führenden Ruinenanlagen: ein Gewirr aus Lehmmauern, wabenförmig angeordneten Räumen und eingefallenen Türmchen. Eine Gruppe von

Tauben und Raben sitzt irgendwo im Gemäuer. Tief unten sehen wir die Sümpfe, die in lockere, palmenbewachsene Sandflächen übergehen. Weiter hinten eine zweite Burganlage, etwas tiefer liegend als die unsrige. Der Blick fällt auf große Sandmassen, die im Begriff sind, die letzten Ruinenreste unter sich zu begraben, auf Palmensträucher, die zwischen den Mauern hervorwuchern. Nichts und niemand kann hier der Natur Einhalt gebieten, die Ruinen selbst sind ein Stück Natur geworden. Wir treten von den Zinnen zurück, um den Rückweg anzutreten. Ohne es zu wollen, kommen wir in einen anderen Teil der ehemaligen Dorfgemeinschaft. Wieder schmale Gänge zwischen hohen Mauern, eine verwirrende Anzahl davon. Wir kommen zu einem hohen, gewaltigen Turm, dessen Mauer teilweise aufgerissen ist und Einblick auf zwei Etagen gewährt. Eine noch gut erhaltene, steinerne Wendeltreppe führt nach oben, lange Palmwedel hängen vom Mauerwerk herab; Balken treten daraus hervor, die irgendwann in die Brüche gegangen sind. Einige liegen verkohlt am Boden. Sollte hier vielleicht ein Blitz das Werk der Vernichtung verursacht haben? Ein Gewitter über diesem Falkenhorst, tiefhängende schwarze Wolken, Blitze und Donnern, dann ein ohrenbetäubender Schlag und plötzlich das helle Lodern der Flammen inmitten des düsteren Gemäuers. Wir setzen den Rundgang fort. Jeder Weg, den wir kreuzen, gibt phantastische Bilder frei. Gebückt durchqueren wir einen dunklen Gang unter einer Etage, der auf einen abschüssigen, länglichen, von hohen Mauern eingefaßten Platz führt; in den Mauern befinden sich kleine Fensteröffnungen; aus einem tiefliegenden Gewölbe atmen wir modrigen Grabgeruch. Wir blicken hinein: ein Durcheinander von Schutt, Balken und Palmenwedeln. Wir schauen nach oben: die halbe Decke ist herabgestürzt, die andere Hälfte hängt bedrohlich nach der Mitte zu herab; darüber undurchdringliches Dunkel. Wir verlassen dieses unberührte Chaos, treten durch eine Toröffnung und sehen über der nächsten Mauer bereits wieder Palmkronen; nur noch wenige Schritte durch das einförmige Braun der Ruinen, und wir stehen vor dem frischen Grün des Waldes. Wer waren die Herren von Djado, und wann wurden diese Gemäuer bewohnt? In mehreren Quellen (Schiffers, Monod, Huard-Beck) ist die Rede von den kriegerischen Auseinandersetzungen zwischen Touareg und Toubou.

Am nächsten Tag erfahren wir von dem strikten Verbot, diese Ruinen zu betreten. Wir hatten die Nase vorn!

46. Madama

4.–7. März 1976

Die Nacht wird kälter und kälter; der Wind wächst zu seiner gewohnten und gefürchteten Stärke an. Dazu eine Reparaturarbeit, deren Erfolg über das weitere Schicksal unseres besten Fahrzeuges entscheiden muß. Ich versuche, mit einem lächerlichen Handbohrer Löcher in den T-Träger des Fahrgestells zu bohren – ein fast absurd anmutendes Unternehmen, aber wir haben keine andere Möglichkeit. Reinhard wärmt sich kurze Zeit auf. Später löst Ingvo mich ab. Trotz der widrigen Umstände schaffen wir ein Loch. Es wird 4 Uhr. Am folgenden Vormittag haben wir mehr oder minder schlechte Piste mit längeren Tiefsandpassagen, Wellblech und Reg. Zwischendurch gehen die Reifenspuren verloren. Vereinzelt felsige Erhebungen, die von Sandwehen umlagert sind. Ich habe keine Augen dafür; zu groß ist die Anspannung.

Wir erleben die Weite der Wüste wie ein Verdurstender, nicht als Ausdruck der Freiheit, sondern in ihrer unerträglichen Monotonie und Feindseligkeit. Aber wir müssen vom verbleibenden Tageslicht profitieren. Als wir dann Lager machen, sind wir noch 20 km von Madama, dem nigrischen Grenzposten nach Libyen, entfernt. Wolfgangs Zustand ist unverändert schlecht. Am Feuer unterhalte ich mich mit Reinhard und Ingvo. Keine Reparatur, keine neuen Probleme – eine erholsame Atmosphäre! Ich ziehe mich in meinen Schlafsack zurück, von wo aus ich eine dicke Qualmwolke über der Feuerstelle beobachte. Ich denke darüber nach, wie wohl in Sebha alles weitergehen wird. Ich schaue den kommenden Wochen mit Sorge und Skepsis entgegen. Am folgenden Morgen die Routinearbeiten. Was besteht zur Zeit eigentlich nicht aus Routine! Ich wechsle ein paar Worte mit Wolfgang. Bei seinem Schwächezustand ist selbst eine längere Unterhaltung nicht möglich. Er hofft immer noch, die vierte Etappe mitmachen zu können. Was soll er anderes tun? –

Madama, 6.3. – Der Kommandant des Militärspostens überbringt uns die Nachricht, daß sein Vorgesetzter, der Befehlshaber in Dirkou, verlange, daß wir alle mit unseren vier Fahrzeugen kommen müßten. Wir sind konsterniert und weisen dies als unmöglich zurück. Doch er beharrt auf seiner militärischen Gehorsamspflicht und damit sind im Grund alle Gegenargumente zum Scheitern verurteilt. Den ganzen Nachmittag setze ich die Diskussion fort. Es folgen noch weitere Funksprüche nach Dirkou, doch dort bleibt man hart. Immerhin können wir erreichen, daß die Kranken in der Obhut des Arztes bleiben, während wir anderen mit einem Berliet hinunter zum »état-major« transportiert werden sollen.

Um 17 Uhr fahren wir los, Philippe, Irène, Reinhard und ich, auf der Ladefläche eines leeren Berliet 5 t. Wäre die Situation nicht so ernst, hätte die Fahrt ein ungetrübtes Erlebnis sein können; die verwegene Fahrweise des Nigrers, der die meisten Löcher mit vollem Rohr nimmt, der klare Sternenhimmel über uns, einige mit Spritfässern vollbeladene Fiat-LKWs, die wir überholen, schließlich der Höllenlärm. Was soll ich ins Detail gehen; es scheppert, quietscht, kracht einfach alles, was vom Material her dafür geeignet ist. Die Schläge holen uns von den Schlafsäcken, auf denen wir sitzen. Es ist ein rechtes Inferno da oben. Wir sind in Begleitung von vier Soldaten und einem Führer. Doch in Dao-Timni, nach 185 km, ist erst einmal Schluß. Wir machen unser Nachtlager in einem simplen Raum zurecht, als wir aufgefordert werden, unsere Sachen zu packen; wir müßten zurück nach Madama und morgen mit den eigenen Fahrzeugen nach Dirkou. – Was soll dieser üble Scherz so mitten in der Nacht? In mir sträubt sich alles dagegen. Aber jetzt eine Diskussion anzufangen hätte keinen Zweck. Das weitere Vorgehen in Madama überlege ich mir während der quälenden Nachtfahrt von 0 Uhr 30 bis 5 Uhr im Innern eines Landrovers, der aus Dirkou gekommen war und dessen rasante Fahrt Prellungen und blaue Flecken hinterläßt. Zurück in Madama legen wir uns, kaputt wie wir sind, erst einmal aufs Ohr. Wenige Stunden später schon kommt die Landroverbesatzung und drängt zum Aufbruch. Doch da werde ich munter. Soweit sind wir noch lange nicht! Ich verfasse ein Schreiben, das Ingvo und ich unterzeichnen – ein letzter definitiver Protest gegen diese Behandlung in Anbetracht der Kranken; ein neuer Funkspruch nach Dirkou. Aber der Bescheid ist negativ! Wir haben keine Chance. Die KFZ werden startklar gemacht. Die Gruppe ist wie gelähmt von den physischen und psychischen Strapazen. Jeder einzelne muß zu den routinemäßigen Arbeiten aufgefordert werden. Das gab es bislang noch nie! –

Um 9 Uhr 30 ist es soweit. Abfahrt aus Madama nach Süden, wo wir herkommen. Welche Enttäuschung auf den Gesichtern! Einige aufmunternde Worte an Wolfgang, die Motoren an: 400 km nach Dirkou! – Die nigrische Wüste ist mir noch nie so öd und trostlos erschienen wie im Verlauf dieses Tages. Mit Reinhard wechsle ich Worte. Es tut gut zu sprechen.

Zwei Schäden kennzeichnen den Nachmittag. Auch davon bleiben wir nicht verschont. Der Gaszug des Kübels reißt, und der Kompressor der Pritsche III gibt seinen Geist auf. Reinhard hat sich zu früh auf einen freien Abend gefreut. Bei Einbruch der Dunkelheit, etwa 15 km vor Dao-Timni, fahren wir zur Wagenburg zusammen.

Nach dem Essen macht sich Reinhard an die Arbeit, assistiert von jenen, die noch dazu fähig sind.

Am Morgen nach dem Tanken muß Wolfgang nochmals den Koffer

übernehmen. Es sollten seine letzten Kilometer werden. Um 8 Uhr 30 treffen wir in Dao ein und kommen gleich auf das Wesentliche zu sprechen: einen Fahrer nach Dirkou und zurück nach Madama.

Um die Mittagszeit will der Berliet, der uns vorletzte Nacht hierher gebracht hatte, nach Dirkou aufbrechen. Wir bitten den Fahrer, Wolfgang mitzunehmen.

Ingvo kommt vorbei mit der freudigen Nachricht, daß der Kommandant einverstanden wäre. Wenig später geht der Berliet auf die Reise. Endlich, um 15 Uhr, nähert sich der Kommandant von Dao-Timni mit einem Soldaten, der Gewehr und Gepäck mit sich führt. Ich weiß, da kommt unser Fahrer. Wir begrüßen uns freundlich, einige Anweisungen hinsichtlich der Handhabung des Hanomags, und weiter geht's in südlicher Richtung.

Es stellt sich schon bald heraus, daß Suleiman ein guter und erfahrener Fahrer ist. Nach den bisherigen Erfahrungen hatte ich bereits das Schlimmste befürchtet. Hinter Seguedine, das mir dieses Mal wesentlich freundlicher erscheint, machen wir Lager. Die Stimmung in der Gruppe ist steigend. Das Tonband läuft wieder. Suleimans Anwesenheit wirkt sich beruhigend auf uns aus. Sollte es tatsächlich wieder aufwärts gehen?

47. Dirkou

8.–9. März 1976

Am folgenden Morgen brechen wir beizeiten zur letzten Etappe nach Dirkou auf. Ich bin verkrampft, da ich nicht weiß, was uns beim Militär da unten erwarten wird.

Die Piste ist zunächst hart und gut, wird aber später am Nachmittag tief und sandig. Am östlichen Horizont tauchen Bergrücken auf, und sofort ist auch der Bewuchs da. Am Fuße der Felsen wachsen Bäume, und die Gräser reichen bis zu unserer Fahrspur heran. Aus vereinzelten kleinen Büscheln wird bald eine dichte gelbe Matte aus flachem, hartem Gras. Eine Freude für das Auge, eine Qual für die Fahrzeuge. Beides währt jedoch nicht lange; der Bewuchs geht zurück, so schnell er gekommen war. Es ist sehr heiß. Das Kühlwasser der Pritsche II kocht. Das Thermometer in der Fahrerkabine zeigt 60° C. Nach einer kurzen Pause folgen wir den ausgefahrenen Spuren weiter und sehen bald unser Tagesziel vor uns. Der Ort ist öde und klein, wird von den militärischen Anlagen völlig beherrscht.

Mit gemischten Gefühlen bewegen wir uns auf das Chefgebäude zu. Der Empfang ist höflich und zuvorkommend. Wolfgang sei wohlbehalten im Lazarett untergebracht. Mit meinem Vorschlag, die Deutsche Botschaft in Niamey per Funk von der Situation zu unterrichten und sie zu bitten, den Hilferuf an die DRF weiterzuleiten, ist der Kommandant einverstanden. Wir erwähnen die libyschen Visa und ihr baldiges Verfallsdatum. Auch hierfür wolle er sich verwenden. Seine Pflicht sei es jedoch, unsere Fahrzeuge zu durchsuchen. Nun, warum auch nicht! Ingvo und Reinhard gehen zu Wolfgang, wir anderen zurück zu den Fahrzeugen, die bald darauf von acht munteren Beamten inspiziert werden, human und rücksichtsvoll. Die Ladung verändert kaum ihre Lage.

Heute morgen um 10 Uhr soll ein zweiter Funkspruch nach Niamey weggegangen sein. Bisher aber noch keine Antwort! Auf Wunsch Wolfgangs sollten wir diese auch nicht abwarten, sondern heute noch losfahren, um die libysche Grenze nicht gar so spät zu erreichen. Alles ist eingeleitet. So kommt der Augenblick, da wir unsere Motoren anlassen und uns zurück auf den Weg nach Seguedine machen. Damit würde auch dieses Kapitel enden, wenn in der Nacht nicht noch etwas völlig Unerwartetes geschehen wäre:

Diplogerma Niamey an DRF: (9.3.76) »Die Botschaft erhält aus Dirkou (60 km nördlich von Bilma) im Nordosten der Republik Niger ein Telegramm, daß Herr Wolfgang Pawlowski sehr ernst an viraler Hepatitis erkrankt ist. Er ist Mitglied der DRF und muß auf dem schnellsten Wege in die Universitätsklinik Freiburg/Breisgau überführt werden.«

DRF nach Niamey: (direkt) »ok. Wir haben die Vermutung, daß noch weitere Expeditionsteilnehmer erkankt sind. Vermuten, daß Patient bereits in Tamanrasset bei Arzt war. Dort war die Rede von zwei Patienten.«

Niamey an DRF: (9.3.76) »Wie wir eben von Flugsicherungsbehörde und nigrischem Militär erfahren, ist Landebahn in Dirkou asphaltiert, Länge: 1600 m, Breite: 40 m.«

DRF nach Niamey: »Es liegt ein Notfall mit Bedrohung von mehreren Menschenleben vor. Wir müssen Teilnehmer einer deutschen Expedition zurückholen. Es besteht Lebensgefahr. Bitte um schnelle Telexverbindung nach Niamey, Deutsche Botschaft. – . . . wir kommen mit Lear-Jet 35, Kennzeichen D-Cora. Gehen davon aus, daß sie uns Landeerlaubnis und Überfluggenehmigung für Niger und Algerien besorgen . . . Wenn Sie bitte veranlassen können, daß alle Expeditionsteilnehmer auf dem Flugplatz sind, da wir sie alle mit Gammaglobulin durchimpfen wollen.«

Dieser Funkspruch sorgt dafür, daß wir in dieser Nacht nochmals den Weg zurück nach Dirkou machen müssen. Ich bin perplex über die rasende Schnelligkeit und das Gelingen dieser Angelegenheit . . .

Niamey an DRF: »Landeerlaubnis wird von hier besorgt. Wir versuchen auch über hiesige Algerische Botschaft Überflugerlaubnis für Algerien zu erhalten. Fliegen Sie auf jeden Fall auch ohne diese Erlaubnis los. Warten Sie bitte nicht auf unsere Nachricht . . . Zur Sicherheit teilen wir noch mit, daß in Dirkou kein Treibstoff erhältlich . . .« . . . / . . .

Weiter im Wechsel: »Wir tanken in In Amenas.« »Ist der Vogel denn schon in der Luft?« »Ja, der sammelt gerade in Frankfurt noch Ärzte ein . . . Hier ist die DRF. Leider war es dem Arzt nicht möglich, den Impfstoff rechtzeitig zu besorgen, so daß wir erst morgen zwischen 9 Uhr und 10 Uhr auf dem vorgesehenen Flugplatz landen . . . Können Sie uns Mitteilung machen, ob Patient noch bei Bewußtsein ist?«

Am folgenden Morgen: (10.3.76) »Hier DRF. Haben Funkspruch von Maschine erhalten: ersten Landeanflug wegen Sandsturm heute 7 Uhr nicht durchführen können und abgebrochen. Warten weiter auf neuen Versuch.«

Schon kurz nach 9 Uhr hören wir den Motor der Maschine und sehen, wie sie unweit vom Lager niedergeht. Unser Kübel setzt sich in Bewegung, in Begleitung zweier Militärlandrover, und wir treffen auf dem Landeplatz ein, als die Besatzung gerade das Flugzeug verläßt. Wir begrüßen uns, die Ärzte betrachten sich Wolfgang und fragen, ob wir gleich eine Gammaglobin-Injektion wollten. Die Spritze geht reihum, bis alle von uns bedient sind. Die Situation ist absolut anachronistisch. Eine hochmoderne Düsenmaschine aus dem hochzivilisierten Deutschland hier inmitten der ödesten Gegend der Erde. Dennoch spüre ich unbewußt, daß ich gegenwärtig mehr mit der anderen Seite gemein habe. Mein Leben hat sich in den sechs Monaten stark gewandelt. – Eine Stunde später etwa, nachdem sie gelandet war, erhebt sich die Maschine mit einer ungeheuren Beschleunigung in die Luft und entführt Wolfgang aus unseren Reihen.

»Hier DRF. Haben Funkspruch erhalten, daß Patient übernommen. Maschine auf Rückflug. Rechnen mit Ankunft in Stuttgart bzw. Tübingen um 17 Uhr. Melden uns dann wieder . . . Der Patient Wolfgang Pawlowski ist in der Tropenklinik in Tübingen in Behandlung von Dr. Braun seit gestern, Mittwoch den 10.3.76. Eine soeben erfolgte Rückfrage bei Dr. Braun bestätigt die akute Hepatitis. Der Zustand des Patienten ist ernst. Lebensgefahr konnte ausgeschaltet werden. Anzeichen für Neuerkrankungen liegen nicht vor, können jedoch nicht ausgeschlossen werden . . . Soweit uns bekannt, beabsichtigt die Expedition in östlicher Richtung ihren Weg zu machen. Vielleicht ist es aus Ihrer Sicht sinnvoll, daß Sie der Expedition weiteren Schutz geben. Der bisherige Erfolg der Expedition ist außergewöhnlich, da ihnen eine Erstdurchquerung der Wüste gelungen ist . . .« (Fernschreiben an Botschafter Dr. J. Reitberger).

Eine Stunde später sind wir wieder auf dem Weg nach Norden. Ob es jetzt wohl definitiv sein wird?

48. Toummo

10.–16. März 1976

Ich fühle mich bei der Abfahrt schlaff und habe während des gesamten Nachmittags Schmerzen im Gedärm. Glücklicherweise befahren wir eine Sandpiste, so daß das Fahrzeug nur geringe Erschütterungen und Schläge hinnehmen muß. Am Nachmittag gegen 17 Uhr sind wir gezwungen, den Fahrtag zu beenden. Der Kübel hat Differentialschaden. Das hat uns gerade noch gefehlt! Reinhard baut das Differential aus und findet das Ganze schwarz verbrannt und siedend heiß vor.

Während der Zubereitung des Essens holt er bereits die notwendigen Teile für die Reparatur und überlegt sich, wie das Ersatztellerrad (Vorderachse!) für die Hinterachse eingesetzt werden könne. Nun, er hat wie immer eine Lösung bereit! Wir haben zwei an Tbc erkrankte Frauen und ein Kind mit Keuchhusten dabei, die nach Seguedine wollen. Sie lassen sich durch die Panne in keiner Weise beunruhigen. Bei den hiesigen Wüstentaxis gehört dies zum Alltäglichen.

Am folgenden Morgen kann es weitergehen. Der Pic Zumri kündigt uns Seguedine an. Ohne längeren Aufenthalt setzen wir unsere Fahrt nordwärts Richtung Libyen fort. Der Rest des Nachmittags verläuft mit der Routine von Konvoifahrten: Sichtabstand, Blicke in den Rückspiegel, Auftanken. Noch immer fährt Suleiman, der nigrische Soldat, Pritsche II mit Anhänger. Der Abend ist windstill und friedlich. Keine Reparatur! – Reinhard hat Feierabend.

Mitten in der Nacht beginnt ein böiger Wind, der heute morgen mit unverminderter Wucht anhält und uns am Abend immer noch schikaniert. Er weht mir empfindlich durch die dünnen Serouals hindurch, die einzigen intakten Hosen, die mir verblieben sind. Der Fahrtag ist lang und anstrengend. Die schlechte Sicht führt dazu, daß wir auf eine weiche Nebenpiste geraten. Als wir jedoch die Hauptpiste schließlich wiederfinden, stellen wir fest, daß der Wind auch diese mit feinstem Sand bedeckt hat. Wir durchqueren ein hügeliges Gelände, das vereinzelt mit herrlich geschichteten, weißen Felsen bedeckt ist. Das erste Mal seit einiger Zeit, daß ich für so etwas wieder Augen habe. Ein libyscher Toyota und ein über und über beladener, nigrischer Fiat-LKW begegnen uns. Es ist nicht mehr weit nach Madama. Am späten Nachmittag laufen wir in den flachen Lehmbauten des Militärpostens ein. Der Chef begrüßt uns freundlich und beeilt sich, uns die Pässe zu stempeln. Morgen will er uns nach Toummo zur Grenze begleiten, damit wir dort keine Schwierigkeiten bei der Einreise bekämen, zum anderen, um Suleiman zurückzunehmen. Von Toummo bis Sebha müßten wir das Fahrerproblem selbst lösen. –

Wir sind in Libyen, 60 km weit! – Wer den Bericht der vergangenen zwei Wochen aufmerksam verfolgt hat, mag nachfühlen, was dies für uns bedeutet. Nach den Aufregungen und Erniedrigungen, die wir während dieser Zeit durchgemacht haben, erscheint uns, den sechs verbliebenen IWTSE-Mitgliedern, die geruhsame Atmosphäre des heutigen Abends, fernab jeglichen Militärs, paradiesisch.

Um halb zehn Uhr verlassen wir den Lagerplatz. Die letzten Kilometer an der Seite Suleimans stehen bevor. Kurz nach Mittag treffen wir im libyschen Grenzposten ein. Ich bereite mich innerlich auf die kommende, so wichtige Begegnung vor. Wir fahren hinüber zu den Gebäuden. Der Chef von Madama hat wohlweislich seinen Dolmetscher mitgebracht, denn, wie er meint: »Ces vaches, ils ne parlent même pas français!« Wir werden höflich empfangen, aber mit viel Mißtrauen, und erklären kurz unserem arabischen Mittelsmann, weswegen wir hier seien. Der libysche Chef ist ein freundlicher Mann. Er müsse aber per Funk die Genehmigung einholen, bevor er uns passieren lassen könne. Währendessen unterhält sich unser arabischer Dolmetscher glänzend mit ihm. Dann die Antwort und die Übersetzung des Arabers: »Vous êtes autorisés d'entrer en Libye. On va encore fouiller vos camions, après vous pouvez continuer votre voyage.« Ich bin erleichtert. Wegen der Durchsuchung lasse ich mir nichts anmerken, obwohl sich leichtes Magenkitzeln einstellt – die Funkgeräte! Dieses Gefühl ist mir inzwischen zur Gewohnheit geworden.

Auf einem Metalltablett wird Fleisch hereingetragen. Ich bekomme Stielaugen. Offenbar haben sie hinter den Flachbauten einige Hammel. Die Stärkung ist mir zu diesem Zeitpunkt gerade recht . . .

Dann hinaus zu den Fahrzeugen. Es geht alles gut. Die Soldaten sind in Ordnung; keine Schikanen, kein böses Wort, keine blöden Fragen! Die Pässe werden gestempelt. Dann noch die ungewöhnliche Frage nach den Führerscheinen. Grotesk, so mitten in der Wüste, aber sie wirft uns nicht aus der Bahn. Vier Fahrzeuge, also müssen auch vier entsprechende Ausweispapiere her. –

Mit dem Hinweis, Al-Uigh, der nächste Militärposten, sei 220 km und El-Gatrún, der libysche Zoll, von dort nochmals 50 km entfernt, verlassen wir um 14 Uhr Toummo. Pascal, der, wie es scheint, seine Krankheit überwunden hat, hat das Steuer der Blauen Pritsche übernommen – und er macht seine Sache in den folgenden drei Stunden nicht schlecht.

Die Stimmung am Abend, wie bereits angedeutet, ist heiter und entspannt, obwohl zwei kleine Reparaturen anliegen; ein Radbolzen am Kübel – die alte Kübelkrankheit! – und leichter Lärm im Getriebe der Pritsche III. Ein Lager hat ein kleines Eckchen eingebüßt. Also kein Grund zur Unruhe! –

Der Morgen beschert uns eine seltene Windstille. Wir profitieren davon, indem wir zum Frühstück wieder Pfannkuchen am Feuer backen.

War die Strecke am gestrigen Nachmittag noch gut und zügig zu befahren, so kommen heute einige schwierige Passagen, die Pascal zu seltener Schwerstarbeit verhelfen. Eine Stelle macht dem ganzen Konvoi zu schaffen, eine etwa 300 m lange, tiefsandige und steile Anhöhe. Im Allrad wühlen sich die Fahrzeuge hinauf, bleiben stecken und werden mit Sandblechen und Menschenkraft Meter für Meter vorwärtsgebracht. Oben angekommen, machen wir gleich Mittagspause. Nebenbei wird eine Reifenpanne behoben.

Der Nachmittag bringt uns weichen Sand und grobfelsige Hartpiste in bunter Vielfalt, der Abend die Konsequenzen der schweren Tagesstrecke. Reinhard meldet, daß die Halterung des Kofferaufbaus an einer Stelle wieder losgerissen sei. Hinzu kommen zahlreiche Blattfederbrüche. Jedes Fahrzeug hat seinen Teil abbekommen. Ich assistiere ihm bei der Arbeit, da Ingvo sich sehr schlapp fühlt. Nach dem heißen Tag hat es mittlerweile angenehm abgekühlt. Die Reparaturen gehen rasch von der Hand. Gegen 23 Uhr ist Feierabend.

Mitten in der Nacht spüre ich, wie Wind und Sand über meinen Schlafsack hinweggehen. Der Morgen ist grau. Die Tatsache, daß der nächste Militärposten in Reichweite der heutigen Etappe liegt, schafft bereits eine innere Unruhe in der Gruppe. Die »Piste« bleibt während des gesamten Tages miserabel, und die Fahrzeuge müssen kräftig schlucken. Die Kargheit der Felsenlandschaft ist vollkommen. Tafelberge aus weißgrauem Schichtgestein, rotbraune, kegelförmige Inselberge, die von ferne wie eine Ansammlung von Rundhütten aussehen. Von Vegetation keine Spur! – Das ist schon seit Seguedine so, 500 km. Am Nachmittag ein unfreiwilliger Halt; ein Anhängerreifen verliert Luft. Flicken ist erfolglos, denn das Loch ist gleich neben dem Ventil des Schlauches. Der Anhänger ist leer, der Reifen stark – wir müssen so weiterfahren bis Sebha. Was kommt uns in Sebha nicht alles an Arbeit entgegen! – Später Orientierungsschwierigkeiten, denn der Wind hat die Spuren verweht, und zusätzlich verhindert eine großflächige, tiefe Sandbank die Weiterfahrt in unserer Hauptrichtung NNO. Die Nervenanstrengung des heutigen Tages ist beachtlich. Die Sandbank wird umfahren. Der Abend nähert sich. Es ist empfindlich kalt. Am Fuße eines massigen Felsens wollen wir die Nacht verbringen, doch Ingvo glaubt, in der Ferne etwas gesehen zu haben. Das Fernglas bestätigt es ihm: eine Militäranlage. Der Posten liegt vor, oder besser unter uns, weit draußen in der Ebene, in die wir von einem felsigen Hochplateau aus schauen. Was hilft die Drückebergerei! Einige Liter Diesel für den Koffer, dann geht's hinab in die Ebene. Der Posten ist bald erreicht. Zwei Soldaten nehmen die Pässe entgegen. Unweit des Camps fahren wir zur Wagenburg zusammen. Kurz darauf erhalten wir Besuch: der Chef und einige Begleiter mit Schnellschußgewehren. Er ist der erste Libyer, der englisch reden möchte. Wir tun ihm den Gefallen, und wir unterhalten uns lange mit ihm. Unser junger Gesprächspartner ist mir sehr sympathisch. Dennoch ist es etwas anstrengend, so in der Kälte zu stehen. Aber was tut man nicht alles für eine gutnachbarschaftliche Beziehung!

Am folgenden Morgen werden die Pässe bearbeitet, wir erhalten 100 Liter Diesel, dann können wir weiterziehen.

49. El-Gatrún

16.–19. März 1976

Vor der Abfahrt noch ein deprimierendes Erlebnis; Ingvo kümmert sich um einen Todkranken, einen jungen Mann von 20 Jahren mit durchgebrochenem Blinddarm und Bauchfellentzündung, der fürchterliche Schmerzen hat. Ein Flugzeug wurde bestellt, um ihn nach Sebha zu bringen, denn hier zählen die Stunden ...

Lange vor El-Gatrún kündigen weite Palmenhaine die Nähe der Oase an. Angesichts der ersten Gebäude erlebe ich wohl eine der größten Überraschungen, die mir je beim Betreten einer Oase widerfahren ist. Wir sind den Anblick von einfachen, etwas baufälligen Lehmbauten gewohnt. Hier jedoch fällt das Auge auf ein- bis zweigeschossige Steinhäuser, ähnlich unseren Bungalows, die in wohlgeordneten Reihen angelegt sind. Die meisten Gebäude sind im Rohbau fertiggestellt. Gerüste aus gehobelten Brettern und Balken streben vor uns in die Höhe. Noch ist die Fassade der Häuser überwiegend grau in grau. Doch wenige Meter weiter leuchtet es grün, rot und blau von den Mauern der fertiggestellten Wohngebäude. Neben diesen erstreckt sich eine große Baustelle: Bauhütten aus funkelndem Wellblech und frischem Holz, gestapelte Bretter, Rohre für die Abwasseranlage, Backsteine aus grauem Material, Zementsäcke, Berge von Kies und Sand – und dies inmitten der Wüste! Ich glaube mich in ein europäisches Neubauviertel versetzt. Doch dann wieder die Palmen, einige Strohhütten am Rande der Oase, die tiefsandigen Straßen, die den Ort durchziehen. Kinder und Erwachsene, darunter zahlreiche Toubou mit dunkler Hautfarbe, sind sauber und geschmackvoll gekleidet. Überall fragende Gesichter; man ist den Anblick von Fremden nicht gewohnt.

Der Empfang bei den Herren von Militär und Zoll ist höflich und distanziert. Die Pässe wechseln bis auf weiteres die Besitzer. Wir sollen morgen früh um 8 Uhr wiederkommen. So fahren wir ein Stück aus dem

Ort hinaus und schlagen im weichen Sand unser Lager auf, über und um uns herum Palmen.

Die Nacht verläuft ungestört. Nach einem kurzen Frühstück räumen wir das Lager auf und fahren bei den Behörden vor. Während wir im Polizeigebäude auf den Stempel warten, verlassen eine große Anzahl Nigrer das Anwesen. Vermutlich handelt es sich um illegale Arbeitskräfte, die zur Grenze abgeschoben werden sollen. Adamou tritt für Augenblicke zurück in mein Gedächtnis. –

Die Polizeiformalitäten gehen rasch über die Bühne; anschließend nur wenige Schritte zum Zollgebäude. Die üblichen Dokumente werden vorgelegt. Ich weise den Beamten darauf hin, daß wir Diesel nach Sebha brauchten und hierfür Geld wechseln müßten. Es gibt hier weder eine Bank noch eine Tankstelle. Während ich also mit dem Zollbeamten die Deklaration des Geldes und die Ausstellung von Nummernschildern durchspreche, wird für uns das übrige eingeleitet. Zwischendurch eine humane Durchsuchung; die Libyer scheinen eine gesunde Zurückhaltung vor fremden Eigentum zu haben. Jedenfalls wagen sie kaum, unsere Ausrüstungen zur Hand zu nehmen, sondern fragen eher schüchtern, was dies oder jenes sei. Nur unsere algerischen Makkaronis sind unerwartet Anlaß längerer Betrachtungen. Sie gehen reihum und werden interessiert zum Auge geführt, begleitet von schallendem Gelächter. So endet die Durchsuchung unserer Fahrzeuge.

Die Zollformalitäten dauern etwas länger. Wir haben das Pech, daß sämtliche Fahrzeuge auf Leute zugelassen sind, die infolge Krankheit ausgeschieden sind. Die ausgeschriebenen Vollmachten werden nicht verstanden. Glücklicherweise bestehen sie nicht auf dem Verständnis solcher Punkte. Das macht sie sympathisch und schont meine Nerven. Hinzu kommt, daß die Libyer eigentlich alles haben, was in Büros so zu finden ist, aber noch nicht Herr von Formblättern, Kohlepapier und Schreibmaschinen sind.

Schließlich nähern wir uns dem Ende des Zeremoniells. Stolz verlasse ich das Zollgebäude mit libyschen Nummerschildern für unsere Fahrzeuge. Währenddessen sind 400 Liter Diesel für uns bereitgestellt worden, der Liter für 27 Pfennige. Der Weg nach Sebha ist frei; ein kurzer Abschied, dann fahren wir auf der Piste, die wir hergekommen sind, dem Ortsende entgegen. Ein mit Nigrern vollbeladener LKW bewegt sich auf ein flaches, düsteres Gebäude zu, das von der weiten Sandebene umgeben ist. Ein Gefängnis? Sollten diese Leute noch eine Strafe absitzen müssen, bevor sie abgeschoben werden?

Wenig später erinnert nichts mehr daran, daß wir eben noch in einer fruchtbaren Oase gewesen sind. Der Blick reicht ringsum bis zum fernen Himmelshorizont ungehindert über die gleichförmige Sandfläche hinweg. Die Leitspuren werden tiefer und tiefer. Es folgen mehrere Einsandungen, nichts besonders Aufregendes, und doch spüren wir jetzt schon, daß wir zum Beginn des Asphalts noch einiges zu leisten haben werden. Der folgende Tag sollte dies gründlich bestätigen ...

Mein erster Gang gilt auch heute morgen (17.3.) dem Spiegel, nicht etwa, weil ich plötzlich eitel geworden wäre, sondern da meine Augen in den letzten Tagen bedenklich gelb getönt sind. Nun, es hat sich daran über Nacht nichts geändert.

Wir fahren gegen 11 Uhr weg, und in den folgenden Stunden bekommen wir mehr zu tun als die ganze Woche zuvor zusammengenommen. Die leicht gewellte Sandfläche trägt die Fahrzeuge nicht mehr. Der lokkere Sand ist gemeiner als je zuvor. Man hatte uns gewarnt vor dem faulen Sand Libyens; jetzt haben wir ihn vor uns. Hilflos versinkt ein Fahrzeug nach dem anderen bis zu den Achsen in den unzähligen und langen Löchern und Passagen. Wir kommen nicht mehr aus dem Rippenblechtragen und -legen heraus. Ist ein Wagen frei, läßt die nächste Einsandung nicht lange auf sich warten. Meistens arbeiten wir gleichzeitig an mehreren Fahrzeugen. Auch der starke Koffer macht heute keine rühmliche Ausnahme. An einer Stelle muß er gut 100 m mit Hilfe der Rippenbleche weiterbefördert werden, bis der Boden endlich wieder trägt. Der Sand ist derart fein und locker, daß die Bleche, sobald sie belastet werden, nach den Seiten wegrutschen oder sich gar tief eingraben, so daß sie danach erst wieder ausgegraben werden müssen. Wir leisten an diesem Tag eine Strecke, die uns auf schlechter Hartpiste eine Stunde Zeit kostet. Damit ist alles gesagt ... Ich freue mich, daß ich an diesem Tag nicht schlappmache, denn allgemeine Schwäche kennzeichnet den Verlauf der Gelbsucht.

Am späten Nachmittag tauchen Dünen auf. Ich befürchte das Schlimmste für die Fahrzeuge. Meine Befürchtungen erweisen sich aber als grundlos. Wir haben einen sauberen Dünensand. Trotz einiger weicher Stellen passieren wir ohne Bleche. In einer phantastischen, steilen Berg- und Talfahrt beschließen wir den heutigen Fahrtag früh um 17 Uhr dieses Ergs, das das warme Licht der Abendsonne in ein zauberhaftes Gewand hüllt.

Bald umgibt die windstille Nacht die Wagenburg, inmitten welcher ein behagliches Feuer lodert. Doch die lebhafte Suche nach Wärme bleibt auch heute abend aus. Die Franzosen halten sich fern. Reinhard, Ingvo und ich unterhalten uns über die immer gravierender werdende Spaltung der verbeibenden Gruppe in zwei Lager, über die auf technische Probleme und emotionsarme Alltäglichkeiten beschränkte Kommunikation zwischen Deutschen und Franzosen. Dieser Zustand wird die weitere Organisation in Sebha nicht leichter machen. Der dämmernde Tag bringt auch den Wind wieder mit sich. Nach dem Frühstück fahren wir los zur letzten Etappe nach Sebha, etwa 20 km Piste und 130 km Asphaltstraße.

Der Sand tritt nach kurzer Zeit zurück. Die bislang zur Orientierung herangezogenen Reifenspuren werden zu einer fest ausgefahrenen Hartpiste. Das vegetationslose Bild der Wüste weicht gleichfalls. Zwischen vereinzelten Dünen treten Palmen auf. Ohne eigentlichen Übergang macht sich links und rechts der Piste eine Kulturlandschaft breit; grünende Reis- und wogende Getreidefelder, Obstbaumkulturen, Palmen und Pinien, Palmengeflechte umgeben die Kulturflächen.

Und dann die Asphaltstraße... Unvorstellbar, so etwas in der südlichen Sahara anzutreffen! Weißer Mittelstreifen, gelber Randstreifen und befestigter Seitenstreifen! Algeriens Asphaltstraßen sind schon beeindruckend, dennoch aber nur Stiefkinder gegen diese Rennstrecke. Hochspannungsmasten und Kilometersteine entlang der Straße demonstrieren den technischen Wandel des Landes: die Revolution. Sie beruht auf dem Reichtum, in dem das Land gegenwärtig schwelgt. Die Neubauten, die wir in El-Gatrún bewundern konnten, sind gleichfalls Repräsentanten dieses neuen technischen Zeitalters in Libyen. Das Groteske, ja Widersinnige daran ist, daß diese Revolution, deren ideologisches Ziel die Vertiefung und Festigung des Arabismus und des Islams sein soll, in ihrer Orientierung rein westlich gelagert ist: Komfort, Wohnkultur, Infrastruktur und allgemein technischer Fortschritt. Hierdurch werden jedoch gerade die arabischen Sitten und Gewohnheiten verkehrt, ja sie sind langfristig zum Verschwinden verurteilt. Die Revolution ruft eher größte Überraschung hervor. Auf den Menschen wirken ihre Requisiten verödend. Was ich bislang feststellen konnte, ist das Resultat einer rein technischen Revolution. Von einer ideologischen Basis und deren Inhalten nur kritikwürdige Andeutungen: unnachsichtiges Alkoholverbot und eine Männergesellschaft! – Sollte hier das Gold aus der Wüste euphemistisch mit Revolution getarnt werden?

Je näher wir Sebha kommen, desto eindringlicher zeigen sich die Requisiten des Fortschrittes. Grünende Felder mitten in der Wüste; Landmaschinen und schwere Baustellenfahrzeuge. Zahlreiche im Rohbau befindliche Gebäude, eingezäunte Grundstücke und zunehmender Verkehr. Die Durchquerung der Stadt übertrifft alle unsere Erwartungen. Welch ein Treiben! Ampeln und Verkehrszeichen, Teerstraßen und mehrspurige Fahrzeugschlangen, und dies auf einer ungeheuren Ausdehnung. Wir kommen jedoch heil in die nördliche Vorstadt mit ihren farbigen Flachbauten und Billigstkneipen, mit einfachen Menschen in einfachen Kleidern. Dann die Wüste, die Hamada, die zu einer riesigen Schutthalde umfunktioniert worden ist... Eine erste Durchquerung läßt natürlich noch kein endgültiges Urteil über die Stadt zu. Aber vieles deutet hier bereits darauf hin, daß die Selbstverstümmelung, eine Folge der Technisierung, in Sebha sehr fortgeschritten ist. Dennoch übt diese ganz und gar unsaharische Stadt eine Faszination auf mich aus: Ich sehe einfache Speiserestaurants, die Abwechslung vom monotonen Speisezettel der IWTSE versprechen. Die Läden warten mit gefüllten Regalen auf. Nach all der Abgeschiedenheit und Einsamkeit der Wüste ist das Leben unter fremden Menschen etwas lange Zeit Vermißtes.

50. Umbruch in Sebha

19.–31. März 1976

Der erste Vormittag in dieser Stadt steht im Zeichen von Erledigungen. Auf der Post nehmen wir ein Telegramm von Eckhard entgegen: »– Ankomme Sebha, März 22., Ziel Kairo, Eckhard –« Ein Fahrer in Sicht! ...

Sebha, so meinen die meisten von uns, sei enttäuschend. Nach den letzten Tagen, die wir in der Stadt verbrachten, ist ein Urteil möglich. Sebha ist eine durch und durch vermurkste Stadt. Ihr Trend steht nach Fortschritt und Technologie. Aber wie sieht das konkret aus? – Aus aller Herren Länder wird billigster Ramsch eingeführt und zum Verkauf angeboten. Die Läden hängen voll mit dem »modernen« Kitsch der großen weiten Welt. Die Straßen sind überfüllt mit Speiseabfällen, leeren Konservendosen und Flaschen, Aas und anderem Unrat. Überall hört man Lautsprecher mit überlauter arabischer Musik und den Worten des Vorsitzenden Kadhafi. Vor dem buntgescheckten Kino lümmeln sich ständig junge Menschen herum. Die beiden parallel verlaufenden, geteerten, aber bereits wieder mit größeren Löchern übersäten Hauptstraßen sind gesäumt von den rot-weiß-schwarzen Farben des Landes, kleine Fähnchen, zu dreien zusammengesteckt, sehr niedlich das Ganze ... Man passiert schreiend bunte Tore mit Pappmachédarstellungen aus der Revolution, Farben des Rummelplatzes – gelb, grün, rot! Die Neubauten sind bereits schadhaft und weisen Risse auf. Billigstmaterial in den Händen unqualifizierter Leute. Diese selbst, zumeist westlich gekleidet, tragen eitle Arroganz zur Schau, geben sich den Anschein von Überlegenheit den Fremden gegenüber, insbesondere die Jungen. Doch was ahmen sie nach? Nichts anderes, als was der aus Deutschland, England, Frankreich, den USA usw. Kommende schon repräsentiert: den technischen Fortschritt mit all seinen gefährlichen Begleiterscheinungen. Sebha gibt sich ganz in diesem Sinne, doch äußerst geschmacklos. Die Leute zeichnet das Geld aus. Hierfür haben sie zählen und schreiben gelernt; keine weitere Bildung, keine

Erziehung, Geld ersetzt hier alles. Die Libyer holen sich Tunesier, Ägypter, Nigrer, Sudanesen, Jordanier, Libanesen und Palästinenser ins Land und lassen diese für sich arbeiten. Der Libyer ist reich: der (Schlaf-)Platz hinter dem Schreib- und Ladentisch, die Arbeit im weißen Hemd mit Krawatte und Anzug, der überheblich gelangweilte Blick werden ihm bezahlt. Das Auto gehört mittlerweile auch zum Gewöhnlichen. Überfüllte Straßen, Hupe und Gaspedal grundsätzlich intakt. Jeder ist stolz, zur neuen Generation des revoluzzenden Playboys zu gehören. Die Stadt ersäuft in den Wracks. Mit dem scheinbaren Fortschritt und Aufbau hat der Verfall begonnen. Sebha, die Dekadenz in der Wüste...!

Welch ein Leben hier! Der eigentliche Umbruch der IWTSE findet in Sebha statt, weder in Tamanrasset noch in Dirkou – nein, ausgerechnet in dieser kaputten Stadt! Ein Symptom unseres gegenwärtigen Zustandes? Reinhards Moral ist tief. Seine Stimmung folgt einer in der Gruppe herrschenden Spannung – keine Überwindungsversuche, aber auch keine Gefühlsausbrüche –, schleichende Lethargie, demoralisierend! – Die Entwicklung, die wir gegangen sind, hat zweifellos etwas Schockierendes für mich. Was haben wir uns in Deutschland gesagt? – Wir müssen es immer wieder miteinander versuchen! Seit einigen Wochen ist die gruppendynamische Entwicklung stehengeblieben.

22. März, 19 Uhr. – Voll Erwartung begeben wir drei Deutsche uns zum Flughafen. Doch unsere Enttäuschung ist groß, als niemand erscheint. Die Passagierliste ist hart – kein bekannter Name! Was war geschehen? Mit diesem Ereignis beginnt die Diskussion um die Zukunft der IWTSE. Die ersten Zweifel an der Fortsetzung der Expedition werden laut.

Am gestrigen Mittwoch weitere Informationen. Wolfgang gibt einen Abriß über die Lage in Freiburg. Sie scheint alles andere als rosig zu sein. Agnes liegt mit schwerer Hepatitis in der Freiburger Robert-Koch-Klinik, Eckhard hätte das Gröbste überstanden, aber immer noch erhöhte Leberwerte. Wolfgang selbst schreibt, er sei inzwischen noch gelber als in Dirkou und liege im Tropenhospital zu Tübingen. Dieser Brief ist ein schwerer Schlag für uns, denn wir hatten bis jetzt nicht die Hoffnung aufgegeben, daß doch noch Verstärkung aus Deutschland kommen würde. Gleichzeitig evozieren die Nachrichten aber auch wieder die Gedanken an eigene Ansteckung und Erkrankung: erste starke Bedenken an einer Fortsetzung des Unternehmens. Wir schicken ein Telegramm ab, in dem wir nochmals eindringlich darauf hinweisen, daß die Weiterfahrt an genügend Fahrer und unsere Lebertestergebnisse gebunden ist; denn Ingvo plädiert dafür, unser Blut untersuchen zu lassen, um die Leberwerte zu ermitteln. An diesem Mittwoch beginnen sich bereits die ersten deutlichen Spuren von Resignation auf verschiedenen Gesichtern breitzumachen, und uns ist klar, daß nur eine radikale Änderung unseres jetzigen

Zustandes eventuell die Fortsetzung der Expedition gewährleisten würde. Wir schauen uns unverbindlich nach Kaufinteressenten um und verfassen eine genaue Auflistung des zum Verkauf vorgesehenen Materials.

An den beiden folgenden Tagen bleibt unser Gang zur Post vergebens. Keine Zeile, keine neuen Informationen aus Deutschland – zermürbende Ungewißheit! – Ingvo beginnt über Appetitlosigkeit, Schlaffheit und auch über leichte Beschwerden in der Lebergegend zu klagen. Er macht sich berechtigterweise Sorgen um seine Gesundheit. Meine Augen sind noch unverändert gelb. Die ersten Kauflustigen stellen sich ein und legen zum Teil beträchtliches Interesse an Fahrzeugen und Ausrüstungen an den Tag.

Das Wochenende steht im Zeichen von Arbeiten an den Fahrzeugen. Pritsche II und Kübel werden zum Verkauf fertiggemacht. Dazu kommen zwei wichtige Ereignisse am Samstag. Wir erhalten ein neues Telegramm, in welchem sich Eckhard für Montag, 29.3., 19 Uhr, ankündigt. Hofft er etwa noch auf Fortsetzung des Unternehmens, jetzt, kurz vor der offiziellen Entscheidung, die nur »Aufgabe des Unternehmens« lauten kann? Der nächste Weg führt zum Kliniklabor, wo wir die Ergebnisse der Lebertests abholen. Sie ergeben bei dreien von uns deutlich erhöhte, bei den anderen leicht erhöhte Werte. Und damit zurück in die Wüste? Es war vorhersehbar. Die letzte Etappe findet also nicht statt. Die Umstellung macht sich in allen Bereichen bemerkbar. Wir haben sie jedoch akzeptiert. Nur ab und zu denke ich sehnsüchtig daran, wenn irgendein Umstand oder Gegenstand, ein Ereignis oder eine Aussage mich indirekt daran erinnern, daß die IWTSE zu Ende ist und wir uns bereits in der Phase der Auswertung befinden.

Im Verlauf des Montags setzen wir die Arbeiten an den Fahrzeugen fort. Ingvo aber fühlt sich von Tag zu Tag schlechter. Gegen Abend machen wir uns für den Flughafenbesuch fertig. Wir treffen frühzeitig im Hauptgebäude ein. Die Fahrt ist zwar zu Ende, aber zweifellos würde Eckhard eine große Hilfe bei der weiteren Auflösung der IWTSE sein. – Schließlich rollt das Flugzeug ein, die Gangway wird herangeschoben, und die ersten Passagiere entsteigen der Maschine. Wie Eckhard mir später sagte, sei er mit der Erwartung weggeflogen, hier Scherben zusammenzufegen! Und nichts anderes gibt es auch zu tun! Ich erscheine ihm, die Augen gelb getönt und offenbar bläßlich-gelb im Gesicht, wie er meint, wie ein alter buckliger Mann, der sich ein etwas krampfhaftes Lächeln abzwingt. Mag sein! – Zehn Tage können einen Menschen psychisch schon verändern! –

Der eine kommt, der andere geht ... Heute morgen, 1. April, hat uns Ingvo verlassen, matt, mit gelben Augen und Leberschmerzen. Rückflug nach Deutschland, der vierte nun schon! ... Die Atmosphäre ist von einem nüchternen Realismus beherrscht. Noch sind wir Besitzer von vier blau-weiß gestreiften Hanomags, die hier wie am ersten Tag unserer

Ankunft eine Wagenburg bilden, die den Bewohnern im Innern Schutz vor Wind und Kälte gibt.

Sonntag in Sebha; von sieben Leuten langweilen sich sechs. Ich schreibe darüber, denn die Langeweile hat eine Ursache, die im Mittelpunkt unserer Situation steht: – wir warten! – Kann man da noch über ein Land schreiben? . . .

Tags darauf meldet sich ein weiterer Interessent. Unsere Fahrzeuge erregen höchste Zufriedenheit. Er verhandelt bereits um den Kaufpreis. Eine Einigung wird erzielt. Morgen möchte er mit uns zur Bank und zum Zoll. Wir staunen nicht schlecht. Der hat es vielleicht eilig! – Aber der Besuch des hiesigen Zolls schafft Probleme. Philippe berichtet, daß wir die Genehmigung des Zolldirektors in Tripolis einholen müßten. Ist dieser einverstanden, kann der Verkauf und damit die Auflösung der IWTSE über die Bühne gehen . . .

51. Vom Winde verweht

1. April–10. Mai 1976

Wir entschließen uns, die Deutsche Botschaft in Tripolis in die Angelegenheit einzuschalten. Der zuständige Beamte meint am Telefon, die Sache müsse über das libysche Außenministerium gehen. Ein Gang durch die Instanzen also! Das ist zweifellos desillusionierend und macht klar, daß unsere Anwesenheit in Tripolis erforderlich ist. Wir werden uns folglich in Sebha trennen. Philippe, Irène und Pascal würden sich in Frankreich auskurieren können, Eckhard, Reinhard und ich müßten zunächst mit dem Koffer nach der Hauptstadt fahren, um bei der Deutschen Botschaft vorzusprechen. Die drei übrigen Fahrzeuge und den Anhänger wollen wir hier in Sebha lassen. Bei der ersten Vorsprache beim Zoll hatte der Chef uns angeboten, die Fahrzeuge kostenlos im Zollhof unterzustellen. Davon gedenken wir nun Gebrauch zu machen. Doch zuvor die Arbeit: Kfz ausladen, Material umladen und verpacken und den Koffer für die kommende Fahrt herrichten. Die Arbeit geht mir an die Nerven. Ich empfinde die Entleerung der Fahrzeuge und die zweckmäßige Verpakkung der Ausrüstungen nahezu als eine Zerstörung eines Teils meiner selbst. Was für die letzte Etappe zum Nil vorgesehen war, wird nun herzlos auseinandergerissen oder gar in den vereinsamten Fahrzeugen zurückgelassen.

Am Mittwochmorgen, 7.4., alles ist gepackt, fahren wir mit dem Koffer in die Stadt. Der Augenblick ist gekommen, da die letzte und endgültige Spaltung der bereits dezimierten IWTSE vollzogen wird. Am Flugplatz sagen wir uns »adieu«. Ein Drittel der Gruppe ist verblieben, ein Viertel der Fahrzeuge verfügbar. Aus einem großen Expeditionsunternehmen ist eine simple Reisegruppe geworden. Einst waren die Lagerplätze des Abends bevölkert, und die Stimmen schallten hinaus in die unberührte Einöde ... Der Schlußstrich ist gezogen; die IWTSE ist tot, ihre Mitglieder in alle Winde zerstreut; die Fahrzeuge aus dem Verkehr genommen. Das Trio bewegt sich an diesem Mittwochvormittag einerseits erleichtert, andererseits deprimiert nordwärts in Richtung Tripolis, um das Unternehmen ordnungsgemäß zu »begraben«.

Drei Tage später, am Samstag, dem 10. April, stehen wir vor den Toren der libyschen Hauptstadt, tausend Kilometer von Sebha entfernt. Zwar führt von dort eine Asphaltstraße hinauf zur Küste, aber was ist das für eine Straße ...! Das Wüstenklima hat aus ihr Schweizer Käse gemacht. Streckenweise bleiben uns nur noch die Löcher. Der Teer ist ganz einfach weg, verschwunden. Darüber hinaus zwingen eingestürzte Brücken zu mühseligen Umfahrungen. Und dennoch kommen wir mit einzelnen routinemäßigen Fahrzeugschäden über die Runden, Blattfederbrüche, Bruch der Halterung des Kofferaufbaus, Reifenpannen, Kabelbrand. Dies alles konnte von Reinhard behoben werden. Wir selbst sind in entspannter, harmonischer Stimmung und finster entschlossen, unsere Haut so teuer wie möglich zu verkaufen.

Am Montagmorgen machen wir uns auf den Weg zur Deutschen Botschaft, denn dort soll ja ein gewichtiges Wort über das weitere Schicksal unserer Fahrzeuge gesprochen werden. Im Verlauf einer längeren Unterhaltung schaltet sich ein libyscher Botschaftsangestellter ein. Er wolle mit uns am folgenden Morgen persönlich zum Zoll gehen, um zu schauen, was er für uns tun könne. Wir verfassen ein Schreiben, aus dem Sinn und Zweck der Expedition sowie die Gründe zum Verkauf hervorgehen. Der Besuch beim Zolldirektor bleibt zunächst einmal ohne Ergebnis. Unser Antrag wird entgegengenommen. Jetzt heißt es warten ...

Eine Woche ist es jetzt schon her, daß wir die libysch-tunesische Grenze überquert haben. Die Formalitäten verliefen reibungslos. Der libysche Polizeibeamte meinte zwar, Reinhards und meine Aufenthaltserlaubnis seien längst abgelaufen, aber dies war für ihn kein Grund, uns nicht ziehen zu lassen.

Unser Ziel in Tunesien war Gabès. Wir hatten diesen Ort mit der Deutschen Botschaft in Tripolis als Kontaktadresse vereinbart. Die Tage, die wir hier auf dem Campingplatz verbringen, sind still und ruhig, ja derart geruhsam, daß uns nicht selten die Untätigkeit und auch Ungewißheit auf die Nerven gehen. Das Warten macht trübselig und apathisch. Am gestrigen Dienstag sandten wir ein Telegramm an die Deutsche Botschaft mit der Bitte um Bescheid bezüglich des für uns so notwendigen Papieres. Mehr können wir gegenwärtig nicht tun. –

Eckhard und Reinhard kamen vor etwa zwei Stunden in Begleitung von Nasr aus der Stadt zurück. Nasr ist ein junger Tunesier, ein lieber, aufgeweckter Typ von 20 Jahren, mit vernünftigen Ideen und kritischem Geist. Er hat sieben Geschwister, und sein Vater ist Kraftfahrer. Wir geben ihm Medikamente; seine Mutter beschenkt uns mit selbstgebackenem Fladenbrot.

29.4.: Heute brachte uns ein kleiner Junge mit seiner noch kleineren Schwester an der Hand Blumen – ein niedliches Gespann! Ich schenke dem stupsnäsigen Mädchen mit dem braunen Lockenkopf zwei Stück Sandelholzseife, seinem Bruder eine Lupe und ein Spielzeugauto. Sie sitzen im Gras unter einem schattigen Baum und beobachten genau, was ich tue. Ich verlasse den Koffer, die Geschenke in der Hand, und wie ich zwei Schritte auf sie zugegangen bin, schubsen sie sich gegenseitig voll Freude an, denn sie wissen, das ist für sie. Ich gebe ihnen die Sachen, und die Kleine fängt gleich zu zetern an. Sie möchte alles haben; wie halt kleine Kinder so sind! Der Bruder gibt ihr (vorläufig?) die Sachen. Die Tränen kullern noch, als er mit ihr weggeht; aber sie ist zufrieden und lächelt. Die Blumen stehen in einem mit Wasser gefüllten Marmeladeglas auf unserm »Tisch«, einer schweren Metallkiste, im Vorzeltbereich – ganz reizend! – Wir sehen den Jungen jeden Tag; er wohnt gleich neben uns, mitten in der Palmeraie. Er grüßt uns sehr freundlich und lacht jedes Mal, wenn er an unserem Zelt vorbeigeht. Sein Vater stieg heute hoch hinauf in die Palmenkrone und zapfte Palmensaft in schmale Tongefäße. Eckhard filmt ihn; als er es bemerkt, lacht er verlegen. Alltag in Gabès.

Wir bekommen ein Telegramm von der Deutschen Botschaft in Tripolis, das besagt, daß wir noch warten müßten, bis über den Antrag entschieden wäre.

Einen Nachmittag verbrachten wir unten am kleinen Fischereihafen. Wir laufen an der Kaimauer entlang und erfreuen uns am Anblick der Fischerboote und einiger Küstenmotorschiffe; zumeist ältere, vom Meer geprüfte Kähne, die sich täglich in den Dienst ihres Herrn stellen, brav und zuverlässig. Ihre Schönheit ist nicht auf der Oberfläche zu finden, keine bunten, leuchtenden Farben oder schnittigen Bauweisen. Sie liegt darunter, nicht im Detail, sondern in der ganzen Erscheinungsweise und ist geknüpft an Beständigkeit und Ausdauer, an die Wunden, die ihnen Wind und Meer zugefügt haben. Sie sind Persönlichkeiten, diese alten

Kähne, von denen nicht nur die Farbe, sondern bereits der Rost abblättert.

Die Luft ist erfüllt vom Duft nach Fisch und Algen. Vom Meer her nähert sich ein Fischerboot, das sechs Leute rudern; eine schwere Arbeit bei diesem Wind. In der Nähe unseres Fahrzeuges legt es an, und die Besatzung trägt ihre heutige Ausbeute, nachdem sie vorher gewogen worden ist, hinüber in die Kühlräume. Sie haben ungefähr ein Dutzend großer Fische gefangen, 50 cm bis 1 m lang, gedrungene Körperformen, schätzungsweise 15 bis 25 kg schwer. Einige haben schreckliche Wunden in ihren Leibern. Sie sind offenbar mit Enterhaken eingeholt worden, große, dicke Tiere in rotbraunen bis grauen Farbtönen. Die Fischer haben gesunde und lebhafte, von der Seeluft gezeichnete Gesichter, tragen Gummizeug, einige von ihnen Baskenmützen auf dem Kopf. Sie packen die Fische mit ihren kräftigen Finger in den Augenhöhlen oder an den Kiemen. An die spitzen, scharfen Zähnchen in ihrem Maul aber wagt sich keiner ...

Bei einem Cola erleben wir dann die sterile Atmosphäre im Innern des Hotelrestaurants.

Am Mittwoch, dem 5. Mai – es war wieder einer jener leeren, unausgefüllten Abende, und wir sprachen etwas müde vom Reiseabbruch und seinen Gründen –, plötzlich der Gedanke an eine Fortsetzung! Nach eingehender Erörterung der verschiedenen Punkte kommen wir zum Entschluß, daß es gehen müßte, notfalls auch zu dritt. Natürlich erwägen wir sofort die Möglichkeit, Wolfgang und Agnes im Falle überstandener Krankheit einzufliegen, da sie uns natürlich bei der geringen Zahl der Teilnehmer eine große Hilfe sein würden. An diesem Abend wird der Ausgangspunkt für eine Weiterfahrt gelegt, und am folgenden Tag ist der Entschluß, die Expedition fortzusetzen, endgültig. Wir lassen Wolfgang und Agnes wissen, daß wir am folgenden Montag Gabès Richtung Sebha zu verlassen gedenken. Für Samstagmittag wurde ein Telefonanruf mit Deutschland vereinbart. Gleichzeitig liegt ein Telegramm von Wolfgang vor, daß er auf alle Fälle am 15.5. nach Sebha käme. Am Telefon bestätigt Agnes dies und sagt ihr eigenes Kommen zu, weist aber darauf hin, daß sie am 1.6. wahrscheinlich wieder zurück sein müßte. Dies ließe sich per Flugzeug von Kufra aus machen ...

Die letzte Nacht in Gabès ist angenehm mild. Der Montagmorgen bricht an, der 10.5., Tag des Abschiedes aus Gabès und aus dem gastfreundlichen Tunesien. Wir begeben uns wieder auf die uns wohlbekannte und gefürchtete Strecke hinunter nach Sebha.

52. Zurück in die Wüste

14.–21. Mai 1976

Freitag, 14. Mai, Feiertag in Sebha. Heute vormittag nehmen wir ein Telegramm von Wolfgang und Agnes entgegen. Am Montag um 19 Uhr wollen sie mit dem Flugzeug aus Tripolis hier eintreffen. – Es geht auf Mittag. Die Rolläden des Cafés, auf dessen Terrasse wir sitzen, werden heruntergelassen, Brühe und Schmutz in die Gosse gefegt, abkassiert. Jetzt ist Sebha tot, alles geschlossen.

Am folgenden Morgen fahren wir gemeinsam zum Zoll und begutachten die Fahrzeuge. Sie liegen in einem tiefen Dornröschenschlaf. Die Fahrzeugkabinen, die Pritschen und der Kübelinnenraum sind mit einer dicken Staubschicht bedeckt. Nach wochenlangem Schlummer erwecken wir sie wieder zum Leben, zuerst den Kübel, der nach kurzer Vorwärmzeit fröhlich anspringt. Wir nehmen ihn gleich mit hinüber zu unserem Lager.

Die Arbeit beginnt. Der Wagen wird ausgeräumt und vollkommen entstaubt. Reinhard nimmt sich mechanische Arbeiten vor, Eckhard verstaut Medikamente und die Hygiene. Ich selbst nehme den Nahrungsmittelstore auf und räume alles fürsorglich ein. Der Tag ist sehr warm, und wir kommen ins Schwitzen. Dies stört uns aber wenig, denn im Hinblick auf die bevorstehende Weiterfahrt erfüllen uns die Tätigkeiten mit größter Befriedigung. –

Am Sonntag gehen die Arbeiten weiter. Während Eckhard und Reinhard die beiden Pritschen vom Zoll holen, habe ich in der Stadt zu tun. Am späten Vormittag stehen die vier Fahrzeuge wieder beisammen auf dem Lagerplatz, und der Anblick läßt unsere Herzen höher schlagen. Ich nehme mir den Kofferinnenraum vor. Schlafsäcke, Decken, Ruck- und Seesäcke, Matten und was nicht alles mehr wandern wieder zurück in den Kübel. Es folgt die Überprüfung der Kanister. Wir sortieren 75 Diesel- und 50 Wasserkanister aus dem Gesamtbestand heraus. Daraufhin mit der Pritsche gleich hinunter zum Tanken; 1693 Liter in 69 Kanistern werden an Bord genommen. Das reicht bis Kufra, wo es wieder Treibstoff gibt. Als wir zurückkehren, ist es fast schon dunkel. Reinhard hat inzwischen schon die ganzen Ersatzteile an ihren alten Platz im Kübel geräumt. Ich verstaue noch die Ersatzreifen – dann ist für heute Feierabend. Die Fahrzeuge nehmen nach und nach wieder ihre gewohnten Formen an.

Am Montagmorgen, einige Erledigungen in der Stadt. Später, um die Mittagszeit, sehen wir ein Flugzeug starten. Wir schließen daraus, daß es auch einmal gelandet sein müßte. Als wir jedoch am Flughafen vorfahren, ist bereits wieder alles ruhig. Einige Beamten hängen träge in der Ecke; sonst ist alles tot und still in der flimmernden Hitze. Kaum im Lager angekommen, tauchen plötzlich hinter der Blauen Pritsche zwei Gestalten mit frischgewaschenen Kleidern auf. Dies prägt sich mir als erstes ein; wie frisch aus der Reinigung, gerade der Badewanne entstiegen! – Wolfgang und Agnes – herzliche Umarmungen und Begrüßungen. Doch Zeit zum Feiern bleibt keine. Die Hitze wird von Tag zu Tag schlimmer. Wir müssen machen, daß wir wegkommen.

In den Unterkünften der ägyptischen Gastarbeiter holen wir Wasser. Die Kanister werden gefüllt und gleich auf dem Anhänger verstaut. Reifen werden gewechselt. Tags darauf dann die letzten Vorbereitungen: Versicherung, Polizei, Post und Einkäufe. Am Ende die Krönung der dreitägigen Arbeit ... eine heiße Dusche – und ein kleines Mißgeschick hinterher: ein Waschbecken geht zu Boden. Ein gutes Omen für das bevorstehende Projekt? Um 15 Uhr bewegt sich der Konvoi in südlicher Richtung aus Sebha hinaus, um auf die letzte Etappe zu gehen. Nun ist das Unglaubliche doch noch wahr geworden!

20. Mai, 85 km vor Wau-el-Kebir. Jetzt sind wir schon wieder drei Tage unterwegs und rund 400 km von Sebha entfernt. Zurück in der Einsamkeit der Wüste! Vor wenigen Minuten sind wir zur Wagenburg zusammengefahren. Auch die erste Standortbestimmung dieser Etappe liegt hinter mir.

Was ist auf diesen 400 km seit Sebha geschehen? Wir verließen den Ort südwärts auf der guten Asphaltstraße nach Traghen, die wir vor ziemlich genau zwei Monaten schon in umgekehrter Richtung gefahren waren. Von dort aus begeben wir uns auf die Strecke nach Umm-el-Araneb, wo wir uns nicht weiter aufhalten. Die Piste verschlechtert sich zusehends, wird schmaler und tiefer und geht in einfache Fahrrinnen über, die uns zwischen Palmen hindurch und an alten, aus Lehm gebauten, flachen Gebäuden vorbeiführen. Die libysche Revolution scheint hier zu Ende, keine Neubauten, keine Abfallberge mehr. Wir haben die Südsahara erreicht, die Grenze der Zivilisation, die ins Nichts übergeht – endlich! Die Vegetation hört bald auf. Wir rollen auf einer weiten Ebene, auf der es nichts gibt außer Sand und Steinen und die uns zum nächsten Ort führt: Zouila. Auf der schmalen Staubstraße zur Kreuzung hin; ich erkundige mich bei einem Toubou nach dem Weg nach Tmissa. Er redet lange und freundlich auf mich ein und zeigt mit der Hand in Richtung der einen der beiden Pisten. Bei meinem Weggehen lasse ich ein Dutzend Menschen zurück – so schnell geht das hier. Ich hatte sie zuvor alle mit Handschlag begrüßt. Das ist hier so Sitte, ja in der ganzen Südsahara von Mauretanien bis zum Sudan.

Der Weg aus dem verträumten und vergessenen Zouila hinaus ist begrenzt von Palmwedelzäunen, die Sand und Wind stellenweise umgedrückt haben. Dann wieder die braune Erde, die von der schrägstehenden Sonne in ein warmes Orange getaucht ist. Die Hitze des Tages weicht einem kühlen Abend. Es weht ein sanfter, angenehm frischer Wind. Ende Mai in der Wüste! – das Frieren scheint endgültig vorüber. Kurz vor Dunkelheit fahren wir nach links in das weite Gelände hinein und schlagen das Nachtlager auf. Es gibt wenig zu tun an diesem Abend.

Heute morgen, 21.5., die Vorbereitungen zur Weiterfahrt; die Handgriffe sitzen noch. Vor Tmissa geraten wir in einen Salzsee mit tückischer Oberfläche. An zahlreichen Stellen ist sie hart, an anderen, die sich durch nichts von ersteren unterscheiden, aber gleich so weich, daß die Fahrzeuge bis über die Achsen darin versinken. Nur mit größtem Einsatz gelingt es uns, diesen Streckenabschnitt zu meistern. Wenige Kilometer später sind wir in Tmissa, einem kleinen Ort im Lehmbaustil, wo man uns die Richtung nach Wau-el-Kebir bezeichnet, 180 km von Tmissa entfernt. Das Gelände empfängt uns mit teilweise lockerem Sand, eine weite, hügelige Erglandschaft. In regelmäßigen Abständen tauchen leere Fässer als Wegmarkierung auf, häufig zu drei Vierteln im Sand eingegraben. Die Stürme der letzten Monate haben hier ihre Spuren hinterlassen. Es folgen Einsandungen, bis das Gelände in ein Serir übergeht, in eine hügelige Geröllfläche.

Am Horizont taucht eine Bergkette auf, zunächst ganz in Dunkelblau, das aber beim Näherkommen in einen dunklen Braunton überwechselt. Lange Tafelberge ziehen sich in Fahrtrichtung, dazwischen ein Gewirr von vielfach geformten Felsenerhebungen. In den letzten Nachmittagsstunden gibt es dann noch einige kleinere Reparaturen, zwei Reifenpannen und eine gebrochene Gasrückholfeder, nach denen Feierabend im Lager ist. Die Runde um das Feuer ist müde, aber guter Stimmung.

Ein langer, zehnstündiger Fahrtag ist zu Ende gegangen. Die letzte Etappe nach Wau-el-Kebir forderte uns alles ab.

Bald hinter dem Lagerplatz kommen wir ins Gebirge, auf eine chaotische Regfläche. Das leicht gewellte Gelände ist übersät von großen, spitzen Felsen. Die Fahrzeuge halten sich prächtig, müssen manchen harten Schlag hinnehmen, ohne daß dabei auch nur die geringste Reparatur angefallen wäre. So schwierig die Piste, so faszinierend das Steingewirr. Schwarze Felsen auf hellem Sand!

Gegen 13 Uhr treffen wir in Wau-el-Kebir ein. Von einer plateauartigen Erhebung entdecken wir, auf ebenso erhabener Warte, uns direkt gegenüber, eine kleine Ansammlung von Ruinen, wie es scheint. Entlang dieser Plateaus dehnen sich langgezogene Senken aus, in welche einzelne Hütten und Palmengruppen eingestreut sind. Diese Korridore, den Gassis im Djouf vergleichbar, werden nach Westen und Osten hin von gelben Dünen begrenzt, an deren Hängen und auf deren Kuppen vereinzelt das Grün von Palmen und Büschen erscheint. Von unserem Aussichtspunkt aus müssen wir zunächst in eine der zauberhaften Senken hinab, um dann das Wau-el-Kebir-Plateau auf einer gewundenen Straße zu erklimmen. Oben erwarten uns zunächst Ruinen und die libysche Fahne. Wo diese ist, müßte es eigentlich auch menschliches Leben geben – und sei es mitten in der Einöde. Und richtig, als wir uns nähern, kommen etwa ein Dutzend Leute aus den flachen Gebäuden heraus, die in den Fels hineingebaut sind, und sind ganz aufgeregt. Reisende scheinen hier selten zu sein. Wir erklären in kurzen Worten unsere Anwesenheit. Die Pässe wollen sie sehen. Sie gehen von Hand zu Hand. Neugierig blättern sie darin herum, halten sie verkehrt und merken dies erst, als sie die Seite mit dem Bild öffnen. Das Dokument wird herumgedreht, und sie lachen uns an, natürlich und offen – kein Hochmut, keine Falschheiten, keine Scham! Das gefällt mir an den Leuten. Umständlich notieren sie unsere Namen in ein Buch, nachdem sie lange darüber diskutiert hatten, auf welcher Seite wir einzutragen seien. Schließlich erhalten wir die Pässe zurück. Der Abschied ist herzlich; ein Mensch zählt hier noch etwas. »Remember me!« meint der eine, als wir gehen. Ein Landrover begleitet uns noch ein Stück in die Wüste hinaus – Händeschütteln –, dann sind wir wieder allein, inmitten einer phantastischen Natur. Merkwürdig, mit den Dünen verschwindet auch die Vegetation wieder. Wir durchqueren eine hügelige Serirlandschaft, die von flacheren, abgerundeten Bergrücken durchzogen wird. In diese sanft geschwungenen, glitzernd weißen und ockergelben Erhebungen sind feine Rinnsale eingekerbt, die als helle Schlangenlinien hervortreten und von den Kuppen hinab in die Ebene führen. Wir passieren einsame Tafelberge, die inmitten der Einheit harmonisch runder Formen sich visuell stark in den Vordergrund schieben. Dann, es ist schon spät geworden, plötzlich, für uns unerklärlich, kleine Flächen mit niederem Baumbestand, von graubrauner Farbe zwar, aber Leben in sich bergend, umgeben von nacktem Sand und Stein. Hier sammeln wir etwas Brennholz für das abendliche Feuer.

Hinter einem schwarzen Berg bauen wir unser Lager auf. Die Temperatur ist selbst jetzt, da es schon lange dunkel ist und obwohl die sanfte, kühle Brise wie allabendlich weht, noch über 30° C. Der Hunger ist allgemein mäßig; dafür trinken wir um so mehr, überschreiten jedoch nicht die vorgesehenen Tagesrationen.

53. Wau-en-Namus

22. Mai 1976

Ein denkwürdiger Tag heute!

Wir folgen den Fahrspuren des gestrigen Tages weiter, die jedoch bald von 120 Grad auf 60 Grad wechseln, was uns etwas beunruhigt, denn das heutige Tagesziel liegt südlich der Ostrichtung. Neben einem leicht ansteigenden Gelände soll das einzige, was auf die Existenz des Vulkankraters Wau-en-Namus schließen läßt, eine Fläche von schwarzer Asche sein, die den Sand bedeckt. Unser Lagerplatz hatte sich 88 km östlich von Wau-el-Kebir befunden. Nach Eckhards Meinung können wir nicht mehr weit von dem Krater entfernt sein.

Bald erblicken wir in Fahrtrichtung einen schwarzen Berg. Das Gelände steigt sacht an, der Sand ist jedoch braun wie die Tage zuvor. In gespannter Aufmerksamkeit folgen wir den Spuren immer weiter, die geradewegs auf den schwarzen Berg hin zu verlaufen scheinen. Wir durchqueren eine Vollwüste, absolut menschenfeindlich – kein Strauch, kein Gras, kein Wasser, eine ungeheure Hitze morgens um 9 Uhr 30; dagegen Sand, Steine und Felsen in jeder Menge und den phantastischsten Formen.

Dann endlich färbt sich der Sand schwarz, d.h. der Sand ist durchsetzt mit schwarzen Teilchen, Asche, wobei der Wind aus den beiden Substanzen kontrastreiche Muster geschaffen hat. So vermuten wir, daß der Berg uns das Wunder des Wau-en-Namus bescheren würde, sobald wir ihn erklommen hätten. Das Gelände ist mittlerweile rabenschwarz geworden; wir sind am Fuße des Berges angekommen, der sich in einer sanften Steigung nach oben hin abrundet. Wir fahren bergauf und warten gespannt auf den Moment, da wir die Kuppe erreichen. Dann ist es soweit. Ich stehe da, gebannt von der märchenhaft schönen Landschaft vor mir in der Tiefe. Der schwarze Berg entpuppt sich als eine äußere Kraterwand, die rings um einen Vulkantrichter von etwa vier Kilometer Durchmesser und 200 bis 250 Meter Tiefe führt; die Wand fällt sehr steil bis mäßig steil ab. Inmitten dieser Senke befindet sich ein rotbrauner, steiler Felsen, der einen weiteren Krater in sich birgt, 200 m tief, wie mir die anderen später sagten. Rings um diesen Felsen herum ist das, was die nicht geheure Schönheit des Ortes ausmacht. Die schwarze Wand, die vor uns steil abfällt, setzt sich auf der gesamten diesseitigen Fläche der Senke in einer pittoresken Hügellandschaft fort: runde und längliche Erhebungen in fein abgestuften Schwarz- und Grautönen, die in ihrer sanften Linienführung weich und harmonisch wirken. Diese gehen über in eine wild wuchernde Oasenlandschaft; keine Menschenseele fällt hier der Natur in ihre Kompetenz: ein langgezogener, tiefgrüner See, der rings um seine Ufer dicht mit blaßgrünem Schilfrohr bewachsen ist. In unregelmäßigen Abständen ragen daraus Palmengruppen hervor. Das Grün zieht sich stellenweise weit vom Ufer weg bis hin zum Fuß des rotbraunen Felsens. Am anderen Ende der Senke ein weiterer See, der teilweise von dem Vulkan verdeckt ist, ebenfalls dicht mit Schilf gesäumt. Daneben, inmitten der grauen Asche, weitere grünende Palmen. Was zwischen Vulkan und der uns gegenüberliegenden schwarzen Kraterwand sich befindet, entzieht sich vorläufig unseren Blicken. Der Ort erscheint romanesk in seiner Unberührtheit, still und friedlich und dennoch verwunschen. An einer weniger steilen Stelle der Kraterwand steige ich hinab in die Senke. Es ist um die Mittagszeit und brütend heiß. Wie ich unten ankomme, nimmt die Hitze noch weiter zu. Die Erde wirft die gebündelten Sonnenstrahlen zurück und macht aus dem Kessel einen Backofen. Ich bin jedoch voll Unternehmungsgeist und steuere die Palmengruppen an, quer über die sacht gewellten, grauen Hügel hinweg. Die Bäume bescheren mir reichen Schatten und eine verwilderte Vogelidylle: Tauben, Schwalben, Drosseln, Rotschwänzchen und was nicht alles mehr! Als ich mich ihnen nähere, vollführen sie einen Heidenspektakel. Wann hatte je ein Mensch ihren friedlichen Alltag gestört? Ich beschaue mir bei jedem Schritt den Boden, um nicht versehentlich auf eine Schlange zu treten. Man könnte irre werden; keine hundert Meter weiter, jenseits des schwarzen Bergrückens, die nackte Wüste – und hier eine grünende »Urwaldidylle«! Eine weitere Baumgruppe: umgestürzte Stämme mit wucherndem Laubwerk, Vogelnester und Spinnweben, Schilfrohr, das sich vom nahen See hierher versamt hat. In den Palmenkronen ist alles in Bewegung, ein mitreißendes Leben und Lärmen. Ich überquere etwas mühsam die graue Sandfläche, bis ich vor einer undurchdringlichen Mauer aus Schilfrohr stehe. Der Blick darüber hinweg präsentiert mir eine spiegelglatte, tiefgrüne Wasseroberfläche. Es riecht faulig, und unzählige Moskitos schwirren um mich herum. An einer Stelle ist das Ufer frei, und das Wasser reicht bis zum Sand heran. Eine weiße Kruste hat sich abgesetzt – Salz. Das Wasser ist ungenießbar, eine Teufelei bei dieser Hitze. Den Beschreibungen zufolge soll hier auch der Bilharzwurm hausen, der durch offene Hautstellen in den Körper eindringt und dort als Parasit sein Leben fristet. Die Idylle hat ihre Tücken und Gefahren. Am jenseitigen Ufer erhebt sich der rotbraune Vulkanfelsen steil in den blauen Himmel. Zunächst folge ich jedoch dem diesseitigen Ufer entlang dem Röhricht zur Rechten; linker Hand passiere ich weitere Palmengestrüppe, dahinter gleich die grauschwarzen Hügel und der Kraterrand. Der See nimmt ein Ende, der Bewuchs setzt sich fort. An einer lichteren Stelle durchquere ich das Schilf, unter mir eine Salzkruste, die hin und wieder etwas nachgibt. Dann liegt der steile Felsen vor oder besser über mir, und ich mache mich an seine Besteigung. Ein mühsames Unterfangen; auf halbem Wege muß ich umkehren, denn bei jedem Schritt gibt das feine vulkanische Gestein bedenklich unter mir nach, wobei ich Mühe habe, nicht gleich wieder abzurutschen. Also wieder hinunter! Der Blick hinab ist widerlich. Versuchen muß ich es, denn wo ich jetzt stehe, würde ich nicht lange mehr bleiben können – kein fester Fels, keine halbwegs ebene Stelle! Die Steigung ist wie mit dem Lineal gezogen. Ich versuche, quer zum ansteigenden Berg leicht abwärts zu gehen; doch das lockere Geröll ist erbarmungslos; ich verliere den Halt unter den Füßen, und eine gewaltige Talfahrt beginnt. Mit aufgeschürften Händen, Wasserblasen durch die Reibung und zerrissenen Serouals komme ich unten an. Ich bin fertig, aber heilfroh, festen Grund unter den Füßen zu haben. Meine Kehle ist ausgetrocknet; mein letztes Wasser habe ich bereits getrunken, und ich schwitze und habe Kopfweh. Das Tuch um meinen Kopf hält nur die gröbste Hitze ab.

Vom Berg aus hatte ich weitere Seen entlang dem Tale gesehen. Ich steuere am Ufer entlang und suche einen Zugang zum Wasser, nur um mich etwas zu erfrischen – der Wurm ist mir im Augenblick scheißegal! –, doch es gibt keinen. Eine unerbittliche Wand aus Schilfrohr hat sich vor das erfrischende Wasser geschoben. Die Natur kann ganz schön zynisch sein! So stapfe ich weiter durch den Sand, rechts der steil aufstrebende Vulkan, links ein See nach dem andern. Am unteren Ende der Senke entdecke ich gar einen See mit rotbraun bis orange gefärbtem Wasser. Aber keinen Zugang! Nun, ich weiß es gibt noch einen weiteren. Ich hatte ihn ja von oben, vom Kraterrand aus gesehen.

Ich hatte mich allein auf den Marsch begeben; ich ziehe bei meinen Streifzügen durch unberührte Natur oder dunkle Gassen Unabhängigkeit allem anderen vor. Wolfgang, Reinhard, Agnes und Eckhard sind woanders abgestiegen, an einer ziemlich steilen Stelle nämlich, und haben sich offenbar sofort die Besteigung des Vulkans im Innern der Senke vorgenommen, denn ich sehe von meiner Warte aus zwei Gestalten auf halber Höhe des rotbraunen Felsens. So weit war ich auch schon gekommen. Sie würden ihre liebe Not haben! Ich bleibe im Tal, umgeben von Schilfrohr und runden, grauen Hügeln, dazwischen immer wieder den Blick auf das Wasser. Schließlich, an einer schmaleren Stelle, wage ich die Durchquerung des Schilfes. Ich fürchte Giftschlangen, so nahe am Wasser, und ich weiß, wie schwer diese im Schilf zu sehen sind. Doch es geht alles gut, und ich erreiche das Wasser; es liegt direkt vor mir, zu meinen Füßen. Ich kann mich kaum mehr trennen, lasse mir die Brühe mehrmals über den Kopf laufen. Als ich gehe, bin ich pudelnaß. Der ganze Körper ist von einer kühlen Schicht umgeben. Die Hitze trocknet die Feuchtigkeit jedoch binnen einer Viertelstunde. Mittlerweile bläst ein böiger, heißer Wind, der mir fast den Atem raubt. Noch ein Stück entlang dem Wasser im Schutz der Palmen, dann bin ich wieder der Sonne preisgegeben. Der Rundgang um den Vulkan ist nahezu beendet. Die grünen Teile liegen hinter mir;

vor mir die Eintönigkeit der grauen Hügellandschaft und die schwarze Kraterwand, auf deren Höhe ich bereits wieder die Fahrzeuge sehe. Relativ mühelos durchquere ich die hügelige Talsohle. Doch dann kommt der Aufstieg zu den Fahrzeugen. Je weiter ich vordringe, desto steiler wird es; es ist jene Stelle, an der die anderen zuvor abgestiegen waren. Wieder komme ich ins Rutschen und Straucheln; zudem sind meine Kraftreserven langsam zu Ende; ich spüre das. Nach dreistündigem Marsch in der glühenden Sonne wundert mich das auch nicht. Dennoch, hier muß ich hinauf; es gibt kein Zurück; ich muß Wasser haben! Mein Weg ist mir im Sand vorgezeichnet durch die abwärts führenden Fußstapfen. Ich stehe da und starre hinunter, hebe etwas hilflos die Arme; ich bin wirklich am Ende. Die letzten Minuten sind eine fiese Angelegenheit, eine Schinderei ohnegleichen. Ich übertreibe nicht, wenn ich sage, daß ich mich die letzten Meter zu den Fahrzeugen und dem Schlüssel für den Kofferwagen regelrecht schleppe. Ich bin dem Zusammenbruch nahe, mein Kopf dröhnt, meine Kehle gibt keinen Laut mehr von sich – nur noch Röcheln. Mit ungewohnter Hast schenke ich mir Wasser ein und trinke in gierigen Zügen ...

Keine zehn Minuten später taucht Reinhard am Kraterrand auf, und schleppt sich her. Ich gebe ihm gleich zu trinken. Dann sprechen wir: ich erkenne meine Stimme ebensowenig wie die seine, völlig heiser und entstellt. Er ist fertig und schaut mich aus weit aufgerissenen Augen an. Sein Gesicht ist leicht gerötet, seine Lippen schwarz. Er berichtet, daß die anderen vor Schwäche nicht mehr hochkämen, insbesondere Agnes, und daß wir mit dem Kübel hinunter müßten, um sie zu holen. Doch im Augenblick ist nicht daran zu denken. Wir sind derart kaputt, daß wir uns kaum auf den Beinen halten können. Erst eine halbe Stunde später geht es uns wieder besser, und wir fahren los. Wir finden eine Abfahrt für das Fahrzeug und suchen weitere gangbare Passagen. Der Kübel zeigt sich von seiner besten Seite. Schließlich kommen wir bei dem Häuflein an; sie strahlen uns entgegen: Wasser! – Und sie machen sich ungestüm darüber her. Dann brauchen sie einige Minuten, um sich zu regenerieren. Die Rückfahrt vollzieht sich glücklicherweise ohne Schwierigkeiten. Was aber wäre gewesen, wenn sich die Kraterwand als zu steil herausgestellt hätte? Oben angekommen, legen wir uns alle flach und trinken weiter; dann essen wir eine Kleinigkeit. Die Stärke des Windes hat zugenommen – und er ist glühend heiß. Ich fühle mich elend; mir dröhnt die Rübe. Die anderen meinen, ich hätte einen Sonnenstich, und ich glaube es schließlich selbst. Mir schwindelt, wird übel, und ich bin elend schwach. Eine halbe Stunde später erhebe ich mich aus meiner liegenden Stellung, öffne die Augen. Ich bin geblendet und glaube, aus einem langen Schlaf erwacht zu sein.

Unser Aufenthalt hatte sich auf sechs Stunden ausgedehnt, die ich mein ganzes Leben lang nicht vergessen werde. Diese völlig absurde Landschaft hat sich im Detail in meinem Kopf eingeprägt, und ich werde nie aufhören, mir zu wünschen, an diese Stelle der Erde zurückzukehren!

54. Tücken und Reize des Sandes

23.–28. Mai 1976

Dienstagabend, ich warte darauf, daß der Polarstern am Himmel erscheint.

Gestern morgen verließen wir den Lagerplatz um 9 Uhr 30. Waren die Fahrspuren bislang noch ein mehr oder weniger sicherer Hinweis für unsere eigene Strecke, so ist das nun endgültig vorbei. Die Fahrt nach Marschzahl und Sonnenkompaß beginnt wieder. Wir überqueren endlos weite Flächen, senkenartige Gebilde, in die sich gewaltige Plateaus nach allen Richtungen hineinschieben. Mehrere von ihnen müssen wir überwinden, wobei An- und Abstieg aufgrund extremer Steigungen, weicher Sandverwehungen und felsiger Überhänge große Mühe machen. Dieser unangenehme Wechsel von Plateau- und Talfahrten hält den ganzen Tsg über an. Unter der serirartigen Oberfläche des Geländes verbirgt sich lokkerer Sand, so daß unsere Fahrzeuge tief einsinken. Eckhard kommt mit seiner Blauen Pritsche nicht mehr aus dem Allrad heraus. Der Sand hält sich gleichsam mit Krallen an den Reifen fest. Tiefe, unsichtbare Löcher, gefüllt mit feinstem, mehlartigem Staub, hinterlassen üble Schläge in den Fahrzeugen. Dabei hat die Landschaft große Reize. Die Plateaus sind von weißlicher oder gelblicher Farbe und haben eigentümlich geformte Fundamente, ähnlich den kurzen, gedrungenen Stielen von einigen Pilzen. Dazwischen vereinzelt kegelförmige Vulkane. In der Ebene bietet der aufgewirbelte Staub einen einzigartigen Anblick. Im jungfräulichen Zustand ist die Fläche in ein monotones und unschönes Braungrau gehüllt. Sobald sich die Räder der Fahrzeuge aber tief in die Oberfläche eingraben, entstehen hinter den Reifen dicke, qualmartige Wolken, die je nach Zusammensetzung des Bodens in den verschiedensten Farben vom Winde weggetragen werden. Der Wirbel zaubert Mineralstaub von weißer, gelber, grüner und violetter Farbe an den Tag. Wir finden eine Unmenge von versteinertem Holz, von Muschelkalkablagerungen und von phantastisch geformten und gefärbten Steinen. Wie hat diese Landschaft ausgesehen, als noch Meere und Wälder sie bedeckten, Pflanzen und

Tiere sie belebten? Und Menschen? – Wir finden keine Anzeichen aus dem Neolithikum, die auf frühe menschliche Existenz hätten schließen lassen.

So fahren wir den Vormittag und den Nachmittag ohne längere Pausen in großer Hitze. Wir haben den Eindruck, daß sie von Tag zu Tag zunimmt. Nachdem wir zur Wagenburg zusammengefahren sind, mache ich die Instrumente zur Messung fertig. Dies wird wohl auf der gesamten Strecke bis zum Nil regelmäßig meine abendliche Arbeit werden. Um 21 Uhr 30 liegen die Ergebnisse vor: 25° 27′ 57,2″ nB/19° 10′ 33,6″ öL.

Damit können wir heute unsere Marschzahl festlegen.

So wie der gestrige Fahrtag aufhörte, fängt der heutige an: tiefer, fauler Sand. Unsere Stundenleistung liegt bei 12,5 km. Um die Mittagszeit – der Boden ist gerade etwas härter geworden – tauchen am südöstlichen Horizont hellgelbe Dünen auf, das Rebiana Erg. Lange Elbs ziehen sich von Süden her quer in unsere Fahrtrichtung. Wir wissen, was die Stunde geschlagen hat: Dünenfahrten. Die Mittagspause verbringen wir am Fuße der ersten Kette, durch deren Korridor wir gekommen sind. Wir besteigen die sandige Anhöhe und blicken über ein Labyrinth von schlangenförmigen, blaßgelben Sandwellen und -bergen hinweg, auf ein unüberschaubares Gewirr von runden Rücken, sichelförmigen Kuppen, trichterförmigen Verwehungen und sanftgeschwungenen Abfahrten. Dann beginnt das ermüdende Abgehen der Kämme, Grate und Täler auf der Suche nach tragenden Passagen. Es folgt die Dünenfahrt selbst, die erste, aber nicht die letzte im Verlauf dieses Nachmittags ... Wir beschließen den Fahrtag inmitten der Kreationen von Sand und Wind, müde und abgekämpft, um 17 Uhr.

Mittwoch, 26. Mai, 21 Uhr 45. Der Wind nahm gestern abend derart zu, daß man fast von einem Sandsturm hat sprechen können. Der Himmel war die ganze Nacht verhangen, vom Sand getrübt, der Polarstern nicht zu sehen. So baute ich um 2 Uhr in der Nacht nach langer Wartezeit inmitten des tobenden Unwetters den Theodolit ab.

Heute morgen geht es mit den Fahrzeugen zurück ins Dünengelände. Chaotische Einsandungen wechseln mit unvergeßlichen Berg- und Talfahrten. Das Auge ist geblendet von dem Licht, das die helle Sandfläche reflektiert. Daher sind Auf- und Abfahrten, Steigungen und Gefälle rein visuell gar nicht festzustellen, sondern nur während des Fahrens zu spüren, ein Auf und Ab über sanfte Wellen und steile Kämme, keine schroffen Stöße, keine harten Schläge.

Donnerstag, 27. Mai. Innerhalb eines kurzen, müden Wortwechsels kommen heute abend Tendenzen zum Vorschein, die den Verlauf der vergangenen Tage aus der Sicht der Fahrer kommentieren. »Mir geht das

Gelände so langsam auf den Wecker!« »Was tue ich eigentlich hier?« Reinhard meint: »Eine reine Durchquerung ist doch eigentlich Blödsinn. Ich kann jetzt bald keinen Sand mehr sehen . . .!« Ich wundere mich nicht über solche Aussagen. Von den Fahrern wird Konzentration, Disziplin und Ausdauer verlangt. So sehen sie die Landschaft anders als ich, der (zur Zeit einzige) Beifahrer. Ich habe die Muße, Sand, Dünen oder Berge zunächst einmal in mich aufzunehmen, während der Fahrer gerade mit diesen Elementen zu kämpfen hat. Darüber hinaus sehe ich in diesen Worten eine Expeditionsmüdigkeit. Für die meisten mag die Wüste nach acht Monaten nicht mehr dieselbe Anziehungskraft haben wie zu Beginn des Unternehmens. Einsandungen und heiß gelaufene Motoren führen heute viel schneller zu schlechter Laune als noch während der Wochen im Djouf. Eine reine Durchquerung wäre tatsächlich als Projekt eine armselige Zielsetzung. Aber das Gesamtprojekt hat seine Inhalte gehabt.

Und noch etwas: derartige Aussagen haben ihren Bezugspunkt im Verlauf des heutigen Fahrtages. Denn das Gelände meint es weiterhin sehr schlecht mit uns. Sandflächen und Dünenketten setzen sich ohne Ende fort. Die Räder mahlen sich hilflos durch das lockere, pulvrige Erdreich; die Fahrzeuge versinken serienweise darin.

Wir fahren OSO-Richtung und bewegen uns langsam auf Kufra zu. Um die Mittagszeit passieren wir ein einsames Tafelbergmassiv, das zuerst blauschwarz am Horizont aufgetaucht ist, den Djebel Bsema. Er kündigt einen Wechsel der Geländestruktur an. Am Nachmittag erblicken wir überall verstreut Reste uralter Gebirge, gelegentlich nur noch 20 bis 30 Meter hoch, schwarze Klötze, die stark mit den hellen, feingeschwungenen Dünen kontrastieren. An anderer Stelle weisen nur noch Felstrümmer und im Kreis angeordnete Gesteinsformationen auf ihre ehemals majestätische Existenz hin. Aber der Sand hat noch nicht aufgehört, uns das Leben schwer zu machen. Gebirge und Dünen begegnen und durchdringen sich hier. Wir treffen auf eine größere Anzahl von alten und neueren Fahrspuren, die alle in südöstlicher Richtung nach Kufra verlaufen. Wir können nicht mehr weit von der Hauptpiste entfernt sein, über die diese riesige Oase versorgt wird. Wir fahren noch eine gute Stunde durch den tiefen Sand, während die Fahrzeuge in regelmäßigen Abständen heiß laufen. Auf einer Anhöhe beenden wir schließlich den Fahrtag. Die abendlichen Routinearbeiten werden erledigt. Ansonsten ist die Abwechslung gering; sie wird aber auch nicht besonders gesucht, denn wir sind müde, zu fünft mit vier Fahrzeugen. Schon eher sehnt man sich danach, sich abends lang im kühlen Sand auszustrecken, um entspannt den Sternenhimmel mit den Augen abzutasten. Noch einen Blick in die Karte, ein kurzes Informationsgespräch bezüglich der morgigen Strecke. Dann begibt sich jeder zur Ruhe . . .

Freitag, 28. Mai. Fünfter Tag im Sand! Obwohl wir heute tatsächlich um 6 Uhr 30 das Lager verlassen haben, bis 17 Uhr 30 auf der Strecke blieben und dabei acht Stunden reine Fahrzeit leisteten, legten wir lediglich 99 km zurück. Ein Tag der Rippenbleche, der heiß laufenden Motoren und der langen und immer länger werdenden Arme, die sich ohne Ende durch die Sandmassen wühlen, um Reifen, Achsen, Getriebegehäuse, Kardans und Blattfedern freizulegen. Und wenn selbst das nicht weiterhalf, mußte mit langen Drahtseilen nachgeholfen, und versandete Fahrzeuge mußten in Schlepp genommen werden. Es ist zum Verzweifeln! Seit dem Wau-en-Namus haben wir mit nichts als Sand zu tun, d.h. über eine Strecke von nahezu 700 km hinweg.

Die gestern erwähnten Restgebirge sind heute zahlreicher geworden. Aus den kleinen, meist einzelstehenden Bergen werden gewaltige Massive, mächtige, schwarze Großväter, die mit den jungen Dünenketten im Kampf um die Vorherrschaft des Geländes zu liegen scheinen. Dieses Nebeneinander und Übereinander von Sand und Stein bewirkt ein Kontrastspiel ohnegleichen, helle und dunkle Töne, harte und weiche Formen. Die Dünen wandern direkt in den Fels hinein und begraben ihn unter sich. Natürlich werden die Dünen den Sieg davontragen, denn die Zeit, die Witterung arbeiten für sie. Die Großväter gehören einer 400 Millionen Jahre alten Vergangenheit an und geben ihre Substanz an die Kreativität des Windes ab, der daraus kunstvolle Sandgebilde mit scharf geschnittenen Kanten und sanften, geschmeidigen Rundungen schafft.

Im Laufe des Nachmittags treffen wir auf die Hauptpiste von Jalo nach Kufra. Mitten in der Wüste ein Metallstab mit einem kleinen Hinweisschild, verrostet und halb zugeweht. Die Aufschrift ist über die Jahre hinweg verblichen. Die Spuren erweitern sich zu tief ausgefahrenen und lokkeren Fahrrinnen. Um 13 Uhr machen wir Mittagspause. Wir messen 52,5° C Lufttemperatur. Jeder sucht sich einen Ruheplatz im dürftigen Schatten der Fahrzeuge. Zwei Stunden später geht es weiter. Eckhard glaubt, daß wir noch etwa 70 km von Kufra entfernt seien, und meint, wir könnten uns Zeit lassen, da wir erst morgen in dem Ort eintreffen müßten. Doch wir haben gar nicht die Qual der Wahl! Wir müssen uns Zeit lassen, denn die Einsandungen folgen einander. Die tiefen vorgezeichneten Spuren machen aus der Piste ein Schlachtfeld.

Am späten Nachmittag begegnen uns in geringer Entfernung zwei mächtige Treibstofftransporter, die ihren langen Weg von Kufra hinauf in die Syrte angetreten haben. Welch ein beschwerlicher Dienst in dieser bedrohlichen und menschenfeindlichen Einöde. Ich denke unwillkürlich an einzelne Wüstenschwalben, die ich in den letzten Tagen gesehen hatte. Wie können sich diese Tiere am Leben erhalten? Es ist rührend, wie nahe die Vögel an uns herankommen, so, als wollten sie uns begrüßen. Sie kennen keine Furcht. Eine fliegt knapp über meinen Rücken hinweg, als ich gerade ein Rippenblech lege. Die Wüste macht die Lebewesen untereinander verträglicher, denn sie sind eine Seltenheit, die Begegnungen ein großes Bedürfnis und somit mit besonderer Sympathie verbunden. So wirken auch diese beiden LKWs auf mich, denn sie bezeichnen Leben inmitten des seelenlosen Sandes und Steins.

55. Kufra

29.–30. Mai 1976

In der Nacht zum Samstag hebt wieder ein böiger Wind an, der sich zwischendurch etwas beruhigt, um dann am Morgen erst richtig loszulegen. Gegen 8 Uhr 30 sind wir wieder auf der tiefsandigen Piste. Die Fahrzeuge mahlen sich brav und unaufhaltsam durch den tiefen Sand. Nach zwei Stunden Fahrt hört der Sand auf, die Piste wird steinig, so daß wir bei allen Fahrzeugen den Reifendruck erhöhen.

Das Gelände ist hügelig, und jede Anhöhe wird erklommen in der Erwartung, die Kufra-Oasen unten im Tal liegen zu sehen. Doch die Fahrt zieht sich unendlich lange hin. Dann, es geht bereits auf Mittag zu, können wir in der Ferne eine lange Front von Palmen sehen – Kufra. Grüne Gartenanlagen, ein Meer von neuen Betonbauten, Funkantennen, Hochspannungsmasten usw. Die Piste trifft schließlich auf eine neue Asphaltstraße, die sich in einem großen Bogen entlang an schwarzen Tafelbergen, zwischen denen für Augenblicke nur die weiße Kuppel und das hellgelbe Minarett einer Moschee farbenprächtig hervorlugen, dann durch eine weite Senke hinunter in die Hauptstadt windet.

Kufra besteht aus vier großen Oasen: El-Djof, die Hauptstadt, ferner Et-Tag, Et-Tallab und El-Hauaria. Diese Orte sind durch gewaltige Palmenwälder und bewässerte Gärten miteinander verbunden.

Wir betreten El-Djof mit großem Durst – die Hitze und der glühende Sandwind haben unsere Kehlen ausgetrocknet. Es ist Mittagszeit, fast alles ist geschlossen, die Straße leer. Ich will schon umkehren, als ich vor dem letzten Haus leere Pepsi-Cola-Kästen entdecke: ein Gasthaus. Wir treten ein; man blickt uns neugierig an. Wir setzen uns an einen runden Tisch, auf dem eine Plastiktischdecke mit Rosenmuster ausgebreitet ist, auf fünf hölzerne Stühle – fabrikneu. Der Raum ist gleißend hell, aber angenehm kühl. Eine Klimaanlage ist angestellt. Bei einem hageren Ober bestellen wir Pepsi-Cola, eine Runde, dann noch eine Runde, herrlich kühl in sauberen Gläsern; der Raum ist mit entsetzlichem Kitsch ausgestattet, Lampions, Papierschlangen, fürchterlich angemalte Bilder, plumpe Reklameaufkleber; Geschmacklosigkeit ist Trumpf; und selbst dort, wo der Blick gewöhnlich schnell und achtlos vorübereilt, bleibt er unwillkürlich hängen; an Türen, Fensterrahmen, Vorhangschienen – alles sieht neu aus, aber auf eine schreckliche Art und Weise billig. Für mich geschieht hier etwas völlig Absurdes. Kufra ist nach allen Richtungen hin weit über tausend Kilometer hinweg von einer Vollwüste umgeben, durch die sich eine miserable Piste zieht; eine hyperaride Zone: durchschnittlicher Jahresniederschlag 1,9 mm. Und inmitten dieser Einöde – man sieht dem Ort auf den ersten Blick seine hoffnungslose Lage an – leben inzwischen 5000 Menschen, denn man will aus Kufra eine Stadt machen: daher die Asphaltstraße, frische Zwiebeln, Tomaten, Kürbisse, Gurken, Pfefferminz auf dem Markt, überall eisgekühltes Pepsi-Cola; die Läden führen zahlreiche Waren, die auch in Tripolis zu haben sind. Ein internationaler Flughafen ist seit kurzem der letzte Schrei. Man transportiert die Zivilisation der Mittelmeerküste mit LKWs tief hinein in die Wüste: welch ein gewaltiger Aufwand, welche Kosten! Aber warum denn nicht? – Ein Mensch sitzt in der Wüste. Der heiße Wind weht ihn fast vom Stuhl. Er greift in seine Jackentasche, holt ein dickes Bündel von Zehn-Pfund-Noten heraus, zählt sie nachlässig durch und wirft sie achtlos hinter sich – der Wind jagt jede einzelne durch die endlose Wüste! – In der anderen Tasche hat er noch einen Packen, der doppelt so dick ist. – Ich hätte Kufra gern vor zehn Jahren erlebt. Nur noch die unbewohnten Reste der Lehmbauten deuten heute auf diese Zeit hin. Auch damals freute sich der Wüstenreisende auf Kufra, denn er sah wieder Menschen, mit denen er reden konnte, und er hatte frisches Wasser und schattenspendende Palmen.

Wir zahlen die Pepsi und den Transport und treten auf die Straße zurück in die sengende Hitze. Wir haben den 29. Mai, und Agnes muß am 1. Juni zu Hause sein. Wir fahren hinaus zum internationalen Flughafen; wir finden ihn nicht gleich, denn die sonst charakteristischen Gebäude haben hier internationale Hüttenform. Wir betreten das internationale Flughafengebäude, einem internationalen Eisenbahnwaggon nicht unähnlich. Ein sehr freundlicher Mann empfängt uns, auf einem Teppich sitzend. Ihn langweilt. So nennt er uns bereitwillig die Zeiten: um 8 Uhr müßte man das Ticket im Büro in der Stadt holen, um 9 Uhr sich auf dem Flughafen einfinden, um 10 Uhr würde die Maschine eintreffen und um 11 Uhr sei der Abflug nach Benghasi. Internationale Verhältnisse! – Zurück in die Stadt. Schnell hat sich um unsere Autos eine große Schar Kinder und Erwachsene eingestellt, die uns neugierig bestaunen. Agnes wird von einigen mit abfälligen Blicken gestreift. Ein kleiner Junge holt seinen Pimmel aus dem Hosenladen. Die Frau hat hier nichts in der Öffentlichkeit zu suchen, und die Kinder genießen eine entsprechende Erziehung! –

In der Palmeraie finden wir einen Platz für die Nacht. Gegen Abend helfen wir Agnes, den Rucksack zu packen. Ich sitze auf dem Dach des Koffers. Auf der nahen Piste donnert ein großer LKW vorüber; der Wind rauscht in den Palmenwipfeln, aus denen hin und wieder wilde Tauben wegfliegen. Die Sonne steht bereits im Westen und würde bald untergegangen sein. Dann wird aus den einzelnen Wohnhütten, die bunt über den ganzen Palmenhain verstreut sind, elektrischer Lampenschein dringen und die Umgebung in ein unwirkliches Licht tauchen. Ich steige hinab und geselle mich zum Feuer. Als ich mich auf meinen Schlafsack niederlege, denke ich an Kobras und Skorpione, die hier in Kufra die Gegend unsicher machen sollen.

Am folgenden Morgen auf den Flughafen: ein Landsmann – der letzte Deutsche in Kufra, der hier noch als Ingenieur arbeitet. Weitere Deutsche haben in den letzten Monaten das Land illegal verlassen, sind abgehauen! – Die Resignation: er ist schon zwei Jahre in Kufra, und man sieht es ihm an; man hört es, wenn er redet. Er ist sehr nervös, spricht undeutlich und leise – verhaltensgestört. Er lebt isoliert in einem Camp mit Libyern zusammen, mit denen er nicht zurecht kommt. Sie machen ihm das Leben schwer, wo sie können.

Mittlerweile ist das Flugzeug angekommen, eine zweimotorige Propellermaschine. Es bringt an diesen gottverlassenen Ort eine Art von weltstädtischem Internationalismus. Ich erinnere mich eines Tages in der Umgebung von Tamanrasset, als wir eine Maschine desselben Typs am Fuße eines Berges fanden. Sie hatte eine Bauchlandung hinter sich. Motoren- und Alu-Teile lagen in der Gegend verstreut. Reinhard suchte sich damals brauchbare Teile für die Hanomags zusammen. Ähnliche Gefühle drangen dort auf mich ein, verstärkt durch die Stille und Einsamkeit des Ortes. Das Wrack lag einfach da und erzählte uns wortlos sein Schicksal.

Der Abschied ist gekommen. Das »Ungetüm« setzt sich in Bewegung, fährt eine Schleife, hebt ab und entschwindet am nördlichen Saharahimmel unseren Blicken. Wir sind nur noch vier – aber Zeit für Sentimentalitäten haben wir nicht. Wir kaufen noch einige Vorräte ein. An der Tankstelle nehmen wir 1500 l Diesel und 760 l Wasser an Bord.

Dann, um 13 Uhr 30 bewegen sich die Fahrzeuge mit den vier verbliebenen Expeditionsteilnehmern auf der gewundenen Piste durch die Palmenhaine und die grünen Gartenanlagen, vorbei an Zäunen und Berieselungsanlagen, in südöstlicher Richtung aus der Oase hinaus, der Wüste entgegen. Vergessen sind die Neubauten! Es weht ein heißer, böiger Wind, und vor uns liegt die weite gelbe Sandfläche.

56. Das Ende der Grünen Pritsche

30.–31. Mai 1976

Die ersten Kilometer fahren wir auf einer gut ausgebauten, breiten Hartpiste. In östlicher Richtung tauchen sehr bald Berge auf, der Djebel Tallab und der Djebel Zurgh. Drum herum die leicht hügelige Sandwüste. Ich habe das Steuer der Grünen Pritsche übernommen. Wohl ist mir dabei nicht, aber was bleibt mir anderes übrig: vier Fahrzeuge – vier Teilnehmer –, da muß jeder 'ran! Und noch über tausend Kilometer bis zum Nil . . .

Wir müssen nochmals zurück in die weglose Wüste. Die Hartpiste hört abrupt auf, und der weiche Sand mit seinen tiefeingefahrenen Spuren macht uns klar, daß eine West-Ost-Durchquerung der Sahara kein Zuckerlecken ist. Ein böiger, glühend heißer Wind zwingt uns, soweit möglich, uns einzumummen. Die Fahrzeuge laufen heiß. Wasser muß nachgefüllt werden. Uns selbst geht es aber auch nicht besser; der Wind trocknet alles aus.

Über die weite Sandebene zerstreut liegen einzelne halbverwehte Felsenmassive, die für mich starke Persönlichkeiten sind. Ich sehe in ihnen alte, einsame, leid- und schicksalsgeprüfte, aber rüstige Nomaden auf ihrem langen Zug durch die endlose Weite, von Wasserstelle zu Wasserstelle. Wir haben Gelegenheit, uns wieder über Entfernungen zu wundern. Er scheint so nah, dieser verwitterte Klotz, und dennoch wären mehrere Stunden zu Fuß nötig, um zu ihm zu gelangen. Der ekelhafte Sandwind hört gegen Abend auf. Der Aufenthalt im Freien ist sehr angenehm.

Am folgenden Morgen kommen wir um 5 Uhr 30 weg. Ein Mammuttag liegt vor uns, und mit einem kapitalen Ereignis sollte er auch enden. Wir fahren unseren gestrigen Kurs, 145° MZ, und kreuzen erwartungsgemäß bald die Spuren hinunter zum Djebel Uweinat, den wir ja nördlich umfahren wollen.

Der Wind des Vortages stellt sich auch bald wieder ein, mit derselben unangenehmen Heftigkeit. Wir passieren unzählige markante Felsen mit ebenso markanten Namen, wie »Flat Foot Top« und »Three Bells« auf unseren englischen Karten. Sie helfen uns bei der Orientierung im Gelände und weisen uns den Weg hinüber zum Gilf-Kebir-Plateau. Der Sand aber nimmt kein Ende, und die Karte macht uns darauf aufmerksam, daß wir in Bälde wieder mit Dünen zu rechnen hätten. Am Fuße eines Kerkours (Steinhaufen auf einer erhöhten Geländestelle zu Orientierungszwecken) finden wir einen vertrockneten Vogel und eine Holzkiste. Letztere nehmen wir mit; sie würde uns beim abendlichen Feuer von Nutzen sein.

Die Strecke bleibt recht hügelig, und so fahren wir hin und wieder auf steinige Anhöhen hinaus. Auf einer solchen halten wir, um uns besser im Gelände zurechtfinden zu können. Vor uns in der Tiefe erstrecken sich nach zwei Seiten hin weiße Dünenketten, die an verschiedenen Stellen mit dem dunklen Fels zusammentreffen. Die blendende Helligkeit erlaubt jedoch nicht zu erkennen, wie weit sich die Dünen hinziehen. Der Weg hinab ist steil und führt über Felsen, die vom Sand stark verweht sind. Unten angekommen, stellen wir fest, daß wir die Dünen nicht überqueren können, da sie nicht tragen. So umfahren wir die Kette in einem Bogen und folgen dann weiter der Ebene in südöstlicher, zeitweise fast östlicher Richtung.

Gegen 12 Uhr machen wir unsere Mittagspause; nach 6 Stunden Fahrt haben wir sie bitter nötig. Da der Wind immer noch tobt, müssen wir uns in den Kofferinnenraum verkriechen. Dort haben wir zwar Schutz vor dem Winde, dafür ist es aber brütend heiß. Die Hitze drängt uns zum Aufbruch. Wir steuern den ersten Felsen des Gilf Kebir entgegen, ohne aber das eigentliche Plateau schon erreicht zu haben. Wir sollten es auch heute nicht mehr erreichen; wieder kommen Dünen, unzählige Elbs, endlos lange, hohe und niedere, die sich uns in den Weg stellen, denn sie verlaufen fast genau in Nord-Süd-Richtung. Für das Auge ein unvergeßliches Bild; für die Fahrzeuge erneut Bewährungsproben. Schließlich stehen wir vor einer hohen Kette, und ihre Überquerung sollte der letzte Akt des heutigen Fahrtages werden – zweifellos ein Kraftakt! Über einige, zueinander versetzt liegende Dünen erreichen wir, indem wir mit den Blechen »Straßen« legen, mühsam eine Stelle knapp unterhalb des Kammes. Der Blick hinunter in das jenseitige Gassi läßt uns trotz der Hitze leicht frösteln, denn die gesamte Höhe, die wir stufenweise erklommen haben, gilt es hier an einem steilen, stark gekrümmten und langen Abhang wieder hinabzufahren. Wolfgang ist jedoch zuversichtlich. Nach einer weiteren Einsandung hat er den Dünenkamm erreicht, und die Talfahrt geht gut. Natürlich gibt dies Auftrieb. Der Kübel schafft es als zweiter, dann die Blaue Pritsche mit Anhänger. Schließlich folgt die Grüne Pritsche, und es sollten ihre letzten Meter werden. Auf dem ersten Abschnitt der Abfahrt halte ich die Spur. Dann aber reißt es mir plötzlich mit einem gewaltigen Schlag das Steuer aus der Hand, ein weiterer Schlag holt mich vom Sitz und wirft mich gegen das Kabinendach. Das Fahrzeug sackt vorne weg und steht. Als ich wieder herunterkrache, ist alles schon vorbei. Ich springe ’raus und halte mir benommen die Rübe. Dann schauen wir uns die Bescherung an. Zunächst sieht man gar nichts, denn das Fahrzeug steckt bis zur Stoßstange im Sand. So graben wir, was das Zeug hält, und nähern uns der Vorderachse und dem Differential. Reinhard verbrennt sich fast die Hände daran. Das Ausbauen der Steckachsen ist nur noch Formsache. Er wußte bereits zuvor, daß sie gebrochen sind – dort, wo sie ins Differential greifen. Wir graben das Fahrzeug frei und schieben es hinunter in das Gassi. Statt eines geruhsamen Abends werden in den noch verbleibenden Abendstunden die Wasserkanister auf den Anhänger und den Kübel verteilt und aus den sterblichen Überresten des Fahrzeuges die edlen Teile ausgebaut.

Ich bin an diesem Abend nicht mehr ansprechbar....

57. Das Gilf-Kebir-Plateau

1.–4. Juni 1976

Eine neue rabenschwarze Phase hat in der IWTSE begonnen. Nach dem schmerzlichen Verlust der Grünen Pritsche am Montagabend haben wir im Verlauf des heutigen Vormittags drei Reifenpannen zu verzeichnen, die uns bereits wieder die Hälfte des so bitter erworbenen Schlauch- und Reifenmaterials kosten. Darüber hinaus gehen unsere Vulkanisationsvorräte langsam dem Ende entgegen.

Knapp 50 km hinter dem Sterbeort der Wasserpritsche ragt am östlichen Horizont ein gewaltiges Tafelbergmassiv über eine ungeheure Ausdehnung vor uns aus der weiten Sandebene schroff empor. Wir haben eine längere Kette von Mreyyé-Dünen befahren und wenden uns nun ungefähr nach Südosten entlang den von dieser Seite unüberwindlichen Felswänden. Der Bodenbelag wechselt zwischen Sand und grobem Gestein. Es folgen schwierige Wadidurchfahrten. Dann wieder eine Fläche, die den Anschein erweckt, als ob Riesen große Steine und Felsen in der Gegend verstreut hätten – eine Tortur für die Fahrzeuge.

Dem Plateau sind zahlreiche einzelstehende Felsen vorgelagert, die sich bis weit hinein in die Ebene erstrecken und die von einem weißen Sandmeer umspült werden. Die bizarren Formen der Felsen, steil aufragend und hart, werden gemildert durch die Weichheit der sanften Wellenlinien gelber Flachdünen, die sich streckenweise über die Ebene hinweg winden, aber schnell wieder zu deren Niveau herabsinken, um daraufhin unmerklich mit der weiten Sandfläche zu verschmelzen.

Am späten Nachmittag setzt die Sonne der Landschaft einen rosafarbenen Filter auf. Dies ist die angenehmste Phase langer Fahrtage. Das Lager ist nicht mehr fern; die gewaltige Hitze wird gemildert durch sanften Wind, der beim Fahren kühl über die Haut streicht. Ich beobachte dann nicht selten den Schatten des Fahrzeuges. Teile kommen und gehen, andere wachsen zu beängstigenden Dimensionen an, um bei der nächsten Richtungsänderung wieder in sich zusammenzusinken. Der Einbruch der Dunkelheit läßt nicht mehr lange auf sich warten. Wir lagern. Der Abend ist angenehm. Die versöhnlichen Worte der anderen zu meinem Mißgeschick am Vorabend haben mich wieder etwas aufgerichtet. Für den morgigen Tag ist die Auffahrt auf das Plateau geplant, was nicht leicht sein dürfte, denn die Stellen, an denen es möglich ist, sind rar, und die Karte ist oberflächlich und wenig präzise.

Um 7 Uhr machen wir uns auf die Suche. Wir geraten schon bald in ein fürchterliches Reg und müssen wieder um unsere Reifen bangen. Zwei Stunden später kommen wir am Fuße des Plateaus an und fahren in einen Canyon hinein, der neben senkrechten Felswänden an einigen Stellen offensichtlich gangbare, wenn auch steile Auffahrten aufweist. Um Genaueres in Erfahrung zu bringen, steigen wir zu Fuß auf. Doch am Ende erweist sich die Schneise doch als zu steil für die Fahrzeuge. Der erste Versuch ist gescheitert. Nach langer Suche finden wir endlich einen neuen Aufgang, dank zweier Landroverspuren, die vom Plateau herabführen. Die Spuren weisen uns den Weg hinauf auf eine sandige, aber feste Hochfläche, in die tiefe Felsabbrüche eingefressen sind. Nach einstündiger Pause geht es weiter; zunächst einen der Abbrüche hinab, anschließend ungefähr Nordrichtung. Ohne Schwierigkeiten schlängeln wir uns durch ein malerisches Feld von noch jungen, orangefarbenen Barchanen, die mit dem schwarzen Fels eindrucksvoll kontrastieren. Aber unsere Freude währt nicht lange an diesem Nachmittag. Die Probleme bleiben auch heute nicht aus, Reifenpannen und zwei defekte Keilriemenlager. Der Anhängerreifen bleibt platt; die Panne kann nicht behoben werden. Schon bald haben wir den Geruch von verbranntem Gummi in der Nase. Was auf dem Weg nach Sebha noch möglich war, geht jetzt infolge des Ladegewichts nicht mehr. Der Reifen geht in Fetzen, die Felge schlägt bei jeder Umdrehung, die Achse vollführt akrobatische Sprünge, hält aber noch. Die Fahrzeuge, so scheint es mir, gehen nun langsam ihrem Ende entgegen. Wegen gebrochenen Federn machen wir schon gar kein Aufhebens mehr. Die Schaltung des Kübels geht unsauber; seine Kupplung ist so gut wie am Ende; der Starter hat seine Mucken. Auch die Schaltung der Pritsche II ist stark lädiert; den Anhänger erwähnte ich bereits. Und noch haben wir etwa 500 km bis zum Asphalt zurückzulegen. –

Unter dem Gilf-Kebir-Plateau darf man sich keine uniforme Hochfläche vorstellen. Vielmehr herrschen unzählige unabhängige, kleine und große Felsenmassive zumeist mit abgeflachter Oberfläche vor. Neben dem Stein gibt es aber zumindest ebensoviel Sand. Zahlreiche felsige Steilabfälle, ja richtige tiefe Canyons, weisen darauf hin, daß das Felsengebirge vor langer Zeit wesentlich größer und zusammenhängend gewesen ist. Was heute Sand ist, war vor Jahrmillionen noch fester Fels. Auf diesen Hochflächen und entlang den Felsen hat der Wind Ergs geschaffen, meist Systeme von Dünenketten, stark variabel in Form und Farbe.

Wir sind noch keine 10 km gefahren, als wir merken, daß wir erneut in einer Sackgasse gelandet sind. Hohe, schroffe Felsen umgeben uns auf drei Seiten. Nach vier oder fünf Fehlversuchen, nach mehrstündigem Umherirren in diesen Schluchten und felsigen Korridoren, finden wir schließlich einen Durchgang. Es ist nach 16 Uhr. Wir gedenken, den Fahrtag zu beenden. Doch der Nachmittag sollte noch eine böse Überraschung bringen. Reinhard möchte bei Tageslicht noch den Anlasser des Kübels reparieren und begibt sich gleich an die Arbeit. Ich befinde mich gerade im Innern des Koffers, um die Utensilien für die Sonnenmessung zu richten, als ich für Augenblicke nur den stotternden Starter vernehme. Kurz darauf ein kurzes, lautes Zischen und aufgeregtes Durcheinanderreden, begleitet von gepfefferten Flüchen. Ich lasse alles stehen und liegen und hüpfe ins Freie. Aus dem Führerhaus und unter der Motorhaube des Kübels hervor dringen schwarze Qualmwolken. Reinhard reißt wie wild an verschiedenen Kabeln herum. Die anderen kommen mit Sand angelaufen. »Ja kein Wasser!« ruft mir Eckhard noch zu, dann bin ich schon mit einem Topf unterwegs. Vor lauter Qualm läßt sich nicht feststellen, wo nun eigentlich der Brandherd ist. Erst als die Flammen hochschlagen, wissen wir es, und da ist es zu spät, denn im Nu steht der ganze Motor in Brand, und wir denken nur noch daran, unsere Habseligkeiten zu retten. In diesem Augenblick könnte jeder von uns vier Arme gebrauchen. Wir arbeiten fieberhaft mit dem Feuer um die Wette. Die Frontscheiben gehen klirrend zu Boden, und dicke Schwaden dringen ins Fahrzeuginnere. Eckhard und Reinhard ergreifen die Flucht, noch einige Sachen unter den Armen. Binnen kurzer Zeit fängt die Plane Feuer, und auch ich sehe mich gezwungen, die restlichen Nahrungsmittel den Flammen zu überlassen. Wir sammeln die bunt verstreuten Gegenstände ein und tragen sie hinüber zu den beiden uns noch verbliebenen Fahrzeugen. Der Schock sitzt uns allen in den Gliedern, als wir uns schließlich abgekämpft im Sand niederlassen. Wie hat es zu diesem Unglücksfall kommen können? Reinhard spricht von alten, schleißigen Leitungen, die blind enden; ja, überhaupt sei dieser ganze Kabelsalat nie richtig zu überschauen gewesen. Jedenfalls haben wir es jetzt alle sehr eilig, zum Nil zu kommen . . .

Tags darauf, 3.6., während Eckhard und ich die geretteten Habseligkeiten schlecht und recht verstauen, machen sich Reinhard und Wolfgang vor der Weiterfahrt noch an die Reifenmontage für den Anhänger. Sie wollen versuchen, einen zu großen Schlauch in den Reifen hineinzubekommen. Es ist eine Schinderei. Nachdem wir den ganzen Reifen mit Mullbinden umwickelt haben, hält der Schlauch für die Montage. Später beim Fahren dann ist der zuerst blütenweiße Verband sehr schnell ergraut und hängt in wehenden Fetzen links und rechts des Reifens herunter.

Um 13 Uhr eine Stunde Mittag. Die Hitze hat uns ausgemergelt. Es wird viel getrunken.

Auf den folgenden Kilometern beginnen die ersten Dünenfahrten; mehrere Einsandungen, die Rippenbleche kommen zum Einsatz. Strekken müssen abgelaufen und auf ihre Festigkeit hin geprüft werden. Die letzten Ketten und Kämme des Tages jedoch werden in einer hinreißenden Berg- und Talfahrt auf festem Grund absolviert. Da gestern die Messungen ausfallen mußten, führe ich am Abend eine Ortsbestimmung durch. Das Ergebnis: 23° 57′ 33,1″ nB/25° 56′ 4,1″ öL.

Samstag, 4. Juni. Der Fahrtag beginnt früh, nämlich um 6 Uhr 30, und ebenso früh beginnen die Einsandungen mit schöner Regelmäßigkeit. Obwohl wir zunächst von der größten Hitze verschont bleiben, sind mir, wenigstens von der frühen Stunde und von den Anstrengungen des Vortages, noch die Knie weich. Aber es nützt nichts, die Rippenbleche, jedes 35 kg schwer, müssen getragen werden. Die Freude ist groß, wenn wir dann auf hartem Sand ein Stück weiterkommen, dünenaufwärts, dünenabwärts bis zur nächsten Passage. Gegen halb elf Uhr legen wir ungewohnt früh eine kurze Erfrischungspause ein. Die heißeste Zeit des Tages hat begonnen, um 50° C – bis 15 Uhr. Schöne Aussichten für die folgenden Kilometer! Irgendwann ist man nicht mehr fähig, das Schöne und Malerische in der Natur zu sehen. So geht es mir an diesem Tag. Nach dieser ersten Erfrischungspause arbeiten wir zwei Stunden lang weiter in der glühenden Sonne. Dann Mittagspause – endlich! Ich lege mich unter den Koffer und entspanne. Dort ist es wenigstens schattig, wenn auch ein heißer Wind darunter durchfegt. Wir sind alle kaputt, und Wolfgang meint zähneknirschend: »Wann kommen wir endlich hier 'raus?« Am Nachmittag geht die Schinderei nochmals zwei Stunden lang weiter, dann nimmt der steinige Untergrund zu. Wir treffen auf scharfe, spitze Felsen, die uns permanent zu Umfahrungen zwingen. Wie sich am Abend herausstellt, sind wir zu weit nach Süden abgekommen. Diesen Fehler gilt es am folgenden Tag wieder auszugleichen.

Vier Tage hatte uns das Plateau in seinem Griff, und es hat seinen Tribut gefordert. Ein weiteres Fahrzeug der IWTSE dient nun dem Reisenden als Balise in der Nähe der libysch-ägyptischen Grenze. Requiescat in pace!

58. Auf den letzten sechs Rädern zur Asphaltstraße

5.–7. Juni 1976

Ich sitze bei Wolfgang im Fahrzeug, im Kofferwagen, und unterhalte mich mit ihm über die Schicksalsschläge der letzten Tage. Zwischendurch Schweigen. Jeder grübelt vor sich hin oder versucht, in der Betrachtung der phantastischen Natur, die ihn umgibt, Trost zu finden. Der Boden ist felsig geworden; das Gelände steigt stellenweise ziemlich steil an. Einige Flächen sind vom Sand verweht. An einem erhöhten Punkt halten wir an, überprüfen den Reifendruck, füllen Kühlwasser nach und orientieren uns im Gelände. Bei dieser Gelegenheit sammeln wir schwarze, vulkanische Basaltsteine mit eigenartigen Formen; zumeist ausgehöhlte, kugelförmige oder länglich abgerundete Gebilde mit kleiner oder großer Öffnung. Im Innern der Steine müssen sich bei der Eruption Gase gebildet haben, die für den Hohlraum sorgten und die Steine durch den Druck platzen ließen. An einigen sind noch Ausbuchtungen zu sehen, die Brandblasen ähneln. Phantastische Aschenbecher, »Gruß aus der Sahara«.

Nur wenig später, eine erschreckende Mitteilung von Eckhard und Reinhard: das Hauptgetriebe ihrer Blauen Pritsche sei defekt. Aber zur Zerlegung dieses Getriebes kann es dieses Mal nicht kommen, denn die notwendigen Ersatzteile sind letzte Nacht im Kübel verglüht. Nun, es stellt sich heraus, daß beim Einlegen des Allradhebels weniger Schwierigkeiten beim Schalten auftreten. Also fahren sie im Allrad weiter.

Am späten Nachmittag passieren wir eine Felsenlandschaft, deren eigenartige Anordnung wir von einer Anhöhe aus sehen können. Zahlreiche graue Felsstöcke, die, in Reihen angeordnet, einer hinter dem anderen, gleichmäßig dicht über die brettebene Sandfläche verteilt sind. Hohe, nach oben abgerundete Steilwände, auf denen die Ruinen von burgähnlichen Befestigungen zu thronen scheinen; andere haben die immer wiederkehrende, sehr kunstvoll wirkende Kegelform. Gewiß hat an unserer Faszination die völlige Unberührtheit der Gegend teil. Hier wie im Djouf, völlige Leblosigkeit, eine ewiger Schlummer, der diese Landschaften seit Jahrtausenden umgibt. Ebenso wie gestern – ich vergaß es zu erwähnen –, als wir eine Fundstelle von versteinertem Holz ausmachten. Die Stämme waren noch zu erkennen, ja, man konnte sich noch vorstellen, wie dieser oder jener Baum einst zusammengebrochen war – vor 40 bis 100 Millionen Jahren. »In der Sahara geht wirklich nichts verloren«, meinte Wolfgang treffend.

Die Standortbestimmung am Abend ergibt, daß wir noch 80 km Luftlinie zur Asphaltstraße zurückzulegen haben. Damit könnte der morgige Tag der letzte für die IWTSE in der weglosen Wüste werden.

Eckhard klagt über das Getriebe der Blauen Pritsche. Die Gänge würden bei geringer Beschleunigung herausspringen. Der dritte Gang andererseits ließe sich überhaupt nicht mehr einlegen. Reinhard schaut bedenklich drein und meint, daß die Hauptwelle etwas abbekommen hätte. Aber was nützt uns diese Weisheit ohne Ersatzteile?

Der folgende Tag, 6.6., sollte für das Fahrzeug entscheidend werden. Um die Mittagszeit stehen wir nämlich am Fuße eines hohen schwarzen Berges und schauen mit langen Gesichtern auf einen platten Hinterreifen, der völlig zerfetzt ist. Zwei Stunden zuvor hatte der Koffer den letzten Ersatzreifen bekommen. Was soll man mit einem Fahrzeug, dessen Getriebe jeden Augenblick den Geist aufgeben kann, in einer solchen Situation machen? Einen Reifen des Anhängers nehmen und diesen stehenlassen? Wir rätseln lange herum, und die Hitze macht uns die Entscheidung nicht leichter. Wer hängt nicht an einem Fahrzeug, das nahezu neun Monate Wüste mit einem geteilt hat! Wir denken an die Diesel- und Wasserreserven, die im Koffer sowohl aus Gewichts- wie auch aus Platzgründen nicht unterzubringen sind, und entschließen uns, die Blaue Pritsche mit den Treibstoffvorräten noch so weit zu fahren, wie dies der Plattfuß und das Getriebe eben erlauben würden, um Koffer und Anhänger so lange wie nur möglich zu schonen. Nach wenigen Kilometern schon bekommen wir die Rechnung serviert – Reifenbrand. Während Wolfgang und Reinhard versuchen, das Feuer einzudämmen und den Brandherd mit Sand zu ersticken, ist Eckhard bereits dabei, mir eilends die gefüllten Kanister herunterzureichen. Nicht lange, dann ist auch damit Schluß. Das Feuer frißt sich an den hölzernen Bordwänden hinauf, und es scheint nur eine Frage der Zeit, bis der Treibstoff sich entzünden würde und die Pritsche in ein Flammenmeer verwandelt werden würde. Wir rufen Eckhard zurück und machen, daß wir mit den Kanistern wegkommen. Die Hitze ist unerträglich geworden. Während wir noch unsere Habseligkeiten im Koffer und den Treibstoff auf dem Anhänger verstauen, geht die Blaue Pritsche den Leidensweg ihres Vorgängers vor zwei Tagen. Eckhard, der Standardfahrer des Treibstofftransporters, blickt starr auf »sein« in Flammen stehendes Fahrzeug, als wir uns in einem Bogen fast nach Norden von dem traurigen Ort losreißen, um den letzten Streckenabschnitt durch das Gelände zu nehmen – mit dem letzten, noch verbliebenen der vier Hanomags der IWTSE. Er und ich sitzen hoch droben auf der Galerie des Koffers. Mein Blick geht ungehindert in alle Richtungen. Ich verspüre ein übergroßes Gefühl von Freiheit. Die Landschaft wirkt zwiespältig auf mich; Glückseligkeit und Trauer kommen zusammen. Ich empfinde diese allerletzte Phase unserer West-Ost-Durchquerung der Sahara noch einmal mit all ihrer herausragenden und fremdartigen Schönheit.

Die Wüste ruft in mir ein starkes Gefühl hervor, das sich mit meiner Persönlichkeit in irgendeiner Form harmonisch zusammenfügt. Sechs Jahre lang lag dieses Projekt vor mir, und während des gesamten Verlaufs der Expedition gab es stets eine weitere Etappe, die es vorzubereiten galt. Ich hatte mir nie vorstellen können, daß dieses Riesenprojekt auch einmal Vergangenheit sein könnte – und jetzt ist es fast soweit.

Vor uns am Horizont taucht ein mächtiges Gebirge auf, eine zusammenhängende Kette von enormer Höhe und tiefblauer Farbe. Wie wir näherkommen, erkenne ich an seinem Fuß die Konturen von flachen Gebäuden, die diesem Gebirge vorgelagert sind. Ich wundere mich bereits; sollten wir derart weit nach Westen abgekommen sein, daß wir in Mot eintreffen würden? Wenig später stellt sich aber heraus, daß dies kein Ort, sondern ein Materiallager ist. Wir haben die Asphaltstraße erreicht. Die Wüste würde uns zwar noch eine Weile umgeben, aber der Nil liegt in greifbarer Nähe, ist nicht mehr getrennt durch schwierige Geländestrekken von vielen Hunderten von Kilometern. Eine kurze Pause, Erinnerungen, Erfrischungen und zufriedene Gesichter, dann wieder hinauf auf den hohen Bock und weiter geht die Fahrt. Der heiße Wind bläst uns frontal ins Gesicht. Wir bekommen unsere Chechs heraufgereicht.

Wenige Kilometer vor El-Kharga machen wir Lager hinter einer Düne. Es ist warm, und ich fühle mich ausgemergelt von der Tageshitze und müde. Keine Messungen mehr! – Auch dieses Kapitel ist abgeschlossen. Ich weine dieser Zeit etwas nach, so wie man der unbeschwerten Kindheitzund der tollen Jugendzeit hinterhertrauert . . .

59. El-Kharga und Asyut

7.–9. Juni 1976

Im zweiten Jahrzehnt dieses Jahrhunderts quälte sich eine Karawane von Sebha und Kufra kommend, durch die Einöde der Libyschen Wüste, Flüchtlinge, die den Kriegsgreueln der Italiener zu entfliehen versuchten. Ihr Ziel war Ägypten, die meisten aber sollten es nie zu sehen bekommen. Viele von ihnen blieben in der Wüste – wir fanden die bleichenden Gebeine zahlreicher Kamele. Einige wenige kamen dennoch in Dakhla und El-Kharga an und bauten sich eine Existenz auf.

Seit jener Zeit blieben weitere Reisende aus dieser Richtung aus – bis heute, als wir mit Koffer und Anhänger in dem idyllischen Ort eintreffen.

Unser Weg führt sogleich zur Polizei, deren Gebäude uns mit freundlichen Worten und Gesten bezeichnet wird. Als wir den Beamten erzählen, woher wir kämen, ist die Sensation komplett und das Tischgespräch vieler Wochen gesichert. Man schaut uns entgeistert an und wiederholt unzählige Male die Frage, welche Straße wir eigentlich gekommen wären. – »Keine! Quer durch die Wüste!« – Wir haben lange mit der Polizei zu tun und immer höhere Persönlichkeiten finden Interesse an unserem Fall. Sie lassen sich die Karten zeigen und darin den Weg, den wir seit September letzten Jahres genommen haben. Aber das Ganze ist zu ungewöhnlich, als daß sie es gleich hätten schlucken können. Einen hohen Beamten des Sicherheitsdienstes läßt man kommen und, wie er uns später mitteilte, war es in der Absicht gewesen, uns festzunehmen, denn wenn Ostdeutsche – für solche hält man uns zunächst! – aus Libyen kommen, dann stinkt dies gewaltig nach Spionage. Als er hört, daß wir Westdeutsche seien, ist die Angelegenheit schon fast okay. Er läßt sich dennoch den Verlauf der Expedition bis ins Detail erklären und macht sich fleißig Notizen. Daraufhin meint er: »Die Provinz New Valley zu betreten, ist für jeden Touristen untersagt. Gewöhnlich werden Reisende, die hier auftauchen, vor den Richter gestellt und abgeurteilt; aber was soll ich mit euch denn machen! Ihr habt viel durchgestanden und seid sicherlich froh, wieder zurück in der Zivilisation zu sein. Tut hier, was ihr wollt; ihr seid frei.« Dabei lächelt er mitleidig väterlich und anerkennend. Wir schauen uns betreten an. Viel zu erwidern haben wir nicht. »Ricci und New Valley sind verbotene Provinzen; wußtet ihr das nicht?« Wir verneinen; wir wußten es tatsächlich nicht. Von den verbotenen Provinzen hatten uns die ägyptischen Botschaften in Bonn und Niamey nichts gesagt. Doch wir haben Glück, auf viel Verständnis und Menschlichkeit zu treffen, sonst säßen wir vielleicht schon in einer brütend heißen Kerkerzelle. Nachdem wir uns von dem Schreck erholt haben, erzählt der Beamte uns über die Gegend. Seit 1959 würden hier in diesem Paralleltal zum Nil Bewässerungssysteme angewandt, die inzwischen paradiesische Zustände geschaffen hätten. Wir haben später im Verlauf des Stadtbummels bei 55° C Gelegenheit, uns davon zu überzeugen. Zum Schluß fragt er uns, ob wir etwas brauchten. Zu essen hätten wir; aber Geld wechseln?! Das ginge hier leider nicht, aber in Asyut! Dort müßten wir uns auch nach Nummernschildern umsehen. –

Anschließend durch die Gassen der Händler, wo wir plötzlich Mittelpunkt des Geschehens sind. Das Angebot ist erstaunlich: Auberginen, Gurken, Peperoni, Salat, Aprikosen, Äpfel, Mango, Tomaten, um nur einiges zu nennen. Und wir haben kein Geld . . . Alles frisch aus den grünenden Gärten El-Khargas. – Wir biegen in den ältesten Teil der Stadt ein. Seit 60 Jahren die ersten Fremden; verbotenes Gebiet für Touristen . . . wie sehr man das spürt. Es ist alles so echt und ursprünglich wie vor hundert Jahren. Schmale, stinkende Staubwege, rechts und links die

Oben: Salzhauer in Agorgot: im Winter arbeiten hier etwa 800 Männer (Sträflinge), im Sommer vielleicht die Hälfte; Frauen gibt es keine; Kinder besorgen den »Haushalt« der Arbeiter.

Vorhergehende Seite: Minenarbeiter in Agorgot; sein einziges Werkzeug, die Haue, trägt er geschultert.

Unten: Aufgestapelte Salzbarren in einer Mine.

Oben: Sahara westlich von Taoudeni; schlechte Karten erschweren die Durchquerung.

Folgende Seite: Halt einer Salzkarawane auf ihrem Weg nach Tombouctou, etwa 400 km (8 Tagereisen) südlich Taoudeni.

Unten: Die riesenhaften Reste eines Urgebirges: Adrar n'Iforhas nordöstlich von Tin Zaouaten.

Oben: Archaischer Ziehbrunnen im algerischen Süden.

Vorhergehende Seite: Salzbarren aus Agorgot auf dem Markt in Gao: Gewinnspanne des Händlers bis zu 500%.

Unten: »Straße« im Hoggar zwischen Tamanrasset und Djanet: bis Ende des 19. Jahrhunderts hielten sich hier die Touareg gegen die französischen Kolonialtruppen.

Oben: Die »Wasserpritsche« muß zurückgelassen werden; Achsenbruch.

Folgende Seite: Trittspuren in der schwärzlichen Vulkanasche des Wau en Namus. Wann wird der nächste Mensch hier vorbeikommen?

Unten: Das Ende des Treibstofftransporters, der »Blauen Pritsche«.

Häusermauern, aus sonnengebrannten Lehmziegeln; schwere, niedere Holztüren mit massiven Riegeln, so wie wir sie im unbewohnten Teil von Ouadane gesehen hatten. Streckenweise sind die Gassen überdacht, und das Tageslicht reicht kaum aus, um in Winkel und Ecken schauen und die eine oder andere Entdeckung machen zu können. Aber wie herrlich kühl und schattig diese Passagen doch sind! Überhaupt hält dieses Gewirr von Lehmgebäuden und Gäßchen die Hitze auf phantastische Weise ab; schon durch die enge Bauweise hat die Sonne keine Gelegenheit, das ewige Dämmerlicht dieses Bezirks zu durchdringen. Wir sehen die Bewohner dieser Altstadt, phantastische Gestalten. Zahlreiche Kinder lugen hinter halbgeöffneten Türen und Fensterlöchern hervor, scheu und furchtsam. Andere kommen mit aufgerissenen Augen und Mündern an die Eingänge der Häuser gesprungen, um uns noch sehen zu können, bevor wir um die nächste Ecke gebogen wären.

Wir verlassen das Labyrinth aus Gassen, Gängen und Hausfluren und treten zurück in gleißende Helligkeit und fürchterliche Hitze. Nach wenigen Metern nur erreichen wir eine Wasserstelle, an der einige Männer in abgetragenen Gewändern ihre Guerbas füllen. Kinder umstehen uns, während wir uns erfrischen; unser Führer vertreibt die aufdringlichsten mit Steinwürfen oder drohend erhobenem Stock. Wir gehen weiter durch breitere Staubstraßen, die Häuser einfach und schmucklos mit kleinen, viereckigen Löchern in beträchtlicher Höhe, die etwas Licht ins Innere der Räume dringen lassen; hin und wieder erscheint ein Kopf. Hier paßt alles zusammen; nichts, was das Auge zu beanstanden hätte. Um so mehr fällt mir daher ein alter Mann auf, der sich, zittrig an einem Stock haltend, tastend vorwärts bewegt. Er ist blind und geht in der Sonne, mitten auf der Straße. –

Einige wenige Autos passieren uns, alte und klappernde russische Modelle. Wir lenken unsere Schritte in Richtung der Gärten, vorbei an Zitronen- und Mangobäumen, an denen grüne Früchte hängen. Der Dattelpalmenwald nimmt uns auf; auch hier, in den Kronen, grüne Fruchtstände. Es ist kühler und schattiger. Bewundernswert, diese saftig grünen Anlagen inmitten einer Wüste, in der jährlich nicht einmal 1 mm Regen fällt. Das Wasser wird aus 300 m Tiefe hochgepumpt – und wo Wasser ist, ist Leben.

Zurück in die bewohnten Häuserreihen entlang den Straßen. Wir sehen ein Marabugrab, ein gewaltiges, weißgekalktes Rundgebäude mit auslaufender Spitze – das größte, das ich je gesehen habe.

Der Rundgang ist zu Ende. Ich kann nicht verarbeiten, was ich alles gesehen habe. Eine phantastische Szene nach der anderen, Atmosphären und Gefühle, Bauten, aber alles nur für Sekunden, für Augenblicke nur, wie in einem Traum: der Händler, der mir freudestrahlend zwei Äpfel entgegenhält, der Eselkarren mit dem fetten Araber drauf, ein neckisch lächelndes, schlankes Mädchen, das uns »Darling!« nachruft, unzählige Szenen in den dunklen

Hausfluren, die Giftspinne in ihrem feinen Netz zwischen den Palmenwedeln, die rote Libelle, und was nicht alles mehr . . .!

Doch der einstündige Fußmarsch bewirkt, daß uns der Schweiß aus allen Poren dringt, als wir wieder in der schattigen, aber stickigen Polizeiamtsstube sitzen. Wir füllen unsere Wasserflaschen. Dann verlassen wir El-Kharga nach Norden. Ich weiß, daß sich hinter dem Namen eine zauberhafte Oase verbirgt, aber ich kenne sie nicht. Eine Stunde, während der ich ihr meine Bewunderung zollte, ist zuwenig, um das Leben in dieser fremden Welt zu verstehen . . .

Die Teerstraße, die von El-Kharga nach Asyut führt, ist 250 km lang. Kurze Zeit, nachdem wir diesen vergessenen Ort verlassen und die letzten Gartenanlagen und Bäume passiert haben, umgibt uns wieder die Wüste. Am Abend nochmals barfuß im weichen Sand des Lagerplatzes, hinter einigen flacheren, weißen Felsen gelegen, die teilweise verweht sind.

Um 5 Uhr 30 am folgenden Morgen nehmen wir Abschied von Sand und Fels, brechen auf zu einer denkwürdigen Etappe, dem allerletzten Streckenabschnitt auf unserer West-Ost-Durchquerung, denn in Asyut würden wir den Nil erreichen.

Um 9 Uhr verlassen wir die Wüste – und zwar schlagartig, einen besseren Ausdruck gibt es hierfür nicht. Hundert Meter weiter erschlägt uns das Grün der Bäume und Felder. Die Straße bevölkert sich in Minutenschnelle: Eselkarren, zahlreiche Menschen, ein ungeheurer Verkehr und die Polizei, die vergeblich versucht, ihn zu regeln. Zu unserer Rechten begleiten uns grüne Felder, fruchtbarer brauner Ackerboden, Sonnenblumenbeete in leuchtendem Gelb und überall arbeitende Menschen, Frauen wie Männer, die bäuerliche Bevölkerung Ägyptens. Zu unserer Linken Alleebäume, Eukalyptus, mit dicken Stämmen und weitausladenden, schattigen Laubkronen. Daneben eine kleine Böschung hinab zum Ufer eines Nil-Seitenarmes. Geschafft! – Er ist in diesem Augenblick mehr als nur ein träg dahinfließender Fluß. Noch vor wenigen Minuten nur das Brausen des Windes in der Luft der morgendlichen Wüste, jetzt der ohrenbetäubende Lärm der Zivilisation.

Doch eine Steigerung dieses Lebens erwartet uns noch. Wir fahren in Asyut ein. Aus Asphalt wird Piste. Ein milchiger Staubschleier liegt über dem Gewirr von Fahrzeugen und Menschen, über uralten Straßenständen, mit zum Teil beweglichem Unterteil auf vier wackligen, hölzernen Speichenrädern, über den Gemüseauslagen, um die sich Menschenmassen angesammelt haben; dazwischen Hunde, Ziegen und Schafe, die sich an den fahrenden Ungeheuern vorbei in die Sicherheit des Straßenrandes retten oder zu einer kleinen Ansammlung von Artgenossen hineilen, die von einem Jungen mühselig mit einem langen Stock zusammengehalten wird. Aufregung und Nervosität, Aktivität und Dynamik kommen mir von unten entgegen. Und über mir? Kräftig rotblühende Akazienbäume, deren frisch und aromatisch duftende Zweige und Äste nur Zentimeter über meiner Nase vorbeistreichen und durch die hin und wieder die goldenen Strahlen der morgendlichen Sonne brechen. Die Fahrt hätte endlos weitergehen können, aber dann halten wir. Der Staub umgibt mich, die schreienden Kinder, das Hupen und die ratternden Motoren. Wir werden alle von der Hektik etwas angesteckt, und es gilt, Ruhe in unsere Reihen zu bringen. Wir ziehen durch die Straßen und lernen ägyptische Gastfreundlichkeit kennen. »You're German? Welcome!« Wie oft hören wir nicht diese Worte!

Gegen Mittag besuchen wir ein Restaurant und ruhen uns zufrieden aus. Wir freuen uns auf den Nachmittag, doch folgen diesem heiteren und fröhlichen Erleben bange Stunden. Wir möchten Nummernschilder haben und landen beim Geheimdienst. Freundlichkeit weicht distanzierter, indifferenter Höflichkeit. Paragraphen ersetzen menschliche Spontaneität. Gefühle treten zurück. Wir sind im Verhör und stehen wieder unter Spionageverdacht. Je später der entsetzlich heiße Nachmittag wird, desto mehr wachsen unsere Chancen, am Abend hinter Gefängnisgittern zu weilen. Es wird geschrieben, seitenweise; unsere Pässe werden auf weißes DIN-A4-Papier übertragen, Telephonate mit Kairo und weiß Gott mit wem geführt. Wir geben eine Erklärung über unsere Einreise und den vorgesehenen Aufenthalt in Ägypten ab. Dann endlich, bei Einbruch der Dunkelheit, werden wir aus der Mangel entlassen, wir erhalten eine Aufenthaltserlaubnis über 48 Stunden und werden aufgefordert, unverzüglich nach Kairo zu fahren, um diese dort verlängern zu lassen.

Wir verlassen Asyut. Auf der Straße, auf der wir gekommen sind. Ich liege flach auf dem Rücken; über mir ziehen die Kronen der Eukalyptusbäume vorüber. Die Kühle des Abends streicht sanft über mich hinweg. Der Tag war lang, und es hatte den Anschein, als wollte er überhaupt nicht zu Ende gehen ...

60. Das Niltal

9.–11. Juni 1976

Noch immer bin ich geblendet vom frischen Grün des Niltales. Wir fahren entlang einem Seitenarm von beträchtlicher Breite, dessen Wasser grünlich schimmert und das recht träge in Fahrtrichtung fließt. Die Straße ist gesäumt von einer endlosen Reihe großer Eukalyptusbäume, in denen sich lautstark Vögel bemerkbar machen. Das Laubdach ist enorm, hängt häufig weit über die Straße herunter. An die Stämme gelehnt sitzen und hocken Kinder, Bauern und in Schwarz gehüllte Bäuerinnen, die hier Rast machen auf ihrem Weg zum Feld. Die Leute sind einfach gekleidet und sehen abgearbeitet aus. Ihre Gesichter sind ausdrucksvoll und gefurcht von tiefen Falten. Die Arbeit unter freiem Himmel hat ihre Haut tief braun gefärbt. Vom Wasserlauf aus führen unzählige Bewässerungsgräben und Rinnsale auf Äcker und Felder, die sich hinziehen, soweit der Blick reicht. Überall arbeitende Menschen und Tiere: Esel, die Wasserräder ziehen, Wasserbüffel und Rinder, die vor die Pflüge gespannt sind, welche von den Bauern mühsam durch die Erde getrieben werden. Frauen bemerke ich bei der Baumwollernte, Kinder, die auf riesigen, schwarzen Wasserbüffeln reiten. Neben dem Gelb der Sonnenblumen breiten sich Mais-, Reis- und Weizenfelder aus. Es ist Erntezeit. Das Getreide ist mit den Halmen geschnitten und zu Haufen zusammengetragen worden. Jetzt wird es mit Schaufeln und langen Heugabeln gegen den Wind geworfen, die Spreu vom Weizen getrennt. Andere sind mit den Dreschflegeln bei der Arbeit. Der Esel ist das Zugtier Nummer eins, und was man ihm zumutet, ist enorm: Die Karren sind zum Bersten vollgeladen, so daß die Tiere es kaum schaffen, das Gefährt aus der Ruhestellung in Bewegung zu setzen. So greifen die Bauern selbst helfend in die Speichen, und mit gemeinsamer Kraft geht es dann besser. Zahlreiche Hiebe sind aber notwendig, um die Zugtiere willig zu machen. Zitternd am ganzen Körper, mit unsteten, wackligen Beinen, sieht man sie dann, wie sie ihre Last auf den Straßen vorwärtsschleppen.

In Manfalut, einem kleinen Ort, etwa 30 km von Asyut entfernt, halten wir an, um zu frühstücken. Wir werden in ein altes, faszinierendes Lokal geführt, ein Spielkasino aus der englischen Kolonialzeit. Ein uralter, verstaubter Billardtisch steht in der Mitte des riesigen Wirtsraumes, um welchen alte Tische und Stühle sowie vergilbte Ledersessel lose angeordnet sind. Rund um den Raum läuft eine Holztäfelung, darüber an der Wand mehrere Gemälde. Von der Decke herab hängt ein Kandelaber. Der Raum hat früher glänzende Zeiten erlebt. Das Inventar deutet noch darauf hin, auch wenn jetzt nur noch schäbige Requisiten auf ehemaligen Glanz schließen lassen. Wir durchqueren den Raum und treten auf eine sonnenbeschienene Holzveranda. Die bequemsten Stühle werden herbeigeholt, denn Gäste werden nur mit dem Besten bedacht. Wir setzen uns, und ich blicke mich bewundernd um. Hinter der Veranda befindet sich ein grüner Garten, verwildert und dicht mit Bäumen und Büschen bewachsen: Bananenstauden, Mangobäume, Zitronen-, Orangen- und Aprikosenbäume, Dattelpalmen, Büsche mit weißen und rosa Blüten. Rund um das Gebälk ranken sich Weinreben mit winzigen, verwilderten

Trauben. Efeu wuchert mit diesen um die Wette. Eine paradiesische Idylle umgibt uns. Wir trinken Tee.

Zurück auf der Straße umgibt uns wieder eine nervöse Aktivität. Man fährt mit viel Gottvertrauen. Der Anblick der Fahrzeuge läßt mich für Augenblicke alles andere vergessen; die meisten stammen aus den ersten Nachkriegsjahren, sind in erbärmlichem Zustand und geben ebensolche Töne von sich. Ohne Kotflügel, ohne Motorhaube, ohne Stoßstangen, zur Hälfte vom Rost zerfressen. Bei uns stünde ein Viertel von ihnen im Museum, drei Viertel auf dem Autofriedhof. Nicht anders ist es mit den LKWs und den Bussen. Hölzerne Kabinen mit senkrechten Doppeltüren sind keine Seltenheit. Die Fahrzeuge tragen herrliche Farben und Verzierungen, ihr einziger Schmuck. Die Menschen sitzen überall: in den Kofferräumen, auf den Kabinendächern und Ladeflächen. Bei den Bussen fällt mir häufig das völlig verzogene Fahrgestell auf. Vorder- und Hinterachse sind zueinander seitlich verschoben. Das sieht aus, als wolle der hintere Teil des Busses den vorderen überholen.

Das Niltal ist dicht bediedelt. Die Ortschaften folgen eng aufeinander. Alte Häuserreihen mit phantasievollen Holzgiebeln, Erkern, Balkonen und Veranden, schmale Seitengassen mit spielenden und sich balgenden Kindern, vor den Kaffehäusern Männer in Gruppen beieinander, die Alten vornehmlich in arabischen Gewändern, die Wasserpfeife rauchend. Die jüngeren Leute sieht man beim Brett- oder Kartenspiel. Sie unterhalten sich laut und gestenrcich und rufen zu uns heraus. Auf der Durchgangsstraße ein unbeschreibliches Gewimmel. Es ist Markt. Wir kommen zum Stehen. Früchte – Melonen, Äpfel, Tomaten, Aprikosen, Bananen und Orangen – liegen wohlgeordnet zum Verkauf aus. Dazwischen und dahinter, unter den rotblühenden Akazienbäumen, fahrende Straßenverkäufer.

So schnell man das Dorf betreten hat, so schnell hat man es auch wieder verlassen. Ehemalige englische Land- und Herrenhäuser aus der Kolonialzeit tauchen hin und wieder auf, großzügig entworfen mit Freitreppen, Bogen- und Säulengängen, großen Balkonen, barocken Anbauten, die wiederum auf Säulen ruhen, massive Wände und Mauern, zwei- oder dreistöckig, von der Sonne vergoldet, von der Zeit gezeichnet – gealtert. Dann wieder alte, ausgediente Fabrikanlagen; hohe Kamine, rußgeschwärzte Maschinen und die verrosteten Eisenträger und zerbrochenen Scheiben der ehemaligen Fabrikhallen. Das Ganze liegt einfach so da, war irgendwann einmal aufgegeben, verkauft oder verpachtet worden, vergessen, wie es scheint. So könnte es bei uns im 19. Jahrhundert ausgesehen haben. Alte Dampfmaschinen: hier hat jede Form noch ihre Funktion. Das Auge kann der Tätigkeit der Maschine folgen. Nichts ist verborgen unter einem Blech- oder Stahlgehäuse, um das Ganze feiner zu machen. Sie stinken und machen einen ohrenbetäubenden Lärm, sind gemein, ordinär und unfein.

Der Seitenarm des Nil, der uns ständig zur Rechten begleitet, ist bedeutend schmäler geworden. Viel Wasser hat er für die Felder und Gärten geben müssen. Wasserbüffel nehmen ein kühles Bad. Das Ufer ist morastig geworden, zwischendurch mit Schilfrohr bestanden. Weiße Reiher fliegen auf und hinüber in die Felder, wo sie sich in Scharen niederlassen. Ein silbergrauer Schnellzug fährt vorüber. Auf den Dächern der Waggons, den Trittbrettern, in den Türen sitzen und stehen Leute, als ob es das Gewöhnlichste auf der Welt wäre.

Ein neuer Ort, ein kleines, ärmliches Dorf. Die Häuser, halb verfallen und ineinander verschachtelt, bestehen aus sonnengebrannten Lehmziegeln; ein schmutziger Teich, in dem Gänse und Enten schwimmen. Im Morast an den Ufern picken Hühner nach Würmern; daneben Kinder. Große Bäume mit gewaltigen Kronen machen aus dem Dorfplatz einen schattigen Aufenthaltsort. Einzelne Sonnenstrahlen jedoch finden ihren Weg durch das Laubdach hindurch hinunter zum Wasser, wo ihr Licht gleißend reflektiert wird, ein warmes, anheimelndes Licht, das den Frieden des Ortes noch mehr unterstreicht. Der Staub in der Luft läßt die schräg nach unten fallenden Strahlen einzeln sichtbar werden. Neben dem Bach einige gefällt Bäume, die roten Blüten von Akazien. An die Hausmauer gelehnt sitzt ein alter Mann, daneben hantieren zwei schwarz gekleidete Frauen.

Zu unserer Rechten tauchen einige Boote auf, in denen Männer sitzen, die Waren zu einem der kleinen Dorfmärkte in der Umgebung transportieren. In einem Straßencafé trinken wir Tee und sind in Minutenschnelle derart von Leuten umstanden, daß wir uns nicht mehr rühren, geschweige denn aufstehen können. Die Erwachsenen versuchen, die Kinder zu vertreiben. Aber sie sind gut zu ihren Kindern, und so gelingt es ihnen nicht.

Dann eine ganz andere Beobachtung: Pyramiden.

Während der Besichtigung leiert ein Führer, ein alter müder Mann, einige Zahlen herunter, ebenso lustlos wie ich sie aufnehme. Ein Liebespärchen ist in der unteren Grabkammer verschwunden, und als sie nach geraumer Zeit noch nicht zurück sind, ruft der Alte hinein – vielleicht, daß sie keineDummheiten machen sollten! Doch nichts rührt sich. So quält sich der Alte also mit seinem Stock hinein in den niederen Gang, um dort nach dem Rechten zu sehen. Er hätte sich diesen Gang gerne erspart.

Im Schatten des Koffers dösen vier Hunde. Dieser Anblick versöhnt mich mit vielem, was mich zuvor verärgert hat. Auf der Fahrt nach Kairo fühle ich mich wie immer, wenn ich eine Millionenstadt zum erstenmal betrete: elend.

61. Zurück in der Heimat

11.–21. Juni 1976

Kairo

Wir gehen essen. Das Lokal fasziniert mich auf den ersten Blick. Wir betreten einen kleinen Raum voll kleiner Tische, die mit weißen Tischtüchern bedeckt sind. Der Raum ist relativ niedrig, die Decke wird von vier runden Säulen getragen. An jeder ist ein alter doppelter Armleuchter gebracht. Sie gefallen mir sogleich; sie haben die Form von Kerzenständern aus schwarzem Metall, an welchen Glasperlen herunterhängen, das Ganze in ausgewogener Anordnung. Ich vermute, daß in späterer Zeit Glühbirnen die Kerzen ersetzt haben. An einer Wand des Raumes hängt ein großer Spiegel in einem einfachen Holzrahmen. In einer Ecke steht ein Schrank aus demselben Holz. Der Boden des Raumes ist aus weißem Marmor, ebenso ein Toilettentisch, der unter dem Spiegel angebracht ist. Einige Stufen, und ich stehe in einem größeren Raum, ebenfalls mit Marmorboden! Rechts vorne, gleich neben der kleinen, steinernen Treppe, führt eine Wendeltreppe hinauf in die nächste Etage. Dahinter eine große Vitrine, deren Unterteil aus weißem, mit schwarzen Streifen durchsetztem Marmor gearbeitet ist. Das Oberteil, von fast halbrunder Form, ist ganz aus Glas, Schiebetüren, hinter denen auf steinernen Regalen verschnörkelte Gläser stehen. Die Küche und ein langer Tresen befinden sich daneben. Auch hier mehrere Säulen, dicker und höher jedoch als jene des vorderen Raumes. Von der Decke hängt ein schwerer Kronleuchter im gleichen Stil wie die kleinen, bereits erwähnten Leuchten. Anordnung und Einrichtung hinterlassen in mir den Eindruck, daß ich mich in einem herrschaftlichen Haus aus früheren Zeiten befinde. Der Stein, Hauptbestandteil der Räumlichkeiten, wirkt vornehm und erhaben, distanziert und kalt, fügt sich aber gut in das übrige Inventar. Ich glaube mich eher in einer italienischen Villa des späten letzten Jahrhunderts als in einem ägyptischen Restaurant.

Auf einem Stuhl sitzt der greise Besitzer; ein elegant wirkender Mann in mittleren Jahren, vermutlich dessen Sohn, führt jedoch das Restaurant. Er kommt zu uns her, begrüßt uns und fordert uns auf, Platz zu nehmen. –

Die nächtlichen Straßen sind noch voller Leben, überall Straßenverkäufer, die meisten Läden, Kaffeehäuser und Restaurants und die vergammelten Kaschemmen haben geöffnet. Große Menschenmengen sind noch unterwegs, elegant europäisch gekleidete junge Männer und Frauen; andere in Kleidern, die bei uns vor 10 bis 15 Jahren getragen wurden; wieder andere in arabischen Gewändern, entweder fein und prunkvoll oder abgetragen und zerschlissen.

Ich betrachte mir die Gebäude, deren Bauweisen mich in jeder Stadt interessieren. In den Hauptstraßen befinden sich Reihen von mächtigen und massiven, drei- bis sechsstöckigen Häusern aus großen Steinquadern mit sehr hohen Stockwerken – das Erdgeschoß liegt schon weit über Mannshöhe –, hohen Fenstern mit reichen, steinernen Verzierungen. Häufig schmücken Friese, Blumendarstellungen und andere Ornamente die Giebel. In den Gassen die verwinkelte und malerische Idylle von Altstädten, sowohl europäischen als auch arabischen Charakters; Fronten schmaler, aber hoher Reihenhäuser, die unterhalb des Daches durch verandaartige Gänge miteinander verbunden sind, mit eisernen Geländern versehen. Zahlreiche Erker und steinerne Anbauten, winzige Balkone, Dachgauben und andere Extravaganzen, die einer nüchternen Zweckbauweise entgegenstehen.

Die Gassen werden von einzelnen Gaslaternen spärlich beleuchtet. Doch aus den zahlreichen Kaffeehäusern dringt helles Neonlicht, das sie teilweise ausleuchtet, andere Partien aber liegen im Zwielicht oder im völligen Dunkel. An einzelnen Stellen sind Wohnungen von Häuserreihe zu Häuserreihe auf Rundbogen über die Gasse gebaut, die hier tunnelartig durchgebrochen ist. Von ihren Fenstern aus muß man einen faszinierenden Blick auf das gesamte Geschehen haben: lärmende, herumlungernde Kinder, Händler mit Früchten, Naschereien, Brot und ihren Auslagen, das Leben auf den Plätzen vor den Kaffeehäusern und andere Szenen.

Wir setzen uns an einen Tisch. In der Umgebung werden Brett- und Kartenspiele gemacht und Wasserpfeifen geraucht. Die Leute lachen, haben gute Laune und scherzen unter sich. Sie genießen ihren Feierabend in der Gesellschaft von Freunden, solange und sooft sie können, denn tags darauf setzt sich der Existenzkampf fort, der durchgestanden werden muß, wenn man nicht so enden möchte wie der Bettler in der Ecke.

Ich gehe westwärts, hinunter zum Fluß, wo die großen Hotels sind, Hilton, Meridian, Semiramis, Shepherd – charakterlos. Sie repräsentieren irgendeine anonyme Welt des Luxus. Sie sind in Kairo und sind es doch nicht, riesige Gebäude, wie es sie in jeder Weltstadt gibt, ohne Unterschied der Kontinente.

In der südlichen Altstadt, auf einer Anhöhe, befindet sich die Mohammed-Ali-Moschee. Ein großer, runder Raum, ganz mit Teppichen ausgelegt; in relativ geringer Höhe sind, über den ganzen Raum kreisförmig an Metallstangen angeordnet, kugelförmige Glaslampen mit elektrischem Licht. Von der enorm hohen Decke hängen mehrere kostbare Kronleuchter herab. Die kuppelförmigen Gewölbe sind reich an farbenprächtigen Verzierungen und Ornamentalschrift, die Fenster und die Decken, die an hohen Steinwänden herabhängen, gleichfalls. Zwölf Säulen tragen den ganzen Raum; auf ihnen ruhen Querträger, die in paralleler Anordnung das Rund überspannen; eine gewaltige Konstruktion. Das Material ist größtenteils Marmor. Vor dem Eingang zur Moschee ein großer quadratischer Innenhof, um den rings herum ein überdachter Wandelgang führt. In der Mitte des Hofes eine Waschanlage für die Gläubigen. –

Wieder hinunter in die staubigen Altstadtgassen. Kinder spielen Ball auf den Straßen. Sie sind ganz bei der Sache, ohne sich groß um den Verkehr zu kümmern. Die Autos müssen langsam machen, sich mühselig einen Weg durch das Heer von Menschen bahnen. Häufig werde ich gegrüßt, angelacht und angesprochen. Die Freundlichkeit ist grenzenlos.

Alexandria

Die Schnelligkeit, mit welcher wir die heimatlichen Gefilde ansteuern, ist mir langsam unheimlich. Tage erscheinen mir wie Stunden, und daß die Rückkehr nach Freiburg vor der Tür steht, ist für mich unvorstellbar.

Ich begleite Eckhard bei seinem Gang durch die verschiedenen Stellen für die Zollformalitäten, denn wir wollen Ägypten mit dem Schiff nach Italien verlassen. Formulare werden ausgefüllt, und jeder Beamte, der sie in die Hände bekommt, schreibt noch irgendeine weise Bemerkung darauf und signiert, so daß die Papiere, jedenfalls für mich, bald Schmierzettelcharakter haben. Die zuständigen Herren des Zolls jedoch wissen meist etwas damit anzufangen. Sie schicken uns zum nächsten Herrn weiter, oder sie meinen, wir müßten da einige Pfund bezahlen. Auf unsere Entgegnung, daß wir alles Geld bereits zurückgewechselt hätten, schicken sie uns zum Schwarzmarkt. Wir sind sprachlos . . . Danach geht es weiter mit Stempeln, Unterschriften, Eintragungen und nochmals Stempeln. Schließlich hat der eine Chef keine Lust mehr und bereitet dem ebenso lustigen wie anstrengenden und absurden Spiel ein Ende. Ergebnis: vier Stunden Lauferei für einen Zettel, worauf steht, daß alles in Ordnung sei. Ob dies jedoch auch stimmt, weiß keiner, denn das Fahrzeug zu öffnen, hatte niemand von uns verlangt.

Die »Espresso Cagliari«

Um 17 Uhr legt das Schiff von der Hafenmole ab, um die offene See zu gewinnen.

Seit diesem Zeitpunkt, fast zwei volle Tage, sind wir nun schon auf diesem Schiff, das erst zwei Jahre alt ist und einigen Komfort bietet. Viel Abwechslung aber gibt es nicht: man geht auf Deck und schaut in die tiefblauen Fluten, beobachtet vielleicht den geschickten Flug der Möwen oder das Schiff, wie es durch das Wasser zieht, den weißen Gischt, den die Schraube erzeugt. Oder man betrachtet, wie Land an einem vorüberzieht, gestern eine große gebirgige Insel, Kreta. Man ißt auch zwischendurch und trinkt einen Capuccino nach dem andern. Man leistet sich auch den Komfort einer heißen Dusche in einem Raum von einem Quadratmeter

Größe. Man benötigt schon eine affenartige Geschicklichkeit, um zu verhindern, daß nach der Dusche sämtliche Kleider tropfnaß sind.

Venedig

In einem Supermarkt haben wir Brot, Käse, Wurst, Tomaten und Limonade eingekauft. Welch eine leblose Sterilität herrscht hier im Vergleich zu den lebhaften Märkten in den Oasen und Städten der Südsahara. Ich denke insbesondere an Gao und Tombouctou. Der Gang zum Markt war stets verbunden mit Kommunikation; die täglichen Einkäufe geknüpft an sympathische Gespräche, an scherzhafte Bemerkungen, Lachen und Feilschen mit Marktweibern und Händlern. Isolation war unmöglich. Das Leben drang mit Macht auf einen ein; keine Möglichkeit für den Kauflustigen, sich diesem Treiben zu entziehen. Er war aufgenommen in das Leben dieses Marktes, das mir persönlich stets wie jenes in einer großen Familie vorgekommen ist. Wie anders dieser Supermarkt: ich stehe vor langen, stummen Regalen, aus denen mich Äpfel anglänzen, jeder einzelne verpackt in Plastikfolie. Käse, Fleisch, Wurst, alles in Plastikfolie. »Ohne Berührung durch Hände«. Ich bin hierhergekommen, um einzukaufen – nichts weiter. Das Leben spielt sich woanders ab. Zweifellos sind die blitzende Sauberheit, die Beleuchtung und Anordnung der Waren appetitanregend, aber ich hätte dies gerne eingetauscht gegen die natürlichen Gerüche, die verspielte Anordnung und die Frische der Waren, gegen das Leben auf den afrikanischen Märkten.

Am Morgen des folgenden Tages ziehen wir los, um die Stadt anzuschauen. Die Markuskirche! Welche Schätze hat die Institution Kirche in ihrem langen, habgierigen Gang durch die Jahrhunderte nicht in ihre eigene Tasche gesteckt! – Bald schon verlieren wir uns in den zahlreichen finsteren Gäßchen, die die Stadt durchziehen. Immer wieder stoßen wir auf schmale, sanftgeschwungene Brücken über die Kanäle, die sich zwischen den Häuserreihen in unendlich vielen Windungen und Verzweigungen durch die Stadt schlängeln. Von den Brücken aus eröffnet sich jedesmal eine Perspektive des Wasserlaufes, dessen Oberfläche von schräg einfallenden Sonnenstrahlen in ein grünlich schillerndes Licht getaucht wird. Sie ist eingerahmt von den malerischen Fassaden der Häuser beiderseits des Wassers, die mit grünenden Büschen und Bäumen oder auch nur mit blühenden Blumenkästen belebt sind. Sind diese Fassaden auch oft verwaschen und schadhaft, so tragen sie doch noch die künstlerischen und ästhetischen Erkennungsmerkmale früherer Jahrhunderte, verschnörkelte Gitter vor den Fenstern und auf den Veranden, Friese und Skulpturen, fein, schmale Säulen, die grazile Erker und Balkone tragen. Gesteigert wird die Harmonie durch Schwäne und Enten, die sich zwischen den festgemachten Booten an sonnenbeschienenen Stellen im Wasser tummeln und ihr Gefieder trocknen oder einfetten; durch die Tauben, die in großer Zahl in der ganzen Stadt anzutreffen sind und sich hier auf Zweigen oder Gitterstäben und Skulpturen entlang den Häuserfassaden niederlassen, um die Abfälle der Menschen zu erhaschen, oder auch nur, um in der warmen Sonne des Nachmittags etwas zu träumen.

Freiburg
Die Schweiz ist mir noch nie so bieder erschienen wie an jenem Nachmittag. Wir passieren Zürich, und eine gute Stunde später stehen wir an der deutschen Grenze in Basel. Eckhard filmt die Abwicklung der Formalitäten, die, für uns alle sehr überraschend, mit ungeheurer Schnelligkeit über die Bühne gehen. Über die Bundesstraße legen wir die knapp 60 km nach Freiburg zurück. Der Schwarzwald ist mir hierbei noch nie so reizvoll erschienen. Wenig später sitzen wir in den vertrauten Räumlichkeiten unseres Stammlokals. Physisch befinde ich mich zweifellos in Freiburg, psychisch jedoch noch in einer ganz anderen Welt, irgendeine absurde Mischung aus Djouf, Tombouctou, Wau-en-Namus und Niltal. Wenn auch die Landschaft der Wüste und die Begegnungen mit den Menschen Vergangenheit sind, so erhält doch die Erinnerung beständig neue Kraft von einem inneren Willen, dessen einziges Bestreben es ist, die optischen Eindrücke, die dramatischen Erlebnisse und die ungewöhnlichen Lebensbedingungen während der monatelangen Durchquerung mit größtmöglichem Realismus bis ins stimmungsspezifische Detail im Geiste nochmals Revue passieren zu lassen. Solange der Ruf aus dem kleinen libyschen Wüstenfort noch in mir nachklingt, wird auch die Versuchung einer Rückkehr stets gegenwärtig sein. »Remember me!« – ein Mensch zählt hier noch etwas – »Vergiß mich nicht!«

Textanhänge

A. Einige Arten der traditionellen Krankenbehandlung in der Sahara

(Aufgezeichnet während der neunmonatigen West-Ost-Saharaexpedition 1975/76 von Dr. Ingvo Broich)

Ein Europäer, der ungenügend informiert die Sahara bereist, im ergebenen Vertrauen auf die Zuverlässigkeit seiner kleinen Reiseapotheke, wird schnell gesundheitliche Einbußen und Schwierigkeiten hinnehmen müssen, die ihm das Land verleiden können. –

Die Sahara ist nicht umsonst als »lebensfeindlich« verschrien. Falsche Ernährung, Fehlen von Trinkwasser, starke Sonnenexposition, Lufttrokkenheit, Rettungsschwierigkeiten im Unglücksfall sind allgemeine Faktoren, auf die sich der Europäer einzustellen hat. Seine vorbeugenden Maßnahmen sollten dies frühzeitig in Betracht ziehen, damit Gesundheit und Leistung nicht allzusehr beeinträchtigt werden.

Angezeigt sind u.a. folgende Maßnahmen zur Unterstützung der Akklimatisation:

- Schutz vor der Sonne durch möglichst vollständige Bedeckung des Körpers, zum Ausgleich der Differenz zwischen Tag- und Nachttemperatur;
- weitgehendes Warmhalten in der Nacht, zur Entlastung der Verdauungsorgane;
- fettarme Speisen, wobei zweckmäßigerweise die Tageshauptmenge bereits am Morgen aufgenommen werden sollte;
- Überwachung des Wasser-Salz-Haushaltes, wobei zu beachten ist, daß neben den verlorenen Flüssigkeitsmengen auch die verlorenen Salzmengen ersetzt werden sollten.

Auf die möglichen Erkrankungen haben dergleichen Maßnahmen jedoch nur einen mittelbaren und unerheblichen Einfluß. In der Tat ist die Infektionsquote bei Europäern in der Sahara nicht gering, wobei die Oasensiedlungen die Hauptinfektionsquellen sind. Hier konnten auch wir während unserer Expeditionsreise die Hauptzahl typisch nordafrikanischer Krankheitsbilder manifest wahrnehmen. Ohne hier näher auf die Verbreitungsgebiete und anzahlmäßigen Vorkommen von Krankheiten einzugehen, möchte ich kurz die wesentlichen aufzeichnen.

Tuberkulose, besonders in größeren Ansiedlungen;
Hepatitis viralis, sehr verbreitet, Tröpfcheninfektion;
Haut- und Geschlechtskrankheiten (Gonorrhöe, Syphilis, Venerisches Granulom, Framboesie), während der Ortsfremde meist von einfachen Hautausschlägen bedingt durch die Klimaeinwirkung befallen wird;
Durchfallerkrankungen (Amöbenruhr, Bakterienruhr, Typhus, Paratyphus, Cholera);
Malaria, stark im Rückgang;
Leishmaniosen, Orientbeule bzw. »Saharageschwür«;
Pest, nur sporadisch;
Pocken, hauptsächlich in den Randgebieten der Sahara;
Wurmkrankheiten, gehören zu den häufigsten und schädlichsten der Sahara (Bilharziose, Hakenwurm, Spulwurm, Medinawurm);
Trachom, Häufigkeit nach Norden und Osten zunehmend;
Onchocerose (Filiariose);
Ektoparasiten (Läuse, Wanzen, Zecken, Mücken, Fliegen) als Krankheitsüberträger;
Drogenmißbrauch (Haschisch);
Gesundheitsschäden durch Klimaeinwirkung, Temperaturunterschiede bedingen rheumatische Erkrankungen;
Pulmonale Erkrankungen, bedingt durch die Aridität des Klimas. Nomaden tragen mitunter aus diesem Grund einen Mundschutz, der die Atemluft feucht hält;
Zuckerkrankheiten, sind bereits im Papyrus Ebers 1500 v.Chr. erwähnt;
weitere Krankheiten: Keuchhusten, Masern, Diphtherie, Scharlach, Poliomyelitis, cerebrale Meningitis, Tatanus, Rückfall-, Fleck-, Denguefieber, Lepra, Cirrhosen und Gelbsucht. Bei Frauen lassen sich zeitweilig psychosomatische Störungen feststellen;
Gifttiere der Sahara: Spinnenarten und Hymenopteren, vor allen Dingen jedoch Skorpione und Giftschlangen;
Giftpflanzen, sind den Einheimischen meist bekannt und werden von ihnen für Heilzwecke und ähnliches benutzt. Mit dem Gift eines Nachtschattengewächses versuchten die Touareg 1881 vordringende Franzosen unter Oberst Flatters im Hoggar aufzuhalten;
Tollwutreservoire, finden sich in Nordafrika;
Hautmilzbrand, befällt u.a. auch den Menschen.

Der Europäer wiegt sich allzuoft in Sicherheit, er vertraut auf die prophylaktischen Maßnahmen (Impfungen) und glaubt an seine hygienische Absicherung. Doch wird er nie umhinkommen, sich aus dem Lande zu ernähren bzw. Kontakte zu der Bevölkerung aufzunehmen, und so erweist sich solches schnell als trügerisch, wie auch das Beispiel unserer Expeditionsgruppe zeigt. Während der neun Monate, die wir in der Sahara verbrachten, hatten wir unter unseren neun Teilnehmern Fälle von Amöben- und Bakterienruhr, zahllose Dysenterien sowie Hautkrankheiten und Geschwüre, Typhus (trotz Impfung), neun Fälle von Hepatitis und Hitzschläge.

Die Gesundheit der Saharabewohner steht immer noch in enger Beziehung zu ihrer Herkunft, Rasse und Aufenthaltsdauer, und gerade weil dem so ist, werden die Gesundheitsfragen in der Sahara zu einem vielseitigen, interessanten, doch sicherlich nie zu erschöpfenden Problem. Während für den Europäer die Drogenküche und die Einbalsamierungskünste der Ägypter einer fast vergessenen Geschichte angehören, scheint der Saharier daran anzuknüpfen. Noch 2000 v.Chr. war die Sahara reich an Vegetation, und seit der Entdeckung des Papyrus Ebers (1550 v.Chr.) weiß man, daß wenigstens $^1/_3$ aller Heilmittel, die auch in neuzeitlichen Drogenbüchern verzeichnet sind, auch in diesen Breiten wuchsen und zu Heilzwecken herangezogen wurden (Wacholder, Granatapfel, Leinsamen, Schöllkraut, Koloquinte, Fenchel, Knoblauch, Lattich, Rizinus, Bilsenkraut und die Rauwolfia). Es ist jedoch anzunehmen, daß die Kenntnis und Anwendung dieser Drogen nicht in gleicher Weise in der ganzen Sahara verbreitet war. Was beispielsweise für die kulturell hochentwickelten Ägypter üblich war, traf nicht unbedingt auf primitivere Saharavölker zu.

Während der späteren Islamisierung lag die ärztliche Krankenbehandlung der Sahara bestenfalls in den Händen einiger Schüler der medizinischen Fakultät einer islamischen Hochschule, wie es sie in Bagdad (etwa seit 1227) oder Kairo (988) gab. Ihr Wissen stützte sich zwar auf eine umfangreiche arabische Literatur der Medizin und Pharmazie, die auf alten griechischen und persischen Erkenntnissen aufgebaut war; sicher gelangte ein solcher »habib« oder »hakim« jedoch nie in die Oasen der inneren Sahara. Vom 19. Jahrhundert an reiste eine wachsende Zahl europäischer Forscher in die Sahara, u.a. Nachtigal, Rohlfs oder Schnitzer. Wenn sie auch nicht Ärzte waren, so wurden ihnen von den Einheimischen doch zunächst ärztliche Fähigkeiten unterstellt. In der europäischen Kolonialzeit war der Gesundheitsdienst Sache der Militärverwaltung. Nach Aufteilung der Sahara in selbständige Staaten haben diese das Gesundheitswesen mit Hilfe der WHO und des IRK (Roter Halbmond) neu organisiert. In den Hauptoasen wurden Mediziner aus anderen arabischen und südeuropäischen Ländern stationiert.

Wegen der Weite des Anmarsches sowie aus Stolz, Mißtrauen und einem mehr metaphysisch-traditionalistisch bzw. naturorientierten Weltgefühl heraus scheuen sich viele Saharier davor, insbesondere die Nomaden unter ihnen, die Gelegenheit zur medizinischen Betreuung wahrzunehmen (Schiffers, 1972).

Eine wirkungsvolle Prophylaxe (außer den breitangelegten staatlichen Impfkampagnen) ist somit so gut wie unmöglich. Die meisten Kranken verfügen über eine sprichwörtliche Indolenz gegenüber Krankheiten und kommen erst zum Arzt oder ins Spital, wenn eine Heilung bereits so gut wie ausgeschlossen ist (Krebs).

Starre gesellschaftliche Normen bei den Mauren führen zu Übergewichtigkeit bei den Frauen. Die Begehrlichkeit der Männer ist hier auf möglichst dicke, matronenhaft aussehende Frauen gerichtet, denn diese bedeuten für sie Wohlstand und somit gesellschaftliche Respektabilität. Eltern versuchen bei ihren weiblichen Nachkommen bereits von klein auf, diesen Anforderungen gerecht zu werden. Unwilligen Babys gibt man bis zu 10 l Milch pro Tag, wenn es sein muß mit dem Trichter; später schlägt man sie, wenn sie nicht essen wollen. So kommt es dazu, daß im Spital zu Atar bereits 11jährige Mädchen mit 80, erwachsene Frauen mit 150 bis 160 kg auf der Waage stehen; was diese nicht mehr anzeigt, wird geschätzt. »Bei den meisten kann ich bei der Blutabnahme kaum die Vene finden«, klagte mir die Frau des Arztes. Die Folgen dieser Mastkuren sind Herzinsuffizienz, Arthritis und Diabetes bereits in frühen Jahren; die Lebenserwartung ist kaum höher als 60 Jahre.

Bittsteller, darunter auch Ärzte, scheitern nur zu oft an dem politischen Opportunismus von Präfekten und Gouverneuren, die sich schlichtweg weigern, etwa Maßnahmen einzuleiten, die in irgendeiner Weise ihrer Popularität schaden könnten.

Macht man sich mehr mit der psychologischen Problematik des Großraumes Sahara vertraut, versteht man das Gefühl des Ausgeliefertseins und der passiven Hingabe seiner Bewohner; am medizinischen Fortschritt haben sie keinen Anteil. Ihr Leben ist isoliert und vom Schicksal bestimmt, und das Bewußtsein davon setzt alles Schicksalhafte zu einer magisch-dämonischen Einheit zusammen. Hieraus erklärt sich die Angst vor Geistern, die zum Glauben an die Wirksamkeit von Amuletten und Fetischen führt. So verleiht z.B. ein mit rotgefärbten Beinen im Taschentuch verwahrter lebender Frosch geheimnisvolle Kräfte. Fast überall werden kleine Ledertäschchen oder Metallanhänger getragen, in denen Zettel enthalten sind, worauf ein hilfreicher Spruch oder eine Koransure geschrieben steht. Sie sollen den Besitzer je nachdem vor Ungemach schützen oder ihm zu gewissen Vorteilen verhelfen. Es scheint, daß Zahnärzte hier einmal nicht reich werden können, denn wird eine Koransure z.B. mit Wasser in Berührung gebracht, wird dieses allein schon zum Heiltrank gegen Zahnschmerzen (Schiffers, 1972).

In der Regel dürfen solche Zettel nur von einem »heiligen Mann«, dem Marabu, geschrieben werden. Er tut das auf Wunsch, verlangt dafür stets recht hohe Belohnungen, sei es in Form von Kleinvieh oder barem Geld, auch steht ihm von jeder geschlossenen Ehe die Hälfte der Aufwendungen zu – im allgemeinen lebt er nicht schlecht davon. Seine Macht ist nach wie vor ungebrochen, und der Glaube an seine geheime Kraft ist sogar noch unter den »fortschrittlichen« Sahariern stark verbreitet, sehr zum Leidwesen ansässiger Ärzte und Missionare.

Sogar unser zeitweiliger Reisebegleiter Adamou Amadou, so lebhaft und aufgeschlossen er für alle modernen Lebensfragen auch war, trug noch einen ganzen Rest animistischer Weltauffassung mit sich herum. Gegen Feindschaft, üble Nachrede, den bösen Blick, lästige Nebenbuhler half ihm ein ganzes Sortiment verschiedener Pflänzchen, die ihm ein Marabu aus Agadez mitgegeben hatte. Um die Taille trug er einen »Kurfu« als Amulett, einen aus Palmfasern zusammengedrehten Gürtel, der ihn im Verkehr mit Frauen gegen jegliche Art von Geschlechtskrankheiten schützen soll.

Mit Geisteskranken verfährt man sehr vorsichtig, denn sie stehen unter Allahs Schutz. Man gibt ihnen in Wasser aufgelöste Friedhofserde zu trinken oder hält sie zum Tragen eines Talismans aus Kräutern an. Verständlicherweise ist die Unfehlbarkeit solcher Zeremonien statistisch kaum nachweisbar. Der gesundheitsfördernde Prozeß läuft auf der psychischen Ebene ab, indem der Kranke gewissermaßen in einen positiven Abwehrzustand versetzt wird. In unserer modernen medizinischen Terminologie hießen dergleichen Praktiken wahrscheinlich »psychosomatisch«.

In Algerien benutzt man gerne die Farbe »Blau« (blaue Haustüren, blaue Wandkacheln, blaue Gewänder, sogar blaue Autolackierung) als Glücksbringer und als Schutz gegen den bösen Blick. Die Behausungen schützt man mit ausgehängten Blätterbüscheln oder einer Nachbildung der »Hand Fatimas« (man drückt dabei symbolisch während des Hausbaus eine Hand in den noch feuchten Lehm der Türfassung oder zeichnet sie darauf). Die Kornfelder schließlich bewehrt man durch Stangen mit aufgesetzten Ziegenhörnern und ähnlichem. Das alles beobachtet man noch heute, vornehmlich im Innern (Schiffers, 1972).

Dienen Amulette und Fetische vor allem der Krankheitsvorbeugung, so stehen in der Krankheitsbehandlung an erster Stelle Hausmittel und -methoden sowie Heilpflanzen. Über den Gesundheitswert dieser Mittel und Pflanzen kann man ohne genaue Kenntnis bzw. chemische Analyse nur geteilter Meinung sein.

Eine häufige Gefahr sowohl für Einheimische als auch für Europäer stellen die Skorpione, Nattern und Vipern dar, deren Vorkommen insbesondere an die heißen Jahreszeiten gebunden ist. Auch hier ist dem Aberglauben Rechnung zu tragen, der die Unantastbarkeit dieser Gifttiere beteuert; derjenige, der einen Skorpion tötet, wird über kurz oder lang selbst sterben, heißt es. Jedoch gibt es auch eine praktisch anwendbare Behandlungsart, die vorsieht, die Biß- bzw. Stichstelle mit Kautabak zu behandeln. Dieser ist sehr feinblättrig, fast pulverisiert und scharf ätzend;

gleichzeitig damit vereint er die Wirkung einer Droge, wirkt also schmerzlindernd. Die Männer stecken ihn sonst gerne in Papier gewickelt in die Backentasche, wo er über Stunden liegenbleibt und seine Wirkung tun kann (Wangenkarzinome sind auf diese Art und Weise nicht selten zu beobachten).

Viel später, in Mali, stießen wir auf der Suche nach weiteren Behandlungsarten gegen obengenannte Infektionen auf ein Mittel mit Namen »Schlangenstein«. »Weiße Väter«, Mitglieder eines Ordens (Sitz in Belgien), haben ihn hier eingeführt. Bei ihnen erfuhren wir, was es damit auf sich hat. Es ist in Wahrheit ein im Feuer schwarz gerösteter Rinderknochen, der auf die betreffende infizierte Stelle gelegt wird.

Kommt man nach Tombouctou und Gao, also in die vegetationsreichere Sahelregion, gewinnt wieder die Pflanze als Heilmittel an Bedeutung. Die Regierung wird dem gerecht, indem sie größere Pflanzungen anlegt und ein wachsames Auge darauf hält. Die Verbreitung dieser Pflanzen und Kräuter untersteht nichtsdestoweniger mit wenigen handelsüblichen Ausnahmen, wie dem »Almoheinism« (pflanzliches Magenmittel, das auf den malischen Märkten in gemahlener Form in kleinen Fläschchen verkauft wird), wiederum dem Marabu. Der ehrwürdige und achtbare Hadj Mohammed Sarmoy (»le Vieux«) ist einer von ihnen. In seinem Haus in Tombouctou war ich Zeuge seiner Heilkünste. Die Krankheiten, wegen welcher er aufgesucht wurde, waren denen ähnlich, die man auch bei einem Streifzug durch die Arztpraxen hierzulande finden kann, u.a. Rheumatismus, Abgeschlagenheit, Altersgebrechen, Menstruationsbeschwerden, Augenkrankheiten und Verstauchungen; seine Behandlungsart verschieden von der unsrigen. Um hier der Vollständigkeit halber nur einiges aus seiner Drogenküche zu nennen: El-Hárè, El-Hélbe, El-Fetásch, El-Edecher, El-Arámba, El-Hárme, El-Agáye.

Eines Abends, auf dem Wege nach Gao, geschah folgendes: Mustafa, der 12jährige Sohn Hadj Mohammed Sarmoys, stürzte vom Dach eines unserer Wagen, worauf ihn ein kräftiges Unwohlsein befiel. Nachdem er sich die ganze Nacht mit Schmerzen quälte, gab ich ihm am nächsten Morgen gute Ratschäge und . . . Tabletten. Da ich ihn nicht vollauf befriedigen konnte, ging er zu seinem Vater; dieser wußte anscheinend etwas Besseres. Er entfernte sich mit Mustafa etwas vom Lager und grub ein etwa badewannengroßes Loch in den heißen Sand. Daraufhin mußte Mustafa seine Kleider ablegen und sich der Länge nach darin ausstrecken. Anschließend wurde er bis auf den Kopf mit Sand zugedeckt, auf dem Mohammed ein kleines Feuer aus Palmenzweigen entfachte. Nachdem etwa zehn Minuten verstrichen waren, holte er seinen Sohn wieder heraus, stellte sich vor ihn, umarmte ihn und spuckte ihm dreimal über die rechte Schulter. Die Behandlung schien hiermit beendet zu sein, doch der Marabu tat noch ein übriges. Er nahm den langen Chech von seinem Kopf, schlang ihn Mustafa zweifach um den Brustkorb, zog ihn, so fest es ging, an und verknotete ihn dann. Mustafa steckte wie in einem Korsett, aber er strahlte, und als ich ihn fragte, wie es ihm jetzt ginge, erklärte er: »Viel besser«.

Diese Form der Nachbehandlung mit dem Chech geht auf ein sehr altes, aber noch heute in der gesamten Sahara gebräuchliches Mittel zur Schmerzbekämpfung zurück, nur mit der Abwandlung, daß man gewöhnlich eher zu einer einfachen Schnur greift. Häufig trifft man Lungenkranke, die eine solche fest um den Brustkorb gebunden tragen oder entsprechend bei Kopfschmerzen um die Stirn, »damit der Schmerz nicht tiefer sinkt«, sagte mir dazu ein Krankenpfleger aus dem Niger.

Gerade die Methoden zur Behandlung von Kopfschmerzen sind vielfältig, auch wenn sie in der Regel »blutig« sind. In Gao konnten wir neben dem Markt einen Mann beobachten, dessen Beruf es ist, Leidende durch Blutschröpfung von ihren Kopfschmerzen zu befreien. Er legt ihnen beidseitig des Kopfes in Höhe des Jochbeines mit dem Federmesser feine Hautschnitte und setzt ihnen Kuhhörner auf, die an ihren spitzen Enden abgeschnitten sind. Er saugt diese mit dem Mund auf den Wunden fest. Nach einer Weile, wenn sich die Kuhhörner mit Blut vollgesogen haben, nimmt er sie ab, und die Behandlung ist beendet. Zu seinem beruflichen Selbstverständnis erklärte er uns, daß man schließlich Stauungen und Unregelmäßigkeiten im menschlichen Körper beseitigen müsse, da sie, genau wie die Hochwasser des Nigers, üble Folgen für das Ganze zeitigen könnten. Überdies benutzt er seine Kuhhörner – wenn auch nicht öffentlich – als Instrument für Einläufe von Ochsengalle oder Fett.

Der Erfolg seiner Schröpfungen und Aderlässe ist sicherlich, wenn auch bedingt, gewährleistet; sie bewirken Entlastungen entzündeter Bereiche und wirken daneben umstimmend im Sinne einer kutiviszeralen Reaktion.

Auch das reine Anlegen von Hautschnitten ohne Schröpfung, bei welcher Lokalisation des Schmerzes auch immer, ist allgemein verbreitet. Dazu Beispiele: In Gao sahen wir Fälle von Gelenkrheumatismus, wo bereits vernarbte Schnitte um das betroffene Gelenk zirkulär angeordnet waren, im Adrar n'Iforhas ebensolche auf dem Bauch im Falle einer Hakenwurmerkrankung, im Niger wieder sahen wir tuberkulöse Kinder, bei denen sie sich auf dem Kopf befanden. Die Anordnung solcher Schnitte gemahnt oft an die Meridiane bei der Akupunktur.

In Igli, einem kleinen Dorf in Westalgerien, zeigte uns der Apotheker Larabi stolz seinen häuslichen Garten, der einen wahren Wildwuchs an Kräutern darbot. Da gab es die schmerzstillenden Drogen und Halluzinogene, das Sikran und das Labtima, beides Alkaloide, ähnlich dem uns geläufigen Bilsenkraut. Larabi warnte uns, davon zu kosten, denn bereits ein genossenes Blatt könne einen in Rausch versetzen, der Genuß eines weiteren Blattes mache verückt, das dritte sei bereits tödlich.

Aber die Verschreibung von Drogen in kleinen Dosen ist hierzulande gang und gäbe und dient zur Verschleierung schwerer Krankheiten. In dem marokkanischen Oudja praktiziert derzeit sogar ein Arzt, der seinen Patienten fast mehr Haschisch als andere Mittel verschreibt.

Ferner gab es in Larabis Garten das ebenfalls schmerzstillende Chih und das Henna, das auch uns als Färbemittel bekannt geworden ist. Letzteres ist eine kleine grünblättrige Pflanze. Für den Gebrauch trocknet man ihre Blätter und zerreibt sie; das gewonnene Pulver versetzt man entweder mit Öl, um sich die Hände und Füße dunkelrot zu färben, oder mit Wasser, dann dient es zur Färbung der Haare. Neben der weiteren Funktion als Goldprüfer wird es zur Behandlung von Verstauchungen herangezogen.

Aber auch in Algerien gibt es Behandlungsarten, die für den Kranken zunächst einmal ein Mehr an Leiden bedeuten; das Vorgehen ist oftmals noch nach alter Väter Sitte. Im Falle eines verstauchten Knöchels, Knies oder Schultergelenkes geht der Heilkundige oft so vor, daß er auf die betroffene Stelle Schwefel streut, diesen anzündet und abbrennen läßt. »Aber das gibt doch Verbrennungswunden«, wandten wir ein. »Aber die helfen«, gab man uns zur Antwort. Ähnliches kann dem bevorstehen, der über Bauchschmerzen klagt; im für ihn schlimmsten Fall legt man ihm ein Messer auf den Bauch, das vorher im Feuer rotglühend gemacht und von den Umstehenden bespuckt worden ist. Wenn solche Kranke mich nicht hin und wieder zur Weiterbehandlung aufgesucht hätten und ich die Verbrennungswunden auf ihren Bäuchen nicht mit eigenen Augen gesehen hätte, würde ich noch heute nicht an die Prozedur glauben.

Ungewollte Verbrennungen ziehen sich im allgemeinen nur Kinder zu, wenn sie aus Unachtsamkeit in die offenen Feuerstellen treten. Im Adrar n'Iforhas zeigte man uns den verbrannten Fuß eines einjährigen Kindes, den ein Medizinmann mit Zucker behandelt hatte. Der Fuß war inzwischen gänzlich mit feinem Granulationsgewebe bedeckt und zeigte keinerlei Entzündungen mehr. Der Zucker hatte eine Art Karamelfilm gebildet, der den Fuß nach innen und nach außen abdichtete.

Eine Stimulierung der Wundheilung bei Bagatellverletzungen sucht man durch zerriebene trockene Kuhfladen zu erreichen, ähnlich der bei uns von alters her bekannten Behandlung von Wunden mit Urin.

Als die Hepatitisepidemie ausbrach, drohte unsere Expedition fast ein vorzeitiges und unrühmliches Ende zu nehmen. Ein Mitglied mußten wir unter dramatischen Bedingungen von Dirkou aus zurückfliegen lassen. Die Nigrer am Ort reagierten darauf mit völligem Unverständnis; »man hätte ihn auch so wieder gesund bekommen«, meinten sie. Da die Hepatitis ebenfalls zu den Saharakrankheiten gehört, fragten wir sie, was für ein Rezept sie denn gegen diese Krankheit hätten. Hier will ich es aufschreiben: man flößt dem Kranken einen stark gebrauten Tee aus Goyaven- und Zitronenblättern ein, der obendrein noch mit Natron und einem Extrakt aus bestimmten Lianen (den Namen habe ich vergessen) versetzt ist; das soll die Gedärme reinigen und den Stuhlgang fördern. Aber schon wird es für den Kranken wieder unangenehm, denn er muß seine beiden Arme ausstrecken, damit man ihm mit dem sorgsam im Feuer erhitzten Messer je einen Schrägschnitt in die Armbeuge versetzen kann. Nun ja, räumte man ein, natürlich gebe es unendlich viele Arten von Hepatitiden und schließlich käme es immer darauf an . . .

Mit der kurzen Aufzählung der traditionell landesüblichen Heilverfahren möchte ich hier schließen und noch rasch ein Loblied auf den Alkohol singen, das »Medikament« zur liebevollen Bestechung von einheimischen Behörden.

Nur zu oft wurden wir darum angegangen. Selbstverständlich trinkt kein aufrechter Mohammedaner Alkohol; er soll ja auch nur dazu dienen, »der im Kindbett liegenden Frau den Rücken einzureiben« oder gar nur »das am Keuchhusten erkrankte Kind den lindernden Geruch inhalieren zu lassen«. Zollbeamte und Militärs haben sehr häufig solche Frauen und Kinder!

Dr. Ingvo Broich

B. Bemerkungen zum psychologischen Programm und zur Gruppendynamik

Die Expedition bot die außergewöhnliche Gelegenheit zur Durchführung einer psychologischen Langzeit-Untersuchung, insbesondere auch, da die Teilnehmer schon vor der Abreise zumindest ein Jahr lang zusammenarbeiteten und für die testologische Erfassung zur Verfügung standen. So wurde in regelmäßigen Zeiträumen vor Beginn der Expedition ein breites Spektrum von Persönlichkeitsmerkmalen der einzelnen Mitglieder erhoben; dieses Testprogramm soll vor allem im Hinblick auf die Problematik der Eignungsvorhersage für die Teilnahme an Expeditionen ausgewertet werden. Während der Fahrt wurde dann der Gruppendynamik besondere Beachtung zuteil; alle Mitglieder füllten in bestimmten Abständen vorbereitete sowie unterwegs entworfene Fragebogen aus. Die wichtigsten

Probleme, denen sich die Gruppe ausgesetzt sah, sollen hier im Abriß dargestellt werden.

Auf große Skepsis waren vor allem drei Punkte gestoßen, die auch kompetente Personen mit Expeditionserfahrung als prognostisch ungünstig bezeichneten.

1. Die demokratische Gruppenstruktur

Bisher waren alle Expeditionen, die unter ähnlich extremen Bedingungen durchgeführt wurden, hierarchisch gegliedert, zumindest stand ein verantwortlicher Führer an der Spitze des Unternehmens.

Das Konzept unserer Gruppe sah folgendes vor:

a) Alle Regeln werden durch gemeinsamen Konsens nach vorher diskutierten Vorschlägen, Notwendigkeiten usw. aufgestellt; bei Verstößen hat jeder Teilnehmer das Recht und die Pflicht zur Kritik.
b) Gruppeninteressen sind privaten Interessen jederzeit übergeordnet.
c) Die Ziele der Expedition wurden vor der Abreise festgelegt; im einzelnen wurde bestimmt, welche Punkte nicht verändert werden sollten bzw. welche unterwegs modifiziert werden konnten.
d) Entscheidungen in bezug auf sachlich relevante Aufgaben der Expedition sollten durch die für den entsprechenden Kompetenzbereich Verantwortlichen getroffen werden; außerhalb von vorher festgelegten Kompetenzen liegende Entscheidungen sollte die Gruppe gemeinsam treffen.

Die Gruppe war sich bewußt, daß dieses Konzept erst nach einer gewissen Anlaufzeit funktionieren konnte; besonders aus diesem Grund wurde die Anfahrtsphase (bis Atar) über sechs Wochen ausgedehnt. Anfangs und auch später noch sporadisch traten Rivalitätsprobleme und Kompetenzstreitigkeiten auf, z.B. wenn jemand die Fähigkeiten des »Kartenlesers« (= Streckenführers) anzweifelte oder wenn man sich berechtigt fühlte, den Speiseplan, den die dafür verantwortlichen Mitglieder aufgestellt hatten, modifizieren zu können.

Zwei Teilnehmer kamen aufgrund ihres Erfahrungsvorsprunges bisweilen in die Lage, auf Fehlverhalten anderer hinzuweisen bzw. davor zu warnen. Durch die daraus resultierenden Erwartungen der anderen wurden diese Mitglieder in die Rolle der lästigen »Kritiker« oder »Mahner« hineingedrängt und befanden sich so in einer erschwerten Position. Durch wachsende Erfahrungen und dank zunehmender Vertrautheit mit den fremden Gegebenheiten gewannen die übrigen Teilnehmer Sicherheit und konnten dadurch ein positiveres Verhältnis zu kritsichen Äußerungen entwickeln. Eine ideale Verteilung dieser wichtigen Funktion konnte jedoch – trotz großer Erfolge – auch nach neun Monaten nicht erreicht werden.

Die Vorteile eines demokratischen Gruppenprinzips sah die Gruppe darin, daß der einzelne weniger psychischem Zwang durch nicht einsehbare Entscheidungen von »höherer Stelle« ausgesetzt war. Dadurch verliefen Auseinandersetzungen weniger auf persönlicher Ebene, sondern konnten eher sachlich geführt werden. Wenn Probleme unter den Teilnehmern auftraten, konnten sie nicht durch »Befehlsgewalt« weggewischt werden, vielmehr mußte man sich damit beschäftigen. Das heißt zwar nicht, daß alle Probleme gelöst werden konnten, aber die Bereitschaft dazu mußte bei allen Mitgliedern stets vorhanden sein. Da an einem Entscheidungsprozeß alle Mitglieder teilnehmen sollten, wurde die Arbeit der Gruppe manchmal schwerfällig; jedoch lag der Gewinn in einer Steigerung der Einzelleistungen, die aufgrund besserer Motivation zustande kamen, jeder fühlte sich verantwortlich für eine gemeinsam getroffene Entscheidung und war bereit, die Konsequenzen mitzutragen. Einschränkend muß allerdings gesagt werden, daß das Funktionieren einer solchen Gruppenstruktur sicher eine langfristige sorgfältiger Vorbereitung jedes Teilnehmers voraussetzt.

2. Die Verschiedensprachigkeit

In bezug auf die Sprache war die Gruppe folgendermaßen zusammengesetzt:

6 Deutschsprachige (DS)	*3 Französischsprachige (FS)*
2 DS fließend FS	1 FS kaum bis wenig DS
3 DS gut FS	2 FS nicht bis kaum DS
1 DS nicht bis kaum FS	

Als zweiter Hauptpunkt erweckte bei den IWTSE-Kritikern die kommunikative Struktur Befürchtungen. Die Kommunikationsbasis wurde als unzureichend beurteilt, um Problemdiskussionen, den Austausch emotionaler Mitteilungen und funktionsspezifische Gespräche zu ermöglichen.

Wir beurteilten die Ausgangssituation relativ optimistisch. Im einzelnen wurde von folgenden Hypothesen ausgegangen:

a) auf der emotionalen Ebene wirkt sich die eingeschränkte Kommunikationsfähigkeit primär positiv aus, nämlich als Aggressionsfilter und -kanalisator;
b) in bezug auf funktionsorientierte Kommunikation wird nach einer Vorlaufzeit von drei Monaten (vor der Abfahrt bis nach Atar) eine ausreichende sprachliche Basis geschaffen sein;
c) bei Problemdiskussionen können über Dolmetscher der Verlauf des Gespräches gestrafft und Argumente depersonalisiert, also versachlicht werden.

Als Fazit seit betont, daß die Hypothesen a) und b) weitgehend zutrafen. Die Hypothese c) muß rückblickend relativiert werden: da sich die französische Sprache bei Problemdiskussionen nicht als gleichberechtigt durchsetzen konnte, ergaben sich muttersprachliche Blockbildungen. Als Grund dafür muß hauptsächlich die fehlende Eigendynamik der französischen Mitglieder angesehen werden.

Die Wichtigkeit dieser Gegebenheiten war allerdings von der Gruppe bei der Vorbereitung unterschätzt worden. Die sich nach einigen Monaten abzeichnenden Sprecherblöcke implizierten auch eine kongruente Blockbildung auf der emotionalen Ebene; allerdings ist die primäre Ursache nicht in der Verschiedensprachigkeit zu sehen. Wir meinen, daß unsere Hypothese im Prinzip nicht falsch ist, sondern daß persönlichkeitsspezifische Faktoren für das Ergebnis verantwortlich sind – diesen war allerdings zum entscheidenden Zeitpunkt nicht genügend Aufmerksamkeit gewidmet worden.

3. Als besonders problematisch wurde von Außenstehenden auch das Zusammenleben von zwei Frauen und sieben Männern betrachtet

Im Zusammenhang mit der gesellschaftlichen Tabuisierung der Sexualität und deren Übergewichtung trat oft die Frage in den Mittelpunkt, ob die Gruppe nicht befürchte, das sexuelle Interesse der Männer würde sich wegen der langen Isolierung auf die beiden Frauen konzentrieren.

Die Gruppe war sich von vornherein einig, daß die Konstellation von zwei festen Paarbeziehungen (die schon lange vor der Reise bestanden hatten) und fünf Einzelpersonen während der ganzen Expeditionsdauer so bestehen bleiben sollte, da Veränderungen unüberwindliche Probleme mit sich gebracht hätten. Das Gefühl der Unterprivilegierung der Teilnehmer, die auf sexuelle Triebbefriedigung verzichten mußten, wäre durch emotionale Fluktuation nicht aufgehoben, sondern sicher aktualisiert worden.

Übereinstimmend bezeichneten die Männer, die ohne weiblichen Partner reisten, ihre Situation nicht als zu große Belastung. Innerhalb der Paarbeziehungen dagegen ergaben sich teilweise Schwierigkeiten durch die selbst auferlegte Zurückhaltung.

Weitere Punkte, die Anlaß zu von außen kommender Skepsis und Kritik waren:

1) Die Dauer von neun Monaten

In bezug auf Leistungsfähigkeit, Motivation, physische und psychische Anfälligkeit wird im allgemeinen eine Expeditionsdauer von zwei bis drei Monaten als optimal betrachtet.

Aber erst nach über achtmonatiger Reise trat bei den verbliebenen vier Teilnehmern eine gewisse Expeditionsmüdigkeit sporadisch in Erscheinung, weil wegen der Dezimierung der Gruppe die technischen Belastungen die eigentliche Arbeit stark einschränkten und sich bisweilen eine emotionale Auflehnung gegen die »automatische« Durchführung (= reine West-Ost-Durchquerung) bemerkbar machte.

2) Das Gefühl der ständigen Bedrohung
a) durch politische Faktoren;
b) durch landschaftsspezifische Gegebenheiten;
c) durch mögliche Ausfälle in der technischen Ausrüstung.

Die Ängste, die durch die lebensfeindliche Landschaft hervorgerufen wurden, waren stets höchstens latent vorhanden. Auch die anderen Faktoren traten nicht direkt in Erscheinung, weil die einzelnen Mitglieder immer genügend Rückhalt und Sicherheit in der Gruppe fanden – mit Ausnahme der Ereignisse in Djanet.

3) Die soziale Isolation
Die Beschränkung sozialer Interaktionsmöglichkeiten auf einige wenige Personen für Perioden bis zu vier Wochen wurde von den Gruppenmitgliedern nicht als negativ oder belastend beurteilt; selbst bei längeren als positiv empfundenen Aufenthalten in der Nähe fester Siedlungen wünscht jeder eine baldige Rückkehr in reine Wüstengegenden.

4) Die physische Belastung
Der präzise geplante Wechsel von Fahr- und Aufenthaltsphasen, Arbeits- und Erholungsorten wirkte sich hier sehr günstig aus und bewirkte die Mobilisierung von Motivationsreserven, welche eine Steigerung der Leistungsfähigkeit bis zum Schluß erlaubten. Der körperliche Einsatz jedes Teilnehmers war hoch trotz der eher als nervliche Belastung empfundenen extremen klimatischen Verhältnisse wie Hitze, Kälte und Wind.

Andere Probleme, die während der Expedition auftraten:

Das »Sündenbock«-Syndrom
Durch das Zusammenwirken mehrerer Faktoren geriet das jüngste Mitglied der Expedition zeitweise in die Rolle des »Sündenbocks«. Bei einer Expedition unter extrem belastenden Bedingungen muß jeder seine Funktion in ausreichendem Maß erfüllen. Da dem jüngsten Mitglied einige Fehler unterliefen, überdies sein fachliches Können stets dem Vergleich eines anderen (hochqualifizierten) Teilnehmers ausgesetzt war, entstand bei den anderen Gruppenmitgliedern mit der Zeit der Eindruck, er gebe sich nicht genug Mühe bei der Ausführung seiner Aufgaben. Dadurch wurde er unberechtigterweise oft zum Objekt für Aggressionen, die durch hiervon unabhängige situationsspezifische Gegebenheiten wie

physische Anstrengung, ständige Bedrohung usw. verursacht worden waren.

Aus dieser Konstellation heraus ergab sich die Gefahr einer Gruppenspaltung, da die »starken« Teilnehmer, d.h. jene, die offen ihre Kritik zum Ausdruck brachten, ihren Unwillen dem Mitglied gegenüber äußerten, während sich die »Konfliktvermeider« eher mit dem »Sündenbock« solidarisch fühlten. Eine völlige Spaltung konnte aber verhindert werden, indem Diskussionen über die den Problemen zugrunde liegenden Mechanismen geführt wurden.

Das Essen

Als Hauptproblem bei der ersten schwierigen Wüstenetappe wurde von den meisten Teilnehmern das Gefühl des Hungers genannt.

Durch das Fehlen rasch wechselnder Außenreize, die Monotonie der Fahrtage und die regelmäßige Wiederholung der täglichen Arbeiten konzentrierte sich das Interesse einiger Teilnehmer auf das Essen. Nachdem der Vorrat an Zigaretten, der nach »europäischen Maßstäben« geplant war, durch plötzliche Steigerung des Rauchens vorzeitig zu Ende gegangen war, was ebenfalls im Zusammenhang mit der Reizarmut gesehen werden muß, blieb das Essen als einzige orale Befriedigung übrig, auch als die einzige konkrete Belohnung für die täglichen Strapazen und Entbehrungen und erlangte so eine übertriebene Wichtigkeit. An den vereinbarten Essenszeiten wurde genau festgehalten, um unnötige Aggressionen zu vermeiden.

Die im Buch beschriebenen Nahrungsdiebstähle scheinen mir nicht durch Hunger motiviert gewesen zu sein, sondern sollten vielmehr als ein »Der-oralen-Versuchung-Erliegen« gewertet werden. Dafür spricht auch, daß die Gegenstände teilweise wochenlang allen zugänglich waren, bevor sie wegkamen.

Zum Aspekt der Eignungsvorhersage für die Teilnahme an Expeditionen unter langfristig extremen Bedingungen soll hier nur gesagt werden, daß uns die bereits angewandten Verfahren unzureichend erscheinen und sicherlich weitgehender Verbesserungen bedürfen. Dies betrifft sowohl Modalitäten bei der Fragebogenvorlage und -auswertung als auch die Konzeption der Erhebungen. Im Vordergrund einer solchen Untersuchung sollte die für alle Teilnehmer glaubhafte Versicherung stehen, daß die Angaben auch dem Psychologen erst nach Abschluß der Expedition bekannt werden. Nur so kann die Angst vor nachteiliger Exponierung und Isolierung der Probanden ausreichend reduziert werden, was allein eine adäquate Teilnahme ermöglicht.

Die Ausarbeitung des Materials dauert zur Zeit noch an; ihre Resultate werden zu gegebener Zeit in den entsprechenden Fachzeitschriften veröffentlicht werden. Abschließend darf noch angemerkt werden, daß diese Arbeit auf ein überraschend positives Echo in der interessierten Fachwelt gestoßen ist, was darauf hoffen läßt, daß die Untersuchung Teil der Diskussionsgrundlage bei der Konzeption zukünftiger Expeditionen sein wird. Damit wäre unser wesentlichstes Ziel erreicht.

Agnes Klenkler-Wehler, Diplompsychologin

C. Ausrüstungsliste

1. Mechanik

a) Ersatzteile

Motor
1 Satz Kolben und -ringe
1 Satz Pleuellager
1 Satz Kurbelwellenlager
1 Pleuelstange
1 Satz Ventile
1 Wasserpumpe
1 Ölpumpe
1 Einspritzpumpe
1 Anlasser
1 Satz Stirnräder
1 Ölwanne
1 Kupplungsscheibe
Div. Zubehör (Dichtungen, Keilriemen usw.)

Getriebe
1 Hauptgetriebe (komplett)
1 Zwischengetriebe (komplett)
4 Steckachsen
2 Tellerräder (Differentiale)
2 Kardanwellen
6 Kreuzgelenke
2 Trieblinge
2 Schalthebel
Div. Zubehör

Elektrik
1 Lichtmaschine
4 12-V-Batterien
2 Regler
3 Manometer
8 Scheinwerfer
1 Stromumwandler (24 V auf 220 V)
Div. Relais
Div. Birnen
Div. Sicherungen

Sonstiges
1 Kühler
2 Frontscheiben
1 Luftfilter
1 Kompressor
1 Hauptbremszylinder
4 Radbremszylinder
2 Luftdruckregler
4 Satz Bremsbeläge
1 Lenksäule
1 Lenkrad
1 Lenkschnecke
4 Satz Radmuttern
6 Blattfederpakete

2 Stoßdämpfer
40 Reifen
10 Schläuche
2 Tachometer
Div. Druckleitungen
Div. Wasserschläuche
Div. Lager (Rad-, usw.)
4 Keilriemenscheiben und -lager
Div. Rückspiegel

b) Werkzeuge

1 Winkelschleifmaschine
1 Kabeltrommel (50 m)
1 Schweißgerät und Zubehör
4 Lötkolben
Div. Satz Gabelschlüssel (7/8 bis 30/32)
Div. Satz Ringgabelschlüssel (6 bis 36)
Diverse Ringschlüssel (9/11 bis 36/41)
Diverse Ringschlüssel (gekröpft) (6/7 bis 24/30)
Div. Steckschlüssel (8 bis 36)
3 Satz Rätschen und Nüsse (8 bis 32) (und Kraftarm, Verlängerungen, Einsatzstücke, Gelenkstücke, Imbusnüsse usw.)
Div. Imbusschlüssel
Div. Spezialschlüssel
4 Wasserrohrzangen
4 Kombizangen
2 Federspannzangen
2 Federringzangen
1 Schweißzange
2 Schieblehren
Div. Schraubendreher
6 Metallhämmer
1 Gummihammer
Div. Meißel
1 Satz Körner und Durchschläge
Div. Feilen
2 Handbohrmaschinen (und Bohrersatz)
1 Luftdruckprüfer
1 Drehmomentschlüssel
1 Drehmomentschlüssel
3 Multimeter (Vielfachmeßgeräte)
Div. Spezialabzieher

2. Medizin

(Zusammenstellung einer Ausrüstungsliste unter der Voraussetzung einer weitestgehend autonomen medizinischen Versorgung unter Wüstenbedingungen.)

Vorbemerkungen
Impfschutz gegen Pocken, Cholera, Typhus, Gelbfieber und Tetanus (Auffrischung) sowie Hepatitisprophylaxe (mit Gamma-Globulinen) und Malariaprophylaxe (mit Resochin); Tb-Impfschutz wenn möglich.

Allgemein vorbeugende Maßnahmen
Zur Unterstützung der Akklimatisation des Anreisenden: weitestgehende körperliche Ruhe während der hitzeintensiven Tageszeiten, Schutz vor direkter Sonnenbestrahlung, um Überhitzung des Körpers zu vermeiden (Kleidung, Schatten), bei gleichzeitiger Warmhaltung in der Nacht (Schutz vor extremen Temperaturschwankungen). Zur Entlastung des Kreislaufes und des Verdauungsapparates während des Tages sollten 40–50 % der Nahrung bereits während der Morgenstunden eingenommen werden. Zur Regulierung der Körpertemperatur ist eine ausreichende Schweißsekretion notwendig. Die Aufnahme von Flüssigkeitsmengen bis zu zehn Litern pro Tag sollte stets mit in die Verproviantierung eingeplant werden; ebenso die Substitution der verlorenen Salzmengen (etwa 3000 ppm Kochsalz). Die Einheimischen stimulieren Schweißsekretion sowie Konzentrationsvermögen u.a. durch scharf gewürzte Speisen. – Sandbrillen, Mund- und Nasenschutz (Chech der Touareg) schützen vor Austrocknung und Verunreinigung entsprechender Körperpartien und damit vor lästigen Reizerscheinungen und Infektionen. –
Mit Schmerztabletten und Antibiotika sollte jeder Reisende ausreichend eingedeckt sein. Anwendungsbereiche ergeben sich aus der Nachfrage der Bevölkerung nach in erster Linie diesen Medikamenten. Vor verantwortungsloser und zielloser Verteilung sei jedoch gewarnt.

Anwendungsbereich	*Mittel der Behandlung*
Regelung des täglichen Vitaminbedarfs	Multibionta, Mulgatol, Vitazell, Xitix, Cebion
Auge (Staub, Sand, Austrocknung, Infektion)	Isopto-Max, -Dex, Zincfrin, Aureomycinsalbe, u.a.
Nase (Austrocknung, Infektion)	Otriven, Privin, u.a.
Ohr	Dexobiofenciol
Mund, Hals, Bronchien	Hexoral, Dorithricin, Melrosum; Bisolvon, -Gribletten; Chemotherapeutika: Bisolvonamid, Bactrim Isocillin, Ampicillin; Hostacyclin, Klinomycin; Paraxin

Anwendungsbereich	*Mittel der Behandlung*
Senken des Fiebers	Fluprim, Fiobrol, Neopyrin, Novalgin (-chinin), Pyramidon
Schmerzen	Aspirin, Gelonida, u.a.; Spasmo Cibalgin, Valoron, Fortral (für Injektion z.B. bei Brüchen)
Herz, Kreislauf	Aktivanad, Sympatol, Effortil, u.a. Novadral (f. Injektion z.B. Schock)
Magen	Gelusil-Lac, Libratar, Paspertin
Darm	
– -trägheit	Enzynorm, Pankreon Forte, Dulcolax, Agarol
– unspezif. Dysenterien, Diarrhöe, Brechdurchfälle	Tannalbin, Dignoquin, Enterocura, Mexaform, Sulfra Compretten
– Intoxikation in schweren Fällen:	Chemotherapeutika (s.o.)
Darm-Krankheiten (spezifische):	
– Amöbenruhr	Enterovioform, Mexaform S, Neoviasept (Sulfonamide)
– Bakterielle Ruhr	Sulfonamide
– Typhus (trotz Impfung, bes. bei oraler, abgeschwächt möglich)	Chloramphenicol, Tetracyclin, Ampicillin (s.o.)
– Cholera (trotz Impfung in leichter Form möglich)	Sterofundin (0,9–3,0%ig) (Wassersubstitution)

Anwendungsbereich	*Mittel der Behandlung*
– Regulierung des Salzhaushaltes (nach Diarrhöe, Erbrechen)	Kalinor, NaCl
Verstauchungen, Prellungen	Mobilat, Lasonil, Hirudoid
Verbrennungen, Entzündungen	Branolind, Zinkleinenverbände, Granugensalbe, Acithaemyl; Tanderil (Sehnenscheiden, Schleimbeutel)
Rheuma	Enelbinsalbe
Knochenbrüche	Kramer-, Volkmannschiene; aufblasbare Plastikschiene; Gipsbinden, Dreiecktücher; bei offenem Bruch: sterile Tücher
Haut:	
– Wunden (auch Bagatellverletzungen, sofort behandeln, da erschwerte Heilung)	Alkohol; Aristamid-Gel, Aureomycinsalbe, Nebacetin, Azulon; Hansaplast usw.
– Wunden, tief	evtl. Nahtmaterial (Ethicon); Kompressen, Binden; elast. Surgifixverbände
– Furunkel, Schweißdrüsenabszesse	Ichtholansalben
– Sonnenbrand, Ekzeme, Pilzbefall	Ultralan, Topisolon, Decoderm, Antimykotika (Tonoftal, Multifungin)
– Austrocknen der Lippen	Labello, Labiosan
– Austrocknen der Haut	Sonnenschutzmittel
– Insektenstiche, Allergien	Soventol-, Andantol- (Gelee, Tabletten); Tavegil; Calcium

Anwendungsbereich	*Mittel der Behandlung*
– Läuse	Jacutin
– Hämorrhoiden	Procto Kaban
Lebensgefährliche Zwischenfälle:	
– Blutverlust, Schock (anaphylaktisch, traumatisch, toxisch)	Plasmaexpander (Macrodex); für Injektion: Decortilen solubile, Calcium-Sandoz, Akrinor, Novadral, Tavegil
Vergiftungen:	
– Nahrungsmittel	Brechmittel (Apomorphin für Injektion)
– Schlangenbiß (Vipern, Nattern)	spez. Antisera (nur bei Kühlmöglichkeit!); Schröpfkopf
– Skorpionstich	Lokalanästhetika, Antihistaminika, Cortison (herzstärkend, cf. Schock)
Koliken (Galle, Niere)	(Dolo-) Buscopan (für Injektion)
akuter Blinddarm	Reverin f. Injektion (Tetracyclin, Streptomycin); Operation (wenn Möglichkeiten gegeben)
Unruhe, nervöser Zustand (evtl. auch bei operativen Eingriffen)	Valium, Librium, Demetrin
Tropentypische Krankheiten, (die den Reisenden nur bedingt, d.h. bei Unvorsichtigkeit oder extrem langen Aufenthalten befallen können):	
– Hakenwurmbefall, Peitschenwurmbefall (besonders bei Barfußgängern)	Alcopar, Hetrazan

Anwendungsbereich	*Mittel der Behandlung*
– Ascaridenbefall	Vermicompren
– Bilharziose (Waschen, Baden in stehenden Gewässern; Trinken verseuchten Wassers)	Fuadin, Miracil, Ambilhar
– Tuberkulose (Tröpfcheninfektion)	Tuberkulostratika (Heimtransport)
– Geschlechtskrankheiten (bei Kontakt mit der Bevölkerung)	Penicilline
– Malaria (besonders in Oasennähe)	Resochin (extreme Dosen) (Moskitonetz)
Wasserdesinfektion (!!)	Clorina, Halazone, Mikropur (soll Hepatitisviren abtöten)

Weitere Geräte und Instrumente:
Berkefeld-Tonfilter für Trinkwasser, Extraktionsbesteck, Einmal-Rekordspritzer, Fieberthermometer, Blutdruckmeßgerät, Stethoskop, Gips- und Verbandschere, Pinzetten, Skalpelle, Wundklammern, Nahtgut, Schienen, Stauchschlauch, Schröpfköpfe.

3. Navigation, Funk, Ton, Photo, Film

1 Theodolit, Kern (DKM 1)
1 Dreibein
2 Quarzuhren
1 Stoppuhr mit Schleppzeiger
1 Höhenmesser
3 Thermometer
2 Taschenrechner
1 Astronom. Jahrbuch (Auszüge)
6 Linseatik-Kompasse
1 Bézard-Kompaß
2 Sonnenkompasse
ca. 200 Karten (im Maßstab 1:200000, 1:500000, 1:1 Mio.)
70 Luftbildaufnahmen des Majâbat al-Koubrâ
1 Mamiya Press Super 23 + Obj. 50, 70, 250 mm
1 Zenza Bronica S2A + Obj. 50, 100, 400 mm

2 Minolta SRT 303 + Obj. 16, 50, 100 mm Macro
1 Nikon F2 + Obj. 16, 24, 35, 50, 52 mm Macro, 80–230 mm Zoom
1 Nizo Professional
1 Bauer C8
3 Velbon-Stative
1 Körperstativ Kapp
350 (6 × 6) Filme
150 (24 × 36) Filme Kodak
200 S8 Filme
1 KW-Gerät »Atlas 210«
1 Horizontal-Antenne + Div. Zubehör
4 UKW Walkie-Talkie Belcom
1 Uher Report 4200 Stereo ic, Mikros und Kopfhörer
1 Netzgerät
Div. Verbindungskabel
120 13-cm-Bänder

4. Diverses (Auswahl)

1 Schreibmaschine
Div. Büroutensilien
Div. Formblätter (Streckenberichte, Arbeitsberichte, Storeberichte, S8-Berichte, Photographische Berichte)
1 Kassenbuch
1 Bordbuch (Journal)
1 Handbibliothek (Werke zur Linguistik, Medizin, Psychologie, Grammatiken und Wörterbücher zum Tamaschek, allg. Werke zur Sahara, Belletristik)
200 Plastikkanister für Treibstoff
120 Wasserkanister
1 Kühlschrank
1 Generator/Transformator (12 V/220 V)
8 Sandbleche
Div. Schaufeln
2 Meßgeräte für Luftfeuchtigkeit und Windstärke
2 Gaskocher und Flaschen
1 Gaslampe und Kartuschen
Div. Geschirr, Besteck, Töpfe, Pfannen usw.
1 Feuerrost
ca. 250 1,5-V-Reservebatterien

D. Sachwortkatalog

Erläuterungen zu Orten auf der IWTSE-Route
(in der Reihenfolge), zusammengestellt von Eckhard Klenkler

Marokko:

Figuig	sehr schöne Grenzoase nach Algerien im Sahara-Atlas, aus sieben teilweise sehr alten Siedlungen bestehend, etwa 15 000 Einwohner.

Algerien:

Béchar	Verwaltungssitz der westl. algerischen Sahara, etwa 30 000 Einwohner. Früher eine wichtige Garnison der Fremdenlegion und einst als Ausgangspunkt der Trans-Sahara-Eisenbahn entlang der Tanezrouft nach Mali vorgesehen. In der Nähe Steinkohlenlager.
Tindouf	früher bedeutender Karawanenstützpunkt und Umschlagplatz für Waren und Sklaven aus Schwarzafrika (Sudan). Grenzort nach Marokko, ehemals Span. Sahara und Mauretanien.

Mauretanien:

Ain Ben Tili	Fort; 1976 im Krieg von der Front Polisario zerstört.
Agmar	Brunnen und ehemaliges Fort an der mauretanischen Piste.
Bir Moghrein	früher Fort Trinquet, jetzt maur. Grenzstation nach Algerien.
Kédia d'Ijjil	isolierter Höhenzug mit bedeutender Salzmine.

Zouerate	größte Stadt in Nordmauretanien; die Erzminen liefern fast die Hälfte des Volkseinkommens; durch eine 700 km lange Eisenbahnlinie mit dem Hafen Nouadhibou verbunden.
Fderik	früher als Fort Gouraud wichtiger Armeestützpunkt, inzwischen bedeutungslos.
Choum	Dorf an der Eisenbahnlinie, berühmt wegen seines Tunnels von nahezu 2 km Länge.
Atar	Verwaltungs- und Handelszentrum im Innern Mauretaniens, in sehr schöner Gebirgslandschaft gelegen.
Chinguetti	einst Hauptstadt eines Reiches und Zentrum der maurischen Marabus; inzwischen bedeutungslose Oase in Dünenlandschaft.
Ouadane	uralte Felsensiedlung mit schöner Palmeraie; Endpunkt der Piste nach Osten.
Guelb er Richât	kreisförmiger Intrusionskrater von etwa 50 km Durchmesser nördlich von Ouadane.
Mejaoûda	einstiges frz. Wüstenfort mit Brunnen in extrem isolierter Lage.
Tinioulîg	präislamische Salzminen in der Nachbarschaft von Mejaoûda.
Mali:	
Bir Chali	temporäres Maar, evtl. auch Brunnen etwa 140 km westlich von Taoudeni, unterhalb eines Felsabbruches.
Taoudeni	größte Salzminen Afrikas, 700 km nördlich von Tombouctou; etwa 300 bis 500 Arbeiter in Agorgot und 30 Soldaten im Fort von

	Smeida (Smida). Seit dem 16. Jahrhundert werden jährlich etwa 7000 t Salz abgebaut und auf etwa 45 000 Kamelen nach Tombouctou transportiert.
Terhazza	etwa 2000 Jahre alte Salzminen nordwestlich von Taoudeni, inzwischen aufgegeben.
Araouane	Zentrum des Salzkarawanenverkehrs auf dem westlichen der beiden Wege Taoudeni–Tombouctou.
Bou Jebeha	ähnlich wie Araouane, doch kleiner; etwa 1/3 des Karawanenverkehrs wählt die östliche Route über B.J. und den Brunnen Guir. Die sicherlich aus neolithischer Zeit stammende Siedlung zählt derzeit etwa 50 Bewohner. Oberhaupt ist der Marabu Mohammed Ould Zneim
Tombouctou	ehemals wichtiges Handelszentrum für Gold, Sklaven und andere nordwärts bestimmte Waren im westlichen Sudan. Außerdem hatte T. eine bedeutende Koranschule. Heute Verwaltungssitz der neuen 7. Region Malis; gut erhaltener traditioneller Charakter.
Bourem	Kreuzungspunkt der Verbindungen Gao–Tombouctou und Gao–Algerien am Nigerknie; starke Befestigung.
Gao	Hauptstadt der 6. Region Malis, am Niger gelegen. Aufgrund der schlechten Wegverbindungen zur Hauptstadt Bamako wird Gao fast ausschließlich aus Niger und Algerien versorgt.
Kidal	wichtigster Ort des Adrar n'Iforhas – Gebirge, Militärposten und Zitadelle. Der Zugang ist Touristen ebenso wie in Taoudeni und Tin Zaouaten verboten, da hier politische und andere Gefangene gehalten werden.

Tin Zaouaten/Bouressa	malisch-algerische Grenzstation an der gesperrten Piste Gao–Tamanrasset, am Ufer eines Oued gelegen.

Algerien:

Silet	Musteroase in den westlichen Ausläufern des Hoggar-Gebirges ohne Militär-, Polizei- und Zollstation, keine Touristen.
Abalessa	wasserreiche Oasengruppe in landschaftlich sehr schöner Gegend. In der Nähe liegt das Grab der legendären Touareg-Königin Tin-Hinan.
Tit	Ort einer entscheidenden Schlacht zwischen frz. Militär und Touareg-Kriegern nördlich Tamanrasset.
Tamanrasset	ehemals Fort Laperrinne, etwa 1400 m ü.M. im Herzen des Hoggar gelegenes Verwaltungszentrum des alg. Südens. Tam soll die Hauptoase der Kel Ahaggar-Touareg sein. Hiervon ist derzeit allerdings wenig zu bemerken.
Assekrem	Einsiedelei ist den Atakor-Bergen nahe Tam in 2700 m Höhe. Erbaut zu Beginn dieses Jahrhunderts von Charles de Foucauld, der sich wie der jetzige Bewohner Jean-Marie Cortade dem Studium des Tamaschek widmete.
Hirafok	Oase mit ausgedehntem Foggara-System an einer Weggabelung.
Idelès	befestigte Gebirgsoase, landwirtschaftliche Musterbctricbc (Kooperativen).
Djanet	ehemals befestigtes Verwaltungszentrum des Tassili n'Ajjer bestehend aus drei Oasen; wie Tam ein touristischer Hauptan-

	ziehungspunkt (mit Flugplatz), hauptsächlich wegen der Felsbildstationen von Tamrit und Sefar.
Niger:	
Djado	angeblich ehemalige türkische Festung im Grenzgebiet zwischen Touareg und Toubou; heute Ruinenstadt, zu welcher der Zutritt verboten ist.
Chirfa	hat seit 1933 die Bevölkerung Djados aufgenommen, die seinerzeit wegen der malariaverseuchten Sümpfe von Djado umgesiedelt wurde.
Seguedine	einst ein berühmter Karawanenkreuzungspunkt der West-Ost- und der Mittelmeer-Tschadsee-Routen; heute zur Hälfte zerfallen. Auch die Salinen werden nur noch sporadisch ausgebeutet.
Dirkou	Militärstützpunkt mit Flugplatz, etwa 40 km nördlich von Bilma.
Bilma	berühmteste Salinen der Südostsahara. Das stark verunreinigte Salz wird in trichterartigen Formen nach Agadez transportiert.
Dao Timni und Madama	Militärposten auf dem Weg nach Libyen.
Libyen:	
Toummo	libysche Grenzbefestigung auf nigrischem Boden.
El-Gatrún	Zoll- und Polizeistation, größte Ansiedlung am Rand des Edeyen von Murzuk.
Murzuk	ehemaliger Karawanenstützpunkt und Mittelpunkt des Fezzan; wurde 1798 von Hornemann, 1850 von Barth und 1869 von Nachtigal bereist. 1576 bis 1890

	unter türk. Herrschaft, heute bedeutungslos, etwa 1000 Einw.
Sebha	Verwaltungszentrum des Fezzan. Mittelpunkt ausgedehnter Bewässerungssysteme und landwirtschaftlicher Versuchsanlagen (mit Brak), auf alten Ruinen erbaut, stark expansive moderne Stadt mit 19000 Einwohnern, die ausschließlich von der Mittelmeerküste versorgt wird.
Zouila	im frühen Mittelalter die Residenz von Berbersultanen; später wurde ihre ökonomische Rolle von Traghen (1185) und Murzuk (1580) übernommen, heute kleine bedeutungslose Ortschaft.
Tmessa	kleine Siedlung auf einer Insel in einer Sebkha, nur über einen Knüppeldamm erreichbar.
Wau-el-Kebir	35 m tiefes Becken von 200 km^2 Ausdehnung, geringe halbnomadische Bevölkerung; Polizeistation auf einer Gara inmitten der Senke; malerische Oase.
Wau-el-Namus	rezenter Vulkankrater, etwa 4 km Durchmesser. Der zentrale Schlot ist umgeben von vier verschiedenfarbigen Seen, deren Wasser ungenießbar ist. Ihre Ufer sind umgeben von Schilf und Palmen. Über eine Gesamtwasserfläche von 320000 m^2 verdunsten im Jahr 1,6 Mio t, die artesisch nachgeliefert werden. Einige warme Quellen.
Tazerbo	Teil des Kufra-Archipels zwischen Erg Rebiana und Calansho-Serir, 5–6 Ortschaften, 300–400 Einwohner.
Kufra	Oasenarchipel mit einer Gesamtbevölkerung von etwa 5000 Menschen, die in wenigen Jahren verdreifacht werden soll. Landwirtschaftliches Großversuchs-

	zentrum, das fast ausschließlich mit fossilem Wasser aus mehreren hundert Metern Tiefe gespeist wird. Verwaltungsmittelpunkt ist El-Giof. Der gesamte Materialbedarf wird über eine sehr schwierige Piste zum Mittelmeer gedeckt.

Ägypten:

El-Kharga	Mittelpunkt der landwirtschaftlichen Versuchsanlage New Valley, die ebenfalls mit fossilem Wasser betrieben wird. Andere Ortschaften des Archipels sind Dakhla, Mot und Farafra. Der Zutritt ist Touristen untersagt.
Asyut	aktive Handelsstadt am mittleren Nil; Anschlußpunkt der Straße nach New Valley.

Landschaften der Sahara auf/an der IWTSE-Route (in der Reihenfolge)

Hamadu du Drâa (Marokko, Alg.)	stark erodiertes Schuttplateau südlich des Saharaatlas entlang der Straße Béchar–Tindouf.
Seguiet al Hamra	setzt im Westen die H. du Drâa fort und ähnelt dieser morphologisch. Unter S. al H. versteht man den Nordteil der ehemaligen Spanischen Sahara. Er ist sehr eisenerz- und phosphatreich, was letztlich nach dem Abzug der Spanier 1975 zum Krieg zwischen Marokko, Algerien, Mauretanien und der von Algerien unterstützten politischen Gruppierung der Reguibat, der Front Polisario, führte.
Rio de Oro	überwiegend flache Steinwüste, ehemaliger Südteil der Spanischen Sahara, neuerdings durch Felsbildfunde bekanntgeworden.

Hank (Alg., Maur.)	etwa 600 km lange hohe Steilstufe, die den Nordrand des Taoudeni-Beckens darstellt.
Adrar (Maur.)	Hauptgebirge Mauretaniens, das etwa 300 km lange Sandsteinmassiv begrenzt das Taoudeni-Becken im W.
Ouarane (Maur.)	wasserlose Dünenlandschaft östlich Ouadane, gebildet aus 'alâb und aufgelagerten sloûk-Dünen in NO-SW-Richtung.
Erg Chech/Aregchâch (Alg., Mali, Maur.)	Dünengebiet zwischen Adrar-Reggane (Alg.) und dem Ouarane. Wenn nicht die größte Sandregion der Sahara, so ist es doch die weitaus größte homogene Dünenansammlung Afrikas mit etwa 200 000 km², eine bis heute relativ wenig erforschte Landschaft.
Makteïr (Maur.)	unbewohntes Dünengebiet nordöstlich des Guelb er Richat-Kraters (Mauretanien), das aufgrund seiner komplexen Dünenstruktur schwer zugänglich ist.
Djouf (Maur., Mali)	(= »Senke«, »Becken«) weitgehend wasser- und wegeloser Großraum zwischen der Linie Taoudeni – Tombouctou im O und Quadane – Tichit im W. Größte unbewohnte Sandfläche der Welt.
Majâbat al Koubrâ (Mali, Maur.)	Kern des Djouf mit einer Fläche von etwa 300 000 km².
Bnâig (Maur.)	Dünenformation im Ouarane- und Ijâfen-Gebiet.
Mreyyé (Maur., Mali)	nierenförmige Fläche endloser, flacher Sandondulationen im Zentrum der Majâbat al Koubrâ.
Erg Ijjoubbâne (Maur., Mali)	südwestliche Fortsetzung des Erg Chech, ähnlich strukturiert.

Khnâchîch (Mali)	Felsplateau südlich von Taoudeni.
Azaouad (Mali)	gewellte Sandwüste zwischen Khnâchîch und Tombouctou, in der viele neolithische Funde gemacht wurden.
Adrar n'Iforhas (Mali)	Schuttgebirge im Osten Malis, Hauptort ist Kidal.
Tanezrouft (Alg.)	Kiesebene zwischen Erg Chech und Azaouad im W und dem Hoggar-Gebirge im O.
Hoggar (Alg.)	bis zu 3000 m hoch aufragendes Gebirgsmassiv in der algerischen Zentralsaḥara, Lebensraum der Kel Ahaggar-Touareg. Hauptort: Tamanrasset.
Tassili n'Ajjer (Alg., Libyen)	östliche Fortsetzung des Hoggar, aber morphologisch andersartig, eher ein Plateaurelief als ein Gebirge.
Djado-Plateau (Niger)	kristalline Brücke zwischen Tassili n'Ajjer und dem Tibesti-Gebirge; in diesen Landschaften sind sehr viele Zeugnisse neolithischer Besiedlung gefunden worden.
Grand Erg de Bilma und Ténéré (Niger)	schließt sich südlich an das Djado-Plateau an; formenmäßig uneinheitlicher Großraum bestehend aus Kiesebenen, Dünengebieten und Sandtennen. Die Gesamtausdehnung beträgt etwa 400 000 km^2.
Fezzan (Libyen)	Verwaltungsregion im westlichen Südlibyen, geomorphologisch uneinheitlich. Hauptort ist Sebha.
Graret (Libyen)	Mergelstaub- und Gipsbeckenlandschaft im östlichen Fezzan; in dieser hyperariden Landschaft liegt u.a. die Krateroase Wau-en-Namus.

Erg Rebiana (Libyen)	etwa 50000 km^2 großes Dünengebiet zwischen der Graret und Kufra, das mehrere Gebirgsreste fast vollständig überlagert. Nach N schließt sich das Calansho-Serir, nach S das Tibesti-Gebirge an.
Gilf Kebir-Plateau (Ägypten)	ein über 1000 m hohes dreieckiges Sandsteinplateau von der Größe Siziliens (etwa 20000 km^2) mit einer N-S-Ausdehnung von etwa 200 km. Der westliche Abbruch ragt fast senkrecht 300 m hoch über die Sandebene hinaus.
New Valley (Ägypten)	Wüstenprovinz im SW Ägyptens mit den Hauptorten El Kharga, Dakhla und Farafra. Verkehrsmäßig bei Asyut an die Nilstraße angeschlossen. In dieser Region werden seit knapp 20 Jahren landwirtschaftliche Großversuche durchgeführt; sie ist für den Tourismus gesperrt.

Geländeformationen
W = Westsahara, O = Ostsahara, S = Südsahara

1. Dünen

aus der Vielzahl der zu unterscheidenden seien im folgenden nur die wichtigsten Grundtypen genannt. Dabei sollte berücksichtigt werden, daß sich Dünen zyklisch weiterentwickeln, allerdings in recht langen Zeiträumen. Prinzipiell unterscheidet man zwischen
a) autochthonen Dünen (aus am Ort vorhandenem Material gewachsene Dünen),
b) allogenen Dünen (aus oft über weite Strecken vom Wind herbeitransportierten Sanden geformten Dünen),
des weiteren zwischen »lebenden« und fixierten, zwischen einzelnen und komplexen, zwischen präneolithischen und rezenten Formen, zwischen längs und quer zur Windrichtung angeordneten.

bnaîg und elb, pl.: 'alâb silk, pl.: sloûk	sind alte, oft gratlose Gürtel in der seinerzeit vorherrschenden Windrichtung; auf diesen oder daneben siedeln sich oft sloûk-Ketten an, die auch 'erigât und seif (sif) genannt werden (alle in Windrichtung, meist SW-NO);
ghord und barkhan	werden typische Grundformen genannt, die entweder einfache Aufschüttungen oder sichelförmige Gebilde sind. Sie können auch in Gruppen (Herden) auftreten;
drâa	werden von manchen Autoren sternförmige Riesendünen genannt, die aus der Verschmelzung mehrerer Einzelformationen entstanden sind;
mreyyé	sind quer zur Windrichtung liegende gratlose Sandondulationen, meist aus grobkörnigen roten Sanden;
'aklé	Anhäufung mehrerer Formationen, die auf Anhieb kein Ordnungsprinzip mehr erkennen läßt; gilt weitgehend als unbefahrbar für Fahrzeuge;
erg (W) edeyen (O)	bezeichnen Dünengebiete. Die 26 e. der Sahara umfassen 1800000 km² = 21% der Gesamtfläche.

2. Gebirge

Kedia (W)	Zeugenberg;
gara (pl.: gour)	Zeugenberg meist in Tafelform, Hügel;
guelb, eglab (pl.: gouloub)	Inselberg-Archipel;
jebel (W), gebel (O)	Berg (allg.);
agator	Kamm, Rest einer wegerodierten Gebirgskette;

dhar (W), gilf (O)	Abbruch, Felsleiste;
adrar, tassili	Gebirge, Massiv.

3. Ebenen

hamada	relativ ebene, durch Erosion entstandene Hochfläche mit Schuttbedeckung;
reg (W)	mit grobem Geröll bedeckte Ebene;
serir (O)	sedimentäre Kiesebene, meist weite flache Senke im Gebirgsvorland, durch Schuttakkumulation entstanden;
safia (W)	von Felsplatten und Geröll bedeckte Landschaft.

4. Vertiefungen

baten (O)	(=»Bauch«) Senke, Mulde;
grara, graret (O)	schüsselartige Niederung, meist mit Staub gefüllt;
daya (W)	kleinere geschlossene Depression;
sebkha, sebkhet	Salztonbecken, das sich temporär mit Wasser auffüllen kann, entweder durch lokale Niederschläge oder artesisch;
chott	Synonym für »sebkha«, manchmal auch für besonders große s. gebraucht;
dhaya	temporäres Maar in der Ebene;
enneri (i. Tibesti), kori (i. Aïr), wadi (O), oued (W)	Trockental.

5. Wasserstellen

bir, hassi, tin	Brunnen;
ain, in	Quelle;
foggara	Brunnen- und Kanalsystem zur Sammlung und optimalen Ausnutzung des Grundwassers;
guelta	temporäres Maar im Fels (i. Geg.: »dhaya«);
aguelt, ougeilet, oglat	temporäre Wasseransammlung in Senken.

6. Markierungen

balise	allg. Wegmarkierung;
bidon	mit Sand gefüllte Treibstoffbehälter, meist 200-Liter-Fässer oder 5-Gallonen-Kanister;
Kerkour (arab.)	meist Steinpyramide zur Triangulation, bezeichnet exakt eingemessenen Ort;
gnaïr (arab.)	Steinaufhäufung längs der Straße;
'alam, 'alamat (arab.)	allg. Wegzeichen, Ast, Stein, Ritzung usw.

Völker und Stämme des Sahara- und Sahelraumes

Bambara	Bauern- und Händlervolk der Mandingo-Sonrhai-Gruppe im Westsudan, künstlerisch aktiv. Ehemals Königreich, heute zahlenmäßig wichtigster ethnischer Faktor in Mali.
Berber	Sammelbezeichnung für die nordafrikanischen hamitischen Stämme. Sie umfassen heute eine Bevölkerung von etwa 6–7 Mio.

in den westlichen Saharastaaten. Im Altertum waren sie u.a. als Mauren, Numidier und Garamanten bekannt. Soweit sie sich nicht mit Arabern und anderen seit dem europäischen Mittelalter zugewanderten Rassen vermischten, konnten sie eigenständige Kulturinseln, besonders in Algerien und Marokko, bewahren.

Cha'amba — arabischer Nomadenstamm nördlich des Wohnraumes der Kel Ahaggar. Die 20000 Ch. sind vorwiegend Viehzüchter, betrieben jahrhundertelang Karawanenhandel und verfügen auch über Grundbesitz in Oasen. Sie gelten als Bewohner der extremen Wüste, mehr noch als die Touareg, gegen die sie ab 1882 in französischen Diensten als Meharisteneinheiten kämpften. Die Sozialstruktur ist feudal-patriarchalisch.

Djerma — sudanesischer Volksstamm am mittleren Niger von etwa 250000 Menschen; ihre Sprache ist ein Sonrhai-Dialekt.

Fulbe (Peulh) — Stammesgruppe von etwa 5 Mio. Angehörigen von umstrittener Herkunft, äthiopider Typ. Nach Einführung des Pferdes eroberten die streng islamischen Fulbe zu Beginn des 19. Jahrhunderts das Haoussa-Reich. In der Folge vermischten sich die in den Städten ansässigen F. bald mit anderen Rassen, während die vor allem rinderzüchtende Steppenbevölkerung die wesentlichen Kulturmerkmale, u.a. die eigene Sprache (Ful), gut bewahrt haben.

Haoussa — dieses Händler-, Handwerker- und Bauernvolk von ungefähr 6 Mio. ist im Zentralsudan ansässig, vor allem in Nigeria. Die aus der Sahara eingewanderten H. gründeten seit etwa 1000 n. Chr. mehrere Reiche. Die seit dem 14. Jahrhundert zunehmende Islamisierung gewährleistete bis heute eine kulturelle und wirtschaftliche Führungsrolle. Dies zeigt sich vor allem daran, daß mehr als die doppelte Anzahl der Stammesangehörigen Haoussa spricht.

Mauren — abgeleitet vom griechischen amauros (= finster, dunkel), dieser Begriff bezeichnet die nord-westafrikanische arabisch-berberische Mischbevölkerung, in der nach Süden (Mauretanien) zunehmend auch negroide Einflüsse zu finden sind.

Nemadi — kleines archaisches Jägervolk in Südmauretanien mit ungewisser ethnischer Zugehörigkeit. In den letzten Jahren wurden diese von den Mauren als »Ausgestoßene« angesehenen Nomaden sedentarisiert, bevor noch eine wirklich umfassende Untersuchung hätte durchgeführt werden können.

Reguibat — ein maurischer (berber.-arab.) Nomadenstamm der Westsahara, der ungefähr 400000 Angehörige zählt. Im Unterschied zu den Touareg, mit denen sie einige wesentliche Charakteristika soziologischer Art gemeinsam haben (Feudalsystem, gewisse mutterrechtliche Aspekte, sozioökonomische Basis), gibt es bei den R. noch einen geistlichen Stand (Marabus), der jahrhundertelang Einfluß auf den kriegerischen Adel ausübte.

Senoussi — ein in Mekka im 19. Jahrhundert gegründeter puritanischer islamischer Orden, dessen Zentrum bald darauf Kufra in Lybien wurde, von wo zeitweise großer Einfluß auch auf politische Geschehnisse genommen wurde. Im 1. Weltkrieg standen die S. auf seiten der Mittelmeermächte, im 2. Weltkrieg auf seiten der Alliierten.

Sonrhai (Songhay)	Fischer, Jäger und Savannenbauern am mittleren Niger, die etwa eine halbe Million Personen umfassen. Die Sprache wird unterteilt in drei Hauptdialekte: Djerma (östl. Dialekt), Dendi (südl. Dialekt), Songhai (westl. Dialekt). Die S. waren die Träger großer Reiche im westlichen Sudan, deren Hauptstadt Gao war.
Teda	Toubou-Fraktion, die das Tibesti-Gebirge bewohnt.
Touareg	islamische Nomadenstämme berberischer Abstammung in der Zentralsahara und im mittleren und westlichen Sudan, noch ungefähr 300 000 Menschen. Komplizierte feudale Sozialstruktur mit matriarchalischem Aspekt. Als einziges Berbervolk haben die T. eine Schrift (tifînagh) hervorgebracht. Ihre Herkunft ist ungewiß, wahrscheinlich sind sie mit den Garamanten des Altertums identisch, die ihrerseits aus dem östlichen Mittelmeerraum zu stammen scheinen. Die Hauptfraktionen sind die Kel Antessar (Tombouctou), Kel Adrar (Kidal, Aguelhok, Tessalit), Kel Ulliminden (Filingué, Tahoua, In-Gall), Kel Aïr (Timia, Arlit, Agadez), Kel Geres (Gao, Niamey), Kel Ahaggar (Tamanrasset, Silet, Ideles), Kel Ajjer (Djanet, Ghat). Starke Reduzierung und rapide Zerrüttung der sozialen Strukturen durch die offizielle Abschaffung der Sklaverei 1948 und die Dürreperiode 1971–1974.
Toubou (Tibbu)	Sammelbezeichnung für die berberähnlichen Bewohner des Tibesti, Kanar, Borku, Ennedi und Kanem, die vor allem im Süden stark negroiden Einschlag haben. Die Volksgruppe umfaßt etwa 200 000 Menschen, die sich hauptsächlich in Oasen oder als Nomaden der Viehzucht und verschiedenen Ackerbauformen widmen.

1. französische

Grand Sud	(= »Großer Süden«) Wüste südlich des algerischen Sahara-Atlas;
taxi brousse	(= »Buschtaxi«) meist Pkw mit Pritsche, auf der bis zu 20 Personen mit Gepäck schnell, weit und relativ preiswert transportiert werden;
argile	(= »Lehm«, »Löß«) Baumaterial der im sogenannten sudanesischen Stil errichteten Gebäude;
piste	Verbindungsweg ohne dauerhaften Belag. Pisten werden in mehrere Kategorien eingeteilt, je nachdem ob sie oberflächenbefestigt, wetterbeständig, regelmäßig unterhalten, nur für geländegängige Fahrzeuge praktikabel oder markiert sind.

2. arabische

a) Kleidung

djellaba (W) ghallabiya (O)	(vor allem in NW-Afrika gebräuchlich) aus Lamm- oder Kamelwolle gewebter Übermantel ohne vordere Öffnung mit Kapuze und Ärmeln;
haïk	(Arabien) meist heller capeähnlicher Überwurf mit Kapuze, vorne offen;
burnus (silham)	(N-Afrika) ähnlich wie haïk halbkreisförmiges Mantelgewand der männlichen Beduinen;
kaftan	(Vorder- und Mittelasien) langärmeliger Überrock mit Knöpfen auf der Vorderseite oder mit Schärpe; auch langer geknöpfter Überrock orthodoxer Juden;

boubou	(Sahel, Südsahara) weiter, seitlich offener Umhang ohne Ärmel;
seroual	weite Hose, die bis unter das Knie reicht;
chech	Turban, etwa 40 cm breit und 4–5 m lang;
babouches	spitze Schuhe ohne Absatz aus gelbem oder weißem Hammelleder.
b) öffentliche Funktionen	
caïd	ehrenamtlicher Richter für privatrechtliche Streitigkeiten innerhalb einer Dorfgemeinschaft;
marabout (marabu)	Schriftgelehrter, Absolvent einer Koranschule, meist auch heilkundig;
cherif (charif)	im allg. besitzloser Nachkomme des Propheten oder dessen Familie, dem meist Wunderkräfte zugeschrieben werden;
imam	(= »Führer«, »Vorbild«) u.a. Vorbeter beim Gebet;
muezzin	Ausrufer, der die Gläubigen fünfmal täglich zum Gebet ruft;
méhariste (frz./arab.)	Soldat einer Kamelreitereinheit, von Laperrine eingeführte militärische Organisationsform.
c) Stadtteile, Behörden	
medina	(= »Stadt«) meist Araberviertel oder Altstadt;
kasbah	(= »Festung«) in Marokko Bezeichnung für befestigte Sultansschlösser in Ansiedlungen, sonst auch befestigte Altstadt;
bordj, ksar, kasr	Wüstenfort;
souk	Markt;

wilaya	Landratsamt, Präfektur;
daïra	Gebietsverwaltungsstelle.

d) Sonstiges (nicht immer arabischer Herkunft)

ramadan	Fastenmonat, in dem vom Frühgebet bis Sonnenuntergang weder gegessen, getrunken noch geraucht werden darf. Er ist unabhängig von unserem Kalendersystem;
tabaski	Hammelfest, mehrtägiges höchstes Fest des Islam anläßlich der Geburt Mohammeds. Jedes Haus bzw. jede Familie ist verpflichtet, einen Hammel zu schlachten und davon den Armen zu geben;
mechoui	Hammelbraten; petit mechoui: Verzehr der Innereien und der Extremitäten während der Zubereitung des eigentlichen Bratens;
couscous (kuskussu) (arab./berb.)	Hauptgericht der Land- und Beduinenbevölkerung im Absahararaum, bestehend aus gedämpftem Weizen-, Mais- oder Hirsegrieß, entweder mit Gemüse, Hammelfleisch oder stark gewürzter Sauce, manchmal auch als Süßspeise gegessen;
guerba	an den Beinen zugenähtes ganzes Ziegen- oder Schaffell, das als Wassersack dient. Meist inwendig geteert oder anderweitig präpariert. Durch die ständige Verdunstung um das isolierende Fell bleibt das Wasser angenehm kühl. Fassungsvermögen 20–35 l;
cram-cram	Gramineen (cenclerus biflorus und aristida-Gräser); diese am Südrand der Sahara vorkommenden Pflanzen verfügen über mit starken Widerhaken bewehrte Samenkapseln, die sehr unangenehme Hautentzündungen verursachen. Aus cram-cram-Samen stellen die Ärmsten couscous her;

tobol	trommelartiges Musikinstrument;
rezzou (ghazzi)	Kriegs- bzw. Raubreisen vor allem der Reguibat, Touareg und Cha'amba. Die gefährlichsten, erfolgreichsten, tragischsten werden in Balladenform jahrhundertelang weitererzählt.

3. tamáchek

a) Waffen, Kleidung:

litham	Turban, ähnlich wie Chech, wird auch vor Mund und Nase gebunden;
taĝoulmoust	Indigotuch der Freien, Erweiterung und Verschönerung des Litham;
takouba	Langschwert, wird an einem über die rechte Schulter laufenden Band auf der linken Seite getragen. Die oft reich verzierten rotgrünen Scheiden sind aus Leder;
ellah (allar)	lange massive Eisenlanze;
tela (têlek)	Dolch;
azegiz	sehr langer Armdolch, der an einer Scheidenschlaufe am linken Unterarm getragen wird.

b) Soziale Position:

amenoukal	Führer einer größeren Sippen-, Stammes- oder Wohngemeinschaft;
amrar	Vorsteher einer kleineren Dorfgemeinschaft;
bella	freilebender Sklave, meist landwirtschaftlich beschäftigt;
akli	Haussklave, zwangsarbeitender Sklave;
imôchag	Freier, Adliger;

amrid	Vasall, abgabe- oder dienstpflichtiger Targui;
emechchekeou	Medizinmann;
ened	Schmied.

4. deutsche

Rippenblech	Sandleitern; max. 3 m lange, 35 cm breite Metallschienen, die bei Einsandungen unter die Reifen gelegt werden, um die Anfahrstrecke griffig zu gestalten;
Wellblech	(frz.: »tôle ondulée«; engl.: »corrugations«) quer zur Fahrtrichtung verlaufende, bis zu 20 cm tiefe Rillen, die oft Hunderte von Kilometern weit das Fahren zur Qual machen. Sie entstehen durch das wiederholte Nachfedern von Lkws;
fauler Sand (fech-fech)	Sand ohne oder mit vertikaler Schichtungsstruktur, der weder Fuß noch Reifen standhält (verschiedene Körnung und Konsistenz);
Marschzahl	nach Einnorden der Karten mit Hilfe des Magnetkompasses gewonnene Fortbewegungsrichtung. Sie wird auf einer 360°- oder 400°-teiligen Gradskala (z.B. 90° = O, 180° = S, 270° = W) abgelesen und kann dann auf den Sonnenkompaß übertragen werden, der auch während der Bewegung eine recht genaue Ablesung ermöglicht.

E. Bibliographie

Bedeutende Forscher, wissenschaftliche Institute und neuere Literatur
(zusammengestellt von Eckhard Klenkler)

1. Bedeutende Forscher

Name	*Lebensdaten*	*Nat.*	*Ziel in der Sahara*	*unterwegs ermordet/gest.*
Ibn Battuta	1304–1377	arab.	Tombouctou	
Friedrich K. Hornemann	1722–1801	D	Murzuk/Bornu	in Bokani
John Ledyard	1751–1789	USA	Kairo–Tombouctou-Kairo	in Kairo
Mungo Park	1771–1806	GB	Nigergebiet	bei Bussa
Hugh Clapperton	1788–1827	GB	Tschadsee	in Sokoto
Alexander Gordon Laing	1793–1826	GB	Tombouctou	bei Araouane
René Caillié	1799–1838	F	Tombouctou	
Heinrich Barth	1821–1865	D	Tombouctou/ Tschadsee	
Adolf Overweg	1823–1852	D	Tschadsee	beim Tschadsee
James Richardson	?–1851	GB	Tschadsee	bei Kukawa
Eduard Vogel	1829–1856	D	Tschadsee	östlich Zinder
Gerhard Rohlfs	1831–1896	D	Tombouctou, Lagos, Tafilalt	
Gustav Nachtigal	1834–1885	D	Tschadsee	
Oskar Lenz	1848–1925	D	Tombouctou	

2. Wissenschaftliche Institute

(Die meisten ihrer Arbeiten werden in von Instituten herausgegebenen Zeitschriften veröffentlicht.)

Organisation		*Publikationen*	
CAF:	Comité de l'Afrique Française (Paris)	BCAF: RC:	Bulletin du CAF Renseignements Coloniaux
CE:	Comité d'études historiques et scientifiques de l'Afrique Occidentale Française	BCE:	Bulletin du CE
CRAPE:	Centre de Recherches Anthropologiques, Préhistoriques et Ethnographiques (Alger)		
IC/GISAF:	Institutum Canarium/Gesellschaft für interdisziplinäre Saharaforschung (Hallein)		Almogaren (IC/GISAF)
IFAN:	Institut Fondamental d'Afrique Noire (Dakar)	BIFAN:	Bulletin de l'IFAN
IFO:	Institut für Wirtschaftsforschung (München)		Afrika-Studien (IFO)
IRS:	Institut de Recherches Sahariennes (Alger)	TIRS:	Travaux de l'IRS
ORSTOM:	Office de la Recherche scientifique et technique d'Outre-Mer (Paris)		
PUF:	Presse Universitaire Française (Paris)		
RGS:	Royal Geographical Society	GJ:	Geographical Journal (RGS)
SGAE:	Schweizerische Gesellschaft für Anthropologie und Ethnologie	BSGAE:	Bulletin der SGAE
SHNAN:	Société d'histoire naturelle de l'Afrique Noire	NA:	Notes Africaines (Paris) (SHNAN) Héspéris (Paris) (SHNAN)

3. Literaturangaben zur Sahara

BECK, Pierre/HUARD, Paul, *Tibesti, Carrefour de la Préhistoire Saharienne,* Paris, 1969

GABUS, Jean, *Völker der Wüste,* Olten, 1957 (einzigartige Bilddokumentation des Kunsthandwerks der Saharavölker)

GARDI, René, *Sahara,* Bern, ^{4}1975 (Bildband)

GARDNER, Brian, *The Quest for Timbuctoo,* London, 1968

GEORGE, Uwe, *In den Wüsten dieser Erde,* Hamburg, 1976

LHOTE, Henri, *Peintures préhistoriques du Sahara,* Paris, 1957; *Les Touaregs du Hoggar,* Paris, ^{2}1955

MONOD, Théodore, *Majâbat al Koubrâ,* Dakar, 1958 (IFAN) (detaillierte Studie des »empty quarter« Djouf); *Méharées, Explorations au vrai Sahara,* Paris, 1937

MOORHOUSE, Geoffrey, *The Fearful Void,* London, 1975 (deutsch: *Fata Morgana,* Reinbek, 1977)

QUEZEL, Pierre, *La Végétation du Sahara,* Paris, 1965

RHOTERT, Hans, *Libysche Felsbilder,* Darmstadt, 1952 (sehr exakte Zusammenstellung)

SCHIFFERS, Heinrich, *Die Sahara und ihre Randgebiete,* München, 1971–1973 (Afrika-Studien 60–61) (dreibändiges Standardwerk, reichste Arbeit zur Sahara, ausführliche Bibliographie)

SWIFT, Jeremy, *Die Sahara,* 1975 (Time-Life-Bildband)

TESCH; Bernd, *Afrikaführer für Selbstfahrer,* alle Informationen zur Vorbereitung und Durchführung von Afrikafahrten, incl. 100 000 km Routenbeschreibung, Aachen, 1976; c/o INTERNATIONALE GLOBETROTT ZENTRALE, Postfach I 1432, D 5100 Aachen (Informations- und Ausrüstungszentrale für Expeditionen.)